Hannelore Faulstich-Wieland/
Marianne Horstkemper
„Trennt uns bitte, bitte nicht!“

Reihe Schule und Gesellschaft

Herausgegeben von

Franz Hamburger
Marianne Horstkemper
Wolfgang Melzer
Klaus-Jürgen Tillmann

Band 7

Hannelore Faulstich-Wieland
Marianne Horstkemper

„Trennt uns bitte, bitte nicht!“

Koedukation aus Mädchen- und Jungensicht

Leske + Budrich, Opladen 1995

Die Autorinnen:

Hannelore Faulstich-Wieland, geb. 1948, Erziehungswissenschaftlerin, Universitätsprofessorin für Frauenforschung an der Westfälischen Wilhelms-Universität Münster.

Marianne Horstkemper, geb. 1949, wissenschaftliche Mitarbeiterin an der Universität Koblenz im Modellversuch „Mädchen und Jungen in der Schule: Kompetenzen entwickeln – die eigene Rolle finden."

ISBN: 3-8100-1337-4

Druck: Druck Partner Rübelmann, Hemsbach

Printed in Germany

Inhaltsverzeichnis

1 Einleitung

> *„Wir leben im Zeitalter der Emanzipation! Sollen Verklemmungen jetzt etwa noch hervorgerufen werden und das andere Geschlecht zu etwas 'Anderem und Unnormalem' gemacht werden? Untersuchungen über gewisse Themen, die Schule betreffen, finde ich gut, doch dies hier ist absurd und lächerlich!"*
>
> *(936, w, 10. Kl., 15 Jahre)*

Das Erkenntnisinteresse erziehungswissenschaftlicher Untersuchungen kann sich aus ganz unterschiedlichen Quellen speisen: Die oben zitierte Gymnasiastin unterstellt uns offenbar, daß wir mit unserer Studie vor allem Argumente sammeln wollen, die wieder zu einer von ihr keineswegs gewünschten Trennung der Geschlechter in der Schule führen sollen. Einem solchen Mißverständnis möchten wir hier von vornherein vorbeugen: Seit vielen Jahren betreiben wir Forschung in pädagogischen Feldern, die - in schulischen wie in außerschulischen Bildungsprozessen - immer wieder das Geschlechterverhältnis in den Blick nimmt. Den Ausgangspunkt und das bis heute stark im Vordergrund stehende Bedürfnis bildet dabei unser Bestreben, trotz des formalen Anspruchs auf Gleichberechtigung fortbestehende Ungleichheiten und Benachteiligungen aufzuzeigen und damit abbauen zu helfen. In der Regel gehen diese vor allem zu Lasten von Mädchen und Frauen. Allerdings hat sich in den vergangenen Jahren der Blick dafür geschärft, daß auch die vordergründige Privilegierung von Jungen und Männern bei genauerer Analyse ihre Schattenseiten zeigt. Wenn es also darum geht, Problemsituationen und Veränderungsnotwendigkeiten in Erziehungssituationen zu identifizieren und nach Ansatzpunkten für die Entwicklung pädagogischer Konzepte oder bildungspolitischer Empfehlungen zu suchen, müssen immer *beide* Geschlechter in ihrem Verhältnis zueinander in die Überlegungen einbezogen werden.

Bevor wir die von uns verfolgte Fragestellung nach der subjektiven Wahrnehmung und Bewertung gemeinsamen oder getrennten Lernens von Mädchen und Jungen näher konkretisieren, möchten wir sie zunächst einordnen in den Diskussionsprozeß, aus dem heraus sie entstanden ist.

1.1 Die Neuauflage der Koedukationsdebatte

Lange Zeit schien es so, als sei das Thema Koedukation erledigt und abgehakt. Vor knapp hundert Jahren wurde erbittert darum gestritten. Die Öffentlichkeit nahm daran regen Anteil. Auch in den fünfziger und sechziger Jahren gab es noch heftige Debatten um gemeinsame oder getrennte Erziehung von Jungen und Mädchen. Dabei handelte es sich allerdings ganz überwiegend um eine gymnasiale bzw. auf „Höhere Schulen" begrenzte Auseinandersetzung. Die koedukative Führung der damaligen Volks- und späteren Hauptschulen war weitgehend selbstverständlich. Damals formulierte der Deutsche Philologenverband (1953) Leitsätze und forderte nicht nur eine wissenschaftlich begleitete Erprobung, sondern auch ein Qualifizierungsprogramm für die Lehrerinnen und Lehrer, die für diese Aufgabe nicht ausgebildet seien.

Das ist Geschichte. Geradezu lautlos und so wenig umstritten wie kaum eine andere schulische Veränderung setzte sich die Koedukation durch. Im Zuge der Bildungsexpansion öffneten sich zunächst die Türen der Jungengymnasien für die Mädchen, etwas zögerlicher nahmen dann auch die Mädchengymnasien Jungen auf. Es waren eher pragmatische (am regionalen Bildungsangebot orientierte) als pädagogische Vorstellungen, die das Handeln leiteten (Kraul/Wirrer 1993). Eine spezielle Vorbereitung der Lehrenden fand jedenfalls nicht statt. Und auch die geforderten Konzepte wurden nicht entwickelt, schon gar nicht erprobt. Das schien aber lange Zeit niemanden zu irritieren. Zum Teil erklärt sich dies sicher durch die Erfolgsmeldungen, in welch rasantem Tempo die Mädchen den Bildungsvorsprung der Jungen nicht nur aufholten, sondern diese sogar überholten (Eigler/Hansen/Klemm 1980).

Dennoch: In den Diskussionen der Frauenbewegung waren *alle* Institutionen - also auch die Schule - daraufhin unter die Lupe genommen worden, in welcher Weise sie zur Emanzipation von Mädchen und Frauen beitragen oder sie gar behindern. In den achtziger Jahren griffen Erziehungswissenschaftlerinnen diese Frage verstärkt auf und förderten Erkenntnisse zutage, die nachdenklich stimmen. Das Bild ist nicht eindeutig, fast wie ein Vexier-Bild, das je nach der Betrachtungsperspektive entweder eine Treppe zeigt, die nach *oben* oder aber nach *unten* führt: Nach Licht *und* Schatten der Koedukation wurde gefahndet (Metz-Göckel 1987), von formaler Gleichheit und diskreter Diskriminierung war die Rede (Kauermann-Walter u. a. 1988). Kritisiert wurde z. B., daß Mädchen weniger beachtet werden, ihre inhaltlichen Interessen weniger einbringen können (Enders-Dragässer/Fuchs 1989), daß sie weniger selbstbewußt und durchsetzungsfähig werden (Horstkemper

1987) und kaum für mathematisch-naturwissenschaftliche oder technische Fragen zu gewinnen versucht würden (Faulstich-Wieland 1991). Es entstünden geradezu „Geschlechterreviere des Wissens“ (Kreienbaum 1992) beim gemeinsamen Lernen von Mädchen und Jungen, weil geschlechtsspezifisch unterschiedliche Lernvoraussetzungen und Zugangsweisen unberücksichtigt blieben.

In jüngerer Vergangenheit wurde für die Jungen ebenfalls beanstandet, daß sie in koedukativen Schulen entweder nicht hinreichend gefördert würden - z. B. im sozialen Bereich - oder aber unter so hohem Druck stünden, daß die kleinen Helden in Not gerieten (Schnack/Neutzling 1990). In ersten Projekten wurden Programme entwickelt, die solchen Defiziten entgegenwirken wollten (Biermann 1991) und die spezifische Förderungsansätze erprobten (Seidensticker/Schmerbitz/Schulz 1994).

Die Aufteilung in geschlechtshomogene Lerngruppen erschien vielen Lehrerinnen und Lehrern dabei als naheliegender Ausweg aus dem Dilemma. Und auch über mögliche Vorzüge von Mädchenschulen wurde engagiert und kontrovers diskutiert. Den Anstoß zu einer Neuauflage der Koedukationsdebatte hatte im September 1980 eine Gruppe von fünf Lehrerinnen gegeben. Sie veröffentlichten einen Aufsatz in der inzwischen nicht mehr existierenden Zeitschrift „Courage“ mit dem Titel „Verführung zur Ohnmacht - Koedukation“ (Lengerke u. a. 1980). Die Konkurrenzzeitschrift „Emma“ griff das Thema ein halbes Jahr später auf und propagierte: „Koedukation macht Mädchen dumm!“ (Strobl 1981). Die Autorin entwickelte ihre Vision einer „feministischen Mädchenschule“: Die traditionellen Mädchenschulen sollten „viele freche Schwestern“ bekommen. Während die Mädchenschule den einen als längst überwundenes Relikt aus voremanzipatorischer Zeit erschien, verteidigten die anderen sie als Ort unbehinderter Entwicklungsmöglichkeiten. Weibliches Selbstbewußtsein und vielseitige - auch untypische - Interessen könnten hier leichter aufgebaut, frühe stereotype Festlegungen eher vermieden werden - so hoffte man.

Über Vor- und Nachteile reiner Jungenschulen wurde erstaunlich wenig nachgedacht. Welche Lernerfahrungen Jungen machen, wenn sie „unter sich“ bleiben, von welchen sie möglicherweise aber auch abgeschnitten werden, das war kaum Thema - sowenig wie die Frage, ob und welche Auswirkungen eine solche Trennung denn auf das Bild vom eigenen wie auch vom anderen Geschlecht haben könnte. Gelingt es tatsächlich, sich von typisierenden Zuschreibungen zu lösen, weil man sich nicht dauernd von Angehörigen des anderen Geschlechts abgrenzen muß? Oder greift man im Gegenteil umso eher auf Stereotype zurück, wenn man sich nicht aus dem alltäglichen Umgang kennt? Ist gerade die Abwesenheit des anderen Geschlechts ein günstiger Nährboden für Über- oder auch Unterlegenheitsphantasien? Oder polarisieren sich tatsächlich in koedukativem Unterricht eher die männlichen und weiblichen Interessen- und Leistungsschwerpunkte?

Erste Erfahrungen aus Modellversuchen, die mit zeitweiser Trennung der Geschlechter experimentierten, zeigten die Möglichkeiten, aber auch deutliche Grenzen dieser Arbeitsform auf (Faulstich-Wieland 1989). Und auch die Diskussion innerhalb der Frauenbewegung differenzierte sich zunehmend. Auf der Münchner Fachtagung „Frauen und Schule" im Jahr 1986 wurde noch die Erhaltung der Mädchenschule als das möglicherweise beste Mittel betrachtet, „die Defizite der Mädchen im naturwissenschaftlichen und technischen Bereich auszugleichen" (Kindermann u. a. 1987, S. 15). Auf dem ein Jahr später in Dortmund stattfindenden Kongreß tauchten in verschiedenen Beiträgen Vorschläge für zeitweise getrennten Unterricht auf, aber auch die Unterstützung einer Hamburger Initiative zur Gründung einer feministischen Mädchenschule war Thema.

In der Öffentlichkeit wurde auch diese neue Koedukationsdebatte inzwischen aufmerksam verfolgt, teilweise mit verständnislosem Kopfschütteln registriert, teils mit Häme belegt. So hielt der SPIEGEL (Nr. 39/1988) den Verfechterinnen der Mädchenschule vor, daß die Verwirklichung ihres Traums doch leicht zum Alptraum für das andere Geschlecht führen könne und konstatierte: „Doch 'nur weil es in so einer Männergesellschaft unerträglich' zugehe, will Frau K. 'keinesfalls die Rechte der Mädchen auf eine bessere Schule preisgeben'. Ihr eigener kleiner Sohn soll jedoch - Logik ade! - 'unbedingt koedukativ' unterrichtet werden." In ausführlichen Presseberichten, in Zeitschriften-, Rundfunk- und Fernsehsendungen griffen Journalistinnen und Journalisten das Thema vielfältig auf, Parteien und Gewerkschaften veranstalteten Expertengespräche und Podiumsdiskussionen und fanden dabei in der Regel ein interessiertes Publikum. Insbesondere die Eltern fühlten sich angesprochen. Der Bundeselternrat sprach sich Anfang 1990 dafür aus, „an den Schulen Möglichkeiten zu schaffen, Mädchen und Jungen zeitweilig getrennt zu unterrichten. Dies sollte immer dort möglich sein, wo durch Unterschiede in den Vorerfahrungen oder durch geschlechtsspezifische Rollenerwartungen Lernbarrieren entstünden" (dpa-Meldung, abgedruckt in: Erziehung & Wissenschaft 1/90, S. 3). Eine Rückkehr zu getrennten Schulen befürwortete der Bundeselternrat allerdings nicht.

Lehrerinnen und Lehrer wünschten sich einschlägige Fort- und Weiterbildungsangebote und organisierten diese in Eigenregie, sofern die zuständigen Institutionen keine Veranstaltungen dazu anboten. Die Einschätzungen von Lehrerinnen und Lehrern gingen - und gehen - dabei allerdings weit auseinander, soweit sie die Frage nach der Notwendigkeit von Veränderungen der gegenwärtigen koedukativen Praxis betreffen. Da gibt es Kollegen und auch Kolleginnen, die keinerlei Handlungsbedarf erkennen mögen. Andere wiederum plädieren für weitgehende Geschlechtertrennung, wobei dies aus zwei ganz unterschiedlichen Richtungen begründet wird.

Eine eher konservative Position sieht darin die Garantie für die Bewahrung traditioneller Weiblichkeit und Männlichkeit, betont die Notwendigkeit komplementärer Geschlechterpolarität und fühlt sich durch die Aussicht auf die Erschütterung „bewährter" Arbeitsteilung eher bedroht (von Martial 1986). Insbesondere Vertreter der katholischen Kirche vertreten mehr oder minder explizit solche Einschätzungen. In einem Arbeitspapier zur Koedukation vom 2.10.1985 plädiert der Beirat „Erziehung und Schule" deutlich für den Erhalt geschlechtshomogener Schulen, die er für unverzichtbar hält, „um das pädagogische Anliegen einer geschlechtsspezifischen Erziehung langfristig in Theorie und Praxis sichern zu können" (abgedruckt in: Engagement 2/86, S. 151-153). Das ist durchaus eine moderate Position, wenn man bedenkt, daß Papst Pius XI in seiner 1929 verkündeten Enzyklika gegen die Koedukation (divini illius magistri) die „nivellierende Vermischung und Gleichheit der Geschlechter" energisch zurückgewiesen hatte: „Ebenso abwegig und für die christliche Erziehung gefährlich ist das sogenannte Koedukationssystem, das für viele gleichfalls in der naturalistischen Leugnung der Erbsünde begründet ist" (zit. nach Faulstich-Wieland 1991, S. 29). Dagegen klingen die jüngsten Verlautbarungen der Deutschen Bischofskonferenz geradezu revolutionär. Dort wird wohlwollend festgestellt, daß Mädchen erfolgreich in Schule und Bildungswesen seien, aber kritisch angemerkt: „Aber die Schule, die ihnen formal die gleichen Lernmöglichkeiten bietet wie den Jungen, entwickelt trotz aller positiven Ansätze nach wie vor bei ihnen nur recht einseitige Interessen. ... Zudem werden nicht selten Verhaltensmuster verfestigt, die Frauen den Zugang zu Beruf und Öffentlichkeit erschweren. Das Bildungswesen bereitet die Jungen gegenwärtig noch zu wenig darauf vor, daß familiäre Verantwortung auch für den Mann Familienarbeit einschließt. ..." (Deutsche Bischofskonferenz 1993, S. 25). Die Entwicklung der letzten Jahre hat auch hier also deutliche Spuren hinterlassen.

Feministische Vertreterinnen der Geschlechtertrennung begründeten ihre Position jedoch weit radikaler mit der Einschätzung, die koedukative Schule sozialisiere Jungen und Mädchen in die gesellschaftlich vermittelte Geschlechterhierarchie hinein, wobei Jungen die Überlegenheitsposition, den Mädchen dagegen die Unterlegenheitsposition zugewiesen werde. Dies müsse aufgebrochen werden, und das sei nur möglich in „Schulen, die Mädchen nicht in der trügerischen Illusion erziehen, wir lebten in einer gleichberechtigten Gesellschaft (wie es die koedukative Schule tut). Schulen, die Frauen auf das Leben im Patriarchat vorbereiten und ihnen zugleich die Kraft und die Fähigkeit mitgeben, für ihre Rechte zu kämpfen. Schulen, in denen Schülerinnen weibliche Vorbilder vor Augen haben: ihre Lehrerinnen, aber auch die vielen unterschlagenen 'großen Frauen' der Vergangenheit und der Gegenwart" (Rauch 1989, S. 29). Dies ist jedoch auch im feministischen Lager eher eine Minderheitenposition. Für völlige institutionelle Trennung sprechen sich nur wenige aus. In der Regel geht es ihren Befürworterinnen auch nicht um die generelle Einführung geschlechtsgetrennter Schulen, sondern eher um die Möglichkeit, mindestens für diejenigen, die dies wollen, Alternativen anzubieten. Dort könnten dann in autonomen Frauenräumen Utopien entwickelt und ein Stück weit handelnd erprobt werden, die ein nicht-hierarchisches Geschlechterverhältnis anstreben.

Eine dritte Gruppe schließlich setzte eher auf bewußten Umgang mit Differenzen zwischen Mädchen und Jungen, betonte die Notwendigkeit einer breiten Förderung von Interessen und Fähigkeiten für beide Geschlechter und hielt gemeinsame Formen des Lernens für unbedingt bewahrenswert. Auch hier geht es jedoch um die Überwindung der Geschlechterhierarchie. Eine Pädagogik der „egalitären Differenz" wird gefordert, die Verschiedenheit auf der Basis gleicher Rechte anerkennt (Prengel 1987). Dies zu lernen, wird durch den ständigen und vertrauten Umgang miteinander begünstigt, wenn diese Zielsetzung für Mädchen wie für Jungen als verbindlich angestrebt wird.

Inzwischen herrscht weitgehend Einigkeit darüber, daß es in der Tat ein verhängnisvoller Fehler wäre, die Aufmerksamkeit allein auf die Mädchen zu konzentrieren. Auf dem Hamburger Kongreß 1991 kritisierten die Veranstalterinnen die starke Orientierung auf Geschlechtertrennung als Versuch, die Probleme der gegenwärtig realisierten Form der Koedukation zu lösen (Luca u. a. 1992). Sie betonten die Notwendigkeit, zunehmend die Jungen und ihre Sozialisation in den Blick zu nehmen. Zwar ist es weiterhin notwendig, Benachteiligung von Mädchen und Frauen aufzuzeigen und für die Erweiterung ihrer Handlungs- und Entwicklungsmöglichkeiten einzutreten. Für Jungen und Männer ist dies - wenn auch auf anderen Gebieten - aber nicht weniger notwendig. Frühen stereotypen Festlegungen gilt es - bei Mädchen wie bei Jungen - behutsam entgegenzuwirken, ohne jedoch die eigenen „progressiven" Vorstellungen den Kindern und Jugendlichen überzustülpen (Prengel 1993).

Solche Perspektiven werden in jüngster Zeit auch verstärkt im Rahmen von Modellversuchen und Projekten aufgegriffen (Kraul u. a. 1994; Pfister/Valtin 1993). In erster Linie geht es den in diesem Feld engagierten WissenschaftlerInnen und LehrerInnen darum, die bestehende koedukative Praxis differenziert zu analysieren und dabei sensibel zu werden für unterschwellige Wahrnehmungen und Interpretationen. Sie orientieren sich häufig - und oft gegen die erklärte eigene Absicht - an den herrschenden Geschlechterstereotypen und steuern damit schulische Interaktionsprozesse eher in Richtung Anpassung an herrschende Rollenmuster. Die kritische Reflexion gegenwärtiger Praxis ist Ausgangspunkt für die (endlich nachzuholende) Entwicklung pädagogischer Konzepte zur Gestaltung von Koedukation. Doris Knab erinnert daran, daß dies immer noch nötig ist. Sie bezeichnet Koedukations*kritik* als ersten Schritt zur Koedukation: „Unsere gegenwärtige koedukative Schule verkörpert keineswegs den Sieg von Koedukation als pädagogischer Idee, also eines Konzepts zur Kultivierung des Geschlechterverhältnisses, der Erziehung zur Partnerschaft. Diese Schule ist schlicht die verwaltungstechnisch einfachste Umsetzung des Postulats gleicher Bildungschancen in Form gleicher Versorgung mit Schulangeboten“ (Knab 1994, S. 38). Über Koinstruktion - die gemeinsame Anwesenheit beider Geschlechter in einem Raum - sei man noch nicht weit hinausgekommen.

Diese Einsicht scheint sich zunehmend zu verbreiten. Bildungsjournalisten haben dazu beigetragen. So stellte Reiner Scholz in einem vielzitierten ZEIT-Artikel fest: „Keine Bildungsreform der letzten Jahrzehnte betraf so viele Schüler unmittelbar wie die Einführung der Koedukation gegen Ende der sechziger Jahre. Und keine hat eine so geringe wissenschaftliche Begleitung erfahren. Ein Jahrhundert lang tobte der Meinungskampf um die Rolle der Frau und das Wohl und Wehe der gemeinsamen Erziehung so heftig wie kein zweiter, und als die Koedukation endlich eingeführt wurde, beschäftigte sich die Administration lediglich mit dem Problem, ob es genügend Toiletten für das andere Geschlecht gäbe und wie der zu befürchtende Körperkontakt bei gemeinsamen Klassenreisen minimiert werden könnte“ (Scholz 1990, S. 17). Aber der notwendige Schritt der kritischen Durchleuchtung der augenblicklich realisierten gemeinsamen Erziehung von Mädchen und Jungen wird inzwischen von zunehmend mehr WissenschaftlerInnen wie PraktikerInnen vollzogen. Das ist kein einfaches Geschäft. So sind denn auch die bisher zusammengetragenen Erkenntnisse und die daraus gezogenen Schlüsse ihrerseits scharf unter die Lupe genommen und kritisch bilanziert worden (Nyssen/Schön 1992, Breitenbach 1994).

In der Vielzahl der Studien läßt sich dabei ein „blinder Fleck“[1] ausmachen: Keine hat sich bislang mit der Frage auseinandergesetzt, was denn heutige Kinder und Jugendliche zum Thema Koedukation zu sagen haben. In den fünfziger Jahren hatte Hella Demant dies an Berliner Schulen in einer schriftlichen Befragung, mit Leistungstests und mit Soziogrammen erkundet (Demant 1955). Um Leistung und Sozialverhalten ging es auch in den Untersuchungen von Kurt Wawrzyniak (1959) und Konrad Joerger (1963). In allen

1 Damit ist nicht gemeint, dies sei die einzige noch zu füllende Leerstelle. In einem noch verhältnismäßig kurz etablierten Forschungsgebiet finden sich mit Sicherheit noch weitere.

drei Studien ging es dabei vorrangig um die Klärung der Frage, wer von koedukativem Unterricht in welcher Beziehung profitiert (vgl. die zusammenfassende Darstellung in Faulstich-Wieland 1991, S. 43ff.). Die Frage nach der Einstellung der Kinder zur Koedukation wurde nur von Demant gestellt. Wir werden auf ihre Ergebnisse bei der Präsentation unserer eigenen zurückkommen, denn unsere Untersuchung setzt genau bei dieser Leerstelle in der neueren Koedukationsdebatte an.

1.2 Fragestellung unserer Untersuchung

Herausfinden wollten wir, wie die Betroffenen selbst zur Frage koedukativen oder geschlechtsgetrennten Unterrichts stehen. Dazu haben wir in einem ersten Schritt Mädchen und Jungen aus koedukativen Schulen befragt, in einem zweiten Schritt haben wir uns dann an Schülerinnen eines Mädchengymnasiums und an Schüler eines Jungengymnasiums gewandt. Ihre Sichtweisen wollten wir möglichst differenziert und ohne steuernde Vorgaben erfassen, um uns auf ihre Perspektive einzulassen:

Welche Vor- und Nachteile sehen Schülerinnen und Schüler verschiedener Altersstufen in der von ihnen erlebten Unterrichtsform? Welche Alternativen können sie sich dazu vorstellen, bewerten sie diese eher positiv oder eher negativ? Unterscheiden sich Mädchen und Jungen dabei? Mit welchen Argumenten werden unterschiedliche Präferenzen begründet? Und welche Bilder vom eigenen wie vom anderen Geschlecht lassen sich aus diesen Argumentationen erschließen?

Wir waren gespannt darauf, ob und in welchen Aspekten das Geschlechterverhältnis in den Beschreibungen des schulischen Alltags bei den Kindern und Jugendlichen überhaupt eine bedeutsame Rolle spielt, in welcher Weise das Verhalten von Lehrerinnen und Lehrern dabei angesprochen wird und welche Bedeutung die Kommunikation mit gleich- und gegengeschlechtlichen KameradInnen hat.

Mit diesen Fragen greifen wir die Kritik auf, die der feministischen Schulforschung vorwirft, sie nehme Mädchen und erst recht Jungen nicht hinreichend als Personen wahr (Breitenbach 1994; Preuss-Lausitz 1991). Zu selten erhielten sie die Chance, als Subjekte der Forschung aufzutreten, zu stark würden aus der Außensicht der Forscherinnen geschlechtsbezogene Kommunikationsmuster interpretiert und zu Eigenschaften von Jungen und Mädchen verallgemeinert, die von ihnen selbst möglicherweise ganz anders erlebt und gesehen werden. Am Beispiel der Mädchen erläutert Eva Breitenbach ihre Position: „Insgesamt wissen wir wenig darüber, wie Mädchen schulische Erfahrungen verarbeiten. Vielmehr bleiben Mädchen als Individuen merkwürdig verschwommen: Sie erscheinen als einheitliche Gruppe, als Opfer, als 'black box', nicht als Subjekte mit eigenen Lebensentwürfen und Konzepten. Letzteres ernst zu nehmen, würde bedeuten, den forschenden Blick auf die Eigentätigkeit des Subjekts zu richten, das die vorgefundenen Verhältnisse verarbeitet und herstellt, und dies in manchmal unerwarteter und unberechenbarer Weise - und im Zusammenhang mit der Dynamik der jeweiligen Lebensphase" (Breitenbach 1994, S. 188).

Unsere Studie will Informationen liefern, die es erlauben, in differenzierter Weise ein Meinungsbild heutiger Kinder und Jugendlicher nachzuzeichnen. Wir greifen dabei auf einen inzwischen nur noch sehr selten realisierten methodischen Ansatz zurück. Unser Datenmaterial besteht aus insgesamt 1.734 Aufsätzen, in denen unsere Befragten in sehr individueller und authentischer Weise Stellung zum Thema bezogen haben. Wir stellen im folgenden unser methodisches Vorgehen relativ ausführlich vor, damit die anschließende Präsentation der Ergebnisse nachvollziehbar wird und hinsichtlich der Verallgemeinerbarkeit der Erkenntnisse eingeordnet werden kann. Unser Bestreben dabei war vor allen Dingen, der von Breitenbach (ebd., S. 186) aufgezeigten Gefahr zu entgehen, „geschlossene Analysen" zu produzieren, in denen es nicht so sehr um die Erforschung bisher unbekannter Realität geht, sondern um die Bestätigung des ohnehin schon Gewußten oder bereits formulierter Theorien. Ein möglichst offenes Verfahren sollte uns Räume für neugieriges Fragen und damit für Differenzierungen des Wissens öffnen helfen.

1.3 Methodischer Ansatz: Inhaltsanalytische Auswertung von Aufsätzen

Da es uns um die Erfassung individueller Relevanzstrukturen bei Mädchen und Jungen ging, die noch dazu ein möglichst weites Altersspektrum umfassen sollten, schienen uns standardisierte Befragungsmethoden wenig geeignet. Wir wollten die Vorstellungen der Schülerinnen und Schüler in einer Form erheben, die soviel Offenheit wie möglich erlaubt, um die bunte Vielfalt individuellen Erlebens und auch Akzentverschiebungen über die Schulzeit hinweg abbilden zu können. Der Aufsatz schien uns dafür ein geeignetes Mittel zu sein. Er ist bereits in der Grundschule ab der 3. Klasse eingeführt und bietet die Möglichkeit, auf dem jeweiligen Stand der sprachlichen Differenzierungsfähigkeit die eigenen Vorstellungen auszudrücken. Daß auf diese Weise sehr ertragreiche Erkenntnisse gewonnen werden können, hat beispielsweise die Studie von Boßmann (1982) über Zukunftserwartungen der Jugend gezeigt. Auch Behnken u. a. (1991) haben ihre standardisierte Befragung von Jugendlichen im Prozeß der Vereinigung der beiden deutschen Teilstaaten durch Aufsatzanalysen ergänzt und gerade dadurch sehr differenzierte Einblicke in subjektive Verarbeitungsmuster von Verunsicherung und Zukunftsängsten erhalten. Wir setzten darauf, daß auch unser Thema hinreichend motivierend für möglichst viele Kinder sein würde, sich auf freiwilliger Basis an einer solchen Aktion zu beteiligen.

Im ersten Teil des Forschungsprojekts wurden 1990 in einer niedersächsischen Kleinstadt in zwei Grundschulen, je einer Orientierungsstufe, Hauptschule, Realschule sowie in einem Gymnasium in den Jahrgängen 3 bis 13 von insgesamt 1.031 Schülerinnen und Schülern Aufsätze verfaßt. In der zweiten Forschungsphase 1992 beteiligten sich 439 Schülerinnen eines Mädchengymnasiums und 264 Schüler eines Jungengymnasiums an der Untersuchung.[2] Tab. 1 auf der folgenden Seite gibt einen Überblick über die absolute Zahl der Schülerinnen und Schüler an den Schulen, die Zahl derjenigen, die freiwillig bei dieser Untersuchung mitgemacht haben und die Erfassungsquoten.

Geschrieben wurden die Aufsätze klassenweise mit Unterstützung der Lehrkräfte. Sie waren zuvor mit dem Einverständnis der Schulleitungen in Konferenzen und zusätzlich in einem Brief umfassend über das Anliegen der Untersuchung informiert worden und erhielten je nach Altersgruppe ihrer Schülerinnen und Schüler schriftliches Instruktionsmaterial bzw. einen Text, der als Einstieg in die Aufgabe vorgelesen werden konnte. Den genauen Wortlaut dieses Textes sowie der Anweisungen für die verschiedenen Schultypen haben wir im Anhang dokumentiert. Das Interesse und Engagement der Lehrerinnen und Lehrer war unterschiedlich. Die recht niedrigen Erfassungsquoten in der Orientierungsstufe (42%) erklären sich daraus, daß einige Lehrkräfte die Teilnahme an der Untersuchung verweigerten. In der Sekundarstufe II des koedukativen Gymnasiums mußten die Schülerinnen und Schüler die Aufsätze während ihrer Freizeit erstellen, sich dafür zunächst Unterlagen im Sekretariat holen und dort wieder abgeben. Diese recht hohe Hürde führte zu einer niedrigen Beteiligung bei Mädchen (27%) wie bei Jungen (21%). Im Mädchengymnasium lag sie in dieser Altersgruppe mit über 85% dagegen ausgesprochen hoch. In der Sekundarstufe II des Jungengymnasiums fehlt der komplette Jahrgang 12, der während der Erhebung auf

2 Der erste Teil der Studie wurde aus Mitteln des Hessischen Wissenschaftsministeriums, die zweite Phase von der Deutschen Forschungsgemeinschaft bezuschußt.

Klassenfahrt war. Immerhin konnten auch dort aber 40% der Jugendlichen erreicht werden. Die Beteiligung der Mädchen liegt mit durchschnittlich 68% etwas höher als die der Jungen (59%). Insgesamt haben wir aber etwa Zweidrittel aller in den von uns untersuchten Klassen vorhandenen Schülern und Schülerinnen einbeziehen können. Für eine schriftliche Befragung ist das ein sehr gutes Ergebnis.

Tab. 1: Übersicht über die Beteiligungsquoten von Mädchen und Jungen in den verschiedenen Schulen

Schulart		Mädchen			Jungen			Gesamt		
		abs.	n	%	abs.	n	%	abs.	n	%
Grundschule	(3+4)	106	98	93	81	68	(84)	187	166	89
Orientierungsstufe	(5+6)	138	58	42	121	51	42	259	109	42
Hauptschule	(7-10)	115	103	90	155	115	74	270	218	81
Realschule	(7-10)	107	99	93	106	94	89	213	193	91
Gymnasium	(7-10)	224	139	62	189	122	65	413	261	63
Gymnasium	(Sek. II)	185	50	27	165	34	21	350	84	24
Summe Koedukative Schulen		875	547	63	817	484	59	1692	1031	61
Mädchengym.	(5+6)	133	109	82				133	109	82
Mädchengym.	(7-10)	270	176	65				270	176	65
Mädchengym.	(Sek. II)	181	154	85				181	154	85
Summe Mädchengymnasium		584	439	75				584	439	75
Jungengym.	(5+6)				118	65	55	118	65	55
Jungengym.	(7-10)				206	152	74	206	152	74
Jungengym.	(Sek. II)				118	47	40	118	47	40
Summe Jungengymnasium					442	264	60	442	264	60
Gesamt		1459	986	68	1259	748	59	2718	1734	64

Insgesamt ergibt sich daraus die aus Abb. 1 ersichtliche Zusammensetzung unserer Stichprobe: Der größere Teil (60%) unser Schülerinnen und

Schüler kommt aus koedukativen Schulen, bei den geschlechtshomogenen Schulen sind die Mädchen (25%) deutlich stärker vertreten als die Jungen (15%). Diese - von uns zum Zweck von Gruppenvergleichen so angestrebte - Zusammensetzung ist natürlich in keiner Weise repräsentativ für die Schülerschaft der Bundesrepublik. Das allgemeinbildende Schulwesen ist mittlerweile zum ganz überwiegenden Teil koedukativ organisiert. Ausnahmen finden sich vereinzelt im Realschul-, eher noch im Gymnasialbereich, meist in privater/konfessioneller Trägerschaft. Jungenschulen sind dabei noch seltener als reine Mädchenschulen. Wir haben in unserer Untersuchung den Anteil der Schülerinnen und Schüler aus geschlechtshomogenen Schulen also überproportional vertreten.

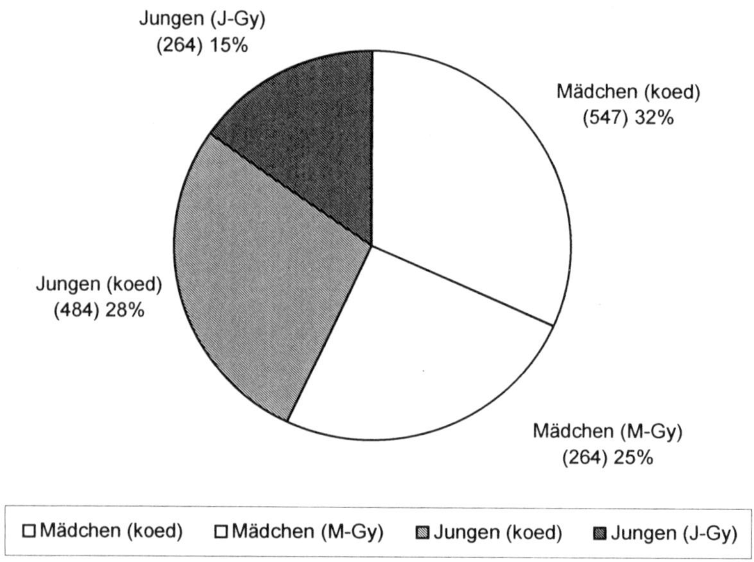

Abb. 1: Mädchen und Jungen in den verschiedenen Schultypen

Schließlich ist unsere Stichprobe stark „gymnasiallastig“, was sich schon daraus erklärt, daß die beiden geschlechtshomogenen Schulen katholische Gymnasien sind. Sie sind damit recht typische Beispiele für heutige geschlechtsgetrennte Schulen. Ganz überwiegend befinden diese sich in privater - meist kirchlicher - Trägerschaft und sind im Gymnasialbereich angesiedelt. Beide liegen in Universitätsstädten und haben einen darüber hinausreichenden ländlichen Einzugsbereich. Dadurch unterscheidet sich die regionale Einbindung dieser Schulen zwar in gewissem Grad von derjenigen der koedukativen Schulen in der von uns gewählten niedersächsischen Kleinstadt. Die Abweichung hält sich aber in vertretbaren Grenzen. Alle unsere Erhebungsorte liegen jedenfalls außerhalb großstädtischer Ballungsräume. Diese Homogenisierung erleichtert die Gruppenvergleiche, schränkt aber die Verallgemeinerbarkeit der Ergebnisse gleichzeitig ein. Allerdings schließen wir uns der Argumentation von Behnken u. a. (1991, S. 18) an, die es auf der Basis vielfältiger Erfahrungen mit repräsentativen Jugendsurveys und regionalen Studien für gerechtfertigt halten, „den Umkreis der möglichen Verallgemeinerung von Ergebnissen weiter zu ziehen." Regionale Differenzen haben nach ihren Beobachtungen innerhalb der beiden letzten Jahrzehnte abgenommen, drastische Ausgleichsprozesse lassen sich selbst zwischen Provinz und Metropole nachweisen. Wir gehen deshalb davon aus, daß auch die von uns zutage geförderten Ergebnisse nicht lediglich in Klein- oder Universitätsstädten mit ländlicher Einbindung auftreten, sondern sich auch in anderen Regionen wiederfinden lassen.

Durch die Auswahl unserer Schulen haben wir zu sichern versucht, möglichst alltägliche schulische Sozialisationsbedingungen aufzuspüren. Für die geschlechtshomogenen Schulen gilt dies insoweit, als wir auf die Aufnahme von Internatsschulen verzichtet haben. Durch die Gesamterhebung[3] der koedukativen Schulen einer Stadt wollten wir systematische Verzerrungen vermeiden, die daraus resultieren können, daß sich vor allem Schulen beteiligen, die bereits ein gesteigertes Maß an Aufmerksamkeit für Probleme der Gestaltung koedukativer Lernprozesse entwickelt haben. Dies könnte dazu führen, daß die Wahrnehmung der Mädchen und Jungen im Vergleich zu anderen Kindern ebenfalls in besonderer Weise sensibilisiert ist. Denkbar wäre darüber hinaus, daß sich in einer solchen Schule mindestens in Ansätzen andere Unterrichts- und Umgangsformen finden. Beides würde die subjektiven Bewertungen vermutlich anders prägen als in der Mehrzahl aller koedukativen Schulen. Um solchen möglichen Tendenzen gegenzusteuern, haben wir die Einbeziehung *aller* Schulen einer einzigen Stadt bevorzugt.

Angaben zum sozialen Hintergrund der Schülerinnen und Schüler (Beruf und Bildungsstand der Eltern) haben wir in beiden Studien nicht erhoben. Vor allem bei jüngeren Kindern stößt das nach unseren Erfahrungen auf erhebliche Probleme, weil sie keine genauen Informationen haben. Bei älteren lösen solche Fragen häufig Widerstand und Mißtrauen aus, weil sie die Privatsphäre verletzt sehen und die Entschlüsselung der Anonymität fürchten.

---

3 Die komplette Erhebung an allen allgemeinbildenden Schulen konnten wir allerdings nur für den Bereich der Sekundarstufe I und II realisieren. Zwei Grundschulen mit sehr spezifischen Einzugsbereichen wurden nicht einbezogen. Insbesondere der hohe Anteil von Ausländerkindern wäre durch die Aufgabenstellung überfordert worden. Auch Sonderschulen haben wir aus diesem Grunde nicht einbezogen.

Denn selbstverständlich blieben die VerfasserInnen der Aufsätze anonym. Sie wurden lediglich gebeten, Jahrgang, Alter, Geschlecht und Nationalität in die vorbereiteten Bögen einzutragen. Versichert wurde ihnen auch, daß Leistungsgesichtspunkte keine Rolle spielten. Nicht die Lehrer und Lehrerinnen würden die Aufsätze lesen, sondern ausschließlich Forscherinnen - und die erwarteten weder eine „richtige" Meinung noch perfekte Rechtschreibung. Sie interessierten sich für die ganz persönliche Auffassung jeder Schülerin und jeden Schülers. Noten gab es dafür nicht.

Der Aufsatz bestand aus zwei Teilen. In einem ersten Schritt sollte der gegenwärtige Alltag beschrieben werden. Die Kinder aus koedukativen Schulen sollten einen ganz gewöhnlichen Schultag beschreiben, wie er normalerweise gemeinsam mit Mädchen und Jungen abläuft. In gleicher Weise sollten die Schülerinnen des Mädchengymnasiums und die Schüler des Jungengymnasiums in diesem Teil ihren nicht-koedukativen Alltag beschreiben. Am Anfang stand also jeweils die Schilderung der konkret erlebten Realität. Im zweiten Teil sollten dann Visionen zur Alternative entwickelt werden. Die Mädchen und Jungen aus koedukativen Schulen sollten sich vorstellen, ob in einer Mädchen- bzw. Jungenschule möglicherweise der Alltag anders verlaufen würde, was sie besser, was sie vielleicht auch weniger gut fänden. Entsprechend sollten die Mädchen und Jungen aus der reinen Mädchen- bzw. Jungenschule sich einen koedukativen Alltag vorstellen und einschätzen, ob und was sich ihrer Meinung nach im Schulleben und in einzelnen Unterrichtsfächern möglicherweise verändern würde. Auch hier interessierte uns wieder vor allem ihre persönliche Bewertung. [4]

Die Aufsätze wurden transkribiert und mit Hilfe eines computergestützten Verfahrens (Analysesystem für verbale Daten MAX von Kuckartz und Maurer, vgl. Kuckartz 1992) ausgewertet. Dazu wurden neben den üblichen sozial-statistischen Variablen (Geschlecht, Alter, Nationalität, Jahrgang und Schulform) das Votum zur Koedukation codiert. Wir haben also nicht direkt eine Stellungnahme erfragt, sondern drei Wissenschaftlerinnen[5] haben unabhängig voneinander die Argumentationsstruktur der Aufsätze sorgfältig analysiert und den Kategorien „Befürwortung von Koedukation", „Befürwortung zeitweiser oder völliger Trennung" oder „ambivalent/unentschieden" zugeordnet. Die Übereinstimmung der Codierung wurde anschließend überprüft, sie fiel sehr zufriedenstellend aus. Die wenigen Zweifelsfälle konnten im Diskurs geklärt werden.

---

4 Die genauen Instruktionen, die für die verschiedenen Altersgruppen und Schulformen unterschiedlich abgefaßt werden mußten, finden sich im Anhang. In den Grund- und Hauptschulen formulierten die Lehrerinnen und Lehrer die Anweisungen mündlich.

5 In beiden Phasen der Studie hat uns bei der Analyse der Aufsätze, der Entwicklung der Kategorien und der Codierung Frau Dipl.Soz.Arb. Roswitha Gnan unterstützt.

Weiterhin wurden in allen Aufsätzen relevante Textstellen einem oder mehreren von insgesamt 18 Schlagworten zugeordnet. Sie bezogen sich auf Bewertungen von Schulleben und Unterricht, aber auch auf Aussagen zu Selbst- und Fremdbildern von Jungen und Mädchen, auf Verhaltensschilderungen und Ursachenzuschreibungen für Unterschiede oder auch (bei den Jugendlichen) auf die Funktion von Schule als Einübung in gesellschaftliche Praxis. Wir präsentieren diese Schlagworte in Abb. 2 im Überblick. Sie wurden zum einen aus theoretischen Überlegungen und der Kenntnis empirischer Forschung zur geschlechtsspezifischen Sozialisation in der Schule abgeleitet (z. B. gleiche oder verschiedene Interessen; Leistungsunterschiede; Benachteiligung/Bevorzugung). Sie wurden zum anderen aber auch sehr textnah aus einer ersten Materialsichtung gewonnen (z. B. lebendiger, interessanter Unterricht; Erotik: Liebe/Flirt/Kribbeln/Anmache). In der Regel wurden sie zweidimensional formuliert. Zur leichteren Quantifizierung haben wir die Positiv- und Negativurteile über das eigene und das andere Geschlecht getrennt behandelt. Einige Argumentationsfiguren tauchten in den Texten lediglich eindimensional auf. Dazu gehört z. B. das in unterschiedlichen Variationen auftretende Muster: Weil in unserer Gesellschaft die Männer und Frauen gleichberechtigt sind, ist die Trennung der Geschlechter überholt, ein Anachronismus, ein Rückschritt. Auch die Feststellung, für das spätere Zusammenleben und -arbeiten sei koedukativer Unterricht ein gutes Übungsfeld, wurde ausschließlich als befürwortendes Argument für Koedukation verwandt. In keinem Fall wurden geschlechtsgetrennte Schulen als förderlicher für das spätere Zusammenleben eingeschätzt.

Die Codierung wurde von drei Forscherinnen unabhängig voneinander vorgenommen und auf intersubjektive Übereinstimmung überprüft. Die dabei festzustellende hohe Einigkeit und das Verfahren der diskursiven Aushandlung unterschiedlicher Interpretationen bei Zweifelsfällen garantiert nach unserer Einschätzung ein hohes Maß an Zuverlässigkeit und Schutz vor subjektiven Verzerrungen. Nachdem wir einen ersten Überblick über die Struktur der Ergebnisse gewonnen hatten, wurden diese an sämtliche beteiligten Schulen rückgemeldet und mit interessierten Lehrkräften und Eltern diskutiert. Auch diese kommunikative Einbindung der Schulen in den Forschungsprozeß ist ein wichtiger Bestandteil der Überprüfung der Validität und Tragfähigkeit unserer Interpretationen.

Quantitativ ausgezählt haben wir lediglich die Stellungnahmen zur Koedukation sowie die Zahl derjenigen Mädchen und Jungen, die sich positiv und/oder negativ über das eigene bzw. das andere Geschlecht äußern. Ansonsten haben wir sämtliche Textstellen zu den einzelnen Schlagworten getrennt für Mädchen und Jungen zusammengestellt und unter verschiedenen Vergleichsperspektiven (Alter, Schulform, Stellungnahme zur Koedukation) gesichtet und analysiert. Diese sehr sorgfältige Gruppierung *aller* Äußerungen zu bestimmten Schlagwörtern erlaubt im ersten Zugriff ebenfalls einen quantifizierenden Überblick, zu welchen Themen sich die Untergruppen jeweils mehr oder weniger intensiv äußern. Auf diese Weise läßt sich die Gefahr spürbar verringern, sich zu sehr auf prägnante, im Gedächtnis haftenbleibende Formulierungen zu stützen und sie unzulässigerweise als „typisch" zu verallgemeinern. Die Herausarbeitung inhaltlicher Nuancierungen und Differenzierungen wird wesentlich erleichtert. Auch wir präsentieren Zitate, die unserer Meinung nach besonders gut die herauszuarbeitende Sichtweise charakterisieren. Allerdings haben wir in der skizzierten Weise gesichert, daß diese nicht das Ergebnis einer zufälligen oder willkürlichen Auswahl darstellen.

- Lebendiger, interessanter Unterricht eher oder weniger möglich
- anspornende vs. belastende Geschlechterkonkurrenz
- gegenseitige Ergänzung/Hilfe vs. Auslachen/Verweigerung
- größere vs. geringere Disziplin
- natürliche Gemeinschaft/Spannungsabbau vs. Konfliktvermeidung
- Erotik (Liebe/Flirt/Kribbeln/Anmache): erwünscht vs. störend
- gleiche vs. verschiedene Interessen von Mädchen und Jungen
- gleiche vs. unterschiedliche Leistungsfähigkeit
- Positivurteile über Mädchen
- Negativurteile über Mädchen
- Positivurteile über Jungen
- Negativurteile über Jungen
- psychische Unterschiede zwischen den Geschlechtern oder nicht
- Entwicklungsvorsprung der Mädchen vorhanden oder nicht
- Unterdrückung vs. Selbstbehauptung der Mädchen
- Benachteiligung vs. Bevorzugung eines Geschlechts
- Gleichberechtigung braucht Koedukation/Trennung ist Rückschritt
- Vorbereitung auf Leben und Arbeit geht besser koedukativ

Abb. 2: Schlagworte zur Kategorisierung von Textstellen

Schließlich haben wir mit Hilfe unseres Computer-Programms alle Aufsätze nach bestimmten Schlüsselwörtern durchsucht und auf diese Weise z. B. sämtliche Aussagen zu den Schulfächern - gruppiert nach Alter, Geschlecht, Schulform und Stellungnahme zur Koedukation - analysieren können. Solche Möglichkeiten haben wir vor allem genutzt, um über unsere Verschlagwortung hinaus Hinweise auf lohnende themenbezogene Auswertungen (z. B. zu „Pause“, „Computer“) aus dem Material selbst zu generieren.

1.4 Methodologische Reflexion

Wir haben unser Vorgehen bewußt relativ ausführlich dargestellt, weil wir die Kritik derjenigen Kolleginnen und Kollegen teilen, die mit Recht die Offenlegung von Datenbasis und Forschungsstrategien fordern (Breitenbach 1994; Preuss-Lausitz 1991). Gerade der Einsatz qualitativ-interpretativer Verfahren macht es erforderlich, die methodischen Schritte so zu erläutern, daß sich Leserinnen und Leser ein begründetes Urteil über die Angemessenheit der Erkenntnisgewinnung bilden können.

Wir orientieren uns an dieser qualitativen Methodologie, wie aus der Beschreibung deutlich geworden sein dürfte, und sind damit deren Postulaten von Offenheit, Kommunikativität, Naturalistizität und Interpretativität verpflichtet (vgl. Lamnek 1993). Offenheit bezieht sich dabei sowohl auf die Formulierung von Hypothesen und theoretischen Konzepten als auch auf die gesamte Gestaltung der Untersuchung (angemessene Information der Beteiligten über die Ziele der Studie, Flexibilität bei der Wahl von Erhebungs- und Auswertungsstrategien). Im Unterschied zu quantitativ vorgehenden Forschungsstrategien geht es nicht vor allem darum, das zu interpretierende Material mit „von außen“ herangetragenen Kategorien zu konfrontieren, die aus eigenem Alltags- und theoretischem Wissen abgeleitet wurden. Über dieses Wissen verfügen qualitative ForscherInnen selbstverständlich ebenfalls, sie bringen es auch reflektiert in den Prozeß ein. Vor allem versuchen sie aber durch kontrolliertes Fremdverstehen der von den Untersuchten verwendeten Alltagskonzepte auszugehen und daraus Hypothesen und theoretische Erkenntnisse zu generieren. Es wird also kein vorab entwickeltes inhaltsanalytisches Schema mit Analyseeinheiten, -dimensionen und -kategorien auf die zu untersuchenden Inhalte angelegt. Wir versuchen, den Inhalt selbst sprechen zu lassen und aus ihm heraus die Analyse zu entfalten.

Eng verbunden mit dem Merkmal der Offenheit ist das Prinzip der Naturalistizität. Mit Lamnek (1993, S. 201) gehen wir davon aus, daß verfremdende Einflüsse bei der Erhebung auch zu verfremdenden und unnatürlichen Interpretationen und Deutungen führen. Wir haben deshalb Wert darauf gelegt, unser zu analysierendes Material in einer für die Schülerinnen und Schüler möglichst „natürlichen“ Situation zu gewinnen. Die Lehrerinnen und Lehrer als vertraute Bezugspersonen formulierten eine Anforderung, die aus dem Schulalltag bekannt ist, allerdings freiwillig und ohne Beurteilung und Zensierung bearbeitet werden kann. Kommunikativ erhielt der Akt des Schreibens damit einen vergleichsweise stärkeren „Ernstcharakter“ als dies in Schulaufsätzen häufig der Fall ist: Die Meinungen und Beurteilungen der Kinder und Jugendlichen wurden als inhaltlich wichtig und interessant herausgestellt, es ging nicht um die Demonstration der Beherrschung formaler Kompetenzen. Die Beschreibungen der Kommunikations- und Interaktionssituationen des Schulalltags wurde von den Kindern und Jugendlichen in ihrer Alltagssprache vorgenommen. Auf diese mußten wir uns als Forscherinnen einlassen, um die Bedeutungszuschreibungen zu entschlüsseln, die unsere AutorInnen geschilderten Handlungs- und Interaktionssituationen beimessen. Ziel einer qualitativen Inhaltsanalyse ist es, solche Bedeutungszuschreibungen der Akteure aus dem Material herauszufiltern und explikativ auszulegen. Darauf beziehen sich die Merkmale der Kommunikativität und Interpretativität (vgl. Lamnek 1993 S. 200ff.). Hier werden nun auch die Grenzen einer Aufsatzstudie deutlich. Anders als z. B. bei Interviews oder teilnehmender Beobachtung haben wir keine Möglichkeiten, in der Erhebungssituation bei Verständnisschwierigkeiten nachzufragen, um nähere Konkretisierung oder Erklärung zu bitten oder auch nonverbale Hinweise zu deuten, die etwa emotionale Bedeutung signalisieren. Wir sind beschränkt auf verschriftlichte Aussagen über soziale Wirklichkeit, was von einer „natürlichen“ alltagsweltlichen Kommunikationssituation deutlich abweicht. Das ist allerdings auch bei anderen Erhebungstechniken nur graduell unterschiedlich. Trotz allen Bemühens um Naturalistizität bleibt eine Interview- und erst recht eine Be obachtungssituation ungewöhnlich für die Beteiligten. Auch dabei sind die Möglichkeiten explikativer Vereindeutigung begrenzt, weil der Zwang zu immer weitergehender Explikation der Bedeutung (Was meinst Du damit genau?) irgendwann die „normale“ Kommunikation zusammenbrechen läßt, wie sich an den Garfinkel'schen Krisenexperimenten sehr schön illustrieren läßt (vgl. Garfinkel 1967). Insofern stoßen alle Versuche wissenschaftlich kontrollierten Fremdverstehens auf je spezifische Weise an die durch das Material vorgegebenen Grenzen der Rekonstruierbarkeit von Bedeutungen. Damit wird die Interpretation aber keineswegs beliebig, wie qualitativen Verfahren zuweilen vorgeworfen wird. Die Besonderheit qualitativer Verfahren besteht vielmehr darin, daß die Forschenden noch sehr viel stärker als bei quantifizierendem Vorgehen sozusagen „ihr eigenes Forschungsinstrument“ sind. Reflexivität gegenüber dem eigenen Vorverständnis ist deshalb ein unverzichtbares Postulat: Eigene Vorannahmen müssen expliziert werden, mögliche Verzerrungen auch durch die eigene emotionale Nähe oder Distanz zum Forschungsfeld sind zu reflektieren, nach „blinden Flecken“ in der eigenen Wahrnehmung muß bewußt und gezielt gesucht werden. Gegenseitige

Konfrontation und Kontrolle innerhalb eines Teams sind dabei eine große Hilfe. Sie zwingen zu argumentativer Interpretationsabsicherung, zeigen Brüche auf, die deutlichere Erklärungen provozieren und fordern vor allem immer wieder zu extensiver Überprüfung von Alternativdeutungen heraus. Wir werden bei der Präsentation der Ergebnisse an entsprechenden Stellen exemplarisch verdeutlichen, wie wir vorgegangen sind, um die Argumentation damit auch für Leserinnen und Leser durchschaubar zu machen.

Bei der methodischen Umsetzung haben wir uns vor allem an Mayring (1990) orientiert und uns dabei von seinen Ablaufmodellen bei der inhaltlichen und typisierenden Strukturierung anregen lassen (ebd., S. 83f.). Wir nehmen hier nicht die Diskussion auf, ob und wieweit dieses Verfahren die Grenze zum quantitativen Vorgehen überschreitet (vgl. Lamnek 1993, S. 215ff.). Unsere Darstellung hat schon gezeigt, daß wir die rigide Abgrenzung der beiden Paradigmen, die zuweilen glaubenskriegähnliche Züge annimmt, nicht nachvollziehen. Wo es uns erkenntnisträchtig erschien, haben wir quantitative Zugriffe durchaus eingesetzt, waren insgesamt allerdings sehr sparsam damit. Unser Hauptinteresse richtete sich auf die qualitative Analyse *manifester* Kommunikationsinhalte, also von Aussagen, die bewußt und explizit formuliert werden: Welche Vorstellungen existieren in den Köpfen heutiger Schülerinnen und Schüler zum Thema Koedukation?

Wir präsentieren dazu in *Kapitel 2* zunächst einen Überblick über die Haltung heutiger Mädchen und Jungen: Wer plädiert für gemeinsames Lernen, wer möchte lieber getrennt lernen, wer mag sich nicht entscheiden? Diese Kategorisierungen werden wichtig für die anschließende Darstellung der dahinterstehenden Begründungsmuster. *Kapitel 3* zeigt diese zunächst für die Schülerinnen und Schüler der koedukativen Schulen. Wir folgen dabei dem biographischen Durchlauf durch die Schule, indem wir mit den Grundschulkindern beginnen, die Orientierungsstufe (5./6. Jahrgang) anschließen, sodann zunächst die Sekundarstufe I (7.-10. Jahrgang) und schließlich die Sekundarstufe II (11.-13. Jahrgang) vorstellen. In der Regel stellen wir zunächst die Sicht der Mädchen, im zweiten Schritt dann die der Jungen dar. Ausführlich stellen wir dann jeweils die *Mehrheitsposition* einer Gruppe vor. Bei den Grundschulkindern ist dies beispielsweise die Befürwortung der Koedukation. Vorangestellt wird dazu ein kompletter Aufsatz, auf den wir uns im Team als besonders typisch verständigt haben. Anschließend präsentieren wir unsere Analyse der Aufsätze nach den vorn vorgestellten Kategorien, die wir strukturierend zusammengefaßt haben zu den Aspekten „Schulklima und Schulleben“ und „Lernen, Leistung und Interessen: Selbstbilder und Fremdbilder“. Durch ausführliche Zitate bemühen wir uns, die Sichtweisen der Schülerinnen und Schüler möglichst authentisch und differenziert nachzuzeichnen. Die *Minderheitsposition* (im Falle der Grundschulkinder Ablehnung und Ambivalenz) wird dagegen knapper beschrieben, allerdings auch mit aussagekräftigen Zitaten belegt. In einem kurzen Fazit werden jeweils die wichtigsten Erkenntnisse zusammengefaßt. *Kapitel 4* stellt in analoger Weise die Ergebnisse für die geschlechtsgetrennten Schulen vor, zunächst für das Mädchen-, anschließend für das Jungengymnasium.

Um die Darstellung nicht zu sehr aufzublähen und ermüdende Wiederholungen zu vermeiden, stellen wir in jeder Alters- bzw. Geschlechtsgruppe vor allem die besonders typischen Argumente und Erklärungsmuster heraus und verweisen dabei auf Modifizierungen im Vergleich zu den anderen Gruppen. Trotzdem werden sich Redundanzen nicht immer vermeiden lassen. Wir haben Wert darauf gelegt, daß auch bei selektivem Lesen - wenn man sich beispielsweise vor allem für eine Altersgruppe oder einen bestimmten Schultyp interessiert - kein verkürztes Bild entsteht.

In *Kapitel 5* analysieren wir unser Material aus einem anderen systematischen Blickwinkel. Der Wunsch nach zeitweiliger Trennung beim Lernen wird in der Regel von den Kindern und Jugendlichen fachspezifisch begründet. Wir rekonstruieren diese Begründungen aus ihrer Perspektive und setzen dies in Beziehung zu den fachdidaktisch und sozialisationstheoretisch orientierten Diskussionen, die derzeit Argumente für das Lernen in geschlechtshomogenen Gruppen abwägen gegen die Vorteile gemeinsamen Lernens. Wir bündeln die alters- und schultypspezifischen Aussagen hier also vor allem unter der Frage nach den Erkenntnissen für die Unterrichtsgestaltung in den Fächern, die von den Schülerinnen und Schülern selbst benannt werden. Auch dabei werden sich einige Wiederholungen nicht ganz vermeiden lassen. Aus der Perspektive von Leserinnen und Lesern, die sich gezielt informieren möchten, scheint uns dies aber eher vertretbar zu sein als exzessive Querverweise auf verschiedene Kapitel. Außerdem werden durch den Rückgriff auf gleiche Textstellen je nach Frage- und Interpretationskontext auch je unterschiedliche Bedeutungsgehalte herausgearbeitet und gewichtet. Es handelt sich bei den hier angesprochenen Redundanzen also nicht um schlichte Doppelungen.

In *Kapitel 6* fassen wir die zentralen Erkenntnisse abschließend zusammen und ordnen sie in unseren theoretischen Bezugsrahmen ein. Gleichzeitig fragen wir nach Ansatzpunkten für institutionelle Veränderungen und Handlungskonsequenzen, die sich aus der hier vorgelegten Analyse benennen lassen. Beide Aspekte können wir lediglich anreißen, weil hier nicht die theoretisch-konzeptionelle Arbeit im Vordergrund stand, sondern zunächst ihre Fundierung durch empirische Aufhellung spezifischer Aspekte der Wahrnehmung des Schulalltags durch die Betroffenen. Mindestens ein Ausblick auf notwendige und mögliche Veränderungen soll aber unsere Darstellung abrunden.

2 Wie stehen Mädchen und Jungen zur Koedukation?

Auf einer Vortragsveranstaltung zur historischen Entwicklung und künftigen Perspektive der Koedukation im Januar 1991 an der Universität Hamburg widersprach der frühere Schulsenator Joist Grolle pessimistischen Einschätzungen, es könne zu vorschneller und unreflektierter Aufhebung des gemeinsamen Lernens beider Geschlechter kommen. Dies sei schon deshalb unrealistisch, weil Mädchen und Jungen sich diese Gemeinsamkeit gar nicht mehr nehmen ließen. Wir waren sehr gespannt darauf, ob sich eine solche „Verteidigung des Besitzstandes Koedukation" auch in den Aufsätzen widerspiegeln würde, und ob die Geschlechter in dieser Hinsicht Einigkeit zeigen würden oder nicht. Abb. 3 zeigt ein sehr differenziertes Bild.

Die Hälfte aller von uns befragten Kinder und Jugendlichen spricht sich klar für die Koedukation aus, ein Viertel dagegen für Trennung, ein weiteres Viertel äußert sich ambivalent. Dabei wird die Pro-Koedukation-Position deutlich stärker von den Jungen vertreten, Trennung wird dagegen deutlich stärker von den Mädchen befürwortet, und letztere stellen auch einen etwas größeren Anteil in der Ambivalenzposition. Nimmt man die Anzahl der Mädchen und der Jungen jeweils als Bezugsgröße zur Berechnung des prozentualen Anteils innerhalb der Geschlechtsgruppen, dann befürworten 41% der Mädchen und 60% der Jungen die Koedukation. 31% der Mädchen, aber nur 16% der Jungen sehen in zeitweiliger oder auch völliger Geschlechtertrennung Vorteile, und 28% der Mädchen im Vergleich zu 23% der Jungen sind unentschieden. Wenn man diese Zahlen vergleicht mit den Ergebnissen einer aktuellen Repräsentativumfrage bei Jugendlichen und Erwachsenen, so fallen dort die Befürwortungswerte für die Koedukation noch deutlich höher aus. Das Forsa-Institut hatte im Auftrag der Zeitschrift „Die Woche" in gut 1.000 Telefoninterviews Bürgerinnen und Bürger ab 14 Jahre in Ost und West gefragt, ob sie Mädchen und Jungen lieber gemeinsam, grundsätzlich getrennt oder lediglich in bestimmten Fächern getrennt unterrichtet sähen (Ott 1995). Hier liegt also eine direkte Reaktion der Befragten auf eine vorab formulierte Frage mit drei vorgegebenen Antwortmöglichkeiten vor. Lediglich die 2-3% der Befragten, die sich diesen Kategorien überhaupt nicht zuordnen konnten, wurden hier in die Position „weiß nicht" eingereiht. Bei dieser Vorgehensweise lag die Zustimmung zum gemeinsamen Lernen in den

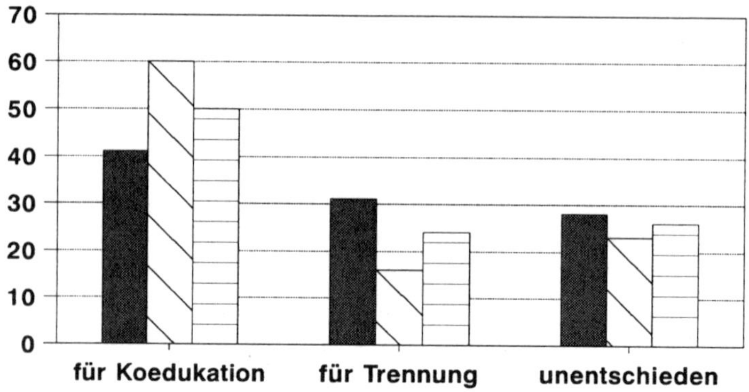

	für Koedukation	für Trennung	unentschieden
Mädchen	41	31	28
Jungen	60	16	23
Gesamt	50	24	26

Zustimmung in %

Abb. 3: Votum zur Koedukation bei Mädchen und Jungen

verschiedenen Bevölkerungsgruppen um die 90%. In den neuen Ländern lag sie noch etwas höher, ebenso bei den jüngeren Befragten (14-29jährigen), die mindestens teilweise selbst noch die Schule besuchten. Nun haben wir unsere Befragten nicht nach dem Gesichtspunkt der repräsentativen Zusammensetzung ausgewählt, sondern in unserer Stichprobe ist ein überproportional großer Anteil von Jugendlichen vertreten, die selbst getrennt unterrichtet werden, einen solchen Schultyp häufig auch bewußt gewählt hatten oder doch im Einverständnis mit den Eltern dort hingegegangen waren. Schon deshalb erwarteten wir in unserer Studie auch eine höhere Befürwortung getrennter Lernformen. Dazu gilt es aber zunächst zu prüfen, ob die Kinder und Jugendlichen tatsächlich in erster Linie das befürworten, was sie selbst aktuell erleben. Nur die Schülerinnen und Schüler der reinen Mädchen- bzw. Jungenschule kennen beide Formen des Lernens. Mindestens in der Grundschule wurden sie koedukativ unterrichtet, auch in der gymnasialen Oberstufe wurde durch die Kooperation mit anderen Schulen in bestimmten Kursen das Prinzip der Geschlechtertrennung partiell durchbrochen. Die Mädchen und Jungen aus den koedukativen Schulen, die wir hier untersucht haben, hatten dagegen kaum Erfahrung mit geschlechtshomogenen Lerngruppen.[6] Für sie war das Miteinander einzige und selbstverständliche Alltagserfahrung. Ob diese eher zur Befürwortung oder eher zu herber Kritik führen würde, schien uns schwer voraussagbar. Außerdem hatten wir bei der nachträglichen Kategorisierung der Einstellung zur Koedukation alle diejenigen in die Position „ambivalent" eingeordnet, die sowohl Vor- als auch Nachteile gemeinsamen und getrennten Lernens aufführten, ohne sich eindeutig bilanzierend zu äußern. Eine Aufforderung zu einer eindeutigen Parteinahme hatten wir absichtlich nicht formuliert. Gerade an dieser Stelle erschien uns größtmögliche Offenheit des Verfahrens von Vorteil: Welches Maß an Eindeutigkeit produzieren die Schülerinnen und Schüler, wenn es nicht durch Entscheidungsabfragen von außen „erzwungen" wird? Abb. 4 schlüsselt die Haltung unserer Befragten zur Koedukation nach Geschlecht und Schultyp[7] auf:

Die deutlichsten Befürworter gemeinsamen Lernens sind die Jungen aus den koedukativen Schulen: Fast Dreiviertel möchten diesen Zustand auf jeden Fall unverändert wissen. Bei ihren Mitschülerinnen ist die Zustimmung ebenfalls sehr hoch, gut zwei Drittel sehen das ebenso. Der Unterschied zu den Schülerinnen und Schülern, die jeweils reine Mädchen- bzw. Jungenschulen besuchen, ist eklatant - besonders zwischen den Mädchen. Man kann aber keinesfalls sagen, daß auch in den geschlechtshomogenen Schulen für die Aufrechterhaltung des dortigen Status quo plädiert wird. Zwar findet eine große Gruppe von Mädchen (45%) Trennung (mindestens zeitweise oder in bestimmten Fächern) sinnvoll, aber eine gleich große Gruppe (46%) äußert sich eher ambivalent dazu. Auch bei den Schülern der Jungenschule ist ein Drittel unentschieden, von ihnen möchte nur gut ein Viertel an der Trennung festhalten.

Zwei Sachverhalte lassen sich zunächst einmal festhalten: Jungen stimmen noch klarer für die Koedukation als Mädchen. Und relativ viele Schülerinnen und Schüler der geschlechtshomogenen Schulen stehen der eigenen Form geschlechtsgetrennten Lernens ambivalent bis ablehnend gegenüber, auch dies ist bei den Jungen noch stärker ausgeprägt als bei den Mädchen.

---

6 Sie beschränkten sich im wesentlichen auf Computer-AG's, die beispielsweise in einem Gymnasium angeboten wurden oder auf Versuche mit getrenntem Sportunterricht. Einige Jungen erwähnen außerdem so etwas wie "spontane Binnendifferenzierung" im Fach Informatik, durch die sie weitgehend als Fachleute "unter sich" blieben.

7 Um Mißverständnisse auszuschließen, erläutern wir explizit die im Alltagsgebrauch zuweilen synonym verwandten Begriffe: Mit Schul*typ* ist im folgenden immer die Differenzierung zwischen koedukativen und geschlechtsgetrennten Schulen gemeint, Schul*form* bezieht sich auf die verschiedenen Schulangebote unseres gegliederten Schulsystems (Haupt-, Realschule, Gymnasium).

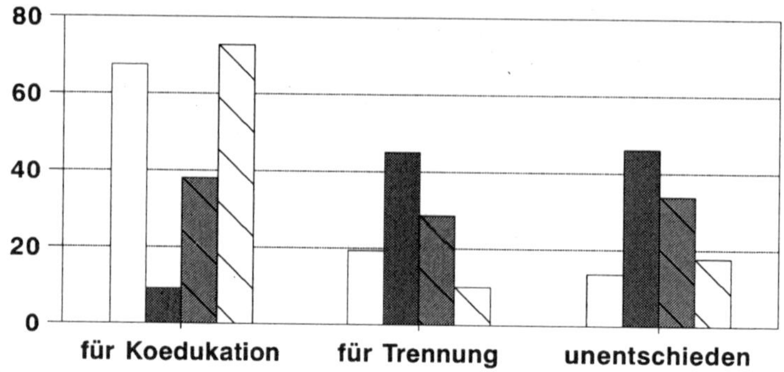

	für Koedukation	für Trennung	unentschieden
M-Koed	67,3	19,2	13,5
M-GY	9,1	44,9	46
J-GY	37,9	28,4	33,7
J-Koed	72,5	9,9	17,6

Zustimmung in %

M-Koed M-GY J-GY J-Koed

Abb. 4: Votum zur Koedukation in koedukativen und getrennten Schulen

Dieses Ergebnis ist besonders interessant, wenn man es in Beziehung zu den von Demant (1955) ermittelten Positionen der Jungen und Mädchen setzt. Sie befragte an Berliner Oberschulen des praktischen, technischen und wissenschaftlichen Zweiges - die damals in etwa unseren Schulformen Hauptschule, Realschule, Gymnasium entsprachen - gut 400 Schülerinnen und Schüler aus koedukativ geführten Klassen und aus reinen Mädchen- bzw. Jungenklassen. Damals waren zwar auch schon gut zwei Drittel der Mädchen für die Koedukation, bei den Jungen aber nur ein Drittel. Insbesondere die Jungen aus Jungenschulen lehnten damals vehement eine gemeinsame Erziehung mit Mädchen ab. Aber auch die Hälfte der Jungen aus koedukativen Schulen hätte lieber getrennte Schulen gesehen. In den fünfziger Jahren sprachen sich also die Mädchen in viel stärkerem Maße gegen eine getrennte Erziehung aus, und zwar unabhängig davon, ob sie reine Mädchenschulen oder koedukative Schulen besuchten. Hier hat ganz offensichtlich ein Stimmungsumschwung zwischen den Geschlechtern eingesetzt. Wenn heute für Trennung plädiert wird, dann deutlich eher von den Mädchen.

Insgesamt ergibt sich aber bei den meisten Schülerinnen und Schülern unserer Studie ein klares Meinungsbild zugunsten gemeinsamen Lernens von Mädchen und Jungen. Über die Differenzierung in den verschiedenen Altersgruppen gibt Abb. 5 einen Überblick.

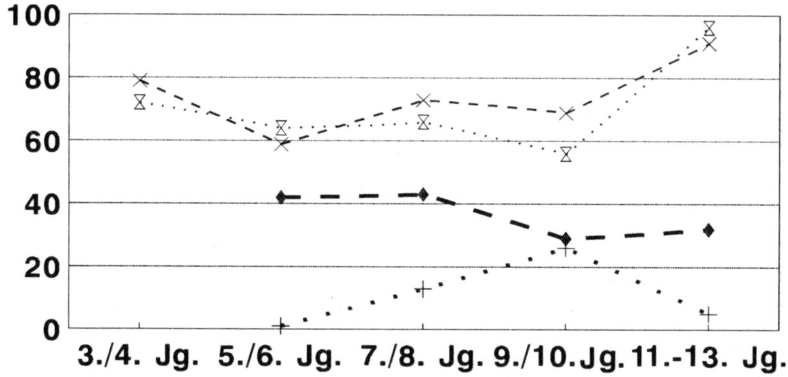

Mädchen (koed.)	72	64	66	56	96
Mädchen (M-GY)		1	13	26	5
Jungen (J-GY)		42	43	29	32
Jungen (koed.)	79	59	73	69	91

Befürwortung von Koedukation in %

Mädchen (koed.) **Mädchen (M-GY)**
Jungen (J-GY) **Jungen (koed.)**

Abb. 5: Votum zur Koedukation in verschiedenen Altersgruppen

Wir haben darin wieder die Mädchen und Jungen aus koedukativen Schulen denen aus den geschlechtsgetrennten Schulen gegenübergestellt. Zu beachten ist dabei, daß wir hier keine Längsschnittstudie vorlegen, wie die Kurvendarstellung vielleicht nahelegen könnte. Wir vergleichen verschiedene Altersgruppen miteinander, nicht individuelle Entwicklungen über die Zeit hinweg. Ein solcher Querschnittvergleich unterschiedlicher Altersgruppen liefert aber durchaus brauchbare Hinweise auf altersspezifische Sichtweisen, die im Lichte entwicklungspsychologischer Erkenntnisse interpretiert werden können.

Beginnen wir mit der Betrachtung der Verlaufskurven von Mädchen und Jungen in koedukativen Schulen. Ihre Kurven liegen dicht beieinander, deutlich über den Schülerinnen der Mädchenschule und auch klar über den Schülern der Jungenschule. Die größte Zustimmung zur Koedukation finden wir an den Rändern der Schulzeit. Bei den Grundschulkindern stimmen über 70% dafür, in der gymnasialen Oberstufe nähern sich die Werte der Hundertprozentmarke. In der Sekundarstufe I schwanken sie um Werte von knapp 60 bis 70%.

Auffällig niedrig fällt das Ergebnis in den Jahrgängen 5 und 6 aus, die in unserer Untersuchung für die niedersachsentypische Form der Orientierungsstufe stehen. Die Kinder wechseln nach der Grundschule für zwei Jahre an eine neue Schule, im Anschluß daran entscheidet sich ihr weiterer Weg in eine der Schulen des dreigliedrigen Schulsystems. Eine Gesamtschule als weitere Alternative war in der von uns untersuchten Kleinstadt nicht vorhanden. Für alle hier sich äußernden Jungen und Mädchen dieser Altersgruppe war dies also eine institutionelle Übergangssituation, die nach zwei Jahren mit dem Übertritt in eine Schule beendet werden würde, die ihnen einen mehr oder weniger attraktiven Abschluß bietet. Es ist schwer abzuschätzen, ob und welche Wirkungen eine solche Situation auf die Wahrnehmung und Bewertung schulischen Lebens durch die Kinder hat. Daß solche Übergangssituationen in diesem Alter durchaus krisenhaft erlebt werden können, ist aus Untersuchungen zur schulischen Sozialisation bekannt (Tillmann u. a. 1984). Das zeigt sich sowohl bei Schulangst und Schulfreude als auch bei den Einstellungen zu Lehrerinnen und Lehrern. Es dürfte auch nicht ohne Wirkung auf die Wahrnehmung der Gleichaltrigen bleiben, wobei aber schwer einzuschätzen ist, wie sich dies bei gleich- und andersgeschlechtlichen KlassenkameradInnen darstellt. Die Bevorzugung von Trennung nimmt im Vergleich zur Grundschule bei den Mädchen geringfügig ab (von 10 auf 7%), bei den Jungen steigt sie leicht von 7 auf 11% (ohne Abbildung). Bei beiden Geschlechtern ist der Anteil ambivalent/unentschiedener Äußerungen mit 29% so hoch wie in keiner anderen Altersgruppe. Schon bei einer ersten Sichtung der Aufsätze hatten wir den deutlichen Eindruck, daß für viele Kinder bei der Schilderung ihres Alltags ganz andere Probleme als das Geschlechterverhältnis „obenauf“ lagen. Das schloß insbesondere herbe Kritik an bestimmten Fächern und Lehrkräften ein. Möglicherweise sind in der Wahrnehmung der Kinder diese Probleme - eben nicht nur während des Aufsatzschreibens, sondern auch im konkreten Schulalltag - sehr viel relevanter als die Frage nach dem Miteinander von Jungen und Mädchen.

In den Jahrgängen 7-10 liegen die Zustimmungswerte zur Koedukation bei den Jungen wieder höher als bei ihren Mitschülern aus der Orientierungsstufe (73% im 7./8. Jahrgang, 69% im 9./10. Jahrgang). Bei den Mädchen dagegen bleiben sie im 7./8. Jahrgang mit 66% etwa gleich und liegen im 9./10. Jahrgang sogar mit 56% deutlich niedriger.[8] Wir haben hier die Jahrgänge, in der die Jugendlichen in der Wahrnehmung von Eltern und Lehrkräften in der Regel als besonders „schwierig" erlebt werden. Pubertät und Adoleszenz sind wichtige Entwicklungsphasen, in der die eigene Identitätsfindung krisenhaft erlebt und bewältigt wird. Die Auseinandersetzung mit der eigenen Geschlechtlichkeit, die Frage nach der Attraktivität für das andere Geschlecht, das kann die Bedeutung von schulischen Anforderungen, von Inhalten und Noten in den Augen der Jugendlichen (mindestens vorübergehend) erheblich zurücktreten lassen. Bei Mädchen und Jungen verläuft diese Entwicklungsphase zeitlich nicht synchron, in der Regel haben Mädchen dabei einen Vorsprung (vgl. Ewert 1983). Allerdings sind auch die individuellen Unterschiede sehr groß, so daß die Klassen in diesen Jahrgängen eine sehr unterschiedliche Mischung von noch sehr kindlichen Jungen bis hin zu relativ weit entwickelten jungen Frauen umfassen können. Wie die Schülerinnen und Schüler unter solchen Rahmenbedingungen den Umgang mit dem eigenen und dem anderen Geschlecht erleben, dazu gibt es vereinzelte Beschreibungen (Fend 1990, Flaake 1990a, Tillmann 1992). Sie lassen es plausibel erscheinen, daß die Kommunikations- und Interaktionsstrukturen in solchen Klassen relativ störanfällig sind. Das muß aber noch nicht unbedingt heißen, daß die Jugendlichen lieber auf die Anwesenheit des anderen Geschlechts verzichten wollen. Wir sehen hier, daß eine deutliche Mehrheit der koedukativ unterrichteten Jungen und Mädchen dies keineswegs will. Von der Oberstufe ab fällt die Zustimmung zum gemeinsamen Lernen dann noch sehr viel eindeutiger aus.

Betrachten wir nun die Verlaufskurven der Schülerinnen und Schüler an der Mädchen- bzw. Jungenschule. Sie beginnen erst mit dem Eintritt in das Mädchen- bzw. Jungengymnasium im 5. Jahrgang, weil Grundschulen nach unseren Recherchen ausnahmslos koedukativ geführt werden. Zunächst springt ins Auge, daß die Unterschiede zwischen den Geschlechtern bei den getrennt unterrichteten Kindern und Jugendlichen sehr viel größer ausfallen. Die Jungen sprechen sich dabei zu allen Zeitpunkten deutlich stärker für die Koedukation aus. Lediglich im 9./10. Jahrgang, in dem der Wert bei den Jungen mit 29% besonders niedrig, bei den Mädchen mit 26% untypisch hoch ausfällt, zeigt sich eine Annäherung. Insbesondere zu Beginn der Gymnasialzeit identifizieren sich die Mädchen offenbar weitgehend mit der von ihnen bzw. ihren Eltern gewählten Form geschlechtsgetrennter Erziehung. Im

8 Im Vorgriff auf die in Kapitel 3 referierten Einstellungsmuster scheint uns hier schon der Hinweis sinnvoll, daß dies vor allem im Zusammenhang mit dem Fach Sport zu sehen ist. Insbesondere an einer Schule ließ sich das überaus deutlich zeigen.

5./6. Jahrgang spricht sich nur eine einzige Schülerin für Koedukation aus, 66% sind für die Trennung, allerdings äußert sich auch hier schon ein Drittel ambivalent. In den Pubertäts- und Adoleszenzjahren steigt der Anteil derjenigen, die sich für die Koedukation aussprechen, dann auf 13 bzw. 26%, nimmt aber - anders als bei den Jungen - in der Oberstufe wieder ab auf 5%. Bereits von der 7. Klasse ab bis zum Ende der Schulzeit äußert sich immer die größte Gruppe ambivalent.

Bei den Jungen ist dagegen bereits zu Beginn ihrer Schulzeit eine deutliche Distanz zur Geschlechtertrennung zu beobachten. Über 40% votieren in den Jahrgängen 5 - 8 jeweils für Koedukation, lediglich im 9./10. Jahrgang liegt der Wert nur bei knapp 30%. Auch dort wird aber nicht etwa überwiegend für getrennten Unterricht plädiert, dafür finden sich nur 18% der Stimmen. Der weitaus größte Teil äußert sich hier ambivalent (53%). In der Oberstufe, d. h. aufgrund der Erhebungssituation in den Jahrgängen 11 und 13, verteilen sich die Stellungnahmen dann relativ gleichmäßig auf die drei Kategorien: 32% stimmen für Koedukation, 30% für Trennung und wiederum etwas mehr äußern sich mit 38% ambivalent. Bei den Schülern der Jungenschulen nimmt die Distanzierung vom eigenen Schultyp also insofern etwas ab, als sie nicht mehr so stark für Koedukation plädieren. Gleichzeitig nehmen aber auch die Stimmen für Trennung mit zunehmendem Alter ab, während die ambivalenten Aussagen steigen. Die Tendenz geht also von der Distanzierung zur Ambivalenz.

Dieses insgesamt etwas verwirrende Bild läßt keine eindeutig lebensaltersbezogene oder eindeutig geschlechtstypische Interpretation zu. Wir haben gesehen, daß institutionelle Faktoren des schulischen Kontextes offenbar ebenso eine bedeutsame Rolle spielen wie entwicklungspsychologische Stadien des Identitätserwerbs. Wenn man die sehr unterschiedlichen Kurvenverläufe in Abb. 5 betrachtet, dann scheint aber doch die Interpretation plausibel, daß die konkreten Erfahrungen unter den sehr unterschiedlichen institutionellen Bedingungen in koedukativen und in geschlechtsgetrennten Schulen offenbar stärker durchschlagen als die individuellen Faktoren Geschlecht und Lebensalter. Jedenfalls sind die Urteile der Kinder und Jugendlichen in koedukativen Schulen wesentlich homogener, während sich die der Jungen und Mädchen aus geschlechtsgetrennten Schulen drastisch unterscheiden. Während die Schülerinnen der Mädchenschule möglicherweise gerade zu Beginn der Schulzeit die Abwesenheit der Jungen als Entlastung und Erleichterung erleben, betrachten die Jungen offenbar die Tatsache, daß sie nun ohne Mädchen sind, keineswegs als Gewinn, sondern eher als Nachteil und Verlust. Auch in der Oberstufe sieht dies offensichtlich noch ein beträchtlicher Teil der Jungen so. Allerdings ist hier - und bei den Schülerinnen der Mädchenschule der Oberstufe erst recht - der Abstand zu der einhelligen Befürwortung von Koedukation in koedukativen Schulen eklatant. Auch das spricht dafür, daß institutionelle Faktoren und damit verbundene Erfahrungen hier stärker durchschlagen als das Lebensalter.

Nur sehr kurz wenden wir uns abschließend einem weiteren institutionellen Faktor zu, den wir für sehr wichtig halten und nach dem wir im Rahmen von Lehrerfortbildungsveranstaltungen schon häufig gefragt worden sind. Es geht um die Frage der Schulformabhängigkeit der Einstellung zur Koedukation. Wir haben selbstverständlich geprüft, ob sich zwischen den in unserer Stichprobe vertretenen Haupt-, Realschul- und GymnasialschülerInnen Unterschiede aufzeigen lassen. Das betraf die Jugendlichen der Jahrgänge 7-10. Deutlich lag die Befürwortung der Koedukation im Gymnasium an der Spitze, während sie in der Hauptschule spürbar verhaltener ausfiel. Das Schlußlicht bildete die Realschule. Dort war der Anteil derjenigen, die für Trennung plädieren, denn auch am höchsten.[9] Die Unterschiede sind signifikant auf dem 5 %-Niveau ($chi^2 = 25{,}7$; $C = .19$), allerdings ist der Zusammenhang nicht sehr stark ausgeprägt, die Zustimmungswerte zur Koedukation variieren zwischen 57 und 77%. Letztlich finden wir also in allen von uns untersuchten Schulformen eine sehr ausgeprägte Zustimmung zum gemeinsamen Lernen von Mädchen und Jungen. In jedem Fall möchten wir aber dieses Ergebnis nur mit großer Vorsicht interpretieren. Unsere Untersuchung ist von ihrer Anlage und der Stichprobengröße her nicht als Schulformvergleich gedacht, wir haben ja jeweils lediglich eine einzige koedukative Schule für jede der drei Schulformen unseres gegliederten Systems erfaßt. Wir können deshalb nicht überprüfen, ob hier nicht Unterschiede zwischen Einzelschulen vorschnell auf die Schulform verallgemeinert werden, der die Schulen angehören. Ganz bewußt verzichten wir deshalb hierzu auf eine ausführlichere Darstellung und Abbildung. Wir werden aber bei der Präsentation der Argumentationsmuster für und gegen die Koedukation immer dann auf inhaltliche Differenzierungen zwischen den Schülerinnen und Schülern der verschiedenen Schulformen eingehen, wenn sich plausible Hinweise auf deren Bedeutung als unterschiedliche Sozialisationskontexte finden. Als Hinweise zur Identifizierung spezifischer Problemkonstellationen und Anregung für weitere Forschung scheint uns das durchaus fruchtbar.

---

9 Im Vorgriff auf Kapitel 4, in dem wir fachspezifische Ergebnisse näher betrachten, soll hier bereits darauf hingewiesen werden, daß die vergleichsweise hohen Trennungswünsche der Realschülerinnen sich ganz überwiegend daraus erklären, daß sie für getrennten Sportunterricht plädieren. Keinesfalls geht es also um eine komplette institutionelle Trennung.

3 Begründungen für gemeinsames und getrenntes Lernen in koedukativen Schulen

Wenn wir im folgenden versuchen, die typischen Begründungen der Schülerinnen und Schüler *für* bzw. *gegen* die Koedukation nachzuzeichnen, dann haben wir eine Vielzahl differenzierender Faktoren zu beachten: Da sind zunächst einmal die verschiedenen Altersstufen, die einen spezifischen Rahmen für die motivationalen Bedürfnisse, aber auch für die kognitiven Fähigkeiten zur Formulierung von Begründungszusammenhängen abgeben. Darüber hinaus haben wir in der Sekundarstufe I die verschiedenen Schul*formen* (Hauptschule/Realschule/Gymnasium) zu betrachten, im Gymnasialbereich[10] differenziert sich das wiederum in die für uns besonders interessanten Schul*typen* (koedukativ vs. geschlechtsgetrennt). Und schließlich ist bei alledem ein ganz wesentliches Merkmal die Frage, wie die Verfasserin oder der Verfasser zur Koedukation steht: befürwortend, ablehnend oder ambivalent.

Um in diesem Gewirr notwendiger Differenzierungen den roten Faden nicht zu verlieren, orientieren wir uns als Grobeinteilung zunächst an der Altersstruktur, indem wir die Grundschuljahrgänge, die Jahrgänge der Sekundarstufe I und anschließend die der Sekundarstufe II gesondert betrachten. Die Binnendifferenzierung nehmen wir dann nach Stellungnahme zur Koedukation und - wenn nötig - nach Schulform und Schultyp vor. Zugunsten besserer Lesbarkeit werden wir nicht jeweils alle Positionen durchdeklinieren, weil das zu ermüdender Redundanz führen würde. Stattdessen greifen wir jeweils die für eine Altersgruppe und Schulform typische Position heraus und beleuchten sie intensiv aus Mädchen- und Jungensicht. Wir charakterisieren also jeweils ausführlich die Mehrheitsmeinung. Die Argumentationsmuster der Minderheit werden wir im Anschluß daran überblickhaft skizzieren.

Inhaltlich werden wir die Darstellung weitgehend parallelisieren, indem wir in einem ersten Schritt jeweils die Argumente zusammentragen, die das

10 Wir haben uns bei der Suche nach reinen Mädchen- und Jungenschulen auf den Gymnasialbereich beschränkt, weil die meisten heute noch existierenden geschlechtsgetrennten Schulen dort angesiedelt sind. Nach unseren Informationen gibt es nur noch eine einzige Jungenrealschule in der Bundesrepublik. Allerdings finden sich in Bayern noch sehr viele Mädchenrealschulen, die für eine Vergleichsstudie sicher interessant wären.

Schulklima betreffen. Die Atmosphäre im Unterricht und in den Pausen gehört ebenso dazu wie das Verhalten von Lehrerinnen und Lehrern. In zwei weiteren Schritten geht es dann um die *Einschätzung von Leistungen, Fähigkeiten und Interessen* von Mädchen und Jungen, die sich mit der Zuordnung sozialer Eigenschaften und Fähigkeiten zu komplexen *Selbst- und Fremdbildern* verbinden. Und in einem letzten Schritt werden wir dann die - vor allem von den älteren Schülerinnen und Schülern vorgetragenen - Begründungsmuster vorstellen, die über die Schulzeit hinausweisen. Darin wird vor allem die *Vorbereitung auf das Zusammenleben der Geschlechter in Partnerschaft und Beruf* thematisiert. Dabei reflektieren die Jugendlichen zuweilen auch die Frage, ob denn Geschlechtertrennung in der Schule nicht ein deutlicher Rückschritt hinter gesellschaftliche Entwicklungen wäre, der mit dem grundgesetzlich verankerten Gleichheitsanspruch gar nicht vereinbar sei.

In der jüngsten Altersgruppe, die wir hier nun zunächst vorstellen, geht es aber sehr viel stärker um die ganz unmittelbare Frage des gemeinsamen Alltags in der Schule.

3.1 Grundschule: „... denn Jungen und Mädchen gehören zusammen"

> *„Jungen und Mädchen sind wie ein Puzzlespiel und wenn wir nicht mehr zusammen sind, ist die Schule öde."*
> *(111, w, 4. Kl.)*

Die hohe Zustimmung zu Koedukation gerade bei den Grundschulkindern ist in Kapitel 2 schon deutlich geworden: Mehr als 70% sprachen sich für das gemeinsame Lernen aus, die 68 Jungen noch etwas stärker als die 98 Mädchen. Die alterstypische Position ist hier also die klare Befürwortung von Koedukation. Deswegen ist es nicht verwunderlich, wenn wir zur Beschreibung des Schulklimas sehr viele harmonische Bilder finden. *„Wie eine große Familie" (103)* fühle man sich, mit der man *„schöne Stunden"* (59) verbringen kann. Ohne Jungen würde *„irgendetwas fehlen"* bescheinigen die Mädchen ihren Klassenkameraden (131). Und auch diese betonen in vielen Variationen: *„Ich finde es gut, wenn die Mädchen bei uns sind und mit uns spielen" (101).* Innerhalb dieser Einigkeit, daß man auf jeden Fall nicht aufeinander verzichten wolle, zeigen sich dann aber interessante Modifikationen zwischen Mädchen- und Jungenargumentationen. Sie lassen deutlich erkennen, wie die Teile des „Geschlechter-Puzzlespiels“ in der Sicht der 8-10jährigen Kinder ineinandergreifen. Wir wollen dies nicht vorwegnehmend interpretieren, sondern präsentieren zunächst einmal einen kompletten Aufsatz, der die Sicht der 71 Mädchen, die sich positiv zur Koedukation äußern, in pointierter Zusammenfassung illustriert. Die Argumentationsstrukturen arbeiten wir im Anschluß daran mit typischen Zitaten aus den übrigen Aufsätzen heraus.

3.1.1 Die Sicht der Mädchen

Als Beispiel haben wir den Aufsatz einer Schülerin ausgewählt, die zwar Vor- und Nachteile gegeneinander abwägt, in der Bilanz aber klar die enge Zusammengehörigkeit betont:[11]

„Mein Nachbar ist sehr nett. Jungen und Mädchen sitzen zusammen. Die Pausenhöfe teilen wir zusammen, sozusagen: Wir machen alles zusammen. Nur manchmal sind die Jungen eine echte Plage, sie nehmen sich das, was ihnen gerade so gefällt, dann gibt es mal wieder etwas zu tun. Mein Nachbar hilft mir, wenn ich Hilfe brauche, und weil ich von meinem Nachbarn geschätzt werde, helfe ich ihm auch in Sach und Mathe, in Deutsch und in textiles Gestalten.

Ich halte nichts davon (von getrennten Mädchen- und Jungenschulen, Anm. d. Aut.), weil ich ihn (Nachbarn) sehr lieb habe. Und außerdem wäre es sehr unfair, uns Mädchen unsere Freunde wegzuschnappen. So ein Leben kann ich mir gar nicht vorstellen, ohne meine Freunde hat das Leben keinen Sinn mehr. Und außerdem, wenn ich Kai verliere, dann werden ich und meine Freundinnen so laut und lange protestieren, bis es wieder so ist wie es war. Sie werden unser Leben kaputt machen ohne Jungen, denn wir alle finden es sehr gut, daß Mädchen und Jungen gemeinsam lernen dürfen.“

(128, w, 4. Kl., 10 Jahre)

11 In vielen Aufsätzen der jüngeren Schülerinnen und Schüler sind Freunde und Spielpartnerinnen mit Namen genannt. Wir behalten das bei, um die Authentizität der Zitate zu erhalten, haben aber die Namen geändert.

3.1.1.1 Schulklima und Schulleben

Die Beschreibung der schönen Seiten des gemeinsamen Schulalltags gehen auch bei anderen Mädchen geradezu mit Liebeserklärungen einher an die Jungen allgemein oder auch an ganz konkrete Mitschüler, selbst wenn die Jungen manchmal *„eine Plage"* sind:

„Wenn Jungen und Mädchen getrennt wären, fände ich das so doof, weil Mädchen und Jungen sich dann nicht mehr kennenlernen können. Denn Petra und ich haben einen festen Freund in der Nebenklasse. Denn wenn also Mädchen und Jungen getrennt wären, hätten wir Marcel wahrscheinlich nie kennengelernt ... Wir spielen viel mit Jungen und deshalb bin ich sehr froh, daß die Schule nicht getrennt ist" (111).

Die Mädchen schildern sehr farbig, was die Jungen in ihren Augen so attraktiv macht. Sie bringen Leben und Abwechslung in die Stunden und die Pausen, der weitaus häufigste Einwand gegen ihre Abwesenheit lautet: Ohne sie ist es öde, fade und langweilig - diese Vokabeln tauchen immer wieder auf:

„In der Mädchenschule ist es langweilig. Mit den Jungs ist es besser. In der Stunde ohne Jungs, das ist blöde. Denen fallen immer so tolle Sachen ein. Und in den Pausen immer Gummitwist spielen, das wird langsam langweilig. Das finde ich doof" (35).

Aus der Beschreibung der „tollen Sachen" geht hervor, daß Jungen viel Platz beanspruchen (z. B. zum Fußball spielen), daß sie wild sind und die Definitionsmacht darüber haben, was gespielt wird und wer mitspielen darf.

„In den Pausen spielen die Jungen meist Fußball. Aber die Mädchen spielen nur manchmal mit. Es kommt aber auch vor, daß die Jungen mit den Mädchen spielen ... Das finde ich ganz nett von den Jungen, daß sie dann das Fußballspiel sein lassen und mit uns etwas machen, z. B. Fangen, Verstecken und sonstiges" (156).

Dies wird offenbar weitgehend als gegeben hingenommen, wie auch als selbstverständlich vorausgesetzt wird, daß manche Einrichtungen unweigerlich mit den Jungen aus der Schule verschwinden würden.

„Das wäre langweilig (getrennt zu sein, Anm. d. Aut.). Weil wir manchmal auf dem Pausenhof unsere Jungs anfeuern, daß sie viele Tore machen und weil es dann ja auch keinen Fußballplatz und auch keine Sprungschanzen gäbe. Und auch, weil wir in den Stunden immer was zu lachen haben" (105).

Ganz konfliktfrei verläuft dieses Miteinander zwar auch in den Augen der Koedukationsbefürworterinnen nicht, aber mindestens den Status überwiegend friedlicher Koexistenz zwischen den Geschlechtern sehen sie als gegeben an:

„Die Jungen sind eigentlich ganz nett. Sie hauen oder treten uns fast nie, und wir sie auch nicht. Mädchen und Jungen können sich gut vertragen" (146).

Neckereien und Ärgereien kämen zwar vor, aber die seien meistens gegenseitig und auch schnell wieder vorbei:

„Die Jungs ärgern uns manchmal, aber das ist nur Spaß. Die Mädchen sind auch nicht gerade nett. Aber wenn alle Jungen nett sind, verbringen wir schöne Stunden" (59).

Häufig seien sie auch gar nicht wirklich böse gemeint, es gäbe zwar *„manche Jungen und Mädchen, die ärgern die anderen manchmal, aber sie meinen es ja nicht ernst" (152).* Daß sich *„Spaßkämpfchen"* zwischen Jungen und Mädchen beobachten lassen, die nicht nur Ausdruck von Spannungen und Konflikt, sondern häufig auch Formen spielerischen Sichmessens und „kribbeliger" Kontaktaufnahme sind, haben auch Oswald u. a. (1986 und 1991; Krappmann/Oswald 1995) beschrieben. Unsere Grundschülerinnen bestätigen dies in schöner Unbefangenheit:

„Eine Schule, in der es keine Jungen gibt, ist saublöd. Dann können keine Mädchen und Jungen kämpfen. Und man kann nicht verliebt sein" (89).

Es sei überhaupt nicht gut, wenn z. B. Mädchen und Jungen, die sich sehr mögen, nicht beieinander sitzen könnten, geradezu *„bescheuert"* findet eine Schülerin die Schule, wenn *„man nicht verliebt sein"* kann (88). Und auch der eingangs zitierte Aufsatz formuliert ja eine entschiedene Verteidigungsposition gegen alle, *„die uns unsere Freunde wegschnappen"* wollen.

Diese klaren Aussagen haben uns insofern verwundert, als in mehreren anderen Studien in dieser Altersgruppe eine sehr deutliche Abgrenzung zwischen den Geschlechtern festgestellt wurde. Petillon (1993, S. 117) beschreibt in seiner Studie zum Sozialleben von Schulanfängern zwei unterschiedliche geschlechtsspezifische Sphären, die noch stark von rollentypischem Verhalten geprägt seien: „hier die robusten, raufenden Jungen, die ihre Rangordnung 'ausfechten' und sich dabei auch weniger neuen Kontakten öffnen; dort die eher ruhigen Mädchen, die mit verbalen Mitteln (Hänseln) und dem Entzug von Vergünstigungen (Ausschluß) taktieren und gleichzeitig ein dichteres Netz an Sicherheit gewährenden Sozialkontakten entwickeln sowie Einflußpositionen auch eher nach sozialemotionalen Aspekten vergeben." Zwischen diesen beiden Sphären gebe es eine tiefe Kluft, selbst Konflikte würden nur selten genannt: „Weiterhin ist gut erkennbar, daß die Geschlechter wenig miteinander zu tun haben wollen. Sie grenzen sich weitgehend voneinander ab. Die wenigen Kontaktangebote über die Teilgruppe hinaus bleiben bis auf wenige Ausnahmen unerwidert" (ebd.).

Die sehr konkreten Beschreibungen in unseren Aufsätzen sprechen hier eine etwas andere Sprache. Zwar werden in der Regel auch überwiegend gleichgeschlechtliche Freundinnen als ständige Spiel- und wichtige Bezugspartnerinnen genannt, aber ein breites Spektrum gemeinsamer Aktivitäten mit Jungen wie Spielen, Toben, Witze machen, Geburtstagsfeiern oder auch Streiten, Kämpfen, Ärgern gehört ebenfalls zu den alltäglichen Erfahrungen der Kinder, auf die sie keinesfalls verzichten wollen.

Möglicherweise beleuchten die verschiedenen methodischen Ansätze die Sichtweisen aus je spezifischen Perspektiven. Die Aufforderung, sich einmal eine veränderte Situation - ohne das andere Geschlecht - vorzustellen, hat dessen Positiv- aber auch die Negativposten besonders deutlich ins Bewußtsein gehoben. Die meisten Kinder wägen dies bilanzierend ab. Bei den hier vorgestellten Befürworterinnen der Koedukation fällt das Urteil eindeutig aus, wenn auch durchaus Negativaspekte gesehen werden. Wilde Jungen, die sich alles nehmen, was sie gerade gebrauchen können, die viel Raum einnehmen oder mit Schneebällen werfen, werden letztlich doch akzeptiert, weil es ohne sie *„traurig zugehen"* würde. Diese Befürchtung wird jedenfalls bei sehr vielen Mädchen aktiviert, wenn sie sich die Veränderungen durch die Abwesenheit von Jungen vorstellen. Über die Berechtigung solcher Vorstellungen ist damit noch nichts gesagt, möglicherweise würden sie ja Gegenerfahrungen machen. Wir werden darauf bei den Schülerinnen der Mädchenschule eingehen. Aber festzuhalten ist hier zunächst einmal, daß es nach den Aussagen der Dritt- und Viertkläßlerinnen für sie einen herben Verlust bedeuten würde, auf die Anwesenheit von Jungen verzichten zu müssen, wenn sie sich auch innerhalb der Klassengemeinschaft zwischenzeitlich gern in Mädchengruppen zusammenfinden.

Denn auch in unserer Studie werden von den jüngeren Kindern vor allen Dingen viele Formen der Pausengestaltung beschrieben, die den Eindruck zweier relativ abgegrenzter Sphären bestätigen:

„Die Jungen spielen in der Pause Fußball. Ich spiele manchmal mit den anderen Kindern Pferde. Aber am meisten spiele ich mit meiner Freundin allein. Die Jungen und die Mädchen spielen nicht so oft zusammen" (95).

Dabei werden dann auch konkrete Konflikte oder Formen von „Mitmachen-Dürfen" beschrieben, die mindestens Zweifel daran aufkommen lassen, daß Jungen und Mädchen in der Schule und auf dem Pausenhof gleichberechtigt ihre Spielmöglichkeiten aushandeln:

„Als unsere Klasse nur einen Ball hatte, haben die Jungen und die Mädchen sich immer gestritten. Weil die Jungen immer das spielen wollten, was die Mädchen nicht spielen wollten" (95).

Während die Jungen immer Fußball spielen wollten, könnten die Mädchen nirgends spielen (19) beschwert sich eine Schülerin, während andere geradezu dankbar konstatieren, daß sie zuweilen mitspielen dürfen: *„In den Pausen spielen die Jungs manchmal mit uns Mädchen" (35)* oder:

„Es kommt aber auch vor, daß die Jungen mit den Mädchen spielen, bzw. die Mädchen die Jungen dazu auffordern. Das finde ich ganz nett von den Jungen, daß sie dann das Fußballspiel sein lassen und mit uns etwas machen, z. B. Fangen, Verstecken und sonstiges" (156).

Wenn solche Möglichkeiten verloren gingen, sei es wirklich schlimm, denn: *„Dann muß man ja immer nur Mädchensachen spielen. Alle reden sie nur Mädchensachen" (95).* Nur noch *„gesittet"* würde es in Mädchenschulen ihrer Befürchtung nach zugehen, vielleicht würde sogar eine Kleiderordnung eingeführt, bei der die Mädchen immer schicke Kleider tragen müßten und nicht mehr in Jeans herumlaufen dürften (112).

Jungen- und Mädchensphäre werden aus der Mädchenperspektive ganz klar unterschiedlich bewertet. Die *„Mädchensachen"* kommen dabei ziemlich schlecht weg. Sie sind langweilig, unattraktiv, haben *„nichts Fetziges, nur so alte Tussis" (115)* - kurz: Schule gewinnt erst durch die Anwesenheit von Jungen hohen Unterhaltungswert und Lebensqualität. Lediglich eine einzige Mitschülerin wird von mehreren Kindern namentlich erwähnt als jemand, *„mit der es immer lustig ist"* oder die *„am meisten Unfug"* macht, wobei das auch gleich mit einer Einschränkung versehen wird: *„Es ist im Unterricht aber auch lustig. Dafür sorgt Johanna. Aber manchmal ist sie auch eine Nervensäge" (103*). Den Jungen wird dagegen eher summarisch zugeschrieben, daß sie diejenigen seien, die für Abwechslung und Spaß sorgen.

Dies geht allerdings einher mit weniger Disziplin, mit Störungen, Durcheinanderreden und Dazwischenrufen - was überwiegend den Jungen zugeschrieben wird. Das erscheint diesen Mädchen aber ganz gut verkraftbar: *„Es ist immer ein bißchen laut, aber wenn es anders wäre, würde ich mich nicht so wohlfühlen" (102).* Die meisten Jungen seien ja ruhig, nur *„einige machen auch selten viel Unsinn" (114).* Zum Beispiel *„schießen sie mit dem Lineal Papier, das finde ich nicht so gut" (125)* oder *„schmieren mit Tusche auf den Brillengläsern rum" (132).* Daß der Unterricht leiser wäre und die Zwischenrufe weniger seien, wird zuweilen unkommentiert aufgezählt, manchmal als Vorteil genannt, aber gleich relativiert wie im obigen Zitat. Das wird verständlich, wenn man die hohe Wertschätzung betrachtet, die Jungen für ihre Aktionen als *„Spaßmacher"* ernten, die sich trauen, ihre tollen Einfälle auch zu verwirklichen, eben *„Quatsch machen"*.

Mädchen honorieren diese Unterhaltungsleistung. Dafür nehmen sie auch Ärger mit den Lehrkräften hin, der nach ihrer Wahrnehmung zwar überwiegend von den Jungen verursacht wird, aber letztlich alle trifft. Über häufige Ermahnungen zur Ruhe wird berichtet, auch daß Lehrkräfte zuweilen

„schreien, weil wir immer Quatsch machen" (109) oder zuhilfe gerufen werden, wenn man von Jungen geärgert wird:

„Manchmal stören die Jungen den Unterricht. Einmal hatte ein Junge ein Auto mitgebracht und ist mir gegen den Füller gefahren, das hat mich gestört und er hat Ärger von unserem Lehrer gekriegt" (150).

Ganz gut sei es zum Beispiel, wenn man sofort mit dem Unterricht anfangen könne, statt auf die undisziplinierten Jungen warten zu müssen. Dann würde auch anschließend die Lehrerin nichts von der Pausenzeit abziehen müssen (75). Die Hinweise auf weniger Konflikte mit Lehrern und Lehrerinnen, wenn man die Jungen „los" wäre, bleiben aber sehr selten, als überzeugender Vorteil werden sie jedenfalls nicht ins Feld geführt.

3.1.1.2 Lernen, Leistung und Interessen: Mädchenselbst- und Jungenfremdbild

Aussagen darüber, ob Mädchen oder Jungen insgesamt „besser" oder „schlechter" in der Schule sind, ob sie Stärken oder Schwächen in bestimmten Bereichen haben oder sich vielleicht auch für verschiedene Dinge interessieren, finden sich in dieser Altersgruppe in den Aufsätzen nur wenig. Spielen, Pausengestaltung, das soziale Miteinander hat in der Wahrnehmung der Kinder ungleich größeres Gewicht. Das verwundert nicht, wenn man sich die von Petillon (1993) herausgearbeiteten Ergebnisse zur hohen Bedeutung des Umgangs mit den Mitschülern in den ersten beiden Grundschuljahren vergegenwärtigt. Über diese Dimension vermittelt werden dann auch zuweilen wieder unterschiedliche Leistungseinschätzungen thematisiert - nämlich implizit entweder als Angebot oder als Hoffnung auf gegenseitige Unterstützung und Hilfeleistung.

Von den neun Koedukationsbefürworterinnen, die sich überhaupt zum Thema Leistungsunterschiede äußerten, war nur eine einzige der Meinung, daß Jungen in der Schule allgemein besser sind als die Mädchen, die übrigen acht Schülerinnen differenzierten nach Lernbereichen. Textil, Kunst und Deutsch wurden als Fächer genannt, in denen Mädchen manchmal besser sind, in Werken seien dies dagegen die Jungen. In manchen Fächern hätten die Jungs bessere Ideen als die Mädchen (127), Werken und Textil werden zuweilen recht klar den Geschlechtern als je eigene Domäne zugeteilt. Wenn die Schulen getrennt wären, wandert nach Meinung der Kinder das jeweilige Fach mit:

„Wenn die Mädchen kein Werken hätten, wäre es richtig blöd, und ich kann mir vorstellen, die Jungs fänden es ohne Textil auch nicht das Gelbe vom Ei" (110).

In Mathematik und Sport sind die Meinungen geteilt. Beim Rechnen gestehen die Mädchen überwiegend den Jungen bessere Leistungen zu, nur ein Mädchen glaubt, daß *„die Mädchen ein bißchen, aber nur ein kleines bißchen besser" (147)* seien. Auch in Sport wird den Jungen dreimal bescheinigt, sie seien besser und schneller, dreimal werden beide Geschlechter als *„gleich gut"* eingeordnet, und einmal findet wiederum ein Mädchen auch in Sport *„einige Mädchen besser als die Jungen, aber die Jungen sind auch gut" (129).*

Von generellen Über- oder Unterlegenheitseinschätzungen kann man hier sicher nicht reden. Auffällig sind Differenzierungen (einige Mädchen, viele Jungen) und Relativierungen, die den Versuch der Verarbeitung widersprüchlicher Erfahrungen und wohl auch die Abneigung gegen stereotype Zuschreibungen signalisieren:

„Im Rechnen sind viele Jungen besser als die Mädchen, aber in Sport sind einige Mädchen besser als die Jungen, aber die Jungen sind auch gut" (150). „In Deutsch sind die Mädchen etwas besser, aber die Jungen können genauso viel" (155).

Im Gegensatz zu älteren Schülerinnen werden hier solche Leistungsunterschiede nicht etwa mit verschiedenen Interessen erklärt. Unterschiedliche Interessen beziehen sich in dieser Altersgruppe ausschließlich auf Spielaktivitäten - Fußball taucht dabei als häufigster Unterschied und als Konfliktstoff auf. Als besonders raumgreifende Aktivität engt dies Mädchen mit ihren bevorzugten Spielen (Gummitwist, Seilspringen, Hinkelkasten, Phantasiespiele wie z. B. Pferde in einer Holzhütte, Klettern) offenbar häufig ein. Zuweilen gibt es auch Streit, wenn man sich über Spielgeräte einigen muß. Solche Einigungen kommen aber mindestens gelegentlich zustande, wie wir oben ja schon aufgeführt haben. In den hier analysierten Aufsätzen wird das als Entgegenkommen der Jungen verbucht, nicht als ein selbstverständliches Nebeneinander gleichberechtigter Interessen, über die man sich nach bestimmten Regeln auseinandersetzt. Die implizite Hochschätzung der Jungensphäre haben wir dabei schon angesprochen. Ob und inwieweit damit letztlich doch so etwas wie weibliche Nachrangigkeit oder Unterlegenheitsgefühle eingeschliffen werden, ist schwer abzuschätzen. Hinweise auf Überlegenheitsgefühle von Mädchen haben wir in dieser Gruppe jedenfalls nicht gefunden. Werfen wir unter dieser Fragestellung einen genaueren Blick auf die Erwartungen und Angebote an gegenseitiger Ergänzung, Hilfe und Unterstützung, die in den Aufsätzen formuliert werden.

Dazu äußern sich in dieser Gruppe 15 Mädchen. Überwiegend wird dabei gegenseitige Hilfe betont, auch nicht ganz erlaubte Unterstützung gerechtfertigt:

„In den Stunden arbeiten Jungen und Mädchen eigentlich oft zusammen. Sie helfen einander, wenn sie nicht weiterkommen. Vorsagen und abgucken ist natürlich auch nicht ausgeschlossen. In allen Fächern gibt es schlechtere und bessere, deshalb finde ich es eigentlich normal, wenn sie einander heimlich helfen oder abgucken" (110).

Neun Mädchen betonen explizit, daß Mädchen und Jungen sich gegenseitig helfen, Lernspiele miteinander machen, zusammen rechnen, lesen, Fehler korrigieren. Getrennte Schulen seien schlecht: „Weil Jungs was von Mädchen lernen können, was sie aber nie wollen, und Mädchen können was von Jungs lernen" (74). Ganz konfliktfrei scheint also die gegenseitige Unterstützung auch nicht immer zu verlaufen. Das wird jedenfalls in der Studie von Oswald/Krappmann (1991, S. 208) bestätigt. Die Beobachter hatten festgestellt, daß in der vierten Grundschulklasse verhältnismäßig selten Hilfe erbeten oder gegeben wurde. Verständlich erschien ihnen das deshalb, weil sie eine Reihe problematischer Interaktionen sahen: „Kinder der vierten Klasse haben Schwierigkeiten mit dem Helfen und scheinen derartige Situationen lieber zu vermeiden. Sie forderten Hilfe herrisch und überheblich, sie ließen Klassenkameraden in Notlagen im Stich, sie gewährten Hilfe in herablassender oder gar demütigender Weise, sie verkleinerten die eben erhaltene Hilfe durch herabsetzende Bemerkungen." Als ein Erklärungsmuster bieten die Autoren an, daß Situationen der Hilfsbedürftigkeit ein Gefälle und damit Ungleichheit schaffen zwischen dem, der Hilfe braucht, und dem, der sie gewähren kann. Diese Verletzung des Gleichheitspostulats zwischen Gleichaltrigen muß „geheilt" werden, entweder präventiv durch Einfordern oder gar Wegnehmen, statt freundlich um etwas zu bitten, oder nachträglich durch Entwertung. In Mädchen-Jungen-Interaktionen verschärft sich möglicherweise die Situation dadurch, daß der in unserer Gesellschaft auch schon im Kindesalter geltende männliche „Überlegenheitsimperativ" (Wagner 1984), immer größer, stärker, besser sein zu müssen, es den Jungen erst recht schwer macht, Hilfe annehmen und auch noch anerkennen zu können. Dennoch kommen in der Schule täglich viele Anlässe vor: Da fehlen Hausaufgaben, Bücher, Stifte oder auch ein Taschentuch, man hat etwas nicht verstanden oder nicht hingekriegt. In dieser Altersgruppe sind es nach der Beobachtung von Oswald/Krappmann vor allem die Mädchen, die um Hilfe gebeten werden und sie auch eher gewähren, allerdings häufig mit nörgelnden Bemerkungen oder Ermahnungen garniert. Die Mädchen in unserer Studie beschreiben Hilfe in ihren Aufsätzen als überwiegend gegenseitigen Prozeß. Deutlich weniger wird erwähnt, daß Mädchen bei Jungen abgucken oder von ihnen etwas lernen können. Daß Jungen nicht immer begeistert sind, wenn Mädchen etwas besser können, wird nur zweimal angesprochen. Ein weiteres Mädchen beschwert sich allerdings, weil sie die Jungen offenbar als überheblich empfindet:

„Die Jungs denken, daß wir schwach und doof wären, aber da haben sie sich geirrt. Es wäre schön, wenn sie uns respektieren sollten. Sonst sind sie ganz ok“ (131).

Auch hier ist jedoch der versöhnliche Tonfall unüberhörbar. Selbst wenn sie zuweilen Ärger machen, im Prinzip sind die Jungen schon in Ordnung und gehören dazu. Jedenfalls in Grenzen. Denn *„unter sich sein“* und *„Geheimnisse für uns behalten“* wollen Mädchen auch. Ein Mädchen betont: *„Ich bin gerne mit Mädchen zusammen“ (57)* und eine Klassenkameradin findet Jungen *„ja eigentlich gut“*, aber *„Mädchen sind besser“ (53)* und eine weitere (42) hebt hervor, daß Mädchen manchmal gute Einfälle haben. Aber damit sind die Positivaussagen über das eigene Geschlecht auch schon erschöpft - jedenfalls in dieser Gruppe der positiv zum gemeinsamen Lernen stehenden Schülerinnen.

Dagegen ist die Liste der Negativaussagen deutlich länger. *„Langweilig“, „einfältig“, „zimperlich“, „doof“* - das sind die Eigenschaften, die Mädchen ihren Geschlechtsgenossinen und deren Aktivitäten immer wieder zuordnen. Nur mit Mädchen kann man keinen Unfug machen, ist es nicht lustig, gar nicht zum Aushalten:

„Ich würde alles beschissen finden. Es würde langweilig sein, kein Radau mehr und nichts Fetziges, nur so alte Tussis. Da kann man nur schlafen. Es würden außerdem die Mädchen der anderen Klassen zu uns kommen, es würde die reine Pleite sein“ (115).

Ein Mädchen schließlich fast die Wertschätzung für sich und ihre Altersgenossinnen bündig in der Metapher zusammen:

„Nur Mädchen in einer Klasse ist eine leere Klasse. So wie es jetzt ist, soll es bleiben. Anders ist es doof. Ohne Jungs ist es öde“ (102).

Die Hochschätzung des gemeinsamen Lernens und Lebens mit Jungen scheint bei einem Großteil der Mädchen verbunden zu sein mit der Abwertung des eigenen Geschlechts, letztlich also auch mit Selbstabwertung. Wir haben uns gefragt, ob dies möglicherweise methodisch provoziert wurde. Rücken durch die Vorstellung eines drohenden Verlustes die Vorzüge der Jungen so in den Vordergrund, müssen sie gleichzeitig so stark mit ungünstigen Eigenschaften von Mädchen kontrastiert werden, daß die Argumente gegen eine befürchtete Trennung auch wirklich zwingend werden? Wenn dies ein Methoden-Artefakt wäre, dann müßte sich das Muster allerdings ebenso bei den Jungen und überhaupt bei allen anderen Untergruppen finden, die für

Koedukation plädieren. Wir werden jedoch sehen, daß dies so nicht der Fall ist.

Außerdem werden die Jungen auch keineswegs nur auf ein Podest gehoben, sondern es gibt eine ganze Reihe von Negativurteilen. Die Kritik richtet sich dabei vor allem auf ihre wilden bis gewalttätigen Umgangsweisen, auf Dominanzgebaren und schlechte Manieren. Viele Mädchen beklagen sich, daß sie von Jungen *„geärgert"* oder verdrängt bzw. vom Mitspielen ausgeschlossen werden. Sie mögen im Sport nicht von den Jungen angemeckert werden, *„wenn die Mädchen mal langsam laufen" (93)* und finden auch: *„Die Jungs sollten nicht immer gleich wütend werden, wenn die Mädchen etwas besser wissen als sie" (44).* Am wenigsten gefallen ihnen die dauernden Prügeleien und Kämpfe, für die sie kein Verständnis haben und von denen sie sich auch distanzieren:

„Manchmal kämpfen die Jungs auch untereinander, so daß wir in der Schule darüber sprechen. Die Jungs nennen das Spaßkämpfchen" (2).

Sie fänden es besser, *„wenn die Jungen nicht immer gleich zuhaun" (90)* und wenn sie sich besser benehmen würden, sie sollten nicht so frech sein. Der Grundtenor lautet in verschiedenen Variationen:

„Die Jungs sind im Grunde genommen ganz nett. Sie müßten nicht so angeben und bessere Manieren (haben). Ich finde, daß die Jungs nicht so dreckige Wörter in den Mund nehmen sollten" (131).

Bei aller Kritik am anderen Geschlecht läuft es dann in der Tendenz häufig darauf hinaus: *„Zwar sind die Jungen manchmal sehr blöde, aber man kann es mit ihnen aushalten" (129).*

Die positiven Urteile über Jungen sind im Kontrast zu den negativen Selbstaussagen schon angeklungen und sollen hier nicht ausführlich wiederholt werden. Sie sind *„spaßig", „lustig",* manchmal *„viel netter als die Mädchen",* es ist schön, mit ihnen zusammenzuarbeiten und es macht Spaß, mit ihnen zu spielen, kurz: *„die Jungen bringen Leben in die Klasse" (125).*

Was die Mädchen an den Jungen bewundern, sind die Formen spielerischer Selbstdarstellung, das begrenzte „Aus-der-Rolle-fallen", das sie sich zuweilen erlauben und die ungewöhnlichen Ideen, mit denen sie auftrumpfen, statt in angepaßter Normalität die verlangten Arbeitstugenden zu präsentieren. Letzteres tun die Mädchen selbst und versehen dies gleichzeitig mit dem Etikett „langweilig". Es drängt sich die Vermutung auf, daß sie an den Jungen genau das bewundern, was sie sich selbst nicht oder doch deutlich weniger zutrauen - und was auch nicht den typischen Erwartungen an die Mädchenrolle entspricht. Weil Schule aber sonst einfach zu trist wäre, delegieren sie ihre Wünsche auf Individualitätsdarstellung und kitzlige Unterhaltung an die männlichen Altersgenossen, die dafür auf ihre Hilfe und Unterstützung rechnen können. Das werden wir bei der Nachzeichnung der Jungenperspektive noch deutlicher sehen. Die Teile des Puzzles fügen sich paßgenau ineinander - deshalb ist auch keines verzichtbar, jedenfalls nicht ohne ernsthafte Folgen für das Erwachsenenleben.

3.1.1.3 Vorbereitung auf das Zusammenleben der Geschlechter in Partnerschaft und Beruf

In unserer jüngsten Altersgruppe wird der Wunsch nach gemeinsamem Lernen verständlicherweise noch relativ selten aus solchen eher abstrakten Kategorien heraus begründet. In einer Klasse *„können die Jungs und die Mädchen sich besser verstehen und besser kennenlernen“ (70),* gibt eine Drittkläßlerin zu bedenken und eine Viertkläßlerin befürchtet, in getrennten Klassen *„wüßten Jungen nicht mehr, wie Mädchen aussehen, und auch umgekehrt“ (110).* Wenn man nicht gerade neben einem gleichaltrigen Jungen wohne, könne man in getrennten Schulen ja niemanden kennenlernen und auch nicht heiraten, fürchtet eine Dritte (76). Alle würden verklemmt (95), Mädchen und Jungen müßten sich gegenseitig für ein *„Weltwunder“* halten (108) und schlimmstenfalls sei die Menschheit vom Aussterben bedroht:

„Außerdem würde es keine Liebe mehr geben. Es würde keine Kinder mehr geben, weil die Jungen nichts mehr von den Mädchen halten und auch umgekehrt“ (115).

Beschwörend bittet ein Mädchen deshalb: *„Trennt uns bitte nicht! (...) Zerreißt uns nicht!“ (59)* und malt zur Unterstützung ein Bild mit einer Mädchen- und einer Jungenschule, aus der jeweils ein Kind auf einen drohend aufgerichteten schwarzen Balken zustrebt. Darum herum ist der Text gruppiert: *„Es ist beinahe wie die Berliner Mauer. Keiner darf rüber!“*[12] Deutlicher läßt sich die empfundene Künstlichkeit und Bedrohlichkeit der Trennung kaum ausdrücken - und auch nicht das starke Gefühl von Zusammengehörigkeit, das diese Grundschülerinnen offenbar empfinden.

---

12 Das Bild taucht noch in einem weiteren Aufsatz auf. Die Erhebung in den Grundschulen fand im Herbst 1990 statt, die Berichterstattung um die Aufhebung der Trennung im geteilten Berlin hat offensichtlich Kinder dieser Altersstufe durchaus erreicht und beeindruckt.

149

Bitte kreuze bei den folgenden Aussagen an bzw. fülle aus, was auf Dich zutrifft.

Ich bin (X) **ein Mädchen**

Ich bin ( ) **ein Junge**

Ich bin 10 **Jahre alt**

Ich besuche die 4. **Klasse**

Ich habe die deutsche Staatsangehörigkeit (X) **Ja**

( ) **Nein, die ....**

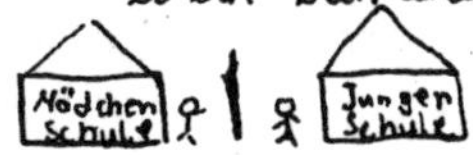

es ist beinahe wie die Berliner ~~Mauer~~ Mauer Keiner darf rüber!

Beginne nun mit Deiner Beschreibung:

1 Wir vertragen uns, eigendlich gut nur manchmal sind die Jungen frech. Sie wissen genau so wie wir was z.B. 120 × 6 sind! In den Pausen spielen wir manchmal zusammen! Die Jungen sind eigendlich ganz nett. Sie hauen oder treten uns fast nie und wir sie auch nicht. Mädchen und Jungen können sich gut vertragen. Mädchen und Jungenschulen finde doof.

Viele Kinder haben Freunde!

2 In Deutsch macht ein Junge immer Quatsch den Namen ~~nennen~~ will ich nicht nennen! In allen Fächern wärs langweilig. Die Mädchen würden sich nicht aufgeschlossen verhalten. Die Pausen wären doof! Und einfach alles doof! Wieso eingendlich Jungen und Mädchenschulen? Das möchte ich wissen. Ich finde alles Schlecht. Ich kann es mir nicht vorstellen wie das ist! Ich finde es nicht gut wieso eigendlich trennen. Einfach doof.

So sehen die meißten Mädchen dann aus!

3.1.1.4 Die Minderheitenposition: Ambivalenz und Ablehnung

Wir finden insgesamt lediglich zehn (von 98) Grundschülerinnen, die ausdrücklich für Trennung plädieren, siebzehn äußern sich ambivalent, zählen Vor- und Nachteile auf, ohne eine klare eigene Position zu beziehen. Fast immer stehen dabei Aspekte von Disziplin und negativem Jungenverhalten im Vordergrund. Mehr Ruhe und ungestörte Kommunikation innerhalb der Mädchengruppen, in denen sich diese Schülerinnen ohnehin bevorzugt aufhalten, führen sie vor allem als Vorteile getrennter Schulen an. Der folgende Aufsatz vermag das zusammenfassend zu illustrieren:

„In den großen Pausen spielen Jungen und Mädchen getrennt. Mädchen spielen Treffball und mit Puppen und Barbies. Jungs spielen Fußball, Tischtennis oder mit Autos. Mädchen spielen selten beim Fußball mit. Nur im Matheförder sind weniger Jungs und Mädchen zusammen, und dort spielen wir zusammen. Weil jeder Angst hat, ausgelacht zu werden, wenn alle da sind. Aber sonst sind wir immer getrennt. Jungs streiten und zanken so oft. Und das gefällt den Mädchen nicht. Wir sind nicht im Streit, aber wir gucken uns nie an. Und sind sehr getrennt. Und einzeln. Die Jungs spielen zusammen und die Mädchen spielen zusammen.

Ich fände das super luper, wenn es eine Mädchen- und Jungenschule geben würde. Ich bin entzückt davon und ich würde mich freuen. Und ich glaube, daß der Unterricht bei den Jungen laut und ein bißchen unordentlicher als der bei den Mädchen sein wird. Ich finde das super luper, weil die Mädchen dann endlich allein zusammenarbeiten können. Und nicht geärgert werden. Ich stelle mir die Schule toll vor, nämlich so: Mädchen können in den Pausen ohne geärgert zu werden spielen. Und die Jungs können dann auch alleine sein."

(157, w, 4. Kl., 10 Jahre)

Hier werden die von Petillon (1993) geschilderten getrennten Sphären von Mädchen und Jungen in Reinkultur beschrieben. Gut ein Viertel aller Grundschülerinnen schildert ganz ähnliche Bedürfnisse. Sie möchten auch mal ungestört unter sich sein können Das verweist darauf, daß trotz der großen Zustimmung zum gemeinsamen Lernen die Bedürfnisse vieler Mädchen nach eigenen Räumen und Kommunikationsmöglichkeiten, die sie nach ihren Vorstellungen gestalten und ausfüllen können, immer wieder frustriert werden. Jungen werden von ihnen häufig als Störenfriede empfunden, die Mädchen ärgern und grob mit ihnen umgehen, auf den Fluren drängeln, mit Schneebällen werfen, im Unterricht den Gang der Dinge aufhalten. Die Vertreterinnen der Ambivalenzposition mildern das ein wenig ab, indem sie den

Jungen etwa zugestehen, daß sie die besseren Witze erzählen, zuweilen auch mehr wissen, etwa in Mathematik und im Sachunterricht, und zur Unterstützung bereit sind. Primär sind es die unterschiedlichen sozialen Verhaltensweisen, nicht Leistungs- und Fähigkeitsunterschiede, die für die Mädchen Grund zur Distanzierung sind. Überlegenheit nehmen auch diese Schülerinnen nicht für sich in Anspruch, aber ganz deutlich reklamieren sie Arbeitstugenden wie Disziplin und Ordnung stärker für sich. Ausgesprochen positive Selbstbilder und Urteile über das eigene Geschlecht sind damit nicht verbunden. Eine Schülerin fürchtet gar: *„Manche Mädchen werden auch sehr eingebildet auf Mädchenschulen" (130),* trotzdem finde sie aber Mädchenschulen besser. Die ungestörten Freundschaftsbeziehungen unter Mädchen werden in den meisten Aufsätzen dieser beiden Rubriken als Hauptvorteil benannt.

3.1.2 Die Sicht der Jungen

Von den 68 Jungenaufsätzen wird in 54 Fällen eindeutig für gemeinsames Lernen votiert, nur fünf Schüler könnten der Trennung positive Seiten abgewinnen, neun äußern sich ambivalent. Wir haben zunächst wieder einen Aufsatz als illustrierendes Beispiel für die Pro-Koedukation-Position ausgesucht:

> *Wir gehen gut miteinander um, bzw. manchmal auch schlecht. Die Mädchen sind in der Rechtschreibung besser, aber die Jungen sind in anderen Sachen besser. Auf dem Pausenhof spielen die Mädchen mit den Jungen. Wenn wir auf den Lehrer oder die Lehrerin warten, machen die Jungen meistens Rabauz und die Mädchen versuchen für Ruhe zu sorgen. Beim Textil sind die Mädchen sehr gut und sorgfältig und die Jungen schlampen ein bißchen. Beim Sport sind manche Jungen schneller als Mädchen.*
>
> *Wenn wir beim Unterricht getrennt wären, würde ich das gräßlich finden. Auf dem Pausenhof wäre das genauso, wenn man nicht mit den Mädchen spielen könnte. Die Mädchen sind immer eine große Hilfe zum Spielen. Und sie haben auch gute Spielvorschläge. Im Unterricht geben sie auch manchmal einen Tip oder sagen einem wie ein Wort geschrieben wird. Das sind die Vorteile der Mädchen. Die Nachteile dagegen sind manchmal, daß sie nicht helfen. Die Jungen bringen manchmal doofe Sachen mit und benutzen blöde Ausdrücke. Die Mädchen dagegen nicht. Ich finde das besser mit gemischten Schulen."*
>
> *(135, m, 4. Kl., 10 Jahre)*

3.1.2.1 Schulklima und Schulleben

Auch die männlichen Grundschulkinder zeichnen ganz überwiegend sehr harmonische Bilder vom Zusammensein der Geschlechter und schildern eine mädchenlose Schule in düsteren Farben:

„Alle Jungen und Mädchen haben sich in unserer Klasse angefreundet, denn wir sind so etwas wie eine Familie. Meine Tischnachbarin hilft mir, wenn ich was nicht verstehe" (140).

„Todlangweilig" sei die Schule ohne Mädchen (143), schrecklich und blöde, zusammen könne man gut miteinander sprechen und spielen (64), ohne Mädchen würde *„alles keinen Spaß mehr machen" (116),* und auch zwischen den Jungen selbst würden die Beziehungen nicht mehr so gut funktionieren:

„In den Pausen könnten wir dann nicht mehr zusammen spielen. Die Jungen würden dann sicherlich nicht mehr zusammen spielen. Man könnte sich gegenseitig nicht mehr so gut helfen. Es wäre eben schrecklich" (164).

Die Dimension des „Spaß-habens" wird ausdrücklich sowohl auf den Unterricht als auch auf das sonstige Schulleben bezogen:

„Der Unterricht wäre langweilig, wir hätten vielleicht kein Textil mehr (das ich sehr gut finde), im Werkunterricht wäre es nicht mehr so gut, es macht mir einfach Spaß, mit Mädchen zu arbeiten, lernen und was wir sonst noch alles tun müssen, der Mathematikunterricht wäre lasch und langweilig, dazu noch öde, im Sportunterricht wäre es blöde und doof, der Religionsunterricht wäre nicht mehr gläubig. Alles im Ganzen: Die Schule wäre öde!" (144).

Mit den Mädchen sei *„mehr Stimmung" (162),* auch das Singen höre sich viel besser an (158), lustig sei es mit ihnen, besonders mit Johanna (117), auf so etwas wolle man nicht verzichten - *„nein und 1000mal nein" (80).*

Daß zu dieser „Stimmung" sowohl die Ebene des Ärgerns und der kribbelnden Annäherung mit ihren zuweilen unscharfen Übergängen gehören, sprechen die Jungen genauso wie die Mädchen an. Ganz unverblümt formuliert ein Neunjähriger: *„Ohne die Mädchen wäre es langweilig, weil man sie gut ärgern kann, aber auch nur aus Spaß" (51).* Daß dies ein Verlust wäre, wird von mehreren Jungen bestätigt, zuweilen auch als einziger Grund gegen eine Trennung ins Feld geführt:

„Nein, weil man dann nicht mehr die Mädchen ärgern kann. Nein, meine Antwort ist nein. Ich will nicht, daß die Mädchen weggehen. Sonst kann man sie ja nicht mehr ärgern. Und das wäre auch schade" (81).

Bei den Grundschülerinnen ist ein solches Argument bezogen auf die Jungen nicht aufgetaucht, wie auch die Jungen nur in sehr spezifischer Weise davon berichten, daß Mädchen sie zur Zielscheibe von Neckereien wählen. Ein Viertkläßler beklagt sich beispielsweise:

„Ein Mädchen ärgert mich, sie sagt immer 'Liebling' zu mir, aber ich will nicht mit ihr gehen, weil ich eine andere Freundin habe" (62).

„Saublöd" sei eine Schule ohne Mädchen, weil man da nicht verliebt sein könne (100), keine Liebesbriefe mehr schreiben (62), nicht mehr mit seiner Freundin den Schulweg zusammen gehen (166). Und schließlich könnte man auch nicht mehr den Mädchen Schutz bieten, *„wenn Größere sie ärgern" (163).*

Die Jungen fassen sich - übrigens in allen Altersgruppen - in der Regel kürzer als die Mädchen, führen die Argumentation nicht sehr wortreich aus, sind sich dafür aber in ihren Urteilen auffällig einig. Mädchen werden keinesfalls nur als Objekte des Geärgert- oder Beschützt-Werdens gesehen, sie sind wichtige Partnerinnen, die mit sozialer Kompetenz und guten Ideen die Schule erst lebenswert machen.

Aus den Schilderungen der gemeinsamen Aktivitäten wird allerdings auch an einigen Stellen die Abgrenzung zwischen Jungen- und Mädchensphäre deutlich, die von manchen Jungen schärfer gezogen, von anderen dagegen gar nicht so sehr begrüßt wird:

„In der Pause spielen die Jungen meistens Fußball, was die Mädchen spielen weiß ich nicht. Aber manchmal spielen wir auch zusammen" (164). „In der großen Pause spielen die meisten Jungs Fußball. Ich aber spiele Fußball nicht so gerne. Am meisten spiele ich mit Mädchen" (122).

Als gemeinsame Spiele von Mädchen und Jungen werden Fangen, Verstecken, Räuber und Gendarm aufgezählt, auch *„Giftpilz"* und *„Spiele, die uns gerade einfallen" (141).* Ein Junge berichtet, daß er mit vier Mitschülern zusammen einen Tierschutzverein gegründet habe, bei dem auch Mädchen mitmachen könnten. Drei andere Mädchen hätten aber nun selbst einen gegründet, bei dem nur Mädchen mitmachen dürften. Kommentiert werden die Abgrenzungsbestrebungen nicht. Implizit werden sie besonders klar von denjenigen vorgenommen, die sich gänzlich uninteressiert an den Mädchenaktivitäten zeigen: *„Die Jungen spielen meist Fußball, manchmal spielen die Mädchen auch mit. Sonst weiß ich nicht, was die Mädchen machen" (163).* Relativ friedliche Koexistenz wird da signalisiert, *„mitspielen"* dürfen die Klassenkameradinnen manchmal, es scheint nicht sehr erheblich zu sein. Ansonsten machen sie ihren eigenen Kram, um den man sich als Junge nicht kümmert.

Daß man sich um Sachen kümmern soll, die doch eigentlich zu den *„Mädchensachen"* gehören, empfinden einige - aber wirklich nur sehr wenige - schon als etwas lästig:

„... aber ich finde es nicht gut, daß die Jungen Mädchensachen machen, zum Beispiel wie Textilarbeit oder Musik, das ist Mädchensache" (141).

Die Anwesenheit von Mädchen sorgt in den Augen der Jungen auch für ein besseres Verhältnis zu den Lehrkräften. Einige Jungen fürchten, es auf Jungenschulen nur noch mit Lehrern zu tun zu haben, was ihnen offenbar keine sehr liebe Vorstellung ist. Ein anderer erwartet, daß auch Lehrerinnen in reinen Jungenklassen gar nicht mehr loben, sondern nur noch schimpfen, weil zum Beispiel die Jungen nur noch mit ihren Nachbarn schwätzen würden (84). Bestimmt würde auch der Lehrerin die Arbeit in Mädchen- und Jungenklassen besser gefallen, weil das *„abwechselnd"* sei, meint dieser Achtjährige.

3.1.2.2 Lernen, Leistung und Interessen: Jungenselbst- und Mädchenfremdbild

Bei den Jungen finden sich noch weniger Aussagen zur Leistungsdimension als bei den Mädchen, auch bei ihnen liegen die sozialen Aspekte des Schullebens deutlich „obenauf". Von harter Leistungskonkurrenz zwischen Mädchen und Jungen scheint man in diesem Alter jedenfalls nicht sprechen zu können, erst recht nicht von männlichen Überlegenheitsansprüchen. Zwei Jungen begründen ihren Wunsch nach gemeinsamem Lernen ganz offen: *„weil man so gut (bei Mädchen) abgucken kann" (62). „Manche Mädchen sind klüger als Jungen, manche auch nicht" (14),* faßt ein Drittkläßler seine Erfahrungen zusammen. Ein anderer findet Mädchen *„manchmal besser in Deutsch oder Mathe oder Sachkunde" (47),* zwei Jungen meinen, daß in Sport die Mädchen langsamer sind, ein anderer bescheinigt ihnen aber bessere Fähigkeiten am Reck, beim Radschlagen oder Handstand. In den anderen Fächern seien Mädchen und Jungen gleich gut. Sehr vorsichtig formuliert schließlich ein Viertkläßler:

„Man hat den Eindruck, daß die Mädchen besser in textiles Gestalten sind als Jungen. Die Jungen sind aber besser als die Mädchen in Werken" (161).

Textil und Werken werden häufig als die Felder genannt, auf denen Mädchen und Jungen besonders gut voneinander profitieren können: *„Wenn wir uns verhäkelt haben, gehen wir zu den Mädchen" (117).* Hilfe wird als gegenseitige beschrieben, allerdings häufig doch eher auf Mädchen als Helfende, Jungen als Profitierende bezogen:

„Denn Jungen und Mädchen können viel von einander lernen. Und sich einander helfen, denn Mädchen sind häufig ordentlicher als die Jungen. (...)

Und in Textilarbeiten helfen die Mädchen den Jungen, wenn man etwas nicht verstanden hat. Und in Sport helfen wir uns auch einander" (143).

Von konflikthaften Strukturen ist hier kaum die Rede, weder in Hilfesituationen noch sonst im schulischen Alltag. Sicherlich darf daraus nicht der Schluß gezogen werden, daß die Koedukationswelt „heil" und nicht verbesserungswürdig sei. Aber als Fakt muß man zunächst einmal zur Kenntnis nehmen, daß die überwältigende Mehrzahl der Grundschüler weit entfernt ist von der Produktion macho-hafter Sprüche. Die Klassenkameradinnen werden durchweg als kompetent, ideenreich und unterstützend erlebt und dementsprechend geschätzt. In der Beschreibung des sozialen Verhaltens der Mädchen im Kontrast zum eigenen Jungenverhalten kommt das sogar noch deutlicher zum Vorschein.

Auch dabei verallgemeinern die Kinder aber nur in Grenzen, führen Ausnahmen auf oder nennen herausgehobene Spielpartnerinnen - mehrfach die beliebte Johanna, die auch von den Mädchen als besonders lustig beschrieben wurde. Sie scheint eine der von Ulf Preuss-Lausitz (1992, S. 77) beschriebenen „Kommunikations-Drehscheiben" zwischen den Geschlechtern zu sein. In einer umfangreichen Reanalyse von Basisdaten zu Sozialbeziehungen in einer innerstädtischen Großstadt-Grundschule überprüfte er die seiner Einschätzung nach zuweilen überpointiert vorgetragene These feministischer Autorinnen, Mädchen würden in der Schule von den Jungen überspielt, gequält und „an den Rand gedrängt". Nach seinen Ergebnissen waren Mädchen jedoch im Schnitt erheblich beliebter als Jungen, sowohl beim eigenen als auch beim anderen Geschlecht. Die Jungen konzentrierten sich allerdings noch stärker auf die eigenen Geschlechtsgenossen, als die Mädchen sich ihrerseits auf die weiblichen Mitschülerinnen bezogen. Dennoch gab es in allen Klassen Jungen oder Mädchen, die als „Vermittler" zwischen den Geschlechtern fungierten und sehr intensive Beziehungen zu vielen verschiedenen Kindern unterhielten. Wir haben hier keine Daten aus Soziogrammen oder ähnlichen Verfahren, die systematisch Auskunft über Sympathie und Antipathie geben. In den spontanen Beschreibungen finden wir allerdings eine ganze Fülle von Hinweisen auf gleich- wie gegengeschlechtliche Freundschaften, aber auch harsche Kritik, wie sich besonders bei den Gegnerinnen und Gegnern der Koedukation noch zeigen wird. Die männlichen Koedukationsbefürworter sehen die Mädchen in ihren Grundschulklassen jedoch ganz überwiegend positiv, differenzieren aber innerhalb der Mädchengruppe: *„Manche Mädchen sind sehr biestig, manche sehr nett" (14),* heißt es bei einem Neunjährigen. Sein Klassenkamerad findet: *„Die Mädchen sind sehr nett und sehr lieb. Wir Jungen sind auch sehr lieb und gut" (17).* Mädchen sind ordentlicher als Jungen (143). Aber auch *„gute Einfälle" (60)* werden den Mitschülerinnen bescheinigt, schöne Spielvorschläge und daß man mit ihnen gut reden kann, wenn sie auch *„mehr empfindlich"* sind (66). Mehrfach wird ihre Hilfsbereitschaft hervorgehoben, auf die man sich aber auch nicht immer verlassen kann:.

„Im Unterricht geben sie auch manchmal einen Tip oder sagen einem, wie ein Wort geschrieben wird. Das sind die Vorteile der Mädchen. Die Nachteile dagegen sind manchmal, daß sie nicht helfen" (135).

Die meisten Mädchen wollten auch nicht neben Jungen sitzen (162), in den Sportstunden wollten sie oft nicht mitmachen (65), beim Fußballspiel seien sie schon auch manchmal störend (62) und es gäbe sogar richtige *„Petzliesen in der Klasse. Wenn wir die los wären, dann wäre es schön" (119).*

Jenseits solcher Kritik betonen aber die Jungen immer wieder, daß die Mädchen unbedingt bleiben sollen. Die stärksten Argumente lassen sich gleichzeitig als massive Kritik an ihren eigenen Sozialisationsdefiziten lesen. Mädchen werden in ihrer sozialen Ausgleichsfunktion gebraucht, weil Jungen Konflikte nur mit Gewalt lösen können. In vielen Spielarten taucht diese Selbsteinschätzung auf. Knapp und bündig formuliert ein Drittkläßler: *„Ohne Mädchen würde es nur Prügeleien geben" (15).* Sein Klassenkamerad führt es etwas aus:

„Ich finde, in der Klasse würde es ohne Mädchen nur Streit geben. Die Pausen würden ein Schlachtfeld sein, lieber würde ich nicht mehr existieren. Alles wäre zerstört" (16).

Zwar erklärt ein Schüler kategorisch: *„Wir kloppen uns auch, egal wie es die Mädchen finden, zu uns gehört das dazu" (144),* aber die meisten seiner Altersgenossen sind doch entschieden der Meinung, daß Mädchen hier eine zivilisierende Wirkung ausüben - wie dies in der historischen Koedukationsdebatte schon zu Beginn dieses Jahrhunderts ironisch von Hedwig Dohm (1910, hier zit. in Pfister 1988, S. 199) als ein Vorteil der Koedukation angeführt wurde, der nur nicht von allen geschätzt werde: „Freilich unter dem Einfluß des Gemeinschaftsunterrichts ist eine Dezimierung der Rüpel zu befürchten, möglicherweise zum Leidwesen der Väter, die häufig die Rüpeleien ihrer Sprossen als Vorboten starker Männlichkeit begrüßen."

Heutige Grundschüler nehmen diesen Einfluß offenbar durchaus positiv wahr. Auch die Lehrer würden *„fertiggemacht",* wenn keine Mädchen in der Klasse seien (138), sie würden deshalb sehr streng, möglicherweise würde es im Turnunterricht Schläge geben, denn Jungen seien von einer Lehrerin sonst *„nicht mehr zu halten" (16).* Jedenfalls könne man sich nicht wohlfühlen, nur unter Jungen (145). Ganz offensichtlich haben die Jungen das deutliche Gefühl, daß sich ihr soziales Miteinander ohne die Mädchen bei weitem weniger angenehm gestalten würde.

Während also die Mädchen an den Jungen vor allem die unterhaltsamen Aspekte männlicher Individualitätspräsentation schätzen, die sie sich selbst weniger zugestehen, attestieren die Jungen den Mädchen in besonderem Maße die sozialen Kompetenzen, ohne die das Zusammenleben ausgesprochen schwierig wird. Außerdem würden sie die Mädchen wohl auch als Publikum vermissen, das ihre Aktionen auf der Bühne der Schulklasse und des Pausenhofs mit Aufmerksamkeit und Applaus bedenkt. Beide Geschlechter bescheinigen sich somit komplementäre Eigenschaften und Fähigkeiten, die sie wechselseitig attraktiv füreinander machen. Deshalb wollen sie auf die Gegenwart des jeweils anderen Geschlechts nicht verzichten.

Bei den Jungen dieser Altersgruppe beschränkt sich das völlig auf die Gegenwartsdimension, Vorbereitung auf späteres Zusammenleben gerät nicht in ihr Blickfeld. Hier und heute wollen sie mit den Mädchen zusammensein, über die Zeit nach der Schule machen sie sich noch keine Gedanken. Das gilt auch für die wenigen Vertreter der Minderheitsposition, die wir im folgenden noch kurz beleuchten wollen.

3.1.2.3 Die Minderheitenposition: Ambivalenz und Ablehnung

Nur fünf Schüler hatten sich für getrennten Unterricht ausgesprochen, neun nehmen eine ambivalente Haltung ein. Der folgende Aufsatz ist ein typisches Beispiel:

> *Wir verstehen uns gut, manchmal spielen wir auch zusammen. Doch dann gibt es manchmal Streit. Doch meistens spielen Jungen und Mädchen getrennt, denn wir sagen: sie weinen wegen jeder Kleinigkeit und außerdem spielen die immer nur Familie und so und wir Transformers. Beim Sport und anderen Fächern gibt es keine Schwierigkeiten. Denn dann paßt die Lehrerin auf.*
>
> *Ich finde es gut, wenn wir Jungen und Mädchen getrennt sind. Man müßte nicht auf Mädchen Rücksicht nehmen. Aber es ist auch wieder besser, wenn wir zusammen sind. Weil man dann, wenn man keine Lust hat, mit den Jungen zu spielen, mit den Mädchen spielen kann. Die Mädchen petzen immer gleich, das ist doof. Wenn wir alleine sind, petzen die Jungen nicht, denn wir verstehen Spaß ein bißchen doller als sie. Zum Beispiel machen wir Ringkämpfe, das machen Mädchen nicht gern.*
>
> *(9, m, 3. Kl., 9 Jahre)*

Vor allen Dingen unterschiedliche Interessen und Bedürfnisse in den Pausen werden hier angeführt. Das Thema Fußball steht im Vordergrund. Den

Mädchen wird angelastet, daß nicht mehr Fußball gespielt werden darf, weil offensichtlich der Platz knapp ist. Stattdessen sollte nach Meinung der Jungen lieber Gummitwist und Hinkelspiel abgeschafft werden:

„Ich mag die Mädchen nicht. Die spielen immer den blöden Gummitwist, der soll verboten werden. Dann könnten wir endlich Fußball spielen, dann hätten wir endlich mehr Platz. Und dann wird das Hinkelspielen endlich aufhören. Und das wäre besser und da könnten wir endlich wieder Fußball spielen. Und dann sind wir froh" (10).

So klar wird die Ablehnung nur selten formuliert, auch Abwertungen wie die folgende kommen nur vereinzelt vor:

„Mädchen und Doofheit passen zusammen wie ein schwarzer Pullover und ein weißes Poloshirt (also gut). Das Schlimme ist ja: Die Mädchen quasseln am meisten. Typisch Mädchen. Sie selber wollen abgucken, aber die anderen dürfen natürlich nicht (typisch Mädchen)" (29).

Doch obwohl dieser Neunjährige den Mädchen auch noch vorwirft, daß sie gleich „Hilfe" schreien, wenn man sie nur anfaßt, findet er es *„sehr gut, daß Mädchen und Jungen zusammen sind"*. Das betonen auch diejenigen, die Mädchen als zu schwach und unsportlich empfinden (27), die keine Lust haben, Rücksicht auf sie zu nehmen und sich über ihr Petzen zu ärgern (9). Übel findet ein Junge es auch, wenn Mädchen mehr Hausaufgaben machen, *„weil sie sich eine eins verdienen wollen" (120).* Relativierend wird aber auch von ihm darauf verwiesen, daß es *„nämlich auch gute Mädchen"* gibt (120).

Selbst in der Minderheitenposition finden wir also bei den Jungen nur wenig Hinweise auf unüberwindliche Spannungen und Konflikte zwischen den Geschlechtern .

3.1.3 Miteinander und voneinander lernen

Die Bilanz unserer Analyse fällt somit recht eindeutig aus: In den Augen der weitaus meisten Grundschulkinder haben sich die Formen der Zusammenarbeit und des Zusammenlebens von Mädchen und Jungen in der Schule bewährt. Das klappt nicht immer störungsfrei, aber der Genuß übersteigt den Ärger bei weitem, eine Veränderung wird keinesfalls gewünscht. Besonders die Mädchen fühlen sich aber doch zuweilen gestört und eingeschränkt durch die Jungen. So sehr sie deren Einfälle und Aktionen schätzen, sie sogar als spannender und anregender empfinden als ihre eigenen Spiele: Schattenseiten hat die prinzipiell angenehme Situation schon. Zu wild und auch zu egoistisch und dominant sind ihnen viele männliche Kameraden. Sie beanspruchen Raum, Spielgeräte, Aufmerksamkeit nach ihrem Belieben. Das weckt in manchen Mädchen den Wunsch nach größeren Möglichkeiten, ungestört unter sich bleiben zu können. Auch den Jungen gestehen sie dieses Bedürfnis zu. In ihrer eigenen Clique sollen sie ihre Wildheit ruhig ausleben. Solche Vorschläge beziehen sich aber in aller Regel eher auf die Pausen und gelten nicht absolut, sondern nur situationsbedingt. Die wenigsten Mädchen möchten dauerhaft auf gemeinsame Spielaktivitäten verzichten. Dazu schätzen sie die Ideen der Jungen viel zu sehr, während sie eigene Unternehmungen in einer Weise abqualifizieren, die sehr nachdenklich stimmt. Geradezu demütig äußern einige von ihnen Dankbarkeit dafür, daß die Jungen sie mitspielen lassen. Andere üben sich schon zu diesem frühen Zeitpunkt in die Bewunderungshaltung gegenüber männlicher Selbstpräsentation ein und verzichten dafür auf eigene Aktivität. Solche Beschreibungen zeigen die Ambivalenz der von den Beteiligten selbst erst einmal als „positiv" klassifizierten Interaktionsbeziehungen auf. Auf der anderen Seite fordern aber auch viele Mädchen, die Jungen müßten sich zivilisierter benehmen, Kompromisse machen und bereit sein, auch von ihnen etwas zu lernen.

Für den Unterrichtsbereich läßt sich das in ähnlicher Weise analysieren, wenn man die komplementären Sichtweisen der Jungen und Mädchen näher beleuchtet. Sie folgen zwar häufig recht eng den Geschlechterstereotypen, überschreiten sie an einigen Stellen aber auch. Die Stärken der Mädchen werden vor allem in ihrem freundlichen, sozialen Verhalten gesehen. Außerdem attestieren ihnen die Jungen all die weiblichen Tugenden wie Ordnungsliebe, Sauberkeit, Bravheit, die in der Schule möglicherweise noch hilfreich und nützlich sind, um gute Zensuren zu bekommen. Die Mädchen selbst schreiben sich bzw. ihren Geschlechtsgenossinnen sehr viel weniger schätzenswerte Eigenschaften zu als den Jungen. Und ob sie aus den als eher langweilig geltenden Vorzügen ordentlichen, sauberen und braven Verhaltens sehr viel Kapital für ihr Selbstbewußtsein schlagen können, scheint fraglich. Hinsichtlich der Leistungsfähigkeit und Interessen sind jedoch beide Geschlechter weitgehend bereit, sich gegenseitig Kompetenzen und Erfolge neidlos zuzubilligen. Solche Fähigkeiten werden auch nicht durchgängig geschlechtstypisch zugeordnet. Sehr deutlich geschieht das jedoch in einigen Bereichen: Handarbeiten sind beispielsweise eine weibliche Domäne. Hier zeigt sich dann auch die Ambivalenz hinter der vordergründig als harmonisch beschriebenen Kooperation. Gegenseitige Unterstützung heißt oft, daß die Kinder etwas für den oder die anderen erledigen. Wenn sich ein Junge *„verhäkelt"* hat, bringt seine Klassenkameradin das für ihn in Ordnung. Hier wird also nur in Grenzen etwas voneinander gelernt, das eigene Verhaltensrepertoire nicht erweitert, dementsprechend auch nicht das Vertrauen erworben, ungewohnte Dinge lernen zu können. Auch solche Aktivitäten werden aber beschrieben: Gemeinsam lesen, rechnen, Fehler korrigieren oder auch sich im Sport Tips geben und für gute Leistungen loben - das deutet auf einen tatsächlichen Austausch hin, von dem beide Seiten profitieren.

Es ist also nicht zu übersehen, daß gerade die jüngsten Kinder unserer Stichprobe eine ganze Reihe von Einstellungen äußeren, die große Offenheit und Bereitschaft erkennen läßt, individuelle Spielräume selbst auszuloten und diese Möglichkeit auch anderen einzuräumen. Daran kann eine geschlechterbewußte Pädagogik anknüpfen. Wir werden diesen Gedanken in unserem Schlußkapitel wieder aufgreifen.

3.2 Die Orientierungsstufe: „... manchmal lohnt es sich, wenn Mädchen und Jungen zusammenarbeiten“

„Getrennten Unterricht von Jungen und Mädchen stelle ich mir teils, teils vor.“

(170, w, 5. Kl., 12 Jahre)

Die Belastungen, die für viele Kinder mit der Übergangssituation nach der Grundschule verbunden sind, haben wir in Kapitel 2 bereits kurz angesprochen. Inwieweit die Prozesse neuer Gruppenbildung, der Eingewöhnung in neue räumliche und fachliche Strukturen und die Umstellung auf mehr und neue Lehrkräfte sich auf die Beziehungen zwischen Mädchen und Jungen auswirken, ist dabei schwer zu sagen. Für viele liegt es möglicherweise nahe, in der gleichgeschlechtlichen Primärgruppe Stabilität und Unterstützung zu suchen. Andererseits bietet die neue Zusammensetzung aber auch Chancen, sich aus alten Festlegungen zu lösen und weitere Kontakte zu knüpfen. Daß die Klippe des Übergangs nach der 4. Klasse in weiterführende Schulen für viele Mädchen und Jungen nicht einfach zu bewältigen ist, wurde in unterschiedlichen Studien belegt (vgl. z. B. Steffens 1984, Tillmann u. a. 1984, Buff 1991). Sie lassen es verständlich erscheinen, daß die von uns befragten Schülerinnen und Schüler die sehr freie Vorgabe unserer Erhebung dazu nutzten, sich erst einmal die Dinge vom Herzen zu schreiben, die sie besonders bewegt haben. Die Geschlechterthematik scheint für viele nicht dazuzugehören. Auch das ist eine wichtige Erkenntnis.

Bedauerlicherweise ist in diesen Jahrgängen die Erfassungsquote mit gut 40% sehr niedrig. Das liegt zum einen daran, daß sich nicht alle Lehrkräfte an der Untersuchung beteiligt haben. Andere hatten leider nicht auf die korrekte Verteilung der Instruktionsbögen an Mädchen und Jungen geachtet. Wir konnten deshalb eine ganze Reihe von Aufsätzen nicht sicher nach Geschlecht zuordnen und deshalb nicht auswerten. Immerhin erhielten wir aber eine ungefähre Gleichverteilung von 58 Mädchen- und 51 Jungenaufsätzen. Quantitativ unterschieden sich die Voten der Geschlechter kaum. Erstaunt hat uns der hohe Anteil derjenigen, der sich ambivalent geäußert hat bzw. gar nicht Position bezog. Übertroffen wird er nur von den Schülerinnen der Mädchenschule und den älteren Schülern des Jungengymnasiums, auf die wir in eigenen Kapiteln gesondert eingehen.

Weil uns die ambivalente Haltung zur Koedukation als besonders typisch für diese Altersgruppe aufgefallen ist, weichen wir von unserem Prinzip ab, jeweils die Mehrheitsposition ausführlich darzustellen. Obwohl die Mehrheit der Orientierungsstufenschülerinnen und auch -schüler sich klar für die Beibehaltung des gemeinsamen Lernens ausspricht, präsentieren wir nun zunächst den vollständigen Aufsatz einer Schülerin, die ihre Ambivalenz zum Ausdruck bringt. Im Anschluß daran stellen wir sowohl die Pro- als auch die Contra-Argumente mit typischen Zitaten vor und greifen dabei sowohl auf die Aufsätze der Koedukationsbefürworterinnen als auch der eher unentschiedenen Schülerinnen zurück. Bei den Jungen werden wir ebenso verfahren.

3.2.1 Die Sicht der Mädchen

Sehr plastisch beschreibt eine elfjährige Schülerin der 6. Klasse den Ablauf ihres Schultags:

„Es ist Donnerstagmorgen. Die erste Stunde ist Deutsch TB.[13] *In der Stunde habe ich keinen Unterricht, weil ich in Deutsch TA bin und in der ersten Stunde keine AG habe. In der zweiten Stunde haben wir WUK (Welt- und Umweltkunde, Anm. d. Aut.). In WUK geht es immer hoch her. Die meisten Jungen schnipsen jetzt mit Papier um sich. Die eine Hälfte der Mädchen versucht aufzupassen, die andere Hälfte der Mädchen unterhält sich. WUK ist eine abscheuliche Stunde. Meistens hat man das Gefühl, WUK dauert doppelt solange wie eine Schulstunde. Jetzt ist große Pause, ein paar gehen zum Tischtennisspielen, andere spielen zusammen und manche gehen einfach über den Schulhof. Wenn es gongt, bleiben die, die spielen, noch ein bißchen*

13 Hier verweist die Schülerin auf Differenzierungsstunden, in denen die Lerngruppen anders zusammengesetzt sind. Parallel dazu gibt es teilweise Arbeitsgruppenangebote.

draußen, weil der Lehrer meistens ein bißchen später kommt. Jetzt, in Mathe, geht es locker zu. Die wenigen Jungen in unserem Kurs reden miteinander. Einige Mädchen passen auf, und die anderen unterhalten sich. Mathe dauert trotzdem nach Gefühl, sehr lange. Vor Mathe hatten wir Englisch. Da gibt es nicht viel zu erzählen, weil es immer nur lernen, lernen, lernen heißt. In den letzten beiden Stunden haben wir Sport. Die Jungen hampeln meistens rum und die Mädchen unterhalten sich (so gut es geht). Etwas Besonderes gibt es bei Sport eigentlich nicht. Wenn Sport zu Ende ist, läßt uns unser Lehrer dann gehen, wenn wir fertig umgezogen sind. Meistens sind die Jungen am schnellsten.

Ein Schultag in einer Mädchenschule (So stelle ich ihn mir vor!) Am Morgen geht es durch eine große Tür, wo „Mädchen" draufsteht und dann in einen Klassenraum, wo man jetzt Deutsch hat. Es ist eine normale Schulstunde wie in einer „Gemischten Schule", bloß daß man viel mehr aufbekommt und daß es ein bißchen leiser ist als mit Jungen zusammen. Genauso stelle ich mir die anderen Fächer vor, z. B.: Englisch, Französisch, Textil usw. Vielleicht gibt es auf einer Mädchenschule kein Werken, was ich blöd fände. Aber sonst wäre eine Mädchenschule ganz praktisch.

(241, w, 6. Kl., 11 Jahre)

3.2.1.1 Schulklima und Schulleben

Die mangelnde Disziplin der Jungen ist der Knackpunkt, an dem sich für viele Mädchen die Haltung zum gemeinsamen Lernen entscheidet. Dies wird in dem eingangs zitierten Aufsatz noch relativ zurückhaltend beschrieben, andere Mädchen formulieren ihn als zentralen Einwand noch deutlicher, etwa:

„Im Unterricht sind die Jungen albern und laut. Eigentlich wäre es schön, wenn keine Jungen in der Klasse wären" (170).

Die Atmosphäre in einer Mädchenschule stellen sich viele Mädchen viel ruhiger und ungestörter vor. So hofft eine Schülerin für das Fach Mathematik: *„Wir hätten mehr Chancen, bessere Zensuren zu erreichen, weil wir nicht mehr gestört würden" (178).* Aber auch in Deutsch und Englisch könne man sicher viel besser zuhören und in Werken besser arbeiten (ebd.). Ein Mädchen erklärt, daß es sich in der jetzigen Schule eben Unterstützung von den Lehrkräften holt, wenn die Jungen es zu bunt treiben:

„In der Pause hole ich mir einen Kakao, und wenn mich einer mit einer Schneeballkugel bewirft, gehe ich zu Herrn Y und petze es ihm und der Junge muß die Schulordnung abschreiben. In Mathematik: Wenn mir einer was

wegnimmt, gehe ich zum Lehrer und sag es" (172). Wir werden bei den Äußerungen der Jungen sehen, daß der auch von den männlichen Grundschülern schon geäußerte Vorwurf, Mädchen seien Petzliesen, wieder aufgegriffen wird. Die Geschichte um Schneebälle und Schulordnung dürfte auf kürzlich erlebten konkreten Erfahrungen basieren, jedenfalls tauchen sie als gemeinsame Argumentationsfigur mehrfach auf.

Weniger gut gefällt allerdings vielen Mädchen, daß man ihrer Vermutung nach in Mädchenschulen mehr arbeiten müsse, immer *„hübsch artig sein"* müsse und keine Streiche machen dürfe (264). Das sei schon blöd.

Die Koedukationsbefürworterinnen sehen das ganz ähnlich. Sie betonen aber weniger die Vorteile der höheren Disziplin, sondern merken zum einen an, daß auch *„ein paar Mädels"* schwätzen und Krach machen (176), sowas bleibe nie aus, die Jungen seien nur rabiater. Sie fürchten ebenfalls, das es in Mädchenschulen sicherlich viel strenger zugehen werde.

„Wenn es wieder sowas gäbe, dann wäre es im Mädchenunterricht ganz leise. Witze gäbe es vielleicht nur einmal wöchentlich oder gar nicht. Wir müßten immer ganz lieb sein. In den Pausen wäre nichts mehr los" (258).

Weitgehend sind sich die Mädchen wieder einig: Ohne Jungen wäre es *„gar nicht so lustig" (259),* viel langweiliger (209), man könne nicht mehr Lehrer ärgern (245), auch nicht mehr die Jungen ärgern und niemand würde mehr Streiche spielen (257). Langeweile wird als häufigste Folge von Geschlechtertrennung beschworen. Auch in dieser Altersgruppe beziehen sich die meisten Aussagen auf das Leben außerhalb des offiziellen Unterrichts. Es sei schön, in der Pause miteinander zu spielen, gemeinsam Streiche und Witze machen sei viel schöner, auch sich gegenseitig zu ärgern:

„Wir nehmen den Jungen die Federmappen weg und feuern sie in den Mülleimer. Das gleiche machen sie mit unseren Sachen. Aber wenn's drauf ankommt, halten wir alle zusammen" (240).

Hier stellen sich Mädchen keineswegs als „arme Opfer" dar, sondern sehen sich selbst als aktive Teilnehmerinnen an den *„Spaßkämpfchen":*

„Ich finde es besser mit Jungen, weil man sie so schön ärgern kann. Z. B.: Man schubst in der Pause Mädchen gegen sie, dann rennen die Jungen einem hinterher, dann kann man so schön wegrennen" (245).

Dabei wird die Gelegenheit zu kribbelnd-erotischen Annäherungen unterschiedlich erlebt. Die sich eher ambivalent äußernden Schülerinnen beklagen sich gelegentlich über *„zu viel Vorurteile. Wenn ein Mädel mal einem Jungen hilft, oder umgekehrt, heißt es gleich wieder: Ihr seid ja verknallt, oder die beiden sind verliebt" (204).* Oder sie zitieren Sprüche, die ihnen unwillkommenerweise hinterher gerufen werden: *„Noch ein Kuß, dann ist Schluß, weil die Braut nach Hause muß" (231).* Andere Schülerinnen aus derselben Gruppe würden es dagegen als Verlust erleben, keine Liebesbriefe mehr schreiben zu können (191) oder auf Klassenfahrten nicht mehr miteinander tanzen zu können (171). Die Koedukationsbefürworterinnen verteidigen dagegen ganz entschieden ihre Bedürfnisse nach Kontakten zu Jungen. Wenn sie denn schon auf eine Mädchenschule gehen sollte, müsse es mindestens einmal im Jahr einen Ball mit Jungen und Mädchen geben, fordert eine Schülerin (176) und eine andere erklärt:

„Wenn Jungen und Mädchen getrennt in die Schule gehen würden, hätte man keine Chance, sich mit Jungen zu befreunden, und das wäre so etwas wie Strafe gewesen“ (181).

Ganz unverblümt schildert auch die folgende Schülerin ihre Wahrnehmung der erotischen Dimension von Kontakten in der Grauzone von Necken, Flirt und Anmache:

„Und in der Pause ärgern uns die Jungen immer und hauen uns auf den Arsch. Sie rufen 'Baby' und 'Hey Süße!' Man sagt da immer, hör auf, aber in echt freut man sich. Keiner gibt's zu!“ (193).

Solche Berichte haben uns nachdenklich gestimmt, und nicht weniger die Diskussionen, die wir mit Müttern, Lehrerinnen und Sozialpädagoginnen inzwischen darüber geführt haben. Sie relativieren die Perspektive von den Mädchen als „armen Opfern“, die benachteiligt, unterdrückt und wehrlos sexuellen Angriffen ausgesetzt sind. Damit wollen wir nicht leugnen, daß es solche Opfer gibt. Wir finden es auch richtig, Mädchen bei der Entdeckung und Entwicklung ihrer eigenen Bedürfnisse zu helfen, sie „stark zu machen“, dazu zu stehen und das „Nein-sagen“ zu lernen, wenn Grenzen überschritten werden. Das alles scheint uns sehr notwendig zu sein. Denn auch der aktive Part, den die Mädchen ihren eigenen Berichten zufolge in solchen „Neckereien“ übernehmen, verhindert nicht, daß problematische Umgangsformen zwischen den Geschlechtern unkritisch reproduziert werden. Jedenfalls finden wir an verschiedenen Stellen eine erstaunliche Bereitschaft, manche Dinge als offenbar unvermeidlich hinzunehmen:

„Ich finde gemischte Schulen besser, weil es dann Freundschaften gibt, weil es überhaupt mehr Pep gibt. Gut, manche Jungen begrabschen die Mädchen oder sagen zu ihnen Schimpfwörter ...“ (240).

Und auch das oben geschilderte Ritual des „So-tun-als-ob“ trainiert vermutlich genau solche Verhaltensstrategien des „Erobert-werden-wollens“, die später die Begründung liefern, das „Nein-Sagen“ von Mädchen und Frauen müsse man nicht ernst nehmen.

Oswald u. a. (1988, S. 190) haben in ihrer Berliner Studie bei den Kindern in der 5. und 6. Klasse ähnliche Verhaltensweisen beobachtet. Sie fanden, es handle sich dabei „eher um Karikaturen von Flirterei als um Vorstufen liebevoller Beziehungen“, die von den nicht am Geschehen beteiligten Kindern sehr ambivalent aufgenommen und bewertet werden. So geht es offenbar in unserer Studie einem Mädchen, das als einzige berichtet, Jungen und Mädchen seien zwar zusammen in einer Klasse, grenzten sich aber voneinander ab:

„Und wehe, ein Mädchen muß sich neben einen Jungen setzen, dann rückt der Junge gleich etwas weg. Ich finde das albern. Genauso ist es, wenn sich ein Junge und ein Mädchen mögen, dann kommen gleich die anderen und lästern" (255).

Auch sie möchte sich aber keinesfalls um die Chance gebracht sehen, sich in einen Klassenkameraden zu verlieben oder kameradschaftlich mit ihm über den Schulhof gehen zu können.

Zusammenfassend läßt sich zum Thema Schulklima festhalten: Trotz größerer Ambivalenz in dieser Altersgruppe sehen die Mädchen keinen Gewinn darin, ohne Jungen unterrichtet zu werden. Im Gegenteil, sie halten sie eigentlich für nicht entbehrlich, wenn es auch manchmal Probleme gibt. Eine dreizehnjährige polnische Schülerin der 6. Klasse bringt es auf den Punkt:

„Also, ich finde es gut, wenn wir Mädchen mit Jungen zusammen auf eine Schule gehen. Es ist zwar manchmal schwer, mit den Jungs auszukommen, aber es geht" (239).

3.2.1.2 Lernen, Leistung und Interessen: Mädchenselbst- und Jungenfremdbild

Ähnlich wie bei den Grundschulkindern sind Äußerungen zu unterschiedlichen Fähigkeiten und Interessen eher selten, jedenfalls verglichen mit den sehr vielfältigen und farbigen Beschreibungen des sozialen Verhaltens. Textil und Werken werden zuweilen als weibliche bzw. männliche Domäne benannt, häufig dabei unter der Perspektive gegenseitiger Hilfe und Unterstützung:

„Mädchen und Jungen gemeinsam ist irgendwie genial. In Werken können Jungen den Mädchen helfen. In Textil Mädchen den Jungen" (204).

Ein Mädchen meint, generell könnten die Jungen den Mädchen ja helfen, wenn sie etwas besser könnten (168), während ein anderes hofft, ohne die Störungen der Jungen bessere Zensuren in Mathematik zu bekommen und in Englisch, Werken und Naturwissenschaften besser mitarbeiten zu können. Auch in dieser Altersgruppe fürchten einige Mädchen, daß ihnen das Fach Werken auf der Mädchenschule wohl abhanden kommen würde, *„was ich blöd fände" (241).* Gleichzeitig fürchtet ein Mädchen, *„daß da wohl alles mehr zur Hauswirtschaft hingezogen wird" (243),* was ihr keine sehr angenehme Vorstellung zu sein scheint. Auch eine geschlechtstypische Differenzierung des Curriculums in anderen Fächern wird befürchtet, mehr Mathe und Naturwissenschaften für die Jungen, mehr Handarbeiten und Fremdsprachen für die Mädchen (247). Begrüßt wird das zuweilen in Sport:

„Gut wäre allerdings (im getrennten Unterricht, Anm. d. Aut.), wenn im Sportunterricht mehr für Mädchen gemacht werden würde. Zur Zeit machen wir Basketball. Es ist furchtbar. Im Mädchenunterricht würde wahrscheinlich auch mal Gymnastik gemacht werden und es würde überhaupt ganz anders sein" (255).

Die Sichtweisen hierzu sind aber geteilt, einige betonen auch den Ansporn durch die überlegenen Jungen, etwa bei Ballspielen (224) oder in der Leichtathletik: *„Beim Sprinten hätte man niemanden, der uns ein bißchen zieht und alles wäre langweilig" (265).* Wir beleuchten diesen Aspekt bei den fächerspezifischen Problemsichten in Kapitel 5 ausführlicher.

Generelle Unterschiede in der Leistungsfähigkeit zwischen Mädchen und Jungen werden jedenfalls nicht erwähnt. Nur ein einziges Mädchen konstatiert explizite Geschlechterkonkurrenz:

„Mit Jungen haben wir fast jeden Tag Streit. In den Fächern, da wollen die Mädchen besser sein als die Jungen und die Jungen wollen besser sein als die Mädchen" (171).

Sehr viel häufiger wird von gegenseitiger Hilfe berichtet, die allerdings auch nicht immer reibungslos funktioniert, jedenfalls dann nicht, wenn Jungen aktiv werden sollen:

„In Werken haben Jungen mehr Ahnung als wir Mädchen, und wenn wir ein Problem haben, fragen wir die Jungs und sie helfen uns. Vielleicht tun es nicht so viele, aber die meisten Jungen helfen einem. In Musik wissen Mädchen wahrscheinlich mehr, aber das ist ja kein Problem, weil wir Mädchen ihnen helfen. Wir Mädchen und Jungen helfen uns viel gegenseitig" (206).

Die hier und in ähnlichen Äußerungen anklingende Selbstkategorisierung des stets hilfsbereiten Mädchens schlägt sich verblüffenderweise keineswegs in einer positiven Beurteilung des eigenen Geschlechts nieder. Zwar meint eine Schülerin, Mädchen hätten *„mehr Verständnis zueinander"* als Jungen (210) und ein anderes meint, ihre Geschlechtsgenossinnen gingen generell mit Schwächeren besser um, beispielsweise mit Ausländern, die kein Deutsch können (203). Damit sind die Positivurteile über das eigene Geschlecht bereits erschöpft, häufiger werden sie dagegen als *„langweilig", „öde"* oder auch als *„ganz schöne Zimtzicken" (176)* etikettiert. Auf einer Mädchenschule würde sich das ihrer Vermutung nach eher noch verschlimmern, *„dann werden sie sich bestimmt gegenseitig kneifen und streiten" (262).* Ganz sicher ist sich die Schreiberin aber nicht, vielleicht würden sich die Mädchen auch eher einig sein, wenn sie in eine eigene Schule gingen.

Die Jungen werden in dieser Gruppe trotz aller Wertschätzung relativ kritisch gesehen, und zwar sowohl von den Koedukationsbefürworterinnen als auch von den sich ambivalent äußernden Schülerinnen. Zugestanden wird ihnen, daß sie *„sehr nett"* sein können (174), daß es mit ihnen *„sehr lustig"* ist (208), weil sie *„mehr Mist (machen) als die Mädchen, weil sie sich mehr trauen" (240), „mehr und bessere Witze machen" (256)* und auch die Rolle des *„Klassenkasper"* übernähmen (263). Einen brauche jede Klasse mindestens, meint eine Schülerin, und ein Mädchen könne sie sich dafür nicht vorstellen.

Die Liste der Negativurteile ist dagegen bedeutend länger: Rücksichtslos (173) und rabiat (176) seien sie, unkooperativ (181) und angeberisch (193), sie plustern sich auf (191), sind durchaus nicht immer hilfsbereit (207), auch nicht verständnisvoll (210). Sie machen oft Mist und bringen nichts Ordentliches zustande (253), lachen einen aus, wenn man etwas falsch sagt (255) oder wenn man über Sachen wie Tanzen spricht (255), die sie für *„Mädchensachen"* halten. Außerdem nehmen sie Dinge weg, *„machen einem alles kaputt"* und verscheuchen Mädchen von der Tischtennisplatte: *„Hau ab Zicke, Tischtennis ist nur für Jungs, geh nach Hause und putz die Stube, das ist Frauenarbeit" (231).*

Dieses gesamte Sündenregister führt jedoch bei keinem dieser Mädchen dazu, sich für Trennung - sei es auch nur zeitweise oder in bestimmten Fächern - auszusprechen. Unter dem Strich finden sie die Vorteile nicht überzeugend: Mehr Ruhe und Disziplin, vielleicht sogar in einigen Fächern bessere Noten - das scheint ihnen ein schlechter Tausch zu sein gegen Langeweile und den Verlust von Hilfe und Anregung, von den gemeinsamen Vergnügungen ganz zu schweigen. Immerhin kann man es doch miteinander aushalten - und manchmal lohnt es sich sogar. So lautet die Mehrheitsposition der Mädchen.

Die Argumentation bleibt auch in dieser Altersgruppe weitgehend auf die aktuelle Schulsituation beschränkt. Abstrakte Vorstellungen von Gleichheit bewegen die Mädchen sowenig wie die Frage der Vorbereitung auf ein späteres Zusammenleben der Geschlechter, so daß wir diese Kategorie hier nicht weiter behandeln. Allenfalls wird von einigen betont, es sei wichtig, daß man Jungen schon in der Schule kennenlerne, damit man sie besser verstehen könne: *„Mädchen würden nicht lernen, wie man mit Jungen umgeht und Jungen würden nicht lernen, wie man mit Mädchen umgeht" (181).* Möglicherweise würde man ja auch außerhalb der Schule dann den Kontakt zu Jungen ganz verlieren (261). Eine Schülerin geht von unterschiedlichen Niveaus an Jungen- und Mädchenschulen aus: *„Man fordert an getrennten Schulen sicherlich mehr von Jungen als von Mädchen" (256).* Außerdem befürchtet sie eine Vereinseitigung des Curriculums z. B. durch Ausrichtung auf Frauenberufe (Schneiderin), die Mädchen genauso wenig interessieren wie Jungen. Alle anderen Mädchen sind ganz und gar mit ihrer Gegenwart beschäftigt.

3.2.1.3 Die Minderheitenposition: Plädoyers für Trennung

Lediglich vier der 58 beteiligten Mädchen haben sich überhaupt für getrennten Unterricht ausgesprochen. Im Kern ging es dabei jeweils um Konfliktvermeidung und Disziplin:

> *„Im Unterricht sind die Jungen öfter laut. Und sagen alles vor. In der Pause schmeißen sie mit Schneebällen und wenn kein Schnee liegt, dann schubsen sie immer nur. Die Jungen prügeln sich manchmal auch. Oder, wenn der Lehrer nicht da ist, schmieren sie mit Kreide an der Tafel rum. Und stellen Mädchen Beine.*
>
> *Deshalb finde ich es besser, wenn es eine Schule mit Mädchen und eine mit Jungen gibt. In einer Mädchenschule wäre es nicht immer so laut. Und es kann kein Junge mehr sagen: Mädchen werden vorgezogen. Es kann auch kein Mädchen sagen: Jungen werden immer vorgezogen."*
>
> *(179, w, 5. Kl, 11 Jahre)*

Einigkeit besteht bei diesen Schülerinnen darin, daß es leiser und ruhiger wäre, *„weniger Quatsch gemacht"* würde, Prügeleien und Ärgereien fielen weg, man könnte besser lernen und gute Noten schreiben. In den Pausen könnte man sich ungestört unterhalten und zusammen spielen. Mit Langeweile verbinden diese Mädchen eine solche Atmosphäre nicht. Insofern haben sie auch kein Verlustgefühl, sollten die Jungen nicht vorhanden sein, sondern begrüßen das eher mit Erleichterung. Das unterscheidet die Trennungsbefürworterinnen von denjenigen, die sich ambivalent äußern. Letztere gaben oft nicht klar zu erkennen, wie sie die Vor- und Nachteile letztendlich wichten, sie benannten aber doch bei aller Kritik eine Reihe von Gründen für die Aufrechterhaltung des status quo und betonten dabei stets die Qualitäten der Jungen als Kommunikationspartner und Auflockerer des Schulalltags. Wir werden sehen, daß auch bei den wenigen Jungen, die Trennung befürworten, Erleichterung wegen der Abwesenheit von Mädchen formuliert wird. Dies hat aber eine etwas andere Konnotation.

3.2.2 Die Sicht der Jungen

Auch hier stellen wir exemplarisch den Aufsatz eines Jungen vor, der Vor- und Nachteile beschreibend aufzählt, ohne ausdrücklich seine eigene Position zu benennen. Wir haben ihn ausgewählt, weil er die auch von anderen Jungen angesprochenen Alltagskonflikte zwischen Mädchen und Jungen anschaulich beschreibt und Argumente sowohl für als auch gegen Trennung bündelt, die ebenfalls von verschiedenen Altersgenossen aufgeführt werden. Außerdem haben wir hier eine recht ausführliche Jungenmeinung erhalten, was gerade in dieser Altersgruppe nicht immer gelungen ist. Einige haben sich auf wenige Sätze beschränkt, den Rekord stellte dabei ein 13jähriger türkischer Schüler der 6. Klasse auf, dem es gelang, seine Auffassung bündig in zehn Worte zu fassen: *„Zusammen: Mir ist es egal. Auseinanderzerrung: Mir ist es egal" (234).* Das war erfreulicherweise aber nicht die Regel, wie der folgende Aufsatz zeigt:

Es ist Dienstag. Der Tag fängt mit Musik an. Die Mädchen haben eine bessere Stimme als die Jungen, und die Jungen sind empört und stöhnen, sticheln oder beschimpfen sie. Nach Musik haben wir NW (Naturwissenschaft, Chemie, Physik). Die Jungen und Mädchen arbeiten für sich (Mädchen für sich und Jungen für sich). Manche Mädchen zanken sich und manche Jungen ärgern dann die sich zankenden Mädchen. So, daß sie gar nicht wissen, wohin sie schlagen sollen. Und kriegen dann den Unterrichtsstoff nicht mit. Nach NW kommt Englisch. Dort ist alles bei uns klar, ich bin im B-Kurs. Alle sind strebsam. Es folgt Mathe. Auch dort bin ich im B-Kurs. Einige Mädchen spielen. Jungen und Mädchen schwatzen. Auch ich schwatze manchmal, auch weil neben mir ein Mädchen sitzt, das lacht, kichert, quiekt und schwatzt mit der Nachbarin. Deshalb muß ich sagen, sie soll aufhören. Ich meine, die Mädchen schwatzen in einer Tour. Der Tag in der Schule endet mit WUK (Welt- und Umweltkunde, Anm. d. Aut.) für mich. Dort drehen fast alle durch. Der Lehrer läßt es durchgehen. In dieser Stunde kann man die Mädchen und Jungen erkennen, die nur komisches Zeug (Quatsch) machen, und sehen.

Die Jungen würden sich zügeln. Die Mädchen würden sich nicht bedrückt fühlen. Die Jungen würden kein Mädchen zum Ärgern haben. Die Meinungen würden gleich sein. Es wäre zu eintönig. Wenn man es so gewöhnt ist, fehlt etwas. Die Jungen würden mehr dem Unterrichtsstoff folgen. Vielleicht würden bessere Leistungen erzielt werden.

(250, m, 6. Kl., 12 Jahre)

3.2.2.1 Schulklima und Schulleben

Auffallend häufig werden von dieser Jungengruppe Mädchen als durchaus nicht so diszipliniert und schulfromm beschrieben, auch nicht als die freundlich-hilfsbereiten. Es gibt eine Menge Hinweise auf Konflikte in der Klasse, die aber nicht nur zwischen den Geschlechtern verlaufen. Der Umgang miteinander scheint insgesamt eher rauh zu sein:

„Nachdem wir die Mädchen in der Pause geärgert haben, kommen wir, wenn die Pause zu Ende ist, hoch und stellen den Fünftkläßlern das Bein, weil sie so oft aufs Maul fliegen. In der Englischstunde kriegt eine Lehrerin einen Anfall, weil es so laut ist. Es gibt natürlich auch völlige Versager. Ein Mädchen, das Übergewicht hat, ärgern wir besonders gern, weil sie so viel Speck hat und wenn sie läuft, gibt es ein Erdbeben. Ein Mädchen, das wir Lama nennen, weil es schielt, ärgern wir auch gern. Es gibt einen Schüler, den wir 'the horse' nennen, weil er so aussieht wie ein Pferd. Auf dem Schulhof ärgern wir Kinder aus dem Gymnasium" (271).

Auch in Aufsätzen von Koedukationsbefürwortern werden ähnlich abwertende Spitznamen aufgeführt, wie Kloß, Pickelface oder Hund (269). Und ein wichtiges Argument gegen die Abwesenheit der Mädchen ist die Sorge, daß man niemanden mehr zum Ärgern hat. Außerdem sei es eintönig, weil alle Meinungen gleich seien (250), gemeinsam mit den Mädchen sei es lustiger. Zwar würden dann auch keine „Gackertanten" mehr den Unterricht stören, andererseits könne man aber den Mädchen auch keine Streiche mehr spielen: *„Der getrennte Unterricht hat seine guten und schlechten Seiten" (271).* Denn besser wäre es schon, wenn Mädchen nicht immer in den Unterricht reinrufen würden, nicht immer Streit anfangen und sich ständig einmischen würden (237). Solche Beschreibungen kommen sonst häufiger von Mädchen als Kritik am gängigen Jungenverhalten. Hier werden eher die Mädchen als dominant geschildert, was noch verstärkt wird durch ihre zahlenmäßige Überlegenheit und die von einigen Jungen beklagte „Bevorzugung" durch einige Lehrkräfte:

„In WUK (Welt- und Umweltkunde, Anm. d. Aut.) werden die Mädchen mehr drangenommen. In Englisch quatschen fast alle Mädchen und wir kriegen die Schuld. In Deutsch ist eigentlich alles o.k. In Religion weiß ich es nicht, weil ich da nicht hin muß. In Mathe ist es auch nicht schlecht. In NW (Naturwissenschaften, Anm. d. Aut.) quietschen die Mädchen mit den Stühlen. In Musik werden die Mädchen öfter drangenommen ... Und beim Abstimmen gewinnen immer die Mädchen, weil es mehr Mädchen sind" (183).

In einer der fünften Klassen sitzen tatsächlich nur sieben Jungen, was möglicherweise ihren Eindruck stützt, daß Mädchen öfter drankommen. Allerdings differenzieren sie ihre Klagen relativ übereinstimmend fächerspezifisch, was vermutlich auf die Person der jeweils Lehrenden zielt. Ein Junge sagt es ganz explizit: *„Von den meisten Lehrern werden weder Jungen noch Mädchen bevorzugt, aber solche Lehrer gibt es“ (275).* Kunst, Werken und Textil, Musik, Religion werden als weitere Fächer genannt, in denen das der Fall sei: *„Da meldet man sich die ganze Zeit und wenn sich gleich ein Mädchen meldet, wird es sofort drangenommen“ (248).* In Sport dürften die Mädchen öfter vorturnen und würden weniger streng benotet. Und außerdem würden sie im Gegensatz zu Jungen nicht einmal bestraft, wenn sie herumrennen (186). In einer Jungenschule stellt sich dieser Fünftkläßler die Welt gerechter vor. Bestimmt würden *„alle gleichviel drangenommen werden. Alle kriegen eine gleiche Strafe.“* Mehrere Jungen beanstanden auch, daß die Mädchen in Kunst singen dürfen. *„Die Lehrerin unternimmt dagegen nichts, weil sie selbst eine Frau ist“ (188).* Die Jungen seien in den meisten Kunststunden laut, gesteht ein Schüler, der es aber ungerecht findet, wenn seine Lehrerin dann immer „Ruhe“ schreit: *„Aber wenn die Mädchen laut singen, dann sagt Frau X gar nichts. Also werden die Mädchen immer bevorzugt“ (187).* Und besonders übel wird den Mädchen genommen, daß sie wehleidig sind und gleich petzen:

„In den Pausen gehen die Mädchen immer zur Lehrerin, wenn im Winter auch nur ein Schneeball fliegt. Die Mädchen machen immer gleich Terz, wenn man sie nur mit einem Ball im Sommer trifft“ (188).

Darin sieht ein Knabe denn auch einen Vorteil der Jungenschule: *„In den Pausen würde nicht gleich einer zum Lehrkörper gehen, wenn was Unerlaubtes passiert ist“ (188).* Wenn die Mädchen nicht immer petzen würden, wäre es noch besser in der gemischten Schule, meint dagegen ein Sechstkläßler (237), sonst solle lieber alles so bleiben. Denn da sind sich die Jungen mit den Mädchen einig: Schöner ist es, *„wo Jungen und Mädchen zusammenarbeiten“ (214).* Mit Mädchen macht es mehr Spaß (219), es ist alles viel lokkerer (202), die Stimmung besser (200):

„Ich finde, daß Mädchen und Jungen zusammengehören. Es gibt zwar ziemlich oft Streit, aber das würde auch in einer getrennten Schule vorkommen“ (199).

Und *„ärgern“* gehört nunmal dazu, macht wohl die *„Stimmung“* zu weiten Teilen aus. Mehrere Jungen erläutern nicht näher, warum es schlecht wäre, wenn *„man ja keinen mehr ärgern“* kann (238). Für die Zehn- bis Zwölfjährigen ist das offensichtlich evident. Spiele wie Kriegen und *„Spaßkämpfchen“* gehören wohl ebenso zu den Ritualen wie verbale Attacken, auch die zum Teil mit erotischen Anspielungen: *„Man kann zu anderen Jungen z. B. sagen: 'Oh, seit wann gehst du mit Annika? Das sah eben ganz nach einem Kuß aus',, (273).* Schlecht sei es auch, wenn man in der Schule seine Freundin nicht sehen könne (201), dann könne doch auch *„ziemlich viel zwischen Jungen und Mädchen kaputtgehen" (270).* Auf Klassenfahrten hätte man mit Jungen allein auch *„keine richtige Unterhaltung" (269).*

Ob es in einer Jungenschule eher strenger und disziplinierter oder im Gegenteil eher noch lauter und wilder zugehen würde, darüber gehen die Meinungen auseinander. Ein Junge schätzt, dort werde *„viel mehr gearbeitet" (266),* was er aber keinesfalls als Vorteil empfindet. Ein anderer meint, dort würde es wohl *„etwas lauter sein. Auch in der Pause würde es wilder zugehen" (275).* Dagegen fürchtet ein weiterer die Verstärkung von Vorurteilen: *„Es wird bestimmt noch mehr gesagt, daß Jungen mehr prügeln, was gar nicht wahr ist" (273).* Auch er geht davon aus, daß auf Jungenschulen mehr gefordert wird, während es gleichzeitig *„stinklahmarschig langweilig"* sei. Mehr Disziplin wird von den Jungen jedenfalls keineswegs als Argument für eine Trennung gesehen. Im Gegenteil, sie halten es für *„witzig und gut"*, wenn die gackernden Mädchen den Unterricht stören (273) und wollen auf dieses Vergnügen nicht verzichten. Deshalb finden die Jungen kräftige Worte für ihre Vorliebe bzw. Abneigung: Jungen und Mädchen zusammen, das sei *„affengeil"*, getrennte Schulen hingegen Scheiße! Ein Zehnjähriger umschreibt es etwas eloquenter: *„Mädchen- und Jungenschulen kann ich mir nur total doof vorstellen. Das ist wie ein Nudelauflauf ohne Nudeln" (202).*

3.2.2.2 Lernen, Leistung und Interessen: Jungenselbst- und Mädchenfremdbild

Anerkennende Worte finden die Jungen in ihren nicht sehr zahlreichen Äußerungen zum Leistungsbereich:

„In einigen Fächern sind die Mädchen besser und in anderen die Jungen. Deswegen finde ich es gut, wenn Mädchen und Jungen zusammen Schulunterricht haben. Viele Jungen strengen sich an, damit sie auch so gut wie manche Mädchen werden" (251).

In Chemie, wo gerade Versuche gemacht werden, wie sich Metalle ausdehnen, seien die Mädchen *„eigentlich ein bißchen besser" (252).* Ähnlich sei es auch in Englisch: *„Dieses Fach liegt den Mädchen sprachlich besser, während in Mathe die Jungen besser sind" (251).* In Sport und Musik gehen die Meinungen etwas auseinander, Singen gilt den meisten eher als weibliche Stärke, bei Sport wird mehrfach Überlegenheit der Jungen festgestellt, mindestens in Teilbereichen, in beiden Gebieten wird aber jeweils betont, daß manche Jungen eben auch Talent zum Singen haben und viele Mädchen sehr gut Sport treiben können. Von generellen Überlegenheitsgefühlen oder -ansprüchen kann auch hier wieder keine Rede sein.

Zu Fleiß und Arbeitstugenden äußert sich nur ein einziger Junge. Seine Beobachtung lautet:

„Im Unterricht arbeiten Jungen und Mädchen im Durchschnitt gleich gut mit, Mädchen sind allerdings - jedenfalls einige - eher bereit, eine kleine Arbeit für den Unterricht zu erledigen" (275).

Zwei meinen beobachtet zu haben, *„daß sich Mädchen mehr trauen, etwas zu sagen oder zu machen, wenn Jungen nicht dabei sind" (226),* sein Klassenkamerad bezieht das auf die Naturwissenschaften: *„Da trauen sich die Mädchen manchmal etwas nicht zu, weil sie Angst haben, daß sie etwas falsch machen" (227).* Dabei ist durchaus von gegenseitiger Hilfe die Rede: *„Wenn jemand etwas nicht versteht, sagen die andern nicht: 'Äh, typisch Mädchen', sondern dann erklären wir es dem noch mal" (198).* Ein anderer Junge schildert sich selbst als Hilfeempfänger und lobt seine Nachbarin: *„In Englisch bin ich nicht gerade der Beste und darum hilft mir ein Mädchen, das neben mir sitzt. Und das finde ich prima" (248).*

Ganz auffällig zurückhaltend sind die Jungen dieser Altersstufe mit wertenden Aussagen zum eigenen und auch zum anderen Geschlecht. Ähnlich wie die Grundschüler assoziieren sie mit Jungenschule, daß dort *„alles brutaler zugehen"* wird (267). Dort würde es noch mehr Kloppereien geben (270), so wie es auch jetzt schon oft vorkommt, daß sich Jungen schlagen (267), auch daß ein sportlicher Junge einen schwachen jagt und ihn aus Spaß schlägt (272). Wenn man immer nur Jungen vor den Augen hat, dann geht einem das auf den Geist, erklärt ein Sechstkläßler (248).

Während die Grundschüler sich selbst noch als *„lieb und gut"* bezeichneten und auch den Mädchen viele positive Eigenschaften zuerkannten, nennen die positiv oder ambivalent zur Koedukation stehenden Orientierungsstufenschüler weder positive Eigenschaften von Jungen noch von Mädchen. Wenn sie sich überhaupt zu Wertungen hinreißen lassen, kritisieren sie, daß die Mädchen in den Arbeitsgemeinschaften immer angeben (187), daß sie sofort an zu flennen fangen (248) und bei jedem Satz kichern, den der Lehrer sagt (267). Sie sind frech, schwatzen (250) und verpetzen die Jungen (252). Das alles scheint zunächst einmal in etwas merkwürdigem Gegensatz zu ihrem entschiedenen Wunsch zu stehen, sich nicht von den Mädchen trennen zu wollen. Einige wenige thematisieren die Zukunftsdimension, auch hier jedoch wieder nur so wenige, daß kein eigener Abschnitt damit zu füllen wäre. Ein Elfjähriger kann sich vorstellen: *„Später finden wir es sicher schöner, wenn man mit einem Mädchen in die Disco oder ins Theater gehen kann" (214),* und mehrere halten es auch für wichtig, daß man in der Schule *„die*

Mädchen besser kennenlernt"(273) und *„lernt, wie man Mädchen behandeln soll" (228).* Warnend bemerkt schließlich ein Sechstkläßler:

„Die Jungen würden dem Umgang mit Mädchen 'entwöhnt' werden, sie werden wahrscheinlich dann auch nach dem Schulabschluß Probleme mit Mädchen bzw. Frauen haben" (275).

3.2.2.3 Die Minderheitenposition: Plädoyers für Trennung

Lediglich sechs von 51 Jungen stellten sich die zeitweise oder völlige Trennung von Mädchen und Jungen angenehm vor. Teilweise beschreiben sie ihren Schulalltag auch jetzt als geschlechtsspezifisch segregiert: *„Auf dem Pausenhof trennen sich Mädchen von Jungen ab" (213).* Auf das Fach Sport beschränken möchte ein Schüler die Trennung, weil er meint, daß man sonst *„keinen Spaß zusammen hat"* und *„keine Mädchen zum Ärgern" (221).* Mehrfach angesprochen wird die Dimension Bevorzugung und Benachteiligung - allerdings hier der Benachteiligung von Jungen. Der folgende Aufsatz macht die aggressive Betroffenheit sehr deutlich:

„In Englisch: würden die Jungen nicht mehr wütend werden, wenn die Mädchen immer drangenommen werden. In Mathe: würden die Jungen nicht mehr wütend werden, wenn die Mädchen immer drangenommen werden. In NW (Naturwissenschaften): würden die Jungen nicht mehr wütend werden, wenn die Mädchen immer drangenommen werden. In Werken: würden die Jungen nicht mehr wütend werden, wenn die Mädchen immer drangenommen werden. In Religion: würden die Jungen nicht mehr wütend werden, wenn die Mädchen immer drangenommen werden. Sport: müßten, wenn ein Mädchen und ein Junge überbleibt, sie dann zusammen turnen. In den Pausen würden die Jungen und die Mädchen sich nicht immer streiten. Ich würde eine Jungen- und Mädchenschule besser finden, weil sie keinen Streit zwischen Jungen und Mädchen produzieren würde. In einer Jungenschule würden die Jungen auch alle zusammenhalten. Die Jungen würden zusammenhalten, wenn ein Lehrer ausflippt.

(189, m, 5. Kl., 10 Jahre)

Auch ein anderer Fünftkläßler schreibt, daß die Mädchen immer bevorzugt würden (216). Eine Trennung fände er auch deshalb gut, weil man dann sehen kann, wer *„der Beste von den Jungen und die Beste von den Mädchen"* ist.

Möglicherweise deutet sich in den insgesamt sehr knappen Begründungen an, daß die Erleichterung der Jungen weniger darin besteht, disziplinlose, störende Plagegeister loszuwerden, sondern eher lästige Konkurrentinnen. Wir wollen aber die geringe Anzahl von Äußerungen hier auch nicht überstrapazieren. Immerhin hatte sich bei den ambivalenten Stellungnahmen ebenfalls eine Reihe von Klagen über die Bevorzugung von Mädchen gefunden. Ob sie berechtigt sind oder nicht - das subjektive Erlebnis scheint gehörige emotionale Reaktionen hervorzurufen. Es läßt sich leicht vorstellen, daß dies die Spannungen zwischen Mädchen und Jungen erheblich verschärfen kann.

3.2.3 Miteinander ist Schule besser auszuhalten

Auch die Aussagen der Schülerinnen und Schüler in der Orientierungsstufe zeichnen kein düsteres Bild von Abneigung, Abwertung oder verfestigten Vorurteilen, die sich auf das andere Geschlecht richten. Verglichen mit den überwiegend herzlich gehaltenen Beschreibungen der Beziehungsqualität zwischen den Grundschülerinnen und -schülern beschwören die zurückhaltenden Äußerungen der Jungen und Mädchen der 5. und 6. Klassen jedoch eher das Bild einer Zweck-, manchmal gar einer Notgemeinschaft herauf: Wenn die Liebe auch nicht besonders ausgeprägt ist - zusammen erträgt man den Schulalltag eben doch besser, zuweilen unterstützt man sich gegenseitig, kurzweiliger ist es allemal und nützlich für später wohl auch.

In keiner anderen Untergruppe unserer Studie finden wir auch nur annähernd soviele konfliktreiche Beschreibungen der Beziehungen zu den Lehrkräften. Für Kinder dieser Altersstufe hat aber die Qualität der Lehrer-Schüler-Interaktion eine sehr hohe Bedeutung. Aus der Schulklimaforschung wissen wir, daß sie nicht nur eng zusammenhängt mit Schulunlust und -angst, sondern daß sie auch das eigene Selbstwertgefühl tangiert (vgl. Fend 1977, Horstkemper 1987). Dabei geht es auch nicht nur um die spezifischen Beziehungen zu einzelnen Lehrern und Lehrerinnen, sondern das pädagogische Klima einer Schule wird von den Kindern auch in seiner Gesamtheit erlebt. Seismographisch registrieren sie die Atmosphäre im Kollegium. Aufmerksam nehmen sie wahr, welche Kollegen häufig zu spät zum Unterricht kommen oder wer sich auf Bedürfnisse der Kinder nach außerunterrichtlichen Aktivitäten einläßt.

In der hier beteiligten Schule werden die Erziehungsstile als sehr unterschiedlich gekennzeichnet. Da wird der Mathelehrer gelobt, weil er viel Geduld hat und sehr nett ist, einige Lehrer seien lustig, machten Witze, gestalteten den Unterricht interessant, während andere - etwa einer der Sportlehrer - harsch kritisiert werden:

„Da wir einen beknackten, strengen, ungerechten und vor den Schrank gelaufenen Lehrer haben, macht es keinen Spaß. Es ist fast wie Bundeswehrtraining bei ihm! Wir müssen in einer Reihe still stehen, rhythmisch laufen und wenn wir etwas sagen, während er spricht, dürfen wir ihn nachmittags besuchen" (240, w.)

Ein anderes Mädchen berichtet, daß sie diesen Lehrer im Gegensatz zu ihren Klassenkameradinnen eigentlich ganz gern möge. Die meisten fänden ihn deshalb nicht gut, weil er *„Lieblingskinder"* habe, sie könne sich da nicht beschweren, denn sie sei eines davon. Ungerechtigkeit wird Lehrenden in der Regel von Schülerinnen und Schülern besonders angekreidet, wir haben das aus der Jungenperspektive der „Bevorzugung" von Mädchen schon angesprochen. Gerade dabei können Konflikte auch direkt die Beziehungen der Lernenden untereinander stören.

Einige Kinder präsentieren Beispiele für einen relativ rüden Umgangston, der auch persönliche Herabsetzung nicht ausschließt. Jedenfalls vermuten wir, daß die folgende geschilderte Äußerung von dem italienischen Schüler, an den sie adressiert war, so interpretiert worden sein könnte:

„Und wenn ich mal was zu meinem Freund flüstere und ihm was sagen will, da schreit der Lehrer mich an und sagt: 'Wir sind nicht in Neapel auf dem Fischmarkt', obwohl ich nicht aus Neapel stamme, sondern aus Tarent. Dann möchte ich ihm am liebsten eine scheuern in sein dummes Mundwerk" (249, m).

Ein Junge faßt sein Urteil in dem Satz zusammen: *„Manche Lehrer machen nur Unterricht, schreien und schimpfen" (272, m).* Positiv hebt er andere davon ab, die manchmal auch mit den Schülern Spiele machen. Ein anderer wünscht sich: *„Der Lehrer soll helfen, wenn der Schüler etwas nicht kann und sie sollen netter sein und nicht, wie manche, die Schüler anschreien" (268, m).*

Zu strenge Lehrer werden genauso wenig akzeptiert wie diejenigen, die sich nicht durchsetzen können:

„... aber wenn wir uns im Unterricht nicht benehmen, schmeißen die Lehrer uns raus und wir kriegen Strafarbeiten auf. Einige Lehrer kriegen oft, eigentlich zu oft, Wutanfälle und beschimpfen und bestrafen die ganze Klasse" (269, m).

Geradezu Mitleid haben wir mit einem Kollegen entwickelt, der von mehreren Jungen wie Mädchen vernichtende Kritik erntete. Die Jungen schrieben ihn eher kurz ab - dort herrsche eben Chaos: *„Dort drehen fast alle durch. Der Lehrer läßt es durchgehen" (250, m).* Ein Mädchen konkretisiert das näher:

„Der Typ kann sich einfach nicht durchsetzen. Wir machen mit dem, was wir wollen! Gut, ein Protokoll gibt er schon mal auf, aber dazu sagen die

Jungen nur: 'Geh nach Hause, ey!' Aber dieser Lehrer ist echt eine ätzende, schleimige, altmodische Schlaftablette! Wenn es da gongt, schreien alle und laufen in die Pause. Ist egal ob Tenni (Herr X, Anm. d. Aut.) noch redet oder so!" (244, w).

Wir haben diese Aussagen zu Verhalten der Lehrkräfte an dieser Stelle dokumentiert, weil gerade die Lehrer-Schüler-Interaktion eine sehr wichtige Dimension darstellt, die bei dem Versuch der Entwicklung einer geschlechterbewußten Pädagogik unbedingt berücksichtigt werden muß. Wir werden diesen Aspekt in unseren abschließenden Überlegungen zu den Konsequenzen für die Gestaltung von Schule wieder aufgreifen. Wir haben aus den Beschreibungen der Mädchen und Jungen den Eindruck gewonnen, daß die häufig vertretene Unterstellung, Mädchen seien überwiegend lieb, schulangepaßt und autoritätsgläubig, deshalb auch leicht von Lehrerinnen und Lehrern als „Sozialschmiere" zu funktionalisieren, empirisch nicht sehr gut abgesichert ist. Die zuletzt zitierte kritische Äußerung der Schülerin entspricht diesem Rollenstereotyp sicher nicht.

Was uns an dieser Zusammenschau betroffen gemacht hat, ist der scharfe, häufig abwertende Ton, in dem Kommunikationssituationen und Interaktionsstrukturen beschrieben werden. Natürlich ist uns klar, daß die schriftliche Beschreibung einer Situation nicht gleichzusetzen ist mit der Wirklichkeit. Andererseits hatten wir aber durchaus den Eindruck, daß die Kinder sich nicht völlig realitätsfremde Schilderungen aus den Fingern gesogen haben. Die Übereinstimmung in vielen Details kann nicht zufällig zustande gekommen sein, die Authentizität der Darstellung haben wir hier durch wörtliche Zitate zu erhalten versucht. Verdeutlichen möchten wir an dieser Stelle ein Problem, das keineswegs typisch nur für diese hier beschriebene Schule ist[14], sondern im Prinzip für alle Schulen gilt. Uns geht es um die kommunikativen Voraussetzungen, die es Schülerinnen und Schülern ermöglichen, sich offen und vorurteilsfrei aufeinander einzulassen. Wenn Jungen und Mädchen die Chance bekommen sollen, miteinander ins Gespräch zu kommen, eigene Interessen, Bedürfnisse, Meinungen darzustellen und auf die des Gegenübers zu hören, sich einzufühlen, nachzufragen, abwägend eigene Argumente dagegenzustellen, dann erfordert das ein Klima gegenseitiger Akzeptanz. Wenn Erwachsene - in unserem Falle Lehrerinnen und Lehrer - solche Prozesse

14 Es ist uns wichtig, nochmals darauf hinzuweisen, daß es hier auch keinesfalls um Aussagen über die Schulform gehen kann. Unsere Studie ist nicht als Schulformvergleich angelegt. Wir dokumentieren aber selbstverständlich jeweils, welche Schulform die Kinder besuchen, weil dies auf wichtige Rahmenbedingungen verweist. Ob die hier untersuchte Orientierungsstufe eher typisch ist, oder sich von anderen Schulen desselben Typs positiv oder negativ abhebt, können wir in gar keiner Weise beurteilen. Für uns beschreibt sie lediglich die institutionelle Rahmbedingung für die von uns befragten Fünft- und Sechstkläßler in koedukativen Schulen.

glaubwürdig begleiten und unterstützen wollen, wird das nur dann gelingen, wenn sie selbst in der Lage sind, ein solches Klima zu schaffen oder mitzugestalten. Die hier geschilderten Konflikte zwischen Schülern und Lehrkräften deuten aber stärker auf eine gespannte Atmosphäre hin, die für Nachdenklichkeit und freundliches Aufschließen verschiedenster Entwicklungsmöglichkeiten von Beziehungen wenig Raum läßt. Dabei wären auch hier die Anknüpfungsmöglichkeiten bei den Mädchen und Jungen durchaus vorhanden. Die vielfachen Versicherungen von Sympathie wie auch von gegenseitiger Hilfe und Unterstützung machen das ganz deutlich. Wenn hier kommunikative Verständigung zwischen Mädchen und Jungen und die Aushandlung von Strategien zur Überwindung von Konflikten bereits eingeübt würde, wäre das vermutlich eine sehr gute Ausgangsposition für den Start in die bewegten Zeiten von Pubertät und Adoleszenz, die wir in den folgenden Abschnitten behandeln werden.

3.3 Die Jahrgänge 7-10: Pubertät und Adoleszenz - schwere Zeiten im koedukativen Unterricht?

„Und was in früheren Klassen auffallend ist, war die merkliche Frühentwicklung von uns Mädchen, da die Jungs uns dadurch albern erschienen...“

(924, w, 10. Kl., 15 Jahre)

Die Mehrheitsmeinung geht auch in dieser Altersgruppe nicht von der prinzipiellen Befürwortung gemeinsamen Lernens ab, wie wir schon in Kapitel 2 deutlich gemacht haben. Dennoch gibt es - vor allen Dingen bei den Mädchen - in keiner anderen Altersgruppe eine ähnlich hohe Reserviertheit gegenüber der Koedukation: Im 7./8. Jahrgang stimmen lediglich 66%, im 9./10. Jahrgang sogar „nur“ 56% dafür. Das ist der niedrigste Wert, der in unserer Studie je in einer Untergruppe in koedukativen Schulen erreicht wurde. Bei den Jungen liegen die Werte mit 73% im 7./8. Jahrgang und 69% im 9./10. Jahrgang jeweils deutlich darüber und auch höher als in der Orientierungsstufe. Im Vergleich zu den Grundschul- und den Oberstufenjahrgängen fallen sie aber doch vergleichsweise niedrig aus.

Verwundert hat uns dies nicht: Gilt doch die Arbeit in diesen Jahrgängen nach der Einschätzung vieler Lehrerinnen und Lehrer unter anderem deshalb als ausgesprochen anstrengend, weil die Jugendlichen bei der Bewältigung des schwierigen Übergangs von der Kindheit in das Stadium jugendlicher Adoleszenz häufig weder mit sich selbst noch mit ihrer Umwelt sehr glücklich sind. Im pädagogischen Alltagsverständnis wird als erklärendes Konzept häufig die „Pubertät" beschworen, sie gilt geradezu als Metapher für eine besonders schwierige Phase des Umgangs mit den Heranwachsenden. Unproblematisch ist dieser Begriff nicht, der in den zwanziger Jahren - etwa von Hildegard Hetzer und auch Charlotte Bühler - nicht nur im alltäglichen Sprachgebrauch sondern ebenfalls in der entwicklungspsychologischen Forschung verwandt wurde. Sie beschrieben den Eintritt in die Pubertät - gekennzeichnet durch hormonale Umstellung, Wachstumsschub, Entwicklung der sekundären Geschlechtsmerkmale etc. - als auslösendes Moment für eine krisenhafte Phase. Die psychischen Veränderungen wurden dabei weitgehend parallelisiert mit körperlichen Veränderungen, biologische Reifungsprozesse und physiologische Umstellungen gelten als Erklärung für die „Flegeljahre" bei den Jungen und - zeitlich deutlich früher einsetzend - für eine „negative Phase" bei den Mädchen.

Diese theoretischen Annahmen sind nicht unwidersprochen geblieben. Die Bedeutsamkeit der biologischen Prozesse wird dabei durchaus nicht geleugnet, allerdings die Einbindung und Überformung durch gesellschaftliche Einflüsse deutlich in den Vordergrund gestellt. In der neueren erziehungswissenschaftlichen und auch der entwicklungspsychologischen Literatur hat sich inzwischen der Terminus „Adoleszenz" weitgehend durchgesetzt. Dieser Begriff betont die psychischen und sozialen Anteile der Entwicklung in dieser Zeit, indem er die subjektive Verarbeitung körperlicher und sozialer Veränderungen in den Vordergrund stellt. So betont Annette Degenhardt, „daß biologische Reifungsvorgänge lediglich als Auslöser für psychische Veränderungen betrachtet werden können" (1979, S. 37). Erwachsene begegnen den Heranwachsenden mit neuen oder veränderten Erwartungshaltungen, so daß diese sich nicht nur mit ihrer veränderten Körperlichkeit, sondern auch mit diesen modifizierten Erwartungen auseinandersetzen müssen. Die Übernahme und Ausgestaltung eines diesen Veränderungen angemessenen weiblichen bzw. männlichen Rollenverhaltens wird dabei zu einem wichtigen Thema.

Von genau der Phase, in der die Jungen und Mädchen diese Aufgabe zu bewältigen haben, soll hier also die Rede sein. Sie umfaßt ein breites Altersspektrum, etwa vom 11. bis zum 16. Lebensjahr und damit fast den gesamten Zeitraum der Sekundarstufe I. Diese weite Spanne ergibt sich zum einen aus der außerordentlich hohen individuellen Variabilität, zum anderen aus der nicht-synchronen Entwicklung von Jungen und Mädchen. Auch dieses Phänomen - in der Psychologie gewöhnlich als „weiblicher Entwicklungsvorsprung" apostrophiert - ist in das Alltagswissen eingesickert, wie das diesem Kapitel vorangestellte Zitat einer Zehntkläßlerin zeigt. Es wurde mehrfach von den Befragten angesprochen. Wir werden darauf noch zurückkommen, weil dies hohe Bedeutung nicht nur für die Fähigkeitseinschätzungen oder die Selbst- und Fremdbilder bekommt, sondern vor allem auch für die in dieser Altersgruppe besonders spannungsgeladene Interaktion zwischen Jungen und Mädchen.

Auch in dieser Gruppe stellen wir zwar zunächst die Mehrheitsposition der Koedukationsbefürworterinnen und -befürworter dar. Allerdings konzentrieren wir uns dabei vor allem auf die alterstypische Besonderheit dieser Gruppe. Sie liegt in der Betonung der Notwendigkeit des gegenseitigen Kennenlernens und Vertrautwerdens der Geschlechter. Viele Mädchen und Jungen genießen in der Schule die prickelnde Spannung erster Freundschaften und erotischer Annäherungen und können sich deshalb Geschlechtertrennung nur als herben Verlust vorstellen. Allerdings gehen die Meinungen in dieser Altersgruppe stärker auseinander als in anderen. Wir werden uns deshalb in einem zweiten Schritt ausführlicher mit den Sichtweisen derjenigen befassen, die sich für Trennung in irgendeiner Form aussprechen, auch wenn sie die Minderheitsposition darstellen. Zunächst wenden wir uns jedoch der großen Mehrheit derjenigen zu, die an der Koedukation festhalten.

3.3.1 Die Mehrheitsposition: Koedukation sichert Vielfalt und Genuß

Wir behandeln die zustimmenden Äußerungen zur Koedukation an dieser Stelle nicht umfassend zu den in den übrigen Gruppen behandelten Themenbereichen, obwohl sie von der weit überwiegenden Mehrzahl der Schülerinnen und Schüler vorgetragen werden. Vertretbar erscheint uns das deshalb, weil sich - bei aller vergnüglich zu lesenden Authentizität - ermüdende Wiederholungen nicht vermeiden ließen. Die inhaltlichen Unterschiede zu den Aussagen der jüngeren Schülerinnen lassen eher graduelle Akzentuierungen erkennen. Wir beschränken uns deshalb weitgehend - wie schon angekündigt - auf den Problemkreis, der gerade diese Altersgruppe am stärksten beschäftigt: Bei vielen Jugendlichen tritt Schule als Ort von Kenntniserwerb und Leistungserbringung sehr in den Hintergrund. Viel höher ist ihre Bedeutung als Feld sozialer Kontakte, was eben vor allen Dingen auch Kennenlernen des anderen Geschlechts bedeutet - und zwar gestützt durch die Einbettung in Freundschaftsbeziehungen zu gleichgeschlechtlichen Kameradinnen bzw.

Kameraden. Das wird in unterschiedlicher Offenheit thematisiert, mal stärker auf die Gegenwart bezogen, dann wieder wird eher die Zukunftsbedeutung hervorgehoben. Was bei den jüngeren Kindern eher sporadisch anklang, gewinnt in den Jahren von Pubertät und Adoleszenz große Bedeutung für die Suche nach der eigenen Identität, für die Selbstvergewisserung als weibliches bzw. männliches Wesen. Erfolg und Mißerfolg in diesem Feld werden von vielen Jugendlichen wohl als mindestens ebenso bedeutsam erlebt wie schulische Leistungsergebnisse. Wir präsentieren im folgenden in Ausschnitten die Mädchen- und die Jungensicht auf dieses Thema.

3.3.1.1 Die Mädchensicht: „Dann könnte man ja gleich ins Kloster gehen"

„Der Unterricht geht ganz normal locker zu. Neben mir z. B. sitzt ein Junge und ein Mädchen. Ich vertrage mich mit beiden gut. In der Stunde geht es relativ normal zu. Manchmal wird von beiden Seiten mal ein Spruch übers andere Geschlecht gemacht, aber das ist nicht weiter tragisch. Es gehört dazu. Beim Melden ist es ziemlich ausgeglichen (insgesamt). In manchen Fächern melden sich die Jungen öfters, in den anderen die Mädchen. In den Pausen ist es manchmal so, daß ich nur mit Mädchen zusammen hänge, aber ich bin öfters mit den Jungen zusammen; wir reden oder necken uns gegenseitig etwas. Größtenteils bin ich aber mit Jungen aus der 10. Klasse zusammen. In Freistunden bin ich mit meiner Freundin zusammen, da wir in die Stadt gehen und etwas unternehmen.

Ich finde es wichtig, daß es gemischte Schulen gibt, denn so wird man eigentlich 'ans Leben gewöhnt'. Schließlich kann man ja später keine Frau heiraten und von ihr Kinder bekommen. Man würde sich in Gegenwart vom männlichen Geschlecht unwohl fühlen und verklemmt sein. So macht man da auch ganz andere Erfahrungen, positive wie negative. Eine Mädchenschule hat aber auch Vorteile, z. B. daß die Mädchen in den Fächern, in denen sie sich nicht so oft melden, besser gefördert werden. Sie trauen sich bestimmt mehr zu. Aber ich glaube, der Unterricht wäre dann langweilig. So auf die Dauer nur Mädchen um mich herum, da würde ich verrückt werden. Viele Ehepaare lernen sich ja auch auf der Schule kennen. Über manche Themen kann ich mit Jungs auch besser reden als mit Mädchen. Jungs sind auch oft spontaner als Mädchen und das finde ich gut, da ich Spontaneität mag."

(627, w, 9. Kl., 14 Jahre)

Etwa ein Drittel der Schülerinnen, die sich in dieser Altersgruppe für die Koedukation aussprechen, thematisiert in ganz ähnlicher Weise das Thema Kennenlernen, Kontakte, Freundschaft mit Jungen. Grundtenor vieler Aussagen ist die Feststellung, daß man sich unbedingt in der Schule im täglichen Umgang miteinander vertraut machen können müsse. Öde und langweilig sei es außerdem, wenn man sich weder im Unterricht Briefchen schreiben, noch sich gegenseitig ärgern oder miteinander flirten könne. Beides wird häufig in einem Atemzug genannt, *„Spaßkämpfchen"* scheinen auch in dieser Altersgruppe ein beliebtes Ritual der kribbelnden Kontaktaufnahme zu sein. Sehr selten wird kritisch angemerkt, daß es dabei auch zu Übergriffen kommt, wenn etwa Mädchen auf dem Flur *„bekrabbelt"* werden (336) oder *„daß die Jungen den Mädchen überall hinfassen" (348)*. Einander ärgern wird in der Regel als gegenseitige Jungen-Mädchen-Aktivität geschildert, die eben nicht überwiegend aggressive Komponenten hat: *„Und ich muß sagen, daß ich mich mit Jungs (auch aus der 8.) ganz gut verstehe. Der Ärger und ein paar Flirte bleiben da nicht aus" (282)*.

Wie das Mädchen in dem vorangestellten Aufsatz auch, betont diese Siebtkläßlerin ihre Kontakte zu älteren Schulkameraden. Gleichaltrige Mitschüler sind in den Augen der meisten Mädchen weit weniger attraktiv. Der zeitliche Entwicklungsvorsprung der Mädchen schlägt gerade in dieser Altersgruppe deutlich durch, wie auch Helmut Fend (1990) in seinen Studien hervorhebt. Kontakt- und Kennenlernbedürfnisse richten sich oft auf die Jungen in höheren Klassen. Die Pausen erhalten damit großen Stellenwert. *„Echt cool"* sei es da gemeinsam mit den Jungen:

„Und die meisten Mädchen haben auch einen Freund auf der Schule, und wenn sie in der Schule zusammen sind, ist es besser, denn Schule mögen die meisten nicht. Und sie freuen sich dann auf die Pausen, um mit ihrer Freundin zusammen zu sein und über die Schule zu reden, was sie im Unterricht durchgenommen haben" (468).

Nicht nur als Kontaktbörse, als Ort zur Verabredung nachmittäglicher Kinobesuche oder anderer Pläne seien solche „gemischten" Pausen unersetzlich, sie seien auch wichtig, um Streß abzubauen und Motivation zu tanken:

„Natürlich sieht man dann (in der Mädchenschule, Anm. d. Aut.) in der Pause auch keine Pärchen mehr auf dem Schulhof stehen. Ich finde aber, daß das sehr wichtig ist, weil sie so ihren Streß abbauen können. Es ist schon ein Unterschied, ob man mit seiner Freundin oder seinem Freund redet" (857).

Erste Freundschaften flankieren so schulische Anforderungen, die Paare bauen sich gegenseitig wieder auf und kehren gestärkt in den Unterricht zurück. Lediglich ein Mädchen gibt zu bedenken, daß verliebte Mädchen *„immer unkonzentriert im Unterricht mitarbeiten"* und sich bei Fehlern vor den Augen des Freundes schämen würden (516). Diesen kleinen Nachteil veranschlagt sie aber nicht besonders hoch. Deutlich im Vordergrund steht das Bedürfnis, das andere Geschlecht kennenzulernen. Sonst werde man am Ende schüchtern und verklemmt:

„Ich stell' mir eine Mädchenschule voll öde vor, wenn man da nur unter Mädchen ist, bricht der Kontakt zu Jungen auch bald ab und man traut sich dann noch nicht mal 'nen Jungen zu grüßen" (285).

Der Schutz der gleichgeschlechtlichen Gruppe gibt mehr Sicherheit bei solchen Kontaktaufnahmen:

„In der Pause sind wir dann alle zusammen (meistens) und quatschen über die (Arbeiten) oder verabreden uns fürs Kino, meistens mit Mädchen und wenn viele sind, dann fragen wir die Jungen, ob sie auch Lust hätten" (501).

Wenn solch alltägliche Vertrautheit nicht existiere, dann sei kein unbefangenes Miteinanderumgehen möglich. Entweder man meide sich total, oder aber Mädchen würden *„total heiß oder total geil"* auf Jungen (522). Nein, von reinen Mädchenschulen halten diese Schülerinnen *„überhaupt nichts. Weil dann kann man überhaupt keinen Kontakt zum anderen Geschlecht bekommen" (562).* Und eine andere Schülerin befürchtet: *„Wahrscheinlich kann man da ja noch nicht mal in der Pause knutschen" (559).* Das scheint in ihren Augen der unvorstellbare Verlust einer selbstverständlichen lieben Gewohnheit zu sein. Die Liberalisierung der Erziehungsgepflogenheiten in unseren Schulen ist insofern unübersehbar. Noch zu den Schulzeiten der beiden Autorinnen in den sechziger Jahren wäre bereits Händchenhalten als Verstoß gegen die Schulordnung streng getadelt worden. Wir erinnern uns lebhaft an Debatten mit unseren Lehrerinnen über die (Un)Sitte des „Abholens" etwa durch Tanzstundenpartner und den zulässigen Grad der Annäherung an die Schule sowie die ästhetisch-moralischen Einwände gegen schmachtende Begrüßungsgewohnheiten. Daß wir mit solchen Erfahrungen nicht allein dastehen, fanden wir in einem Ausstellungskatalog einer traditionsreichen Mädchenschule in Norddeutschland[15] durch Auszüge aus Konferenzprotokollen bestätigt. Noch in den siebziger Jahren herrschte dort helle Empörung, weil vor Beginn des Unterrichts Schüler auf ihren Motorrädern vor der Mädchenschule erschienen, obwohl dies verboten war. Schlimmer noch: Es kam „zu widerlichen Umarmungs- und Knutschszenen", gegen die drastisches Einschreiten gefordert wurde. Die Sperrung der Straße wurde beantragt, ob es geholfen hat, wurde leider nicht berichtet.

Inzwischen ist die Toleranz spürbar gestiegen, wenn auch im Dezember 1992 eine Hamburger Tageszeitung[16] noch über einen Konflikt berichtete, in

---

15 "Es war einmal eine Mädchenschule", hg. vom Landkreis Stade 1988

16 Hamburger Morgenpost vom 15.12.1992

dem sich Mitschüler und Lehrer durch drei Pärchen belästigt fühlten, die durch „wilde Knutscherei“ ihre Umwelt irritierten. Der Direktor habe sie aber zur Einsicht gebracht, zurückhaltendere Zärtlichkeiten und Kurz-Küßchen hatte er dabei weise erlaubt.

Heutige Schülerinnen und Schüler betrachten das als ihren ganz normalen „Besitzstand“, den sie sich keinesfalls nehmen lassen wollen. Auch bei Sanktionen würde man allen Widrigkeiten zum Trotz nicht voneinander lassen:

„Wenn zwei z. B. verliebt sind und sich nicht sehen, wäre doch doof. Es müßte der Junge oder das Mädchen in die andere Schule gehen, um sich zu sehen. Wird irgendeiner von ihnen die Schulordnung abschreiben müssen. Ich glaube nicht, daß sie dann nicht mehr in die andere Schule rübergehen. Sie werden es immer wieder machen. Und irgendwann kommt dann ein Brief nach Hause oder die Eltern müssen in die Schule kommen. Eine Schule ohne Jungen ist blöd“ (498).

Teilweise werden Autoritäten bemüht, um die Berechtigung der eigenen Bedürfnisse nachzuweisen: *„Nach Meinung der meisten Psychologen ist es wichtig, sexuelle Erfahrungen zu sammeln, aber wie bitte in einer reinen Jungen- bzw. Mädchenschule, wo nur ein Kontakt innerhalb des eigenen Geschlechts möglich ist“ (928).* Und schließlich müsse man auch an die möglichen Folgen für die Lehrer denken:

„Ich bin absolut gegen eine Trennung! Die Emanzipation würde weit zurückgehen und alle Mädchen wären unsicher gegenüber den Jungen oder verlieben sich in die Lehrer. Die Jungen würden, wenn sie nur unter sich wären, den Umgang mit den Mädchen erst sehr spät lernen“ (930).

Bei der Zurückweisung der Geschlechtertrennung greifen einige Mädchen denn auch eher zu drastischen Formulierungen als zu abwägenden Argumenten:

„Ich finde die Idee mit getrennten Schulen hirnrissig. Gerade in diesem Alter will man sich verabreden und nicht in so 'ne fromme Mädchenschule gehen. Wie soll man denn sonst einen Jungen kennenlernen. Nachmittags muß man Hausaufgaben machen. Da kriegt man ja Komplexe ohne Jungen. Diese Idee ist beschissen, einfach zum Kotzen. So was Blödes kann nur einem Erwachsenen einfallen. Einfach Scheiße. Da bleibt man ja die ganze Zeit 'ne alte Jungfer“ (582).

Der hier als Generationenkonflikt angesprochene Dissens spielte schon in dem um die Jahrhundertwende ausgetragenen Streit um die Einführung der Koedukation eine große Rolle. Die Verletzung von Tugend und Sitte wurde von ihren Gegnern als Gefahr beschworen. Hedwig Dohm stellte ihr die - durch Erfahrungen in amerikanischen und skandinavischen Schulen gestützte - Überzeugung entgegen, daß hier kein Unheil drohe: „Nirgends in den betreffenden Schulen sind sittliche Schäden zutage getreten. Erfahren die kameradschaftlichen Beziehungen der Mädchen und Knaben ab und zu einen leicht sinnlichen Einschlag - immer noch besser als die gegenstandslosen erotischen Abirrungen, die ja in der Pubertätszeit unvermeidlich scheinen" (Dohm 1910, zit. nach Pfister 1988, S. 201). Für die damalige Zeit stellte dies sicherlich eine außerordentlich gelassene Sicht der Dinge dar. Noch in den Leitsätzen zur Koedukation des Deutschen Philologenverbandes (1953, S. 115) wurden als Bedenken aufgeführt, es könne durch die Koedukation zu „einer zu starken Angleichung der Geschlechter und der Aufhebung der natürlichen und notwendigen Spannung zwischen ihnen" kommen. Das scheint nach den Aussagen der Mädchen in heutigen Schulen nicht einzutreten. Die Neugier und Spannung aufeinander ist ungebrochen. Das sieht bei den Jungen nicht sehr anders aus, wenn sich auch durchaus Modifikationen finden, die wohl nicht zuletzt dem unterschiedlichen Entwicklungsrhythmus geschuldet sind.

3.3.1.2 Die Jungensicht: „Denn man kann sich langsam an sie gewöhnen"

„Also, bei uns in der Klasse wäre es fast egal, ob Mädchen da sind oder nicht. Die Mädchen tuscheln meistens untereinander und halt die Jungen reden untereinander. Die Mädchen sprechen nur mit wenigen Jungen und wollen mit den anderen so gut wie nichts zu tun haben. Aber es gibt auch Mädchen, mit denen man sich über alles unterhalten kann, sogar intime Angelegenheiten. Das größte Problem aber ist in dieser Klasse, daß fast alle hübschen Mädchen einen schlechten Charakter haben. Außerdem gibt es keine richtige Gemeinschaft. Bei Wettkämpfen hält man schon zusammen, aber sonst ist die Beziehungskiste leer. Die Mädchen sind unter sich und die Jungen auch. Nur wenige machen eine Ausnahme: eine geht mit einem aus der 10. und eine geht mit einem aus der Klasse. Sonst ist nichts los! Auch sind sehr viele der Mädchen so eingebildet und zickig, daß sie sich anderen gegenüber abwertend verhalten. Nur in Notfällen wenden sie sich an einen!

In einer Jungenschule ist es bestimmt langweilig, da man keine weiblichen Wesen sieht, über die man sagen könnte: 'Mann, ist die schön!' Ich bin für gemischte Schulen, sonst wird man noch schwul!"

(885, m, 9. Kl., 14 Jahre)

In diesem Aufsatz eines Gymnasiasten des 9. Jahrgangs kommt eine ganze Reihe sehr häufig aufzufindender Argumentationsmuster zusammen. Komplementär zu den Aussagen der Mädchen, daß sie sich besonders mit älteren Schülern gut verstehen, äußert dieser Junge seine resignierte Enttäuschung darüber, daß *„die Beziehungskiste leer"* bleibt. Die meisten Klassenkameradinnen bleiben unter sich, beziehen die Jungen nicht mit ein, was er als *„eingebildet und zickig"* wahrnimmt. Immerhin - man kann sich wenigstens kennenlernen, und es gibt auch Ausnahme-Mädchen, mit denen man sogar diffizile Dinge besprechen kann. In *„Notfällen"* vermitteln die übrigen wenigstens zuweilen den Jungen das Gefühl des Gebrauchtwerdens. Auch auf die Möglichkeit, sich wenigstens von fern an weiblicher Schönheit zu erfreuen, möchte dieser Knabe keineswegs verzichten, zumal er - wie eine ganze Reihe seiner Altersgenossen auch - in reinen Jungenschulen die Gefahr befürchtet, schwul zu werden.

In verschiedensten Variationen wird dieses Schreckensbild quer durch alle vier Altersjahrgänge von den Jungen beschworen:

„Und wenn ich mir einen Schultag ohne Mädchen vorstelle, dann denke ich, daß ich irgendwann mal so als kleiner Schwuler enden werde und schüchtern bis zum Gehtnichtmehr" (314).

Eine *„Schwulenepidemie"* sieht ein 13jähriger Realschüler voraus, und daß solche Vorstellungen in jeder Weise als bedrohlich und unangenehm klassifiziert werden, belegen die Jungen mit starken Ausdrücken: *„öko, beschränkt, unlustig, ganz einfach Schrott" (588).* Gerade diejenigen, die ihre eigenen sexuellen Interessen und/oder Erfolge - möglicherweise ein wenig ausgeschmückt und näher an der Hoffnung als an der tatsächlichen Erfahrung ausgerichtet - sehr in den Vordergrund stellen, qualifizieren die Jungenschule massiv ab, wie etwa dieser 14jährige Gymnasiast:

„In den Pausen labern die Jungen über girls, was man mit den Französinnen (Schülerinnen der Partnerschule, die zu Besuch waren, Anm. d. Aut.) gemacht hat, mit wem man gehen will, wer absolut flach ist, wer total geil oder blöd aussieht usw. Es ist auf jeden Fall sehr witzig und so. Man fummelt hier oder da ein bißchen. Alles cool. (...) In einer Jungenschule ist es bestimt tierisch langweilig. Bestimmt viele schwule Streberleichen oder andere looser. (...) Also ganz klar bin ich für gemischte Schulen, weil man gerade im Pubertätsalter seinem natürlichen, sexuellen Verlangen freien Lauf lassen muß" (886).

Uwe Sielert (1989, S. 78f.) beschreibt die deutliche Betonung ihrer heterosexuellen Identität bei männlichen Jugendlichen als eine Strategie, mit der bei vielen zu beobachtenden Homophobie umzugehen: Die Angst davor, möglicherweise als schwul stigmatisiert zu werden, verhindert häufig offene und vertraute Kommunikation zwischen Jungen. Andererseits suchen sie gerade in der verunsichernden Phase des Erwerbs einer eigenen männlichen Identität nach Solidarität und Wärme. Zu gelingen scheint ihnen dies am ehesten im Schutz der Abwehr von Homosexualität. Wir werden bei den Äußerungen der Schüler des reinen Jungengymnasiums noch sehen, daß diese häufig Probleme damit haben, von anderen als „schwul“ verdächtigt zu werden. Auch die hier befragten Jungen aus koedukativen Schulen unterstellen häufig, man werde in Jungenschulen vermutlich verklemmt und absonderlich. Ein Schüler formuliert die ausdrucksstarke Paradoxie: *„Jungenschule ist unmännlich“ (758).* Die Absage an eine reine „Männergesellschaft“ ist danach klar und deutlich. Drastisch formuliert es ein Hauptschüler der 9. Klasse: *„Auf einem Jungeninternat würde ich innerlich verwesen. Denn Mädchen sind unser Elixier“ (429).*

Der größere Teil der Äußerungen in den Aufsätzen der Jungen aus koedukativen Schulen betont dementsprechend vor allem die Bedeutung von Schule als Zentrum für Kontakte, gegenseitiges Kennenlernen und erste Freundschaften mit Mädchen. Auch sie erklären, daß der Unterricht nicht das Wichtigste sei: *„aber das Leben in den Schulen ist ja auch (vor allem) in den Pausen“ (892).* Und dort geht es dann vor allem um die „Beziehungskiste“:

„Also wenn man ehrlich sein soll, stehen Mädchen bei uns in den Pausen als ‘Beschäftigung’ immer ganz vorne. Entweder direkt bei der Freundin oder indirekt, wenn man in der Gruppe ist und über Mädchen redet“ (666).

„Oberaffentittenturbogeil“ sei es dann, *„wenn wir Jungen immer die Mädchen ärgern“ (772).* Beim gemeinsamen Lernen - z. B. im Sexualkundeunterricht - erfahre man mehr übereinander, könne sich austauschen, einander Briefe schreiben, mal flirten und sich verabreden. Das sei auch dringend nötig: *„Denn die meisten Jungen in unserer Klasse sind ganz schön verklemmt“ (761).* Geradezu schrecklich wäre es, wenn man bei solchen ersten engeren Freundschaften getrennt würde:

„Stellen Sie sich jetzt mal vor, sie wären ein Junge und wären 14 Jahre alt. Sie wären verliebt, ihre Freundin geht aber genau auf die gleiche Schule, aber zwischendrin liegt ein Zaun. Sie werden immer im Kernunterricht abgelehnkt. Sie denken immer an ihre Freundin, Sie sind einfach unfähig zu denken“ (369).

Wie bei den Mädchen auch, wird in verschiedenen Variationen das Bild von den „Königskindern“, die der Sage nach wegen des tiefen Wassers nicht zueinander kommen konnten, als unerträglicher Zustand ausgemalt, den man trotz Strafandrohung unterlaufen werde:

„Ich würde in den Pausen auch immer zu den Mädchenschulen gehen und das gibt wieder Ärger von den Lehrern“ (485).

„Astrein und erotisch anregend“ sei es hingegen, wenn Mädchen im Unterricht sind (887). Allerdings werde man dadurch gelegentlich schon mal abgelenkt:

„Schlecht ist, daß hübsche Mädchen auch während des Unterrichts Blikke auf sich ziehen, da kann man ja gar nicht richtig am Unterricht mitarbeiten (was man ja unbedingt möchte!)" (892).

Aber selbst wenn Mädchen zusätzlich auch noch manchmal zickig seien - vermissen möchte sie dieser Knabe nicht, *„denn sonst hat man(n) ja gar nichts Schönes mehr im trüben Schulalltag!"* (ebd.). Hohe Ansprüche hat er allerdings an die weiblichen Mitschülerinnen, wenn er abschließend feststellt: *„Ich bin für Schulen mit Mädchen, die schön, klug, intelligent und umgänglich sind"* (ebd.).

Auch in anderen Aufsätzen scheinen zuweilen solche Attitüden überzogener männlicher Selbstdarstellung auf. Einige Jungen kritisieren dies an ihren Altersgenossen:

„Einige der Jungen würden sich in einer Jungenschule bestimmt anders verhalten, es gäbe keinen Grund, sich vor den Mädchen aufzuspielen und Komplimente zu machen. Doch ich glaube, auch für die Mädchen ist es wichtig, einen besonders aufdringlichen Jungen möglichst kühl abblitzen zu lassen" (906).

Aus dieser Perspektive wird Schule zum Übungsfeld nicht nur für die vorsichtigere Annäherung an das andere Geschlecht, sondern auch für die Einübung von Strategien der Zurückweisung und des Sichwehrens - wenn dies auch wiederum zu den skizzierten Frustrationen führt, weil die attraktiven Mädchen sich eher für ältere Jungen interessieren. Dennoch verteidigen die Jungen ebenso engagiert wie die Mädchen ihren koedukativen Alltag als kommunikativ spannendes und belebendes Element der Schulzeit. Gelegentlich auftretender „Zoff" könne dafür durchaus hingenommen werden, zumal sich hinter dem gegenseitigen „Ärgern" wohl häufig auch Strategien der mehr oder weniger geschickten Kontaktaufnahme verbergen, wie wir dies schon bei den jüngeren Schülern vorfanden. Alles in allem möchten die Jungen die Situation jedenfalls nicht verändert wissen, denn: *„Es ist schließlich eins der schönsten Dinge, das andere Geschlecht kennenzulernen" (945).*

3.3.2 Die Minderheitenposition: Trennung kann auch vorteilhaft sein

Überwiegend geht es bei den Plädoyers für Trennung um Voten für zeitweilige bzw. fachspezifische Differenzierungen, eine völlige institutionelle Trennung wird nur von relativ wenigen Jugendlichen gewünscht. Das unterscheidet sich in den verschiedenen beteiligten Schulen, die in unserer Untersuchung in dieser Altersgruppe auch jeweils verschiedene Schulformen verkörpern. Wir werden diese Unterschiede kenntlich machen, weisen aber wiederum auf die gebotene Vorsicht bei der Interpretation hin: Wir können auf der Basis unserer Untersuchungsergebnisse keine verallgemeinerbaren Aussagen zu Schulformunterschieden treffen.

Tab. 2: Schülerinnen und Schüler der Jahrgänge 7 - 10, die für Trennung plädieren
(zeitweise/fachspezifische Trennung und völlig getrennte Schulen zusammen)

Hauptschülerinnen	(n =103) 27%	18% (n = 115)	Hauptschüler
Realschülerinnen	(n = 99) 38%	25% (n = 94)	Realschüler
Gymnasiastinnen	(n =139) 17%	15% (n = 122)	Gymnasiasten

Zwei Aspekte verdeutlicht die vorstehende Tabelle im Überblick: Wenn sich in unserer Studie Jugendliche dieser Altersgruppe für unterschiedliche Formen von Trennung aussprechen, dann tun dies Mädchen deutlich stärker als Jungen. Und zweitens gilt dies vor allem für die von uns befragten Haupt- bzw. Realschülerinnen. Überrascht hatte uns außerdem die Tatsache, daß gerade die Hauptschülerinnen sich auch eine völlige institutionelle Trennung als vorteilhaft vorstellen konnten. In den Veranstaltungen, in denen wir interessierten Lehrerinnen und Lehrern unsere Ergebnisse rückgemeldet und sie mit ihnen diskutiert haben, bestätigten diese unsere Einschätzung, daß dies wohl nicht zuletzt auf sexistische Übergriffe zurückzuführen ist, denen sich die Mädchen zuweilen ausgesetzt sehen. An der Realschule erwies sich insbesondere das Fach Sport als Hintergrund für den dort sehr stark vertretenen Wunsch nach fächerspezifischer Trennung. Wir fanden dort vor allem die auch aus anderen Schulen bekannten Probleme, die viele Mädchen dieser Altersgruppe mit männlichen Sportlehrern im koedukativen Unterricht haben. Die Analyse der folgenden Argumentationen wird diese Aspekte verdeutlichen.

3.3.2.1 Die Sicht der Mädchen

Wir lassen zunächst eine 13jährige Realschülerin aus der 8. Klasse zu Wort kommen, die in typischer Weise für eine zeitweilige Aufteilung in geschlechtshomogene Lerngruppen argumentiert.

„Hallo! Morgens wartet die ganze Klasse vor dem Unterrichtsraum. Da sind schon meist Mädchen und Jungen getrennt. In Unterrichtsfächern wie z. B. Physik fände ich es gut, wenn Jungen und Mädchen getrennt würden. In diesem Fach kann ich nämlich nicht alles auf Kommando verstehen. Was bei den Jungen anders ist. Außerdem habe ich da das Gefühl, daß der Lehrer die Jungen etwas bevorzugt. Aber Mathe ist bei uns ganz gut. Die Lehrerin erklärt genau und man kann ohne Angst auch mal nachfragen. Auch in Chemie, wenn wir irgendeinen Versuch machen, ist es ganz lustig. Wenn man da mal was nicht weiß, helfen manche Jungen auch mal. In den Pausen ist es so: Die Jungen sind zusammen und ärgern die Mädchen. Aber das ist nicht schlimm, denn man kann sich ja wehren.

In 'ner Mädchenschule fände ich es nicht so gut, wenn man bei Sport z. B. nur Schwebebalken und solche 'Mädchensachen' macht. Man müßte dann Sachen machen, die man auch sonst in einer gemischten Schule machen würde. Allerdings würde ich es nicht einsehen, nur Textil zu machen, Werken ist lustiger! Aber für eine reine Mädchenschule bin ich nicht, denn nur mit Mädchen zusammenzusein, wäre ja langweilig. Bei Fächern wie Biologie oder Physik könnten ja Jungen und Mädchen getrennt sein, aber keine getrennten Schulen.“

(556, w, 8. Kl., 13 Jahre)

Schulklima und Schulleben

In der weitgehend positiven Beurteilung des gemeinsamen Lernens unterscheiden sich diejenigen Schülerinnen, die eine zeitweilige Trennung für wünschenswert halten, kaum von den Koedukationsbefürworterinnen. Die bereits hinreichend bekannten Argumente tauchen in vielfältiger Variation auf: Es ist lustiger mit Jungen, weniger langweilig, weil die Jungen mehr Witze machen und eher etwas aushecken als Mädchen (524). Eine reine Mädchenschule stellt diese Schülerin sich dagegen *„grau in grau“* vor. Gruppenarbeit mit Jungen macht Spaß, manche Jungen helfen auch mal, wenn man was nicht weiß (556). Deshalb ist es auch nicht so schlimm, wenn sich die Jungen zusammentun und die Mädchen ärgern, *„denn man kann sich ja wehren“*. Mehrfach ist in den Aufsätzen die Rede von so etwas wie spontaner Geschlechtersegregation: Jungen und Mädchen versichern sich in dieser Zeit offenbar stärker der Solidarität der eigenen Geschlechtsgruppe. Allerdings ist das keineswegs als Distanzierung vom anderen Geschlecht zu sehen. Eher läßt sich diese selbstgewählte Binnendifferenzierung wohl als Mittel zur Bewältigung der altersspezifischen Probleme der Identitätsfindung interpretieren (vgl. Tillmann 1992).

Völlige Trennung sei nicht ihr Wunsch, meint eine Schülerin, die in sehr typischer Weise argumentiert:

„Ich kann es nicht richtig beschreiben, aber mir würde was fehlen. Außer bei Sport vielleicht, da lästern die Jungen gerne, wenn man was nicht schafft oder kann, da wäre es gut, wenn in Sport der Unterricht getrennt wäre" (605).

Bei der Betrachtung der fächerspezifischen Sichtweisen gehen wir auf die mit dem Sportunterricht verbundenen Probleme näher ein. Hier beschränken wir uns auf den Hinweis, daß gerade in dieser Phase Mädchen durch körperliche Entwicklungsprozesse häufig stark verunsichert sind, auch besonders sensibel auf mehr oder weniger scherzhaft gemeinte Bemerkungen reagieren. Der Sportunterricht gibt dazu offenbar in ihren Augen einen besonders geeigneten Rahmen ab:

„Obwohl beim Sportunterricht wäre es besser, wenn wir getrennt Unterricht machen. Manche Jungs und unser Lehrer gucken bei uns, ob die Brüste wackeln" (283).

Man geniere sich dann manchmal, vor allem wenn die Jungen lachen und lästern. Teilweise sind sie aber offensichtlich auch direkter „Anmache" oder gar Übergriffen ausgesetzt. Das erwähnen vor allem einige Hauptschülerinnen, die auch am liebsten völlig getrennte Schulen hätten:

„Ich finde es nicht gut, wie es jetzt ist, die Jungen begrapschen uns überall, belästigen uns und vieles mehr. Beim Sport ziehn sie uns die T-Shirts hoch, das ist sehr blöd. Manche Mädchen machen sich daraus nichts, aber ich finde es blöd und viele andere Mädchen auch" (330).

In der Tat sind die Meinungen hier sehr geteilt bzw. schwanken die Mädchen zwischen Neugier, Abwehr, vielleicht auch der Sorge, nicht als prüde erscheinen zu wollen:

„Wenn wir Sport haben, dann ist die Mädchenkabine vor der Jungenkabine, so daß die Jungs in unsere Kabine kommen können. Das finden fast alle Mädchen total blöd. Ich finde das zwar auch nicht gut, aber ich finde das auf der anderen Seite auch nicht schlimm, ich meine, wenn wir Mädchen jetzt mit der Unterhose und mit dem T-Shirt dastehen, dann ist das genauso, als wenn wir uns im Badeanzug oder im Bikini vorzeigen würden. Mich stört das eigentlich gar nicht, solange ich nicht nackt dastehe" (338).

Andererseits mache ihnen der Umgang mit den Jungen aber sehr viel Spaß: *„Man lernt auch Jungen kennen. Wir geben auch manchmal Jungen Küsse. Wir albern gerne mit Jungs rum" (327).* Das wird wiederum von entschiedeneren Trennungsbefürworterinnen heftig kritisiert:

„Manche Mädchen haben in ihrer Klasse einen Freund und schenken ihrem Freund mehr Aufmerksamkeit als dem Unterricht. Als Mädchen würde

man das[17] *(glaube ich) begrüßen, weil die Jungen die Mädchen immer im Unterricht anmachen und Briefe schreiben. Das ist dann klar, daß das immer auf die Kosten von den Mädchen geht. Außerdem finde ich, daß durch Gemeinschaftsschulen die Schüler eher Interesse an dem anderen Geschlecht haben (sogar schon in der 6. Klasse)" (403).*

Diese Schülerin spricht einen Aspekt an, der in der Diskussion um die Einführung der Koedukation kontrovers diskutiert wurde. Der Philologenverband beschwor als mögliche unerwünschte Auswirkung die „Bedrohung der ungestörten Entwicklung beider Geschlechter, die zu ihrer Entfaltung der Abschließung bedürfen und nicht schon frühzeitig durch die Auseinandersetzung mit dem anderen Geschlecht in der Ausbildung ihrer Eigenart gehemmt werden dürfen" (Deutscher Philologenverband 1953, S. 115). Eine unerwünschte Nivellierung der Geschlechterspannung oder aber eine „verfrühte Erotik" wurden beide als Gefahr betrachtet. Unsere für Trennung plädierende Hauptschülerin beanstandet hier offensichtlich die zu frühe Orientierung auf das andere Geschlecht. Damit steht sie allerdings nahezu allein, wie unsere Sichtung der Mehrheitenposition ja deutlich gezeigt hat. Fast alle anderen Jungen und Mädchen - selbst diejenigen, die für zeitweilige Trennung sind, werten eine „ungestörte Entwicklung innerhalb der eigenen Geschlechtsgruppe" nicht als Vorteil, sondern durchgängig eher als Verarmung und Verlust. Ein Mädchen begründet das damit, daß in völlig getrennten Schulen doch *„etwas in der Entwicklung fehlt"* und fürchtet besonders für die Jungen geradezu dramatische Folgen:

„Gefährlich wird es, weil die Jungen vielleicht Entzugserscheinungen bekommen und das breitet sich dann auf die Psyche aus, denn werden sie vielleicht zum Triebtäter" (654).

Dagegen könne *„ein bißchen geteilter Unterricht in manchen Fächern"* nicht schaden. Darin ist sie sich mit vielen anderen Mädchen einig: Für bestimmte Fächer oder auch Themen reklamieren sie geschlechtsgetrennte Phasen. Das gilt - gerade von dieser Altersgruppe verstärkt erwähnt - besonders für den Sexualkundeunterricht. Zuweilen wird auch der Biologieunterricht als Metapher dafür benannt, manchmal durch einen Klammerzusatz spezifiziert. Hier sehen Mädchen und Jungen ganz offensichtlich die Notwendigkeit, heikle Dinge erst einmal „unter sich" zu besprechen.

„Wenn wir in Biologie gerade mal Sexualkunde haben oder über Sex sprechen, dann kriegen die Jungs einen roten Kopf und sie kriegen gar nichts mehr mit, weil sie immer lachen" (338).

„Nur blöde Sprüche" kämen dabei heraus, findet auch eine Hauptschülerin der 9. Klasse und eine gleichaltrige Realschülerin beschreibt, daß man

17 Gemeint ist die Trennung in Mädchen- und Jungenschulen (Anm. d. Aut.).

„beim Sexualkundeunterricht sich nicht traut, sich offen zu äußern" (657). Und auch eine Zehntkläßlerin der Realschule bestätigt:

„Viele von uns sind z. B. in Biologie sehr gehemmt, wenns um Sexualität geht. Ist man nur mit Mädchen umgeben, würds einem (mir auch) leichter fallen, sich zu dem Thema zu äußern" (669).

Eine Gymnasiastin weitet das mit Blick auf die Jungen auch auf das Fach Religion aus, denn *„die trauen sich oft nicht, ihre Gefühle/Meinungen in Gegenwart von Mädchen zu nennen" (862).*

Einen Vorteil von Mädchenschulen sieht eine Realschülerin ihrerseits darin, daß *„man unter Mädchen offener reden kann" (567).* Sie glaubt auch, daß der Unterricht mit mehr Konzentration und Ernst ablaufen würde und die Mädchen behutsamer miteinander umgehen: *„Bevor man über eine Klassenkameradin lachen würde, würde man vielleicht erstmal nachdenken"*.

Auf weniger Streit hofft auch eine ihrer Altersgenossinnen:

„Jungen machen mit Mädchen auch immer so blöde Sachen, wie z. B. wenn ein Junge ein Mädchen berührt, was er nicht mag, sagt er 'igitt, Aids' und gibt es einem anderen Jungen oder wischt es an der Wand ab" (521).

Es werden auch handfeste Streitigkeiten geschildert, daß z. B. Jungen den Mädchen die Taschen wegnehmen und verstecken oder auch in den Mülleimer werfen (324). Solche Formen des Ärgerns seien störend und gingen einem auf den Wecker (346).

Viele Schülerinnen betonen, daß sie insgesamt sehr zufrieden mit der Klassengemeinschaft sind, trotz Kritik an gegenseitigen Ärgereien oder auch Disziplinschwierigkeiten:

„In den Pausen ärgern wir uns ein bißchen. Wenn einer mal keine Hausaufgaben hat, lassen wir schon mal voneinander abschreiben. Ich finde, wir sind eine gute Klassengemeinschaft" (554).

Die größere Disziplin unter Mädchen wird recht ambivalent bewertet. Weil die Mädchen *„immer lieb und brav sein und nichts anstellen"* würden, wäre es vermutlich in einer Mädchenschule viel strenger, fürchtet eben diese Schülerin. Und Feten feiern ohne Jungen könne sie sich auch nur öde vorstellen. Dagegen fällt die harsche Kritik ihrer Klassenkameradin nur mäßig ins Gewicht:

„Im großen und ganzen läuft das mit den Jungen ja ganz gut, nur in den naturwissenschaftlichen Fächern (hauptsächlich in Physik) kommen sie (bei einem bestimmten Lehrer) häufiger und länger an die Reihe als die Mädchen! Allerdings ist es auch ein bißchen schwer mitzukommen, weil man immer nur die Hälfte versteht (bei dem Krach, den diese Idioten machen)" (557).

Bei den Schülerinnen des 9. und 10. Jahrgangs wird das Disziplinproblem gar nicht mehr angesprochen. Dort wird vor allem betont, wie wichtig es sei

„verschiedene Arten von Meinungen zu hören" *(606)* und wie lustig nicht nur die Pausen, sondern auch der gemeinsame Unterricht sei:

„Wir kommen gut miteinander zurecht und die Kameradschaft zwischen uns und den Jungen ist bombig. Wir verstehen uns gut und jeder hilft gerne. Auch wenn man sich gegenseitig neckt und mal ärgert ist es trotzdem schön (die Kameradschaft zwischen Jungen und Mädchen)" (605).

Die hier angesprochenen Beziehungsaspekte des schulischen Zusammenlebens illustrieren plastisch die Ambivalenz und die konfliktträchtigen Umgangsformen, mit denen die Jugendlichen in dieser Altersphase sich teils aus dem Wege gehen, teils mehr oder weniger geschickt aufeinander zu bewegen, teils aber auch massiv herabsetzen und verletzen. Dennoch läßt sich festhalten: Obwohl die Anwesenheit des anderen Geschlechts oft als störend empfunden wird, ist seine Abwesenheit keineswegs durchgängig erwünscht. Insgesamt werden die Jungen als unverzichtbarer Bestandteil des Schullebens betrachtet, als Garanten dafür, daß es lustig und locker zugeht. „Geschützte Räume" für manche Aktivitäten würden aber in allen drei von uns untersuchten Schulen mit recht ähnlichen Begründungen von einer größeren Anzahl von Mädchen dieser Altersgruppe begrüßt.

Lernen, Leistung und Interessen: Mädchenselbst- und Jungenfremdbild

Bei vielen Schülerinnen, die für Trennung plädieren, fällt eine ausgesprochene Hochachtung vor der männlichen Leistungsfähigkeit auf. So schreibt etwa ein Mädchen der 9. Klasse:

„Aber in den oben genannten Fächern (das sind Chemie, Physik und Mathematik, Anm. d. Aut.) wäre es vielleicht vorteilhafter, allein unterrichtet zu werden, denn dann kann ja nur nach dem Leistungsmaßstab der Mädels bewertet werden und nicht nach dem viel höheren der Jungen" (862).

Andere erklären, Jungen seien in den naturwissenschaftlichen Fächern den Mädchen *„öfter überlegen"* oder nennen als Vorteil, daß in Mädchenschulen besser *„auf die Schwächen der Mädchen eingegangen"* werden kann (855).

Ganz sicher sind sich aber wohl doch nicht alle Mädchen, ob diese Etikettierungen so auch richtig sind, jedenfalls weist das dem Ausrufungszeichen angefügte Fragezeichen auf leise Zweifel hin:

„In den sogenannten 'typischen Jungenfächern' wie Mathematik, Physik, Sport und Latein beteiligen sich besonders stark die Jungen (sie haben wohl mehr Ahnung davon!?)" (847).

Manchmal bekäme man jedenfalls den Eindruck, es habe gar keinen Zweck etwas zu sagen, denn die Jungen *„wissen es ja eh besser. Ich glaube,* *wenn keine Jungen da wären, dann wär' ich mündlich aktiver und selbstbewußter" (596).*

Während Textilunterricht als weibliche Domäne geschildert wird, hätten Jungen in den Fächern Sport, Physik, Chemie und Biologie ihre Stärken:

„In Unterrichtsfächern wie z. B. Physik fände ich es gut, wenn Jungen und Mädchen getrennt würden. In diesem Fach kann ich nämlich nicht alles auf Kommando verstehen. Was bei den Jungen anders ist. Außerdem habe ich da das Gefühl, daß der Lehrer die Jungen etwas bevorzugt" (556).

Diese Koppelung taucht häufiger auf. Die besseren Leistungen der Jungen werden in Zusammenhang gebracht mit Einstellungen und Verhalten der Lehrkräfte. So schreibt beispielsweise eine Schülerin:

„Manchmal habe ich das Gefühl, daß der Lehrer uns Mädchen für unfähig hält, z. B. einen Versuch in Chemie zu gestalten. Ich glaube, das wäre erst anders, wenn in den naturwissenschaftlichen Fächern getrennter Unterricht stattfinden würde. Auch in Sport bin ich der Meinung, daß getrennter Unterricht stattfinden sollte. Viele Lehrer erwarten zu viel. Jungen sind nun mal meist 'besser' in Sport. Außerdem sollten die Mädchen eine Sportlehrerin bekommen" (671).

Nicht so sehr die männlichen Klassenkameraden werden in der Regel als Problem betrachtet, sondern eher Lehrer, die Vorurteile haben, nicht gut erklären können, Jungen bevorzugen. Deshalb fänden die Mädchen es besser, in bestimmten Fächern getrennt von den Jungen unterrichtet zu werden oder sogar auf eigene Schulen zu gehen.

Insbesondere einige Mädchen, die am liebsten getrennte Schulen hätten, begründen dies aber mit dem Argument, daß sich dort ihre Leistungen sicherlich verbessern würden (403). Man sei weniger abgelenkt, könne sich auf die Arbeiten konzentrieren (418) und die Disziplin sei höher:

„Es würde meiner Meinung entsprechen, Mädchen und Jungen zu trennen. Während des Unterrichts kommt von den Jungs viel zu viel Ablenkung, sie machen öfters Scheiße. Man paßt dann im Unterricht nicht gut auf. Es könnte ja sein, daß das Verhalten von Jungen und Mädchen sich in einzelnen Fächern ändert. Dann würde vielleicht viel mehr Ruhe eintreten. Und die Ablenkung würde vielleicht dann auch eingeschränkt werden" (425).

Außerdem entfiele dann die ärgerliche Tatsache, daß man durch Kollektivstrafen für die nervenden Jungen mitbüßen müßte (411). Ansonsten sprechen die Mädchen weniger Leistungs- und Disziplinaspekte als eher die Frage gleicher oder unterschiedlicher Interessen an.

„Einen Tag in der Mädchenschule stelle ich mir viel ruhiger und kultivierter vor, da Mädchen in der Regel immer etwas ruhiger in ihrem Verhalten sind. Es müßte ganz einfach sachlicher zugehen. Schon allein daher, daß man eigentlich immer (wieder) mit Leuten zusammen ist, die die gleichen In-

teressen vertreten und die einen bei Problemen oder ähnlichem besser verstehen" (796).

Diese sehr positive Bewertung einer solchen Institution argumentiert nicht aus einer Position eigener Schwächen und Defizite, sie enthält implizit eine deutliche Hochschätzung weiblicher Eigenschaften und folgt damit nicht dem Muster abwertender Aussagen über das nicht auszuhaltende Nur-unter-Mädchen-sein-müssen. Mit dieser Meinung steht diese Schülerin aber weitgehend isoliert da, sie bildet - wenn man so will - eine Minderheit in der Minderheit.

Die meisten ihrer Altersgenossinnen erklären explizit, daß sie sich möglicherweise Leistungssteigerungen und weniger Störungen und Disziplinlosigkeit erhoffen. Gleichzeitig bedauern sie aber den Verlust der guten Späße, die *„doch meistens den Jungen einfallen" (871)* und sind in ihren Aussagen über Mädchen nicht sehr freundlich. Nur Mädchen würden sich gegenseitig *„auf den Geist gehen" (794)*. Öde wäre es ohne Jungs:

„Eine Mädchenschule stelle ich mir schrecklich vor! Ich glaube, daß die Mädchen dort sehr albern werden und ich stelle es mir auf die Dauer sehr langweilig vor" (873).

Während sie im Sport oft unüberwindliche Gräben sehen, betonen sie in Bereichen wie Werken oder Textil- und Hauswirtschaftsunterricht zwar Gemeinsamkeiten, sind sich aber doch oft nicht sicher, ob die Jungen das auch so sehen:

„In der 3. und 4. Stunde haben wir Hauswirtschaft. Da lernen auch Jungs, wie man sich im Haushalt später verhalten soll, wenn er keine Freundin hat. Werken ist für Mädchen genauso interessant wie für Jungs. Umgekehrt ist es genauso, warum sollen sich Jungs nicht für Textil interessieren?" (283).

Vor allem für den „Notfall" - nämlich ohne weibliche Versorgung zu sein - sollten ihrer Meinung nach die Jungen offenbar basale Hauswirtschaftskenntnisse erlernen. Daß dies ein bißchen aber doch eine Zumutung darstellt, schimmert in einigen Aufsätzen der Hauptschülerinnen vorsichtig durch: *„Für Jungs ist es vielleicht nicht schön, Textil machen zu müssen" (473),* meint eine Zehntkläßlerin. Daß dies allerdings auch für viele Mädchen nicht unbedingt die Traumbeschäftigung ist, illustrieren vor allem die häufig geäußerten Befürchtungen, Trennung könne auch dazu führen, daß man auf solche „weiblichen" Bereiche stärker festgelegt und eingeschränkt würde.

Die Selbstbilder der Schülerinnen in dieser Gruppe bleiben eigenartig blaß. In der Abgrenzung von den Jungen zeichnen sie deren Fremdbild eher negativ, was nicht verwundert. Sie kontrastieren es aber kaum mit positiven Aussagen über das eigene Geschlecht. Wir haben schon erwähnt, daß die Jungen oft als nervig, störend und ablenkend erlebt werden. Sie machen sich über Mädchen lustig (402), sind rücksichtslos (412) und lachen, wenn Mädchen Fehler machen (440). Sie lästern, meckern und meinen, daß sie die Größten sind (344).

Andererseits möchten die Mädchen aber auch keineswegs dauernd von den Jungen getrennt sein: *„Weil man sonst immer nur Mädchen, Mädchen und nochmals Mädchen sieht" (338).* Eine berauschende Vorstellung ist ihnen das nicht. Mädchen seien zwar *„im allgemeinen viel vernünftiger als Jungen" (324).* Letztere würden sich in den Pausen oft aufführen *„so als wären sie Kind" (325),* was aber nicht für alle gelte. Auch diese Schülerin fände es schlicht *„bescheuert"*, wenn *„überall, wo man hinguckt, Mädchen"* seien. Immerhin seien Jungen ja schließlich manchmal sehr nett und höflich (329). Mit einigen könne man sich auch gut unterhalten (345), und das sich durch alle Gruppen hinziehende Argument: *„Manchmal bringen die Jungen einen blöden Spruch und bringen die Klasse zum Lachen" (343).* Die Spezifik des „Gelächters der Geschlechter" (Kotthoff 1988) wird in Schule offensichtlich frühzeitig eingeübt. Die lachauslösenden Impulse kommen in der Wahrnehmung der Mädchen ganz deutlich von den Jungen, sie selbst sind das Publikum, das die interaktionelle Leistung der Jungen honoriert. In der Grundschule werden noch einige Mädchen erwähnt, mit denen es immer so lustig sei und etwas zu Lachen gebe. In den höheren Jahrgängen taucht dies nirgends mehr auf. Im Vorgriff auf die Betrachtung des Mädchengymnasiums kann hier schon darauf verwiesen werden, daß dort zuweilen besonders hervorgehoben wird, daß es im Gegensatz zu verbreiteten Vorurteilen auch bei ihnen sehr lustig zuginge. Auch diese trotzig-verteidigende Haltung verweist darauf, daß Humor - jedenfalls in Form von Aktivitäten, die andere zum Lachen bringen - eher als der männlichen Rolle zugehörig wahrgenommen wird. Das mag auch daran liegen, daß sie häufig mit Verstößen und dem Risiko von Strafe oder mindestens Ermahnung verbunden sind.

Jungen werden auch sehr häufig als diejenigen wahrgenommen, die ihrerseits die Mädchen auslachen. Das wird oft als sehr kränkend und störend erlebt, *„weil man sich erst recht nichts zutraut, wenn die Jungen im Hintergrund lästern und dumme Bemerkungen machen, dann verschwindet einfach das Selbstbewußtsein" (622).* Zwar würden nicht alle gleich kichern, wenn man etwas Falsches sagt, aber als drohende Gefahr steht dies offenbar vielen Mädchen ständig vor Augen. Auch dabei werden aber negative Urteile häufig eingekleidet und abgemildert mit Formeln wie *„aber mir würde was fehlen" (605).* Solche Nachsicht haben die eigenen Geschlechtsgenossinnen weit weniger zu erwarten. Es werden kaum Positivurteile über Mädchen in den vier Jahrgängen von den Trennungsbefürworterinnen formuliert. Dagegen stellt eine Schülerin dezidiert fest: *„Wenn ich in einer Klasse mit lauter kichernden Mädchen wäre, würde ich eingehen" (599).*

3.3.2.2 Die Sicht der Jungen

Vorab ist hier darauf hinzuweisen, daß es sich bei den Trennungsbefürwortern dieser Gruppe ganz überwiegend um Vorschläge handelt, den Unterricht zeitweise bzw. fachspezifisch zu trennen. Der Sport spielt dabei eine besondere Rolle. Eine durchgängige institutionelle Trennung wird nur von wenigen Jungen gewünscht.

Der Aufsatz eines 12jährigen Gymnasiasten faßt die vorgetragenen Argumente recht gut zusammen. Eher untypisch ist er dagegen in seiner relativen Ausführlichkeit. Insbesondere die Hauptschüler haben sich häufig auf drei bis vier Sätze in ihrer Meinungsäußerung beschränkt. Wenn wir die Sicht der Jungen im folgenden also knapper als die der Mädchen referieren, liegt das keineswegs daran, daß wir ihr weniger Beachtung schenken. Sie haben sie leider nicht ausführlicher dargelegt. Dennoch ergeben sich unserer Einschätzung nach aus der Konfrontation der beiden Perspektiven viele Anstöße, über die Konsequenzen für die Gestaltung von Schule nachzudenken.

> *„1. Stunde Mathe, unser Lehrer meckert an allen rum, aber hauptsächlich an den Jungen, das nervt echt. 2. Stunde Physik, derselbe Lehrer wie in Mathe, in dieser Stunde sind die Mädchen dran. 1. Pause, die Mädchen werden geärgert. 3. Stunde Französisch, die Lehrerin kommt mit einer Wut im Bauch in die Klasse, nach einer halben Stunde fühlt sich die Lehrerin genervt, weil ein Mädchen ewig Briefe durch die Klasse schickt, und alle bekommen eine Riesenstrafarbeit - nur wegen diesem blöden Weibsbild. 4. Stunde Musikarbeit - echt öde, er hat die Mädchen und Jungs (Knaben) getrennt gesetzt. 2. Pause, warten auf den Bus zum Schwimmen und Mädchenärgern (Besprühen). 5.-6. Stunde Schwimmen, nach dem Schwimmen in die Mädchenkabine gucken.*
>
> *Ein Tag in einer Jungenschule wird sicher ganz lustig sein, keine feigen Mädchen, die einem in die Streiche reinreden. Sport wäre besser, es würden nur Sachen drankommen, die uns Jungen interessieren, es wäre auch keine Gleichberechtigung, es wäre halt alles besser, bloß Reli könnte weg. Die Fächer wären interessanter für uns Jungen, mehr fällt mir leider nicht ein, tut mir leid.*
>
> *(776, m, 7. Kl., 12 Jahre)*

Schulklima und Schulleben

Ungerechte Behandlung, Gefühle der Benachteiligung oder der Unterlegenheit gegenüber den Mädchen tauchen bei den männlichen Trennungsbefürwortern in dieser Altersgruppe häufiger auf als bei jüngeren oder älteren Schülern, wenn auch - geradezu als Gegenbewegung - die eigene Stärke oder Überlegenheit häufig stark in den Vordergrund gestellt wird. Möglicherweise ist gerade diese schwankende Selbsteinschätzung Ausdruck eigener Verunsicherung, die durch forsches Auftreten mehr oder weniger erfolgreich zu kompensiert werden versucht wird. Im Ergebnis finden sich jedenfalls zuweilen recht widersprüchliche Argumentationsfiguren. So schildert ein Junge als Vorteil, daß Mädchen sich in Mädchenschulen nicht immer *„untergebuttert"* fühlen müßten (810). Er hält dieses Gefühl in koedukativen Schulen aber eigentlich für unberechtigt: *„Wovon natürlich keine Rede ist, denn die Mädchen sind den Jungen körperlich überlegen (175-185 cm), Jungen sind im Schnitt 165 cm groß"*. Ihre Abwesenheit in Jungenschulen begrüßt der Schüler in unserem oben zitierten Aufsatz mit der Begründung: *„Ein Tag in einer Jungenschule wird sicher ganz lustig sein, keine feigen Mädchen, die einem in die Streiche reinreden" (776).* Diese beiden Knaben plädieren für völlig getrennte Schulen. Durchgängig findet sich auch in den anderen Jahrgängen und Schulformen bei den Vertretern dieser Position eine ziemlich negative Einschätzung von Mädchen und eine deutliche Hochschätzung männlicher Interessen und Fähigkeiten. Der Unterricht könne gelassener sein, man könne offener sprechen (912), hofft ein Schüler der 9. Klasse, das würde seiner Meinung nach die Nachteile der Trennung aufwiegen.

Ruhiger und interessanter stellt sich ein anderer den Unterricht auf einer Jungenschule vor, weil der Lehrer mehr auf die Interessen von Jungen eingehen könne und gleichzeitig nicht mehr *„einige Jungen vor den Mädchen durch Ärgern der Lehrer angeben"* müßten (610). Außerdem höre dann auch die Unterdrückung der Jungen im Sport auf, die aus der Faulheit der Mädchen resultiere.

Beim Sport scheint es aus der Sicht sehr vieler Jungen evident zu sein, daß Trennung ein Vorteil wäre: *„Getrennte Schulen halte ich nur für Sport für sinnvoll, weil manche Mädchen nicht so sportlich sind und man kann einen reinen Jungensport machen" (493).* Ein Schüler sieht einen Vorteil in Jungenschulen, daß man sich besser auf die Arbeit konzentrieren könne und es viel ruhiger ist: *„Und in den Pausen kriegt man dann auch keinen Ärger mehr, weil man dann den Mädchen nichts mehr beweisen muß" (356).* Auch im Unterricht könne der Zwang entfallen, die Mädchen zu beeindrucken. Die darin enthaltene vorsichtige Kritik dürfte auf Situationsinterpretationen hinweisen, wie sie von Schnack/Neutzling (1990) als Probleme der männlichen Identitätsfindung der in Not geratenen kleinen Helden skizziert wurden. An den hohen Ansprüchen auf männliche Überlegenheit und Dominanz müssen viele scheitern, gerade zu einer Zeit, wo die männliche Entwicklung zeitversetzt hinter der weiblichen zurückliegt. Da erscheint eine reine Jungenschule dann entlastend:

„Das mit den Jungen und Mädchen auf einer Schule finde ich nicht gut, weil die Jungen und Mädchen meistens eine Beziehung - oder wie man das nennt - haben und sich dabei ablenken. Denn die Jungs sind geil auf die Mädchen und schauen immer zu den Mädchen" (356).

Er persönlich würde deshalb lieber auf einer Jungenschule lernen, meint dieser Schüler einer 8. Hauptschulklasse.

Mehr Schüler argumentieren allerdings gerade mit dem Argument für eine allenfalls zeitweilige Trennung, daß es sonst viel schwerer sei, eine Freundin zu finden (547). Man brauche die Mädchen, weil man sonst niemanden zum Ärgern habe (544) und es so viel Spaß mache, sie reinzulegen, etwa in Physik (547). Schließlich seien sie auch oft nett und hilfsbereit, wenn sie auch in Mathe und Physik kaum etwas kapieren würden:

„Trotzdem verstehen wir uns mit den Mädchen gut und es ist schon so manche Beziehungskiste entstanden. Echt geil, wa?! Also, ich find' das mit den gemischten Klassen gut. Ohne die Mädchen wäre hier nichts los. In den Pausen kann man mit den Mädchen über die Hausaufgaben sprechen und so (außerdem bringen sie mir immer etwas vom Kiosk mit), dann brauch' ich nicht zu laufen und mich anzustellen" (901).

Allenfalls in Sport befürwortet dieser 15jährige Gymnasiast deshalb Trennung, obwohl er auch dabei einschränkt: *„Allerdings würden die runden Konturen fehlen."* Wir sehen hier erneut, daß auch von vielen Befürwortern zeitweiliger Trennung die erotisch-spannende Komponente gemeinsamen Lernens in dieser Altersgruppe hoch geschätzt wird, während gleichzeitig mit leisem Bedauern festgehalten wird: *„Aber meistens sind Mädchen und Jungen getrennt unterwegs (bis auf ein paar Ausnahmen)"* (ebd.).

Deutlich wird quer durch sämtliche Jungenäußerungen, daß sie die Abwesenheit der Mädchen im wesentlichen als Verlust von Atmosphäre und Anregung verbuchen würden. Mehr oder weniger verklausuliert formulieren sie dabei Wünsche nach prickelnd-erotischer Begegnung ebenso wie Furcht vor Mißerfolg und Blamage. Und daß *„Kloppereien"*, Streit und Gewalt in reinen Jungenschulen ein größeres Problem wären, darin sind sie sich mit ihren jüngeren Geschlechtsgenossen in der Primar- und Orientierungsstufe weitgehend einig.

Lernen, Leistung und Interessen: Jungenselbst- und Mädchenfremdbild

In den Aussagen zum sozialen Klima sind bereits einige der hier näher zu beleuchtenden Aspekte angeklungen, weil gerade in dieser Altersgruppe sehr häufig kognitive und emotionale Zuschreibungen in einem Atemzug vorgenommen werden. Soziales Verhalten wird als Erklärung für Leistungserfolg oder -mißerfolg herangezogen, manchmal auch gönnerhaft als Ausgleich für intellektuelle Defizite positiv vermerkt, und oft bilden tatsächlich erlebte oder doch mindestens subjektiv so wahrgenommene Bevorzugungen und Benachteiligungen die Folie für die Bewertung des gesamten Schulklimas.

In abgestufter Weise registrieren die Befürworter zeitweiliger und gänzlicher Trennung ein gehöriges Ausmaß an unterschiedlichen Interessen und - häufig damit verknüpft - an verschiedener Leistungsfähigkeit.

„In Fächern wie Informatik behandelt man Mädchen unbewußt so, als wären sie unfähig. Sie merken es auch nur unbewußt, aber sie merken es und so entsteht eine Kluft zwischen den Geschlechtern" (833).

Ähnliches sei auch für Fächer wie Chemie und Physik zu sehen, Textil wird dagegen für Jungen als Klippe geschildert: *„Weil sie nicht so geschickt sind. Mädchen können dafür nicht so gut Werken" (755).* Wir finden also wieder das bekannte Muster der Übernahme geschlechtstypischer Etikettierungen.

Die Verquickung der Leistungsdimension mit den Rahmenbedingungen (in diesem Fall besonders der Mädchen-Jungen-Relation in der Klasse) und den Interaktionsmustern schildert sehr anschaulich ein 14jähriger Gymnasiast:

„In unserer Klasse ist es so, daß die Jungen zahlenmäßig klar mehr sind (16 Jungen, 6 Mädchen). Im Mündlichen sind sie schlechter als die Jungen. Die Mädchen führen es darauf zurück, daß sie in der Unterzahl sind und außerdem nicht in den ersten Reihen sitzen. Deshalb gab es auch schon eine Unterredung mit der Vertrauenslehrerin, welche im Chaos endete. Z. B. in Physik sitzen die Mädchen in den ersten Reihen, doch dort erreichen sie auch nicht die Erfolge, die sie sich vorstellen. Im Schriftlichen sind die Mädchen teilweise besser als die Jungen (irgendwie eigenartig). Das Klassenverhältnis ist auch nicht das beste. Im Sport sind die Mädchen teilweise viel schlechter als die Jungen (sie stehen nur dumm rum und langweilen sich)" (810).

Es ist eben dieser Schüler, der die weiter oben schon zitierte Feststellung traf, es *„könne natürlich keine Rede"* davon sein, daß die Mädchen wirklich *„untergebuttert"* würden. Er machte das dabei an ihrer körperlichen Überlegenheit fest und steht hier ein wenig ratlos vor der *„irgendwie eigenartigen"* Tatsache, daß die schriftlichen Leistungen trotz der zurückhaltenden mündlichen Mitarbeit der Mädchen sogar besser sind als die der Jungen. Er staunt nicht allein über solch widersprüchliche Erfahrungen. Auch Walter Herzog (1994, S. 80) registriert verblüfft den größeren Schulerfolg der Mädchen trotz Benachteiligung in didaktischer und interaktiver Hinsicht.

Ein neues Argument zur Begründung von Trennung führen einige Jungen ein: Sie möchten nicht durch Mädchen gebremst und behindert werden:

„Dann könnte man noch manche Fächer, in denen die Mädchen nicht so viel Ahnung und Interesse haben (z. B. Chemie, Mathematik, Physik) trennen, damit die Jungen mehr und schneller lernen können" (896).

Für Arbeitsgemeinschaften solle das eigentlich nicht gelten, *„bis auf Sachen mit Computern oder so (Mädchen und Technik)"*, meint ein Neuntkläßler (896).

In den sprachlichen Fächern (z. B. Deutsch, Englisch) werden den Mädchen zumeist größeres Interesse, meistens gleiche Leistungen bescheinigt. Größere Unterschiede meinen manche Jungen in Fächern wie Textil und Werken zu bemerken, was sich auch in unterschiedlicher Mitarbeit niederschlage.

Ein Junge argumentiert fürsorglich für die Mädchen, daß für sie Trennung in den Naturwissenschaften insofern einen Nachteil bedeuten würde, weil sie dann *„benachteiligter wären (einfacherer Unterricht). Dies bedeutet weitergesehen, daß Mädchen (Frauen) noch weniger Chancen hätten, einen auf diesen Grundlagen basierenden Beruf anzugehen" (664).* In Sprachen seien sie *„natürlich begabter"*, meint derselbe Realschüler. Er wolle jedoch später genauso gut Französisch sprechen können wie Mädchen, *„auch wenn es mir schwerer fällt"*. Von einem durchgängigen Überlegenheitsimpetus kann man also nicht sprechen, vielmehr formuliert dieser Junge in recht häufig anzutreffender Weise die Sicherheit vieler seiner Geschlechtsgenossen, in typisch männlichen Gebieten „besser" sein, in den typisch weiblichen Domänen aber durch eigene Anstrengung durchaus gleich gut werden zu können. Ein derart optimistisches Leistungsselbstbild zeigt sich bei den weiblichen Trennungsbefürworterinnen kaum.

Die Hauptschüler äußern sich zu diesen Bereichen nur sehr knapp und allgemein, etwa bezogen auf ihre Vorstellung von einer Jungenschule: *„Wahrscheinlich wären einige Fächer mehr spezifisch auf Jungen bezogen" (432).* Von einigen wird die gegenseitige Hilfe betont, die vor allem in den als typisch eingeordneten Fächern wichtig sei:

„Bei dem Fach Technik oder Werken fragen die meisten Mädchen bei den Jungen nach, ob sie denn ihnen mal helfen können, wie z. B. beim Sägen, Hobeln. Doch in den Fächern Sozialkunde sind die meisten Mädchen nicht interessiert an Politik und allgemeinem Wissen. Doch die Jungen tun sich im Kochen schwer. Auch beim Knöpfe annähen" (435).

Im Fach Sport wird Mädchen in der Regel weniger an Kraft, Geschick und auch Motivation zugetraut. Sie seien schlapp und lustlos, wollten nicht mitmachen und würden noch dazu milder beurteilt: *„Die Mädchen werden im Sport eigentlich recht doll geschont. Unser Lehrer spielt mit uns Volley-*

ball und kein Basketball, weil er der Meinung ist, daß Volleyball für Mädchen besser geeignet sei als Basketball" (435).

Angesichts der Berichte über relativ konflikthafte Situationen verwundert es da eher, daß so wenig wertende Aussagen getroffen werden. Zwar bezeichnen einige der jüngeren Gymnasiasten Mädchen als störend bei manchen Spielen, als feige oder in bestimmten Bereichen als schwer von Begriff. Sie kontrastieren das aber überhaupt nicht mit positiven Urteilen über das eigene Geschlecht, sondern schweigen sich dazu völlig aus. Bei den Realschülern sieht das ganz ähnlich aus. Vereinzelt kritisieren sie, daß Mädchen sich zu sehr bemitleiden oder ekeln (527), dafür beanstanden sie bei sich selbst bzw. ihren Geschlechtsgenossen häufigere Schlägereien (544), die sich in einer reinen Jungenschule vermutlich noch ausweiten würden (532). Letzterem schließen sich auch die Hauptschüler an, die den Mädchen gleichzeitig bestätigen, sie seien manchmal sehr nett, gingen einem zuweilen aber auch auf die Nerven. Daß sie über andere reden, wird ihnen ebenfalls von einem (357) Achtkläßler angekreidet.

Im Ergebnis entsteht weder für das eigene noch für das andere Geschlecht ein durchgängig positives, aber auch kein überwiegend negatives Bild. Wenn man die überwiegend selbstbewußte Fähigkeitsselbsteinschätzung auf der einen Seite und die mindestens in Ansätzen vorhandene vorsichtig-selbstkritische Beurteilung des eigenen Sozialverhaltens auf der anderen Seite betrachtet, dann kann man sicher auch in dieser schwierigen Altersphase die für Trennung plädierenden Jungen nicht als Mädchen-unterdrückende Mini-Machos abstempeln. Sie äußern klare Abgrenzungsbedürfnisse, die sie aber in der Regel zeitlich bzw. fachspezifisch eingegrenzt sehen wollen. Damit treffen sie sich dann durchaus - wie wir gesehen haben - mit komplementären Bedürfnissen einer beträchtlichen Anzahl von Mädchen.

3.3.3 Fazit: Trennung ja - aber mit Maßen

Sowohl bei Mädchen als auch bei Jungen ist diese Befürwortung von Trennung jedoch auch in dieser Altersphase *keineswegs* die Mehrheitsposition. Zwischen 15 und 25% schwankten die Prozentwerte der Jugendlichen, die sich zeitweilige oder auch völlige Trennung vorstellen konnten. Zwischen acht und 19% äußerten sich ambivalent, aber zwischen 57 und 77% befürworteten auch in den Jahrgängen 7-10 ganz klar die Koedukation. Wir haben hier dennoch aus guten Gründen die Minderheitsposition näher charakterisiert, weil sie in keiner anderen Untergruppe unserer Studie - soweit dies koedukative Schulen betrifft - so klar hervortrat.

Als besonders wichtige Erkenntnis hat sich für uns vor allem herausgeschält, daß beide Geschlechter sorgfältig Vor- und Nachteile abwägen, sich bei diesen differenzierten Bewertungsprozessen auch zuweilen nicht eindeutig entscheiden mögen. Daß man bestimmte identitätsnahe Fragen oder Themen - oft vorsichtig umschrieben als *„im Biologie- oder Religionsunterricht"* - offener in gleichgeschlechtlichen Gruppen besprechen kann, wird von diesen Mädchen und Jungen relativ einhellig gesehen. Probleme der eigenen Rollenfindung, der Auseinandersetzung mit Gefühlen, Ängsten und Sehnsüchten scheinen ihnen für die Behandlung in gemischten Gruppen offenbar zu heikel. Ansonsten erscheinen aber nahezu alle sozialen Aspekte eher auf der Positivseite der Koedukation. Es sind eher die Leistungs- und Interessenunterschiede, die von einem Teil der Jugendlichen als nur schwer überbrückbar gesehen werden. Die Jungen argumentieren dabei in der Regel eher aus einer Position der Stärke, sie fühlen sich in „ihren" Domänen durch Mädchen eher gebremst. Die Mädchen hingegen argumentieren häufig eher aus einer Position der Unterlegenheit, halten sich für weniger fähig, erklären auch oft, daß sie Angst haben, ausgelacht zu werden und fühlen sich durch dominantes Verhalten der Jungen eher behindert.[18] Auch sie grenzen dies aber auf bestimmte Fächer ein und wollen in der Regel keine völlige institutionelle Trennung. Dennoch kritisieren die Mädchen soziale Aspekte an den Jungen stärker als umgekehrt diese an Mädchen. Anmache und sexistische Übergriffe gehören dazu ebenso wie unreifes Verhalten und Dominanzgehabe. Ausgeglichen wird das aber in ihrer Wahrnehmung durch eine Reihe positiver Aspekte, wobei wieder die Dimension unterhaltsamer Auflockerung des Schulalltags eine Rolle spielt. Daß die Anwesenheit beider Geschlechter eine wesentlich günstigere Voraussetzung für sozial befriedigende Situationen ist, darüber sind sich beide Geschlechter weitgehend einig. Die kribbelnde Spannung erotischer Annäherung ist dabei gleichzeitig lustbesetzt wie auch mit Vorbehalten und Ängsten belastet. Neben der Wichtung der Leistungsdimension scheint uns für die Befürwortung von Trennung bei den Jugendlichen nicht zuletzt die subjektive Bewertung dieses Bereichs entscheidend dafür zu sein, ob sich die Waage zugunsten der Befürwortung gemeinsamen Lernens neigt oder nicht. Die sehr positiven Aussagen der Koedukationsbefürworterinnen und -befürworter sprechen dazu eine ganz deutliche Sprache.

---

18 Daß gerade das Verhalten der Lehrkräfte dabei ebenfalls eine sehr wichtige Rolle spielt, haben wir weiter vorn schon kurz angesprochen. Wir werden dies im Kapitel über fachspezifische Sichtweisen ausführlicher aufnehmen.

3.4 Sekundarstufe II: Getrennte Erziehung wäre ein Schlag gegen die Gleichberechtigung

„Wieso eröffnen Sie nicht gleich eine Schule für Blauäugige und eine für Braunäugige? Das wäre meiner Meinung nach genauso sinnvoll wie geschlechtsgetrennte Schulen."
(11, w, 11. Kl., 17 Jahre)

Für die durch unsere Studie erfaßten Jugendlichen, die eine koedukativ geführte gymnasiale Oberstufe besuchten, steht die Koedukation nicht zur Debatte. Leider liegen uns aus dieser Altersgruppe nur 84 Aufsätze vor, 50 von Mädchen und 34 von Jungen. Nur ein Viertel der jungen Leute konnte für die freiwillige Beteiligung gewonnen werden. Für uns ist schwer abzuschätzen, auf welche Faktoren dies zurückgeht. Organisatorische Rahmenbedingungen (durch die Abwesenheit ganzer Kurse) erschwerten teilweise die Durchführung. Zudem entscheiden Jugendliche diesen Alters aber wohl auch sehr viel selbstbewußter als ihre jüngeren Mitschüler und Mitschülerinnen, ob sie es überhaupt für sinnvoll halten, ihre Zeit auf eine solche schriftliche Äußerung zu verwenden. Einigen erschien die Fragestellung - wie das obige Zitat sehr schön illustriert - geradezu absurd. Aus der einhelligen Befürwortung von Koedukation als einzig denkbarer sinnvoller Form des Lernens in den abgegebenen Stellungnahmen meinen wir in aller Vorsicht schließen zu können, daß ein großer Teil der Verweigerungen darauf beruht, eine Selbstverständlichkeit nicht auch noch schriftlich begründen zu wollen.

Diesen Eindruck ziehen wir aus den wenig schmeichelhaften Attributen, die in mehreren Beiträgen der Untersuchung zugesprochen werden: überflüssig, absolut albern, frauendiskriminierend, unemanzipiert, voller veralteter Vorstellungen, Klischeedenken, Blödsinn. Das ist nur eine Auswahl der starken Etikettierungen - das Thema scheint offensichtlich emotional besetzt zu sein. Lediglich ein junger Mann bewertete die Studie positiv, da er gerade eine Untersuchung der Meinungen von Schülerinnen und Schülern wichtig fände. Ein Altersgenosse hält dagegen: *„Es war wohl wieder mal an der Zeit, daß eine 'Emanze' glaubt, die Interessen der Mädchen besonders hervorzuheben" (54, m).*

Aber wie auch immer die Intentionen der Untersuchung interpretiert werden - das Meinungsbild der Schülerinnen und Schüler fällt absolut eindeutig aus: Von 50 Mädchen sprechen sich 48 für die Koedukation aus, von 34 Jungen tun dies 31. Nur zwei Jungen und ein Mädchen äußern sich ambivalent;

je ein Junge und ein Mädchen können sich zeitweise Trennung eventuell sinnvoll vorstellen. Die Zustimmung zur Koedukation erreicht also fast die 100%-Marke.

Auch in den Begründungsmustern sind sich Mädchen und Jungen inhaltlich recht einig, sie äußern sich nur unterschiedlich ausführlich zu bestimmten Schwerpunkten. Wir verzichten deshalb hier auf eine getrennte Darstellung der Mädchen- und Jungenperspektive, sondern beziehen beide jeweils aufeinander und zwar entlang der Gliederungspunkte, die wir auch in den vorangegangenen Kapiteln bearbeitet haben. Deutlich stärker als bei den jüngeren Schülern wird dabei der Bezug zu gesellschaftlichen Entwicklungen und Erfordernissen hergestellt.

Bevor wir jedoch in die analytische Betrachtung der einzelnen Dimensionen einsteigen, soll zunächst wieder ein typischer Aufsatz für diese Altersgruppe im Zusammenhang präsentiert werden. Wir beginnen hier mit einem Jungenaufsatz, um daran vor allem typische Sichtweisen zu Schulklima und Schulleben authentisch zu verdeutlichen. Die Perspektiven auf Lernen und Leistung werden wir später anhand eines Mädchenaufsatzes nachzeichnen.

3.4.1 Schulklima und Schulleben

Angesichts der hohen Zustimmung zur Koedukation verwundert es nicht, daß sich nahezu ausschließlich positive Schilderungen des alltäglichen Miteinanders finden. Probleme und Schwierigkeiten werden häufig als prinzipiell vorstellbar, aber außerhalb der eigenen Erfahrung liegend benannt. Zuweilen werden sie auch auf Ursachen außerhalb der Schule zurückgeführt und jedenfalls als lösbar eingeordnet.

„Es ist schwer, den 'typischen' Schulalltag mit Mädchen und Jungen zu beschreiben, weil es kaum geschlechtsspezifische Verhaltensweisen, zumindest in meinem Jahrgang, gibt, die besonders auffallend wären. In den Klassen (bzw. Kursen) ist nicht zu erkennen, daß z. B. Mädchen auf der einen, Jungen auf der anderen Seite sitzen. Auch ist der Umgang miteinander genauso wie unter Jungen. Allerdings muß man anmerken, daß es durchaus einige wenige Jungen gibt, die eine sehr chauvinistische Haltung und Meinung besitzen; die die Rolle der Frau als Hausfrau und Mutter sehen. Doch direkte Diskriminierungen von Mädchen habe ich nie erlebt. Im Unterricht konnte ich nicht die Erfahrung machen, daß Mädchen benachteiligt werden. Auch im naturwissenschaftlichen Unterricht ist das nicht der Fall. Es ist aber durchaus richtig, daß einige (männliche) Lehrer ihre veralteten Vorstellun-

gen von der Erziehung Jungen - Mädchen mit in den Unterricht bringen. Jungen seien an Technik, Autos, interessiert, an Naturwissenschaften allgemein. Doch dies habe ich bisher bei einem Lehrer in krasser Form erfahren (Orientierungsstufe), der der Meinung war, Jungen müßten über technische Dinge von der Erziehung her (!) Bescheid wissen. So entstand eine Erwartungshaltung, die sich eher für die Jungen zum Nachteil auswirkte, die die Erwartungen nicht erfüllen können. Für mich stellt sich im Unterricht keinerlei Benachteiligung von Jungen oder Mädchen dar, vielmehr versuchen Lehrerinnen und Lehrer Vorkenntnisse, die auf einer (falschen) Erziehung beruhen, unterrichtsfördernd einfließen zu lassen, ohne daß es jemandem einen Vor- und Nachteil bringt. Ich halte Untersuchungen über die Koedukation sicherlich für sinnvoll, nur wird diese 'Aufsatz'-Befragung von den meisten Jungen und Mädchen belächelt. Ich halte eine Trennung von Jungen und Mädchen für falsch. Wie soll eine wirkliche Gleichberechtigung erreicht werden, wenn Mädchen und Jungen in der Schule getrennt werden und dann auf der Uni oder im Berufsleben zusammenkommen, wo zweifelsohne Frauen benachteiligt sind. Mädchen wie Jungen sollten nicht voneinander abgegrenzt werden, denn wo Mädchen eventuell auf Jungen-'widerstand' treffen, lernen sie besser, sich in einer leider von Männern dominierten Arbeitswelt zurechtzufinden. Sollten Nachteile für Mädchen z. B. in den Naturwissenschaften oder für Jungen in den Fremsprachen vorhanden sein, so liegt das am Lehrer, an der Lehrerin bzw. an der falschen Erziehung der Eltern. Diese Defizite dürfen aber nicht dadurch beseitigt werden, daß für die 'Leidtragenden' (uns Schüler/innen) im gesellschaftlichen und wirtschaftlichen Leben weitere Nachteile bestehen. (In der 10. Klasse wurde in meiner Klasse die Möglichkeit eines getrennten Sportunterrichts abgelehnt). Der noch lange Weg zu einer wirklichen Gleichberechtigung darf nicht durch veraltete Lösungsvorschläge unterbrochen werden. Wenn es Nachteile gibt, entstehen diese durch ein falsches Verhalten der 'PädagogInnen' in den Klassen! Sie müssen besser vorbereitet sein, mögliche Unterschiede auszugleichen. Außerdem wäre ohne Mädchen die Schule bestimmt langweiliger!"

(47, m, 11. Kl., 17 Jahre)

Im Unterschied zu den jüngeren Schülerinnen und Schülern finden sich in den Aufsätzen dieser Jugendlichen weit weniger farbige Schilderungen der Atmosphäre als bewertende Aussagen zur Verteidigung des status quo. Die sozialen Aspekte werden in der Regel nur noch knapp gestreift, viel stärker rückt der im nächsten Unterkapitel vorgestellte Bereich von Leistung und Interessen ins Zentrum. Die Mädchen äußern sich im Vergleich zu den Jungen etwas ausgiebiger zu Fragen des Unterrichtsklimas. Die Anwesenheit der Jungen wird von ihnen als anregend, anspornend und auflockernd dargestellt:

„Durch Interesse am anderen Geschlecht fühlt man sich animiert, am Unterricht teilzunehmen und zu kritisieren“ (26, w). Wie der Schüler im oben präsentierten Aufsatz auch, gehen viele davon aus, daß es gemeinsam lustiger ist: *„Der Unterricht wäre gewiß etwas langweiliger, weil die 'Kabbeleien' untereinander fehlen würden“ (22, w).*

Die Atmosphäre sei ungezwungen, Hemmungen müsse niemand haben, die Zusammenarbeit mit Jungen funktioniere ausgesprochen gut:

„Während des Schultages haben wir immer mit den Jungen zusammen Unterricht. Ich finde dieses sehr gut so, da es erstens die Kameradschaft (man kann z. B. öfter viel besser mit Jungen zusammenarbeiten als mit Mädchen) in der Klasse fördert und zudem auch viel interessanter ist als ohne Jungen“ (31, w).

Und wie schon bei den Grundschülerinnen taucht auch hier das Argument vom hohen Unterhaltungswert der Jungen wieder auf:

„Eine Schule nur mit Mädchen stelle ich mir absolut langweilig vor, da Jungen sich viel mehr trauen, z. B. Quatsch in der Stunde zu machen. Dadurch wird der Unterricht viel lockerer, und man hat viel zu lachen“ (30, w).

Die guten Sprüche kämen *„meistens von einem Jungen“ (30, w),* überhaupt sei mit Jungen sehr gut auszukommen, manchmal fast besser als mit Mädchen (25, w). Konflikte zwischen Mädchen und Jungen gebe es eigentlich in dieser Altersstufe nicht mehr:

„Konflikte entstehen nach meiner Erfahrung nur bei jüngeren Schülern, und ich habe sie immer als amüsant empfunden. Dadurch kommt zumindest Abwechslung in den sonst recht langweiligen Schulalltag“ (32, w).

Man lerne einander besser kennen und verstehen, auch wenn dies auf den ersten Blick nicht immer leicht sei:

„Sicher, in Gesprächen unter Mädchen erscheinen Jungen schnell als fremd und unfreundlich. Doch wenn man dann in den großen Pausen zusammensteht und sich unterhält, merkt man doch rasch, daß dem nicht so ist, und daß Jungen in vielem die gleichen oder ähnliche Probleme, wie man selber hat, haben“ (37,w).

Weil man in der Schule täglich erlebe, daß Jungen die gleichen Rechte und Pflichten haben wie Mädchen, lerne man es auch, solidarisch miteinander umzugehen (38, w). Insgesamt sei es eine wichtige Erfahrung für Mädchen, mit Jungen aufzuwachsen und unterrichtet zu werden.

Auch die Jungen heben hervor, daß der Unterricht ohne Mädchen vermutlich *„sehr viel trockener und langweiliger als in einer gemischten Schule“* sei und man deshalb weniger Interesse haben werde, sich überhaupt zu beteiligen (53, m). Diskussionen verliefen im gemeinsamen Unterricht besser (61, m), man akzeptiere sich gegenseitig (42, m) und habe viel Spaß zusammen. Letzteres wird von sehr vielen Jungen betont. Gemeinsame Aktionen wie z. B. Klassenfahrten seien sehr förderlich für den Zusammenhalt und trügen zum Abbau von Vorurteilen bei (70, m). Als Beispiele für denkbare Vorurteile werden aufgeführt: *„daß alle Mädchen albern sind oder daß alle Jungen nur angeben können“*. Von Trennung sei dagegen nichts Gutes zu erwarten:

„Getrennte Schulen für Jungen und Mädchen stelle ich mir langweilig und nachteilhaft vor, weil es auch zu seelischen oder psychischen Problemen kommen kann, wenn man den ganzen Schultag lang nur mit ein und demselben Geschlecht in Berührung kommt. Aggressionen und Ängste bauen sich auf, jedoch nicht im Umgang mit beiden Geschlechtern, wo man innerlich viel ausgeglichener bleibt“ (70, m).

„Sehr ausgeglichen“ sei der gemeinsame Unterricht jedenfalls, die gute Atmosphäre fördere die Motivation (56, m).

Aus diesen eher dürren Kommentaren der Jungen läßt sich kaum erkennen, wodurch die gute Atmosphäre aus ihrer Sicht eigentlich zustandekommt. Es bleibt im Dunklen, ob aktive Leistungen oder spezifische Verhaltensweisen der Mädchen dazu beitragen. Etwas deutlicher wird das bei der Frage der Disziplin, die erstaunlicherweise ausschließlich von Jungen thematisiert wird. Bei den jüngeren Schülerinnen hatten wir gesehen, daß als potentieller Vorteil einer Mädchenschule zuweilen die größere Disziplin genannt wurde, keine einzige unserer Oberstufenschülerinnen findet dieses Thema überhaupt erwähnenswert. Dafür meint ein Junge, daß in getrennten Schulen der Unterricht *„vielleicht (aber auch nur vielleicht) etwas ruhiger ablaufen“* würde (44, m). Ein anderer fürchtet, daß an Jungenschulen strengere und härtere Disziplinforderungen gestellt würden. Sechs andere sind sich darin einig, daß Mädchen eher beschwichtigende und zivilisierende Wirkung haben und man sich unter Jungen ausgelassener zeige, mehr störe oder *„Blödsinn“* mache:

„Zum Beispiel wären die Jungen in einer reinen Jungenschule ausgelassener und würden mehr stören und sich undisziplinierter verhalten. Vor den Mädchen aber ist dies mehr eingeschränkt“ (62, m).

Die Gegenwart von weiblichen Artgenossen wirke erzieherisch, schreibt ein Schüler, und ein anderer bestätigt dies mit Schilderungen aus seinen früheren Erfahrungen in der 10. Klasse. Ein anderer sieht bei getrennten Schulen *„den einzigen Unterschied darin, daß die Mädchen die Jungen nicht mehr davon abhalten würden, die Lehrer zu ärgern ...“ (69, m).* Die Mädchen äußern sich zu diesem Themenbereich überhaupt nicht. Eine Schülerin bezeichnet ihre Klassenkameradinnen zwar als *„ruhiger und zurückhaltender“*, stellt dies aber nicht in den Kontext von Disziplin, sondern eher von Langeweile. Ihren positiven Beitrag zur Gestaltung der Atmosphäre üben sie offensichtlich aus, ohne daß ihnen dies als eigener Beitrag oder gar als „Beziehungsarbeit“ bewußt wäre. Sie scheinen sich in dieser Altersstufe aber auch nicht durch die Anwesenheit von Jungen gestört zu fühlen, eher verbuchen sie deren Aktionen als erfreuliche Abwechslung.

Beide Geschlechter betonen, der gemeinsame Alltag sei wichtig für „ein natürliches, nicht verklemmtes Verhältnis zwischen Jungen und Mädchen" (20, w). Einer reinen Mädchenschule trauen sie eine solche Erziehung nicht zu, verklemmter würde man dort, vielleicht würde auch das Thema 'Jungen' unnatürlich aufgebauscht (80, w). Die Jungen argumentieren ganz ähnlich, eine „Sexfrustrierung" beider Geschlechter fürchtet einer, andere zunehmende Homosexualität, jedenfalls würde Trennung die „gesunde Auffassung" vom anderen Geschlecht und überhaupt viele positive Erfahrungen verhindern:

„Auf einer reinen Jungenschule stelle ich mir das Leben total langweilig und klosterähnlich vor, schließlich sind Jungen und Mädchen dazu geschaffen worden, eine Einheit zu bilden, sowie körperlich als auch seelisch. Außerdem würde ein Abstand zwischen beiden Geschlechtern, eine Art Scham- und Angstgrenze, entstehen. Jungen und Mädchen würden wie Sachgegenstände behandelt werden, die man fein säuberlich nach Artikelart trennt" (49, m).

Auf die Vertrautheit des alltäglichen Umgangs miteinander, die Sicherheit auch in Kommunikationssituationen außerhalb der Schule verleiht, wollen die Jugendlichen nicht verzichten, sie ist für sie auch so „normal" und selbstverständlich, daß ihnen das schier unvollstellbar erscheint.

3.4.2 Lernen, Leistung und Interessen: Selbst- und Fremdbilder

Die älteren Schülerinnen und Schüler haben ausführlicher als die jüngeren, beschrieben, ob und welche Interessenunterschiede sie zwischen ihren männlichen und weiblichen Altersgenossen registrieren. Häufig ist das in ihrer Wahrnehmung gekoppelt mit entsprechenden Leistungsunterschieden. Die Formulierungen fallen dabei in aller Regel sehr vorsichtig aus. Eine pauschale Zuordnung von Mädchen- versus Jungeninteressen wird eher hinterfragt, die Bedeutung individueller Ausprägungen stark betont:

„Es ist nicht die Regel, daß die Jungen mathematisch-naturwissenschaftlich und die Mädchen sprachlich begabt und interessiert sind. Dieses mag zwar häufig zutreffen, doch nicht immer" (20, w).

Beobachtet wird allerdings deutlich unterschiedliches Wahlverhalten bei den Kursen:

„In den naturwissenschaftlichen Fächern, die jetzt gewählt werden (zwei sind Pflicht), kann man feststellen, daß im Physikunterricht mehr Jungen und

im Biologieunterricht mehr Mädchen sind. Auch haben mehr Mädchen das Fach Musik gewählt als Jungen" (18, w).

In den sprachlichen Bereichen seien nur wenig Jungen in den Kursen vertreten, umgekehrt im naturwissenschaftlichen Bereich nur wenig Mädchen, lautet die überwiegende Einschätzung. Bei Sport wird das unterschiedlich beurteilt. Einige sehen dort eher Übereinstimmung, andere schildern Unterschiede, z. B. daß Jungen lieber Ballspiele machen, Mädchen dagegen Gymnastik und Tanz bevorzugen (27, w).

Einen hinreichenden Grund für getrennte Angebote mag niemand in diesen Unterschieden sehen. Eher wird auf so etwas wie beflügelnde Herausforderung in koedukativen Schulen verwiesen:

„Falls die Behauptung stimmt, Jungen wären in bestimmten Fächern besser als Mädchen und umgekehrt, da ihre Interessen unterschiedlich sind, bestünde gerade in diesen Fächern eine gewisse Zugkraft, genauso gut zu sein wie die übrigen" (7, w).

Die männlichen Schüler registrieren in ähnlicher Weise die Verschiedenheit von Interessen, erwähnen auch gelegentlich, daß der Unterricht in reinen Jungenschulen *„besser auf die Interessen der Jungen eingestellt werden"* könnte (44, m). Sie relativieren diesen Vorteil aber gleich im Anschluß ausdrücklich wieder:

„Eine Jungenschule könnte ich mir mehr und mehr interessant vorstellen, denn dort könnten Themen, die Jungen mehr interessieren, in den Vordergrund gerückt werden. Ich will damit nicht sagen, daß man mit Mädchen im Unterricht nichts erreichen könnte, doch liegen die Interessenbereiche verschieden. Jedoch würde ich dafür plädieren, daß man die gemischte Schule beibehält" (48, m).

Die hier sichtbar werdende Positivbewertung von „Jungeninteressen" als Gegenstandsbereich von Schule findet sich bei den Mädchen nicht. Wie schon ihre jüngeren Altersgenossinnen nehmen sie die ihnen zugeschriebenen Interessen eher negativ und auf den Dienstleistungsbereich ausgerichtet wahr und fürchten durch Mädchenschulbildung auf solche Dinge festgelegt zu werden. Den Jungen liegt es dagegen völlig fern, in der Geschlechtertrennung die Gefahr der Diskriminierung des eigenen Geschlechts zu sehen. Auf dem Hintergrund einer in unserer Gesellschaft üblicherweise sehr positiven Bewertung der männlichen Rolle erscheint uns das auch durchaus plausibel.

Auch von den Jungen wird sehr stark darauf verwiesen, daß eine Verallgemeinerung geschlechtsspezifischer Interessen und Fähigkeiten nicht zulässig sei. Ausnahmen und individuelle Motivation spielen in ihren Äußerungen eine wichtige Rolle:

„Es liegt ganz im Interessenbereich der Mädchen und Jungen, wie gut sie sich in Physik o. ä. beteiligen. Ein Gegenbeispiel wäre Textil. Hier werden

von den Jungen schlechtere Ergebnisse erzielt, was wahrscheinlich auch auf mangelndes Interesse zurückzuführen ist" (59, m).

In Jungenschulen könnten im naturwissenschaftlichen Bereich andere Schwerpunkte gesetzt werden, vermutet ein Schüler, fürchtet aber gleichzeitig eine Benachteiligung derjenigen männlichen Klassenkameraden, die stärker sprachlich interessiert sind. Und berücksichtigen müsse man immer, daß viele von der üblichen Norm abweichen:

„Es gibt zwar Fächer, die von Jungen gehaßt werden (z. B. Gymnastik oder Geräteturnen), aber es gibt auch nicht wenige Schüler, die diese Dinge gern tun" (43, m).

Insofern hingen auch die Leistungsergebnisse *„bloß vom jeweiligen Interesse der einzelnen ab" (42, m),* zwar beteiligten Schülerinnen sich schwerpunktmäßig in Sprachen, Schüler in Naturwissenschaften. Aber das sei nicht zwingend. Ein Schüler findet die schöne Formulierung: *„Dennoch sind Ausnahmen der Normalfall" (79, m).*

Ein Mädchen, das den überwiegenden Teil seiner Schulzeit in der DDR verbracht hatte, beschreibt das eigene Interesse an Technik und findet *„die Behauptung, daß Mädchen auf diesem Gebiet unbegabt sind, auch teilweise ungerechtfertigt" (8, w).* Mehr Erfahrung und Übung hätten Jungen schon, weil Mädchen in dieser Hinsicht eben zu wenig gefördert würden, beispielsweise von den Eltern. Dennoch gäbe es aber unzählige Beweise, daß Mädchen genauso viel leisten wie Jungen.

Grundsätzliche Konflikte habe es in seiner gesamten Schulzeit keine gegeben, stellt ein Schüler fest, sehr wohl aber gemeinsame Interessengruppen innerhalb und außerhalb des Unterrichts. Und ein anderer meint, es seien allenfalls einige (männliche) Lehrer, die *„ihre veralteten Vorstellungen von der Erziehung Jungen-Mädchen mit in den Unterricht bringen. Jungen seien an Technik, Autos, interessiert, an Naturwissenschaften allgemein" (47, m).*

Das signalisiert weite Spielräume und hohe Toleranz gegenüber individuellen Wünschen und Neigungen. Von Klischeevorstellungen distanzieren sich die Jugendlichen explizit - und zwar überzeugt bis empört. Gezeichnet wird ein Bild des Schulalltags, in dem sich Individuen ihren Interessen gemäß mit angebotenen Inhalten auseinandersetzen können, die Geschlechtszugehörigkeit spielt in den Augen der Jugendlichen dabei keine Rolle. Wir präsentieren an dieser Stelle den vorn schon angekündigten Aufsatz einer Oberstufenschülerin, an dem sich diese Wahrnehmung aus Mädchensicht sehr gut illustrieren und auch hinterfragen läßt.[19]

---

19 Wir stellen den kompletten Aufsatz vor. Er schildert in Form einer Reportage die Erlebnisse eines (fiktiven) Tages. Die Auslassungen zu Beginn und am Ende finden sich im Originaltext. Sie sind offensichtlich absichtlich als Stilmittel gewählt. Es handelt sich also

„... und ich bummele gelangweilt die Treppe zum Gymnasium hoch. Ich atme die kühle frische Morgenluft in mich ein. Ein weiterer Schultag steht bevor. Hinter mir höre ich Stiefelgetrampel und eine Stimme ruft: 'Crissi, warte doch mal.' Ein freundschaftlicher Schlag auf die Schulter. 'Morgen. Sag mal, hast du das gestern in Mathe gerafft?' Immer dieselbe Frage. Immer dieselbe Antwort: 'Ja, eigentlich schon.' Boris lacht: 'Kann ich die Hausaufgaben abschreiben?' 'Logo.' Wir gehen in die Schule zu den anderen. 'Morgen.' 'Morgen.' Jedesmal, jeden Morgen dasselbe. Evelin ist unausgeschlafen und hat keine Ahnung von den Vokabeln. Rita kann Chemie nicht. Klaus hat sowieso keinen Bock auf nichts! Und überhaupt! Schule ist blöd! 'Gut, daß Jungen und Mädchen gemeinsam unterrichtet werden', sagt Eric oft: 'Sonst wäre doch alles öde'. Der Unterricht beginnt. Englisch! Klaus meldet sich. 'Ich habe die Hausaufgaben nicht.' Am folgenden Unterricht beteiligen sich nur Gaby, Boris und Frank gut, und Boris auch nur deshalb, damit der Lehrer nicht merkt, daß er unter der Bank Mathe abschreibt. Gong. Stundenende. Gong. Stundenbeginn. Mathematik! Der Unterricht wird zu einem Macht- und Wissenskampf der drei Asse. Es wird argumentiert, hin und her. Eric ist der Meinung, Sabine einer anderen und ich suche den Kompromiß! Gong. Stundenende. Große Pause.

Gong. Stundenanfang. Religion. Der Lehrer weiß geschickt alle Schüler am Unterricht zu beteiligen. Das Thema heißt Koedukation. Zuerst sagt Michael seine Meinung. Endeffekt: Er ist dagegen! Achim hat erst gar keine Lust, sich zu äußern. Das ist unter seinem Niveau. 'Im Übrigen', so gibt er an: 'bin ich der Meinung, daß Jungen nicht besser oder gescheiter als Mädchen sind. Das sieht man doch schon bei der Emanzipation, daß die viel stärker und besser und so sind.' Ich muß mich seiner Meinung durchaus anschließen. Ja, ja, unser Achim hats schon drauf! Ich melde mich. 'Bitte Christiane?'

'Also ich kann mich Achims Meinung da nur anschließen. Die Frauen haben es geschafft, von den Männern als gleichberechtigt angesehen zu werden. Und das geht natürlich nicht, indem sie am Herd stehen, stricken und Kinder hüten. Sie wollen im Beruf die gleichen Qualifikationen und Stärken haben. Also müssen sie von Kindheitsbeinen an lernen, daß die Jungs dazugehören. Im übrigen gibt es gleich viele stille Jungen wie stille Mädchen. Durch Trennung kriegt man die auch nicht munterer! Ich denke, man muß sich damit abfinden, daß es solche und solche gibt. Wo kämen wir denn hin,

---

nicht um von uns vorgenommene Kürzungen. Vorsorglich haben wir auch in dieser fiktiven Beschreibung sämtliche Namen geändert. Die Geschlechtszugehörigkeit haben wir selbstverständlich beibehalten. Für die Autorin haben wir einen weiblichen Namen gewählt, der wie im Originalaufsatz durch Weglassen eines Buchstabens "vermännlicht" werden konnte.

wenn alle Menschen gleich wären! Und ich möchte nicht immer die gleichen weiblichen Gurkennasen sehen! Mädchenunterricht? Nein, das kann ich mir nicht vorstellen!'

Die Gruppe lacht. 'Ja, ja, Christian!' Das ist natürlich typisch. Ich mag die Naturwissenschaften schließlich lieber als alles andere! Der Unterricht geht weiter und hoffentlich immer mit Mädchen und Jungen gemeinsam ..."

(12, w, 11. Kl., 16 Jahre)

Diese typisierende Beschreibung ist offensichtlich als die Illustration sehr positiver sozialer Beziehungen zwischen Mädchen und Jungen, aber auch als Darstellung selbstbewußten und kompetenten Mädchenverhaltens gemeint. Christiane weist in dieser Selbstbeschreibung all die positiven Züge auf, die Mädchen dieser Altersgruppe von den Jungen häufig attestiert werden: Sie ist freundlich und hilfsbereit ohne überheblich zu sein, zählt sich zu den *„drei Assen"* in Mathematik, sucht aber nach dem Kompromiß. In der Diskussion vertritt sie engagiert einen frauenbewegten Standpunkt, flankiert dies aber mit witzig/selbstkritischer Attitüde, wenn sie sich bei den *„weiblichen Gurkennasen"* mitmeint, die sie nicht immer nur um sich herum sehen möchte. Kurz: Sie ist keineswegs zickig oder eine verbissene Emanze. Als Teil dieser „Erfolgsstory" beschreibt sie im Anschluß an ihr flammendes Plädoyer für Vielfalt und Akzeptanz individueller Unterschiede eine Reaktion der Gruppe, die uns nachdenklich gestimmt hat. Jedenfalls lesen wir darin einen Hinweis auf subtile Mechanismen unterschwellig durchaus noch wirksamer stereotyper Bewertungen, die quer zu den forsch vorgetragenen Ansprüchen liegen und die Ambivalenz aufscheinen lassen, in die Mädchen bei ihren Versuchen geraten, Weiblichkeit und selbstbewußte Kompetenz auszubalancieren - besonders wenn dies Bereiche betrifft, die eher als männliche Domäne gelten. Christiane schildert diese Reaktion keineswegs empört, sondern nimmt sie offenbar als erwartungsgemäß hin: Die Gruppe lacht und bemerkt mit freundlichem Spott: *„Ja, ja Christian!"* Diese Umwandlung ihres Namens in seine männliche Form sei *„natürlich typisch"*, kommentiert die Schülerin. Schließlich möge sie die Naturwissenschaften lieber als alles andere. Als Angriff auf ihre weibliche Identiät scheint sie das nicht zu interpretieren, denn sie äußert ja den anschließenden Übergang zur Tagesordnung mit der ausdrücklichen Hoffnung, daß der gemeinsame Unterricht auf jeden Fall so weitergehen solle. Implizit schimmern hier aber „Normalitätsvorstellungen" auf, die im Schulalltag ganz sicher eine Rolle spielen, auch wenn sie in der Regel nicht bewußt registriert werden. Vermutlich macht gerade das ihre Wirksamkeit aus. Die von der Schülerin angebotene Erklärung der männlichen Transformation ihres Namens trifft vielleicht auch nur einen Aspekt der Situation. Möglicherweise kommt als ein weiterer hinzu, daß auch die engagierte und expressive Darlegung eines Standpunktes, die persönliche Profilierung vor einer Gruppe unterschwellig als eher unverträglich mit „Weiblichkeit" gewertet wird. Insofern hat Christiane sich in zweifacher Weise als untypisches Mädchen „geoutet": Sie beansprucht Kompetenzen, die eher mit Männlichkeit assoziiert sind, und zusätzlich zeigt sie soziale Verhaltensweisen, die den Erwartungen an bescheiden zurückhaltende Umgangsformen weiblicher Wesen eher widersprechen. Gestattet wird ihr das vor dem Hintergrund ihrer freundlichen Kooperationsbereitschaft, die sie üblicherweise an den Tag legt. Allerdings wird Christiane mehr oder weniger subtil als „Ausnahmeerscheinung" klassifiziert, womit sie einerseits kokettieren kann, was aber vermutlich auch auf einen sehr sensiblen und leicht zu irritierenden Balanceakt verweist, in den sie - auch dies wohl überwiegend unbewußt - immer wieder Kraft investieren muß.

Wir haben hier nun eine fiktive Schilderung kommentiert, die uns in ihrer Lebendigkeit allerdings sehr authentisch erscheint. Trotzdem wollen wir dieses Beispiel nicht überstrapazieren, sondern stattdessen nach Hinweisen in den weiteren Aufsätzen suchen, die solche „Normalitätserwartungen" bezogen auf das eigene und das andere Geschlecht verdeutlichen. Dazu haben wir zunächst die Positiv- und Negativurteile über Mädchen und Jungen gesichtet. Dabei haben sich gerade die Jugendlichen dieser Altersgruppe allerdings sehr zurückgehalten. Ein bekanntes Muster finden wir bei den Oberstufenmädchen wieder: Es gibt keine einzige Positivaussage über das eigene Geschlecht, die wenigen wertenden Urteile zeichnen keineswegs ein Bild der Hoffnung auf schwesterliche Solidarität in anregender und fürsorglicher Gemeinschaft, wie den Vorstellungen über Mädchenschulen zu entnehmen ist. *„Ziemlich langweilig"* würde es, meint eine Schülerin, *„da sich die Gespräche wahrscheinlich nur ums Aussehen, Kosmetik, Klamotten und Jungs drehen würden" (35, w). „Nur Mädchentratsch, Hauswirtschaftslehre, Kochen, Handarbeit und so'n Scheiß" (39, w)* fürchtet eine andere - mit finsteren Aussichten: *„Da kann man ja gleich Heimchen am Herd werden"* (ebd.). Der Austausch nur zwischen Mädchenmeinungen erscheint einer weiteren nicht attraktiv, sondern nervig (38, w) und die sozialen Verhaltensweisen werden auch in keiner Weise so beschrieben, wie dies in manchen Skizzierungen von Mädchen und Frauen als den „besseren Menschen" manchmal anklingt:

„Ich stelle mir einen solchen Schultag sehr eintönig vor. Morgens, beim Betreten der Schule - nur Mädchen. In den Pausen - nur Mädchen. Gespräche, die nur um das Aussehen, die Farbe der Strümpfe oder das neueste Make-up kreisen. Wetteifern im Unterricht, um die anderen auszustechen. Kleine Intrigen, wer was über wen angeblich gesagt hat „ (37, w).

Mit Jungen könne man sich dagegen ganz wohl fühlen, *„denn sie sagen ihre Meinung meist offener, ehrlicher und kritischer als die meisten Mäd-*

chen" (8, w). Allerdings seien Jungen auch frecher, was oft zu Streitigkeiten führen könne. Immerhin trainiere das die Mädchen aber in ihrer Selbstbehauptung (84, w).

Die Jungen halten mit direkten Bewertungen noch stärker hinter dem Berg. Ein Oberstufenschüler attestiert den Mädchen, sie verbreiteten im allgemeinen ein gutes Klima in den Schulen und außerdem seien sie anziehend für die Jungen (65, m). Ein anderer kritisiert einige seiner Geschlechtsgenossen:

„Allerdings muß man anmerken, daß es durchaus einige wenige Jungen gibt, die eine sehr chauvinistische Haltung und Meinung besitzen; die die Rolle der Frau als Hausfrau und Mutter sehen. Doch direkte Diskriminierungen von Mädchen habe ich nie erlebt" (47, m).

Bei den jüngeren Schülerinnen und Schülern fielen Skizzierungen der Selbst- und Fremdbilder deutlich stärker komplementär aus in dem Sinne, daß Mädchen der soziale Part der schulischen Kommunikation positiv zugeschrieben wurde, den Jungen dagegen der anregend originell-individuelle Part. Zwar wird auch hier von einem Jungen erwähnt, die Hilfsbereitschaft sei bei Mädchen oft größer als bei seinen männlichen Kameraden (48, m), aber überwiegend wird die Gegenseitigkeit von Ergänzung und Unterstützung betont. Bei den acht Mädchen, die sich zu diesem Thema äußern, schimmert bei einigen eine recht gebrochene Haltung auf. Einerseits wehren sie sich gegen die Zuschreibung unterschiedlicher Fähigkeiten, andererseits klingt aber doch unterschwellig die Hochachtung vor Wissensvorsprüngen von Jungen an, verbunden mit der Erfahrung, daß diese gewöhnlich zu Erklärungen bereit sind:

„Auch dieses Vorurteil, daß Mädchen nicht so gut in Mathematik und Naturwissenschaften sind, stimmt heute meiner Meinung nach überhaupt nicht mehr. Und wenn das doch so ist, dann gibt es wenigstens die Jungen, die einem das meistens erklären können" (30, w).

Ein anderes Mädchen registriert dagegen befriedigt: *„... und das Selbstbewußtsein wird gestärkt, wenn man mal ein Erfolgserlebnis hatte und dem Jungen beweisen konnte, daß Mädchen 'nicht doof sind'„ (36, w).*

Solche Typisierungen finden sich in dieser Altersstufe insgesamt aber nur sehr wenig, sondern die Jugendlichen vertreten sehr stark so etwas wie eine „alltagstheoretische Individualisierungsthese", nach der jede und jeder einen Weg aus dem Gestrüpp mehr oder weniger rollenspezifischer Erwartungen suchen muß und dann des eigenen Glückes Schmied ist. Am deutlichsten wird das in den Aussagen, die sich auf die Frage der Benachteiligung oder Bevorzugung eines Geschlechts richten. Erst in dieser Altersgruppe wird dieses Thema ausführlicher behandelt. Wir stellen es deshalb hier als gesonderten Abschnitt dar, um die Aussagen später mit denen der Jugendlichen aus dem Mädchen- bzw. Jungengymnasium zu konfrontieren.

3.4.3 Bevorzugung und Benachteiligung im Unterricht

Ungefähr die Hälfte sowohl der Schülerinnen als auch der Schüler haben sich zu diesem Thema explizit geäußert. Die Einigkeit dabei ist überwältigend: Mädchen erleben sich nicht als benachteiligt oder gar unterdrückt. Sie weisen jede „Opferperspektive" entschieden und empört zurück. Die Jungen betonen ebenfalls die Gleichbehandlung der Geschlechter und wehren sich ihrerseits energisch dagegen, als „Unterdrücker" klassifiziert zu werden.

Einige Äußerungen betonen unabhängig von der eigenen Person, daß weder Jungen noch Mädchen benachteiligt werden, wobei ungleiche Beteiligung in verschiedenen Fächern zuweilen zwar vermerkt wird. Dies wollen die Jugendlichen aber nicht als Indikator für Benachteiligung gewertet wissen, weil sie die individuelle Verantwortlichkeit der Lernenden sehr hoch halten:

„Im Unterricht selbst werden weder Jungen noch Mädchen benachteiligt, jeder kommt zu Wort, obwohl man in Fächern wie Physik oder Geschichte feststellen kann, daß sich überwiegend Jungen, in Fächern wie Französisch oder Englisch mehr Mädchen am Unterricht beteiligen" (25, w).

Es gebe sowohl Jungen als auch Mädchen, die sich eher zurückhalten, und bei beiden Geschlechtern gebe es eben solche, die gut mitarbeiten, kommentiert ein anderes Mädchen die Situation (11, w). *„Das liegt an jedem selbst"*, wenn man im naturwissenschaftlichen Unterricht als Mädchen weniger gut zurecht kommt, ist ein häufig wiederkehrendes Muster (2, w), als *„eigene Schuld"* wird es sogar dann klassifiziert, wenn bei Lehrkräften die Tendenz wahrgenommen wird, Jungen stärker einzubeziehen:

„Sehen es Mädchen als eine Vernachlässigung an, im naturwissenschaftlichen Unterricht nicht allzu oft drangenommen zu werden, so ist es ihre eigene Schuld. Der Lehrer tendiert nämlich wirklich eher dazu, Jungen dranzunehmen" (22, w).

Nur ein einziges Mädchen kritisiert die Dominanz der männlichen Mitschüler und bietet eine entwicklungspsychologische Erklärung dafür an:

„Leider versuchen die Jungen oft, die Mädchen zu unterdrücken, was ich für eine Pubertätserscheinung bei den Jungen halte. Die Jungen wollen dadurch ihre Überlegenheit gegenüber den Mädchen demonstrieren" (85, w).

Für sich selbst hebt sie allerdings den positiven Wert der gemeinsamen Erziehung mit Jungen hervor, weil sie das als Training für das Leben nach der Schule begreift. Auf diesen Punkt gehen wir im nächsten Abschnitt noch intensiver ein.

Sehr viel häufiger wird die Anwesenheit von Jungen als anregend und und anspornend beschrieben, *„weil man ja beweisen will, daß man in dem Fach auch etwas leisten kann“ (36, w)*. Und die Kooperation im Unterricht mit männlichen Mitschülern wird auch ganz konkret als hilfreich erlebt:

„In der Unterrichtsgestaltung habe ich mich nie benachteiligt gefühlt (...) Ich persönlich habe mich nie in Mathe oder Physik beispielsweise, die ja gerne als typische 'Jungenfächer' bezeichnet werden, zurückgesetzt gefühlt. Eher im Gegenteil: Ich hatte von Kindheit an Angst vor offenem Feuer und habe mich auch nicht so recht getraut, mit Bunsenbrennern umzugehen, bin aber von meiner Physiklehrerin in der OS und auch von einigen Jungs und Mädchen aus meiner Klasse immer wieder aufgefordert worden, selbst zu experimentieren. Sie (und dabei meine ich mehr meine Klassenkameraden, denn ich war das einzige Mädchen an unserem Experimentiertisch) haben es mir einfach gezeigt, und ich habe es dann eben gemacht. Mittlerweile habe ich mich zu einer leidenschaftlichen Chemikerin gemausert“ (81, w).

Diejenigen, die sich einschüchtern lassen oder unterlegen fühlen, werden eher als die wenigen Ausnahmen betrachtet (19, w). Man könne schließlich *„immer noch mit dem Lehrer darüber reden, und ich bin davon überzeugt, daß sich dieser bemühen wird, keinen zu benachteiligen“ (27, w)*. Getrennte Schulen stellten für solche problembehafteten Ausnahmen jedenfalls keine Lösung dar:

„Außerdem kann ich nicht erkennen, daß die Mädchen in einigen Fächern zurückhaltender bzw. schüchterner sind. Wenn dies der Fall wäre, daß sich Mädchen von Jungen eingeschüchtert fühlen, ist das ein seelisches Problem, das aber an einer getrennten Schule nicht beseitigt werden kann. Im Gegenteil, wahrscheinlicher ist es nämlich, daß die Angst dieses Mädchens an einer gemischten Schule abgebaut werden kann“ (21, w).

Das sei dort besser möglich, weil man sich langsam an den Umgang mit dem anderen Geschlecht gewöhnen könne, bevor man in beruflichen Ernstsituationen damit konfrontiert werde.

Die Jungen beschränken sich zum überwiegenden Teil auf die knappe Feststellung, daß Benachteiligungen oder Ungleichbehandlungen nicht vorkämen oder etwas vorsichtiger: Sie seien ihnen nicht aufgefallen (59, m). Man werde höchstens manchmal im Unterricht durch die Mädchen abgelenkt oder gestört. Von weiblicher Dominanz ist nirgends die Rede. Andere wiederum registrieren zwar ungleiche Behandlung einzelner Schüler und Schülerinnen, die sich aber zwischen Mädchen und Jungen im Schnitt wieder ausgleiche:

„Dabei gibt der Lehrkörper sich Mühe, alle gleichberechtigt zu behandeln. (Meines Erachtens gleichen sich Ungleichbehandlungen gegen Mädchen bzw. Jungen aus)" (79, m).

Die „Gerechtigkeit" von Lehrkräften wird ganz unterschiedlich - ebenfalls sehr individuell auf bestimmte Personen bezogen - eingeschätzt. Ein Schüler meint beobachtet zu haben, daß Mädchen in der Regel auch in den Naturwissenschaften versuchten, gute Leistungen zu erbringen *„und die meisten Lehrer (sieht man einmal von älteren Kollegen ab) behandeln diese auch gleich den Jungen" (47).* Auch ein anderer Oberstufenschüler konstatiert: *„Es gibt Lehrer, die Mädchen bevorzugen, es gibt aber auch Lehrer, die Jungen bevorzugen" (64, m).* Benachteiligt sei man aber weniger wegen seines Geschlechtes, eher wegen mangelnder Leistungen:

„Im Grunde genommen ist es so, daß es in einem typischen Schulalltag bei uns in der Klasse kaum zu Benachteiligungen von Jungen bzw. Mädchen kommt. Und wenn es welche irgend einer Art gibt, dann nur leistungsbedingt. Man kann nicht pauschal sagen, daß die Jungen in den sprachlichen und die Mädchen in naturwissenschaftlichen Fächern benachteiligt werden. In meinem Kurs gibt es einen Lehrer, der im Unterricht fast nur Mädchen aufruft" (63, m).

Der Bezug auf das Lebensalter der Lehrkräfte als Erklärung für *„veraltete Vorstellungen"* taucht häufiger auf, wird zuweilen auch als relativierendes Argument etwaiger Nachteile koedukativen Unterrichts gebraucht:

„Die Mädchen sind emanzipiert genug, und die Gleichberechtigung von Jungen und Mädchen hält sich in Waage. Natürlich gibt es hier und dort Lehrer, die sehr konservativ sind. Jedoch sind diese meist schon älter und werden in der nächsten Zeit aus unseren Schulen verschwinden. Meiner Meinung nach werden Mädchen genauso wie Jungen behandelt" (65, m).

Aus der Sicht der Jungen lösen sich die ohnehin nicht sehr schwerwiegenden Probleme quasi „biologisch" durch die Ablösung der älteren Generation von Lehrkräften. Im übrigen sehen sie diese Probleme aber auch weniger als „schulgemachte" an:

„Der Grund für eventuelle 'Unterdrückung' von Mädchen durch Jungen im Schulalltag ist sicherlich nicht die Schulform. (...) Die wirkliche Ursache ist die Erziehung, die direkt oder indirekt sowohl Jungen als auch Mädchen immer wieder in die überholten Rollenbilder zwängt. Mädchen, die deshalb ruhiger sind, 'weil Frauen eben nicht soviel reden', und ich weiß sicher, daß viele so erzogen werden, würden sich auch unter Mädchen nicht voll entfalten, an diesen Hemmungen haben Jungen überhaupt keinen Anteil an der Schuld oder so ähnlich" (51, m).

Die Jungen distanzieren sich - mindestens für sich persönlich, überwiegend aber auch für ihre Geschlechtsgenossen als Gesamtgruppe - von der

Rolle dominanten oder gar unterdrückenden Verhaltens. Gleichzeitig signalisieren sie positive Bewertung und Akzeptanz weiblicher Eigenschaften wie Leistungsorientierung, Durchsetzungsfähigkeit und Stärke. Stereotype Erwartungen und Zuschreibungen registrieren sie - wenn überhaupt - bei anderen: Eltern, Lehrern, der älteren Generation. Für sich selbst reklamieren sie dagegen eine äußerst liberale Haltung in der Anerkennung individueller Vorlieben und Interessen. Darin treffen sie sich mit den Mädchen, die sich ebenfalls stark von pauschalen Zuschreibungen distanzieren. Sie betonen sehr den Eigenanteil an Verantwortung für das eigene Vorankommen und bescheinigen den Jungen eine eher unterstützende als behindernde Haltung. Umgekehrt hat kein einziger Junge aus der koedukativ geführten Oberstufe so etwas wie Überlegenheitsattitüden an den Tag gelegt. Niemand hat beispielsweise den Eindruck geäußert, durch den gemeinsamen Unterricht ließen das Niveau des Unterrichts oder das Lerntempo zu wünschen übrig. Wir werden bei der Betrachtung der getrennt-geschlechtlichen Schulen sehen, daß dieses Ergebnis keineswegs selbstverständlich ist.

3.4.4 Vorbereitung auf das Zusammenleben der Geschlechter in Partnerschaft und Beruf

Wir haben bei der Beschreibung des Schullebens schon gezeigt, daß in sehr vielen Aufsätzen sowohl von Mädchen als auch von Jungen mehr oder weniger explizit die Normalität des gemeinsamen Miteinanders hervorgehoben wurde. Trennung würde zu „unnatürlichen Hemmschwellen" und „Verklemmungen" führen, wenn man sich nicht frühzeitig kennen- und verstehenlernen könne. Und genau dies sei wichtig, wenn man später gleichberechtigt miteinander leben möchte:

„Außerdem würden Mädchen nach Beendigung ihrer Schullaufbahn, in der sie ausschließlich mit anderen Mädchen zusammen waren und nur mit deren Eigenarten und Problemen konfrontiert wurden, sicherlich große Schwierigkeiten haben, wenn sie plötzlich in die Gesellschaft hereinwachsen sollten und den Umgang mit Männern lernen müßten. Ich glaube, daß Mädchen genauso wie Jungen in ihrer Entwicklung ziemlich zurückbleiben würden und eher Probleme und vor allem Hemmungen im Umgang mit dem anderen Geschlecht entstehen würden" (16, w).

Schließlich gehe es *„auch um die Gleichberechtigung, wenn Jungen und Mädchen getrennt werden, kann diese vergessen werden, denn man entfremdet sich immer mehr und lernt nicht miteinander umzugehen" (9, w).* Dabei wird in vielen Mädchen- und auch in einigen Jungenbeiträgen die Bedeutung frühzeitigen Trainings von Sichdurchsetzen und Behaupten bei Mädchen hervorgehoben:

„Ich finde, Schule soll aufs Leben vorbereiten, das tut sie schon in so vielen anderen Sachen nicht, da sollte man nicht noch auf eine Mädchenschule gehen und ganz und gar weltfremd erziehen. Mann/Frau soll doch lernen, sich auch mal gegen das andere Geschlecht durchzusetzen. Die sich in der 'normalen' Schule vom anderen Geschlecht untergebuttert fühlen, würden, wenn sie von einer Mädchenschule kämen, im richtigen Leben doch erst recht versagen" (17, w).

Hinter solchen Einschätzungen von Schülerinnen aus koedukativen Schulen steht die Befürchtung, Geschlechtertrennung würde für Mädchen so etwas wie den Verweis in einen „Schonraum" bedeuten:

„Wie stellen Sie sich vor, sollen sich die Frauen in ihrem späteren Berufsleben gegenüber ihren männlichen Kollegen durchsetzen, wenn Sie von Anfang an immer ein 'Schutzmäntelchen' um die 'kleinen Mädchen' legen?" (13, w)

Dies sei eine völlig unnötige Fürsorge, meinen mehrere Schülerinnen und betonen weibliche Stärke:

„Die Frauen haben es geschafft, von den Männern als gleichberechtigt angesehen zu werden. Und das geht natürlich nicht, indem sie am Herd stehen, stricken und Kinder hüten. Sie wollen im Beruf die gleichen Qualifikationen und Stärken haben. Also müssen sie von Kindheitsbeinen an lernen, daß die Jungs dazugehören" (12, w).

Die Einführung getrennter Schulen wäre aus dieser Perspektive für die Mädchen besonders gefährlich, weil sie - wie schon die jüngeren Mädchen - eine Verschiebung des Anforderungsprofils und der Schwerpunkte befürchten. Selbst wenn dies den Interessen vieler Mädchen sogar kurzfristig entgegenkäme, kalkulieren sie langfristig nachteilige Folgen:

„Auf diese (Interessenbereiche, Anm. d. Aut.) könnte man auf getrennten Schulen mehr bzw. weniger stark eingehen (dies hätte dann aber wieder den Nachteil, daß die mit Gewißheit vorhandenen Ausnahmen so gut wie keine Chance hätten, in sogenannten 'Männerberufen' eine Stellung zu bekommen)" (21, w).

Schlimmstenfalls könne es dadurch zu einer Verschärfung der Gliederung von Frauen- und Männerberufen kommen, wenn nämlich Mädchen und Jungen die an beide gestellten Erwartungen aufgrund ihrer unterschiedlichen Vorbildung nicht gleichermaßen erfüllen könnten.

Von den sieben Jungenäußerungen zu diesem Themenkomplex befürworten drei lediglich, Jungen und Mädchen sollten sich früh und „lebensnah" kennenlernen, um sich später besser verstehen zu können. Vier sprechen ebenfalls die Berufswelt an und dort vor allem die Frage der Durchsetzungsfähigkeit von Mädchen und Frauen:

„Wie soll eine wirkliche Gleichberechtigung erreicht werden, wenn Mädchen und Jungen in der Schule getrennt werden und dann auf der Uni oder im Berufsleben zusammenkommen, wo zweifelsohne Frauen benachteiligt sind. Mädchen wie Jungen sollten nicht voneinander abgegrenzt werden, denn wo Mädchen eventuell auf Jungen-'widerstand' treffen, lernen sie besser, sich in einer leider von Männern dominierten Arbeitswelt zurechtzufinden" (47, m).

Weil ja *„auch immer mehr Frauen in Arbeitsplätze vordringen, die bis vor kurzem 'Männersache' gewesen sind"*, sei ein solches Training um so wichtiger, meint ein anderer Junge (50, m). Die Vorbereitung für künftige Aufgaben wird von beiden Geschlechtern dagegen nicht auf den Privatbereich bezogen. Es herrscht hohe Übereinstimmung darin, daß Koedukation ein Übungsfeld für weibliches „Sich-Durchbeißen" darstellt. Ein Trainingsbedarf für die männliche Seite wird nicht erwähnt, dort gibt es in der Wahrnehmung der Schülerinnen und Schüler offenbar keine auszugleichenden Defizite. Für beide Geschlechter wird der hauptsächliche Vorteil gemeinsamen Lernens darin gesehen, daß man frühzeitig miteinander vertraut wird, sich verstehen und kooperativ miteinander umzugehen lernt. Von den meisten wird dies wohl als recht befriedigend und erfolgreich erlebt, wie vorn schon die Hinweise auf gegenseitige Hilfe und Unterstützung gezeigt haben. Eine solide Basis für ein gleichberechtigtes Miteinander der Geschlechter wird durch gemeinsame Erziehung in der Schule nach Meinung der überwältigenden Mehrheit der Jugendlichen jedenfalls besser geschaffen, als dies durch getrennte Erziehung möglich wäre.

Eine eher positive Haltung lassen selbst die vier Jugendlichen erkennen, die sich nicht ganz eindeutig für die Koedukation aussprechen. Ein Mädchen und ein Junge schlagen vor, man könne ja mal *„versuchsweise"* in einigen Fächern getrennt unterrichten, schließen sich ansonsten aber den positiven Bewertungen gemeinsamer Erziehung ausdrücklich an (6, w; 66, m). Zwei Jungen führen Argumente für und gegen die Koedukation auf, ohne eine klare eigene Position zu vertreten. Allerdings sind ihre Argumente für die Trennung keinesfalls zahlreicher oder stärker gewichtet als die für die Koedukation. Eine engere Abstimmung des Unterrichts auf die Interessen von Jungen erscheint ihnen als Vorteil, vielleicht auch ein etwas ruhigerer Ablauf des Unterrichts - wobei sie unsicher sind, ob das tatsächlich eintreten würde - steht Nachteilen wie Langeweile und Ungleichheit von Bildung gegenüber. Außerdem könne man Mädchen nicht richtig kennenlernen, fügt ein Junge in schöner Pragmatik hinzu, weil man sich nachmittags nicht die nötige Zeit dazu nehmen könne - die würde dann ja zum Lernen fehlen (44, m). Als weiteres pragmatisches Argument für Geschlechtertrennung führt ein Schüler aus dem 11. Jahrgang an, man brauche dann weniger Umkleideräume für den Sportunterricht. Die fehlenden Kommunikationsmöglichkeiten zwischen den Geschlechtern und auch mangelnde Leistungsvergleichschancen stehen für ihn jedoch dagegen. Auf jeden Fall würden sich Jungen und Mädchen anders verhalten als bei gemeinsamer Erziehung, meint er. Ihm fehle allerdings die Phantasie, sich vorzustellen, wie diese Veränderungen ausfallen würden. Seine eigene Position wird aus diesen Gegenüberstellungen nicht deutlich. In allen fünf Fällen sind aber immer neben den Vorteilen zeitweiliger oder völliger Trennung auch eine Reihe von Vorteilen des gemeinsamen Unterrichts aufgeführt, so daß wir in dieser Altersgruppe nicht einmal eindeutig von einer Minderheitsposition sprechen können, die sich *gegen* Koedukation ausspricht. Deshalb haben wir hier auf die Darstellung in einem eigenen Abschnitt verzichtet.

3.4.5 Fazit: Training von Selbstbehauptung und Kooperationsfähigkeit bereitet auf gleichberechtigtes Miteinander nach der Schule vor

Als Fazit bleibt somit für diese Altersgruppe festzuhalten, daß es ein nahezu einhelliges Votum für das gemeinsame Lernen von Mädchen und Jungen in der Schule gibt. Beide Geschlechter bewerten die Anwesenheit des jeweils anderen nahezu uneingeschränkt positiv und plädieren gegen eine Veränderung. Die Bedeutung individueller Interessen und Motivationen wird stark betont, stereotype Erwartungen und Zuschreibungen von außen werden verneint oder stark relativiert. Die Jugendlichen schildern eine gut funktionierende Kooperation zwischen den Geschlechtern auf der Basis von Gleichberechtigung. Für Mädchen wird als besonders förderlich die Möglichkeit des Trainings von Durchsetzungs- und Selbstbehauptungsstrategien gegenüber männlichem Verhalten hervorgehoben. Beide Geschlechter halten es für einen unverzichtbaren Anspruch, sich im schulischen Alltag gegenseitig besser kennen- und verstehenzulernen. Das käme sowohl der Qualität des erarbeiteten Wissens zugute als auch der Qualität der dabei aufgebauten Kommunikationsbeziehungen. Insbesondere für die Realität nach der Schule sei das ein wichtiges Training. Vor allem für Mädchen wird es von Schülerinnen, aber auch von männlichen Schulkameraden als Startnachteil auf dem Ausbildungs- und Arbeitsmarkt betrachtet, wenn sie nicht schon frühzeitig Gelegenheit hatten, sich mit männlichen Verhaltensweisen auseinanderzusetzen. Für Jungen wird der umgekehrte Fall ganz offensichtlich nicht als Defizit betrachtet. Das ist bei der Vorbereitung auf Partnerschaft und Familienleben allerdings anders. Hier argumentieren beide Geschlechter einhellig, es sei ein großer Nachteil, wenn man nicht schon im Jugendalter an den vertrauten Umgang miteinander gewöhnt werde.

Einige Jugendliche kritisieren schließlich, daß sich Trennungsvorstellungen nicht mit dem Gedanken von Emanzipation und Gleichbehandlung vertrügen. Sie befürchten einen Rückschritt in der gesellschaftlichen Entwicklung, der die Rollenteilung zementiere und dadurch die Benachteiligung von Frauen verschärfe.

Weder Mädchen noch Jungen dieser Altersstufe sehen ernsthafte Schwierigkeiten im koedukativen Unterricht. Störungen werden mit persönlichen Problemen einzelner Beteiligter erklärt. Der institutionelle Rahmen ist in der Wahrnehmung der Schülerinnen und Schüler dafür nicht verantwortlich zu machen. Wir haben diese Interpretation der Jugendlichen hier rekonstruiert, schließen aber keineswegs daraus, daß im koedukativen Schulalltag alles in bester Ordnung ist. Darauf kommen wir zurück, wenn wir die Erfahrungen der Kinder und Jugendlichen im Mädchen- bzw. Jungengymnasium in analoger Weise nachgezeichnet haben.

4 Argumentationsmuster für und gegen gemeinsames Lernen in geschlechtsgetrennten Schulen

Bevor wir im folgenden die Sichtweisen der Jugendlichen nachzeichnen, die ein reines Mädchen- bzw. ein reines Jungengymnasium besuchen, erinnern wir auch hier noch einmal daran, daß wir es jeweils mit nur einer Schule zu tun haben. Wir können also keinerlei Repräsentativität für verallgemeinerbare Aussagen über geschlechtsgetrennte Schulen beanspruchen.[20] Das mindert aber hier nicht den Erkenntniswert hinsichtlich eines Vergleichs mit den ebenfalls nicht auf Repräsentativität hin ausgesuchten koedukativen Schulen.

Einige Besonderheiten der geschlechtsgetrennten Schulen haben wir in Kapitel 2 schon angesprochen: Beide Schulen sind Gymnasien, befinden sich in privater Trägerschaft, werden von katholischen Orden geleitet. In der Regel werden diese Schulen sehr bewußt gewählt. Zuweilen gibt es so etwas wie familien-traditionelle Kontinuitäten, Töchter besuchen die Schule, die schon die Mütter absolviert haben, Jungen folgen ihren Brüdern und/oder Vätern. Häufig steht dies in Verbindung mit der Wertschätzung einer bestimmten weltanschaulich-religiösen Erziehungskonzeption. Zum andern erhoffen nicht wenige der Eltern aber auch eine spezifische Prägung und Förderung für den Sohn oder die Tochter, die sie bei der Ausfüllung der Männer- bzw. Frauenrolle unterstützt. Das muß nicht unbedingt den Wunsch auf eine stromlinienförmige Anpassung an geltende polare Orientierungen bedeuten, allerdings ist hier vermutlich auch keine radikale Infragestellung von Rollenmustern zu erwarten.

Es gibt leider keine aktuellen Untersuchungen zu den Besonderheiten der Klientel solcher Schulen. Aus einer noch laufenden eigenen Untersuchung in Rheinland-Pfalz[21] wissen wir, daß in den beiden dort in der Stichprobe vertretenen geschlechtsgetrennten Schulen die Kinder überproportional häufig aus der gehobenen Mittel- oder Oberschicht kommen. Sehr viel häufiger als

---

20 Der korrekte Fachterminus wäre hier wohl "sedukative" Schulen. Wir finden ihn aber derart ungebräuchlich, daß wir ihn der allgemeinen Verständlichkeit wegen durch "geschlechtsgetrennt" bzw. "geschlechtshomogen" ersetzt haben.

21 Hier handelt es sich um die von der Universität Koblenz durchgeführte wissenschaftliche Begleitung eines von der Bund-Länder-Kommission geförderten Modellversuchs, der noch bis zum Jahr 1998 laufen wird. Konzeption und erste Ergebnisse sind nachzulesen in Horstkemper / Kraul 1995.

in den dort untersuchten koedukativen Schulen haben beide Eltern einen akademischen Abschluß. Wir wollen dieses Ergebnis nicht vorschnell verallgemeinern, nehmen es aber als einen Indikator dafür, daß diese Schulen offenbar gerade für die bildungsbewußten Eltern mit vergleichsweise hohem Sozialstatus besonders attraktiv sind. Außerdem können die Schulen ihre Schülerschaft teilweise auswählen, weil sie häufig mehr Anmeldungen als Plätze haben. Wir haben es hier also mit einer spezifischen Selektion zu tun, die allerdings nur schwer zu konkretisieren ist. In aller Vorsicht kann man aber wohl davon ausgehen, daß der familiäre Kontext sich durch hohes Interesse an einer möglichst guten Ausbildung vor dem Hintergrund eines eher traditionsorientierten christlichen Weltbildes kennzeichnen läßt.

Dies vorab festzuhalten erscheint uns deshalb wichtig, um darauf hinzuweisen, daß natürlich auch andere Faktoren als die Zugehörigkeit zu diesem Schultyp die Wahrnehmungen und Bewertungen der Kinder und Jugendlichen prägen. Isolieren können wir diese Faktoren nicht, aber wir sind uns ihrer Existenz bewußt und müssen sie bei der Interpretation in Rechnung stellen.

Zwei unterschiedliche Vergleichsperspektiven werden wir in der folgenden Darstellung jeweils verfolgen: Zum ersten ist es innerhalb der Geschlechtsgruppe lohnend, Unterschiede und Gemeinsamkeiten der Perspektiven in den verschiedenen Schultypen herauszuarbeiten. Mit anderen Worten: Wir werden die Mädchensicht aus koedukativen Schulen mit der Sicht der Schülerinnen des Mädchengymnasiums vergleichen, die Jungensichten in analoger Weise. Zum zweiten werden wir aber auch die beiden geschlechtsgetrennten Schulen zueinander in Beziehung setzen, um dabei z. B. der Frage nachzugehen, ob sich hier stärkere, schwächere oder auch andere Unterschiede zwischen Mädchen- und Jungenäußerungen zeigen als in koedukativen Schulen. Zu Beginn unserer Analyse hatten wir als Arbeitshypothese formuliert, daß vermutlich die Stereotypisierungstendenz bei Mädchen und Jungen in den geschlechtsgetrennten Schulen stärker ausgeprägt sein werde als in koedukativen. Dabei stützten wir uns etwa auf die von Christine Roloff (1991, S. 49) berichteten Ergebnisse zum Wissen um Stereotypen und zur Erfahrung von Vorurteilen. Je weniger „erfahrungsgesättigt" die Vorstellungen vom jeweils anderen erworben werden, desto eher scheint auf Stereotype zurückgegriffen zu werden. Außerdem gingen wir vor dem Hintergrund vieler einschlägiger Ergebnisse aus Untersuchungen des Schul- und Unterrichtsklimas (vgl. die Übersicht bei Dreesmann 1982) davon aus, daß die Schülerinnen der Mädchenschulen sich vermutlich deutlich positiver zur sozialen Atmosphäre ihrer Schule äußern würden als Jungen in reinen Jungenschulen - und angesichts der vielen berichteten Konflikte wohl auch als Mädchen in koedukativen Schulen. Und besonders gespannt waren wir darauf, ob die Hoffnungen der Mädchenschulbefürworterinnen auf die Stärkung des Selbstvertrauens und die breite Förderung von Kompetenzen auch in eher männlichen Domänen durch die Aussagen unserer Jugendlichen Unterstützung finden würden. Diese Erwartungshaltung haben wir bewußt offengelegt, um nicht unreflektiert die eigene Wahrnehmung einzuschränken und vor allen Dingen bestätigende Belegstellen in unser Bild einzupassen. Wir konnten dadurch in einem weiteren Schritt, wie dies etwa von Becker/Geer (1993, S. 163f.) vorgeschlagen wird, systematisch prüfen, ob sich Aussagen aufspüren lassen, die *nicht* in unsere Interpretationen passen und zu Modifikationen zwingen. Daß die Analyse der Aufsätze aus geschlechtsgetrennten Schulen zu Veränderungen und Erweiterungen unserer Kategorien führen würde, stellten wir bereits bei der Codierung der Aufsätze fest. Sowohl die Schülerinnen der Mädchenschule als auch die Schüler der Jungenschule thematisierten beispielsweise das Problem, eine von der Normalität abweichende Schule zu besuchen und dabei mit Vorurteilen konfrontiert zu werden. Speziell die Schülerinnen der Mädchenschule sprachen häufig Vor- und Nachteile ihrer Schule als Schonraum vor Geschlechterkonkurrenz an. Über die vorn bereits eingeführten Aspekte hinaus werden wir diese Punkte gesondert behandeln. Wir beginnen zunächst mit der Darstellung der Ergebnisse der Mädchenschule, folgen dabei wie bei den koedukativen Schulen der Altersentwicklung und gliedern die Präsentation der Äußerungen wieder nach der Stellungnahme zur Koedukation.

4.1 Die Mädchen: Eine Schule für uns allein

In Kapitel 2 haben wir schon darauf hingewiesen: Zu Beginn des Besuchs der Mädchenschule ist die Zustimmung zu dieser Schulform nahezu ungebrochen. Im 5. und 6. Jahrgang sind Koedukationsbefürworterinnen nicht einmal als Minderheitenposition vertreten, allerdings sind auch hier nur zwei Drittel entschiedene Trennungsbefürworterinnen, immerhin ein Drittel äußert sich ambivalent. Vom 7. Jahrgang ab bis zum Ende der Schulzeit erhöht sich dieser Anteil der Unentschiedenen auf die Hälfte. Der Anteil der Trennungsbefürworterinnen sinkt auf ein Drittel, und die Befürwortung von Koedukation bleibt stets eine Minderheitenposition. In den Jahrgängen 7-10 erreicht sie vorübergehend fast 20%, zu Beginn und zum Schluß der Schulzeit strebt sie aber gegen Null. Dieses auf den ersten Blick etwas verwirrende Muster läßt sich zusammenfassend so charakterisieren: Die Zustimmung zur völligen institutionellen Trennung nimmt mit steigendem Alter deutlich ab, die Ambivalenz dagegen ganz erheblich zu. Ein klarer Umschwung zur Befürwortung gemeinsamen Lernens erfolgt nur bei wenigen, bei den älteren Schülerinnen ist dies sogar rückläufig, wohl weil sie eher fachspezifische Trennung stärker ins Auge fassen - wie wir in Kapitel 5 noch näher ausführen werden.[22] Wir werden in der folgenden Darstellung verfolgen, mit welchen Begründungen diese unterschiedlichen Positionen einhergehen.

4.1.1 Die Jahrgänge 5/6: „Ich finde es schön hier, weil hier keine Jungs sind, die Streit anfangen und ärgern"

Zur Einstimmung präsentieren wir zunächst wieder den kompletten Aufsatz einer Schülerin, der die Mehrheitsmeinung dieser Altersgruppe authentisch wiedergibt.

> *„Der Unterricht ist viel ruhiger als auf der Grundschule. Ohne Jungs läuft es viel besser, man kann besser arbeiten. Wenn Jungs dabei sind, hat man immer Angst, sich zu blamieren, jetzt zeigt man viel öfter auf als sonst. Ich bin jetzt über einen Monat hier und könnte mir den Unterricht mit Jungen kaum noch vorstellen. Meine alte Freundin erzählte mir letztens von ihrer neuen Schule, was da alles für Schlamper sind, ich habe erst mal gestutzt, denn ich hatte völlig vergessen, daß sie auf einer gemischten Schule ist.*
>
> *Wenn ich jetzt auf einer gemischten Schule wäre, könnte ich mir es nicht schön vorstellen. Denn ich habe mich richtig gefreut, daß ich jetzt ohne Jungs auf einer Schule bin. Ehrlich gesagt, ich sehe keinen Vorteil auf einer gemischten Schule! Aber auf einer Mädchenschule ist es super! Wie ich vorhin schon gesagt habe, wir Mädchen wären schüchterner. Weil man immer Angst hat, daß man sich vor den Jungen blamiert. Und häufig stören Jungen auch. Eine Mädchenschule ist besser."*
>
> *(28, w, 5. Jg., 10 Jahre)*

Wir beschränken uns bei der Herausarbeitung der Argumentationsmuster in diesem Teil auf die beiden Aspekte des Schulklimas und der Selbstbilder, weil Zukunftsaspekte der Vorbereitung auf das gemeinsame Leben nach der Schule von den Schülerinnen dieser Gruppe überhaupt nicht angesprochen wurden. Ähnlich wie die koedukativen Schülerinnen und Schüler dieser Al-

22 Der Klarheit wegen weisen wir ausdrücklich darauf hin: Wir interpretieren hier nicht individuelle Längsschnittdaten und damit die tatsächlichen Veränderungen individueller Bewertungsmuster über die Zeit hinweg, sondern beschreiben die Voten verschiedener Alterskohorten. Daraus lassen sich aber durchaus Hinweise auf alterstypische Tendenzen gewinnen.

tersstufe sind sie offenbar sehr stark mit ihrer neuen Situation nach dem Übergang in die weiterführende Schule beschäftigt.

4.1.1.1 Schulklima und Schulleben

In enthusiastischer Weise schildern viele der neu in die Mädchenschule aufgenommenen Schülerinnen ihren veränderten Alltag. Ganz vorn steht dabei die Möglichkeit des ruhigen, ungestörten Arbeitens. Keine Zwischenrufe, keine Drängelei, keine Störenfriede, die *„alles verderben" (43)*. Paradiesische Zustände werden ausgemalt, die auch deshalb eintreten können, weil ohne Jungen *„die Lehrer dann nicht so gestreßt" (105)* seien:

„Ich finde, der Unterricht ist auf einer Mädchenschule sehr ruhig, auf der Grundschule hat ständig ein Junge gestört, dann konnte man nicht in Ruhe arbeiten, meine Lehrerin mußte ständig schimpfen. Ich finde an der Cäcilienschule[23] *gut, daß keine Jungen den Unterricht stören, daß es lustig zugeht, daß niemand bevorzugt wird und niemand den anderen verpetzt" (87).*

Vokabeln wie *„ruhig"*, *„konzentriert"* oder auch *„ungestört"* tauchen am häufigsten auf. Überhaupt sind die Aussagen zum Thema Disziplin sehr stark vertreten. Von den 74 Schülerinnen dieser beiden Jahrgänge, die für Trennung plädieren, haben wir 91 Aussagen hierzu erhalten. Dabei haben sich eine Reihe von Mädchen mehrfach zu verschiedenen Aspekten geäußert. Eine solch hohe Wichtung dieses Faktors eines befriedigenden Schullebens hat uns überrascht. Es signalisiert jedenfalls ganz deutlich, daß ein Großteil der Schülerinnen mit den Lern- und Arbeitsbedingungen in koedukativen Schulen ziemlich schlechte Erfahrungen gemacht hat und die positiven Veränderungen sehr genießt. Das gute Klima unter Mädchen spielt dabei ebenso eine wichtige Rolle wie die konzentrierte Arbeitsatmosphäre:

„Die Mädchen verstehen sich besser ohne Jungen. Die Mädchen kloppen sich untereinander nicht so viel (kaum). Die Mädchen verstehen sich. Die Mädchen halten zusammen. Der Unterricht ohne Jungen geht leise, still, aufmerksam und lustig zu" (49).

Besonderen Wert legen viele Schülerinnen gerade darauf, daß mehr Disziplin nicht gleichzusetzen ist mit langweiliger Bravheit:

---

23 Wir haben den Namen der beteiligten Schule geändert. Uns ist aufgefallen, daß die Schülerinnen und Schüler der koedukativen Schulen fast nie die Namen ihrer Schulen genannt haben, die der geschlechtsgetrennten Schulen dagegen sehr häufig. Das mag sich daraus erklären, daß diese Schulen als ein Gymnasialangebot unter mehreren am Ort sich auch durch ihre Namen unterscheiden müssen. Bei den koedukativen Schulen ist dies nicht notwendig, weil nur eine Schule jeder Schulform vorhanden ist.

„Ich glaube aber nicht, daß es auf unserer Schule in den Pausen ruhiger oder weniger lustig zugeht als auf einer koedukativen Schule. Im Gegenteil, bei uns ist es immer fröhlich und lustig, wir necken uns gegenseitig, aber nie ist es ernst gemeint. Wir haben unserer Klassenlehrerin sogar schon einen Streich gespielt!" (10)

Zwischen trotziger Selbstbehauptung oder auch Selbsttröstung variieren bei den entschiedenen Trennungsbefürworterinnen die Beschreibungen des Schullebens, wenn etwa ein Mädchen erklärt: *„Man kann auch ohne Jungen Unsinn machen" (15),* oder ein anderes zu der Erkenntnis kommt: *„Ich fühle mich hier sehr wohl und finde es ohne Jungen gar nicht schlimm" (22).*

Ganz überwiegend stellen sie sich Beziehungen zu Jungen als recht gespannt und belastet vor, belegen dies zuweilen auch mit entsprechenden Erfahrungen aus der Grundschulzeit oder mit außerschulischen Erlebnissen:

„Der Streit fängt schon im Bus an, die Jungen gegen die Mädchen. Im Unterricht gibt es viele Petzereien. Sie schieben sich gegenseitig die Schuld in die Schuhe, die Jungen geben den Mädchen die Schuld und die Mädchen den Jungen. Also gibt es oft Spektakel über allerlei Sachen" (55).

Ohne solches „Spektakel" und ohne die *„Ärgerfritzen am Hals" (55),* die einem die Tasche wegnehmen, damit wegrennen und sie verstecken, klappe alles viel besser. In den Pausen könne man dann nach Herzenslust toben und genausoviel Lärm und Blödsinn machen wie Jungen. Eine sehr kleine Gruppe stellt allerdings bedauernd fest, es sei doch *„ein bißchen blöd, daß man die Jungen nicht ein bißchen ärgern kann" (24)* oder findet es schade, keinen Kontakt mit Jungen zu haben (56). Manche Spiele seien mit Jungen eben doch besser (104). Allerdings relativieren diese Mädchen ihre Kritik in der Regel gleich mit Aussagen wie *„Aber im großen und ganzen ist es hier super" (24).* Auf welchen Ebenen sie insgesamt die Vorteile sieht, schildert eindrucksvoll eine zwölfjährige Sechstkläßlerin, indem sie sich scharf von den Jungen distanziert:

„Aber mit Jungen kann man nicht gut spielen, die meckern, wenn man was falsch macht. Und noch etwas zum Unterricht: der würde lauter sein, weil Jungen immer in die Klasse brüllen müssen. Bei gemischten Schulen gibt es vermutlich oft Schlägereien, weil Jungen immer zanken und ihre Männlichkeit (kicher) beweisen müssen. Mädchen kommen dann meist nicht zu Wort, verstehen bei dem Gebrüll nicht, was der Lehrer oder die Lehrerin sagt und können schlecht Klassensprecher werden. Mädchen trauen sich nicht bei den Jungen mitzuspielen. Sie werden entweder stark wie die Jungen oder sind immer still" (61).

Beide Alternativen scheinen ihr offenbar nicht verlockend zu sein. Sie genießt es ebenso wie viele andere Mädchen, beim Tischtennisspielen nicht um Schläger und Ball kämpfen zu müssen, sich beim Melden nicht laut in den Vordergrund schieben zu müssen, um nicht neben den fingerschnipsenden Jungen völlig übersehen zu werden, nicht mehr geärgert, beschimpft und ausgelacht zu werden. Auch gegenseitige Hilfe wird zuweilen als Besonderheit der Mädchenschule hervorgehoben: *„jeder hilft jedem (man hilft sich gegenseitig)" (88).* Mädchen seien eben hilfsbereiter und hätten auch mehr Mitgefühl (107). Kurz: Es wird weitgehend eine heile Welt beschrieben, in der weder Schülerinnen noch Lehrerinnen und Lehrer durch defizitäre männliche Wesen gestreßt werden und deshalb friedlich und freundlich miteinander umgehen können.

4.1.1.2 Lernen, Leistung und Interessen: Mädchenselbst- und Jungenfremdbild

Daß Mädchen- und Jungeninteressen auseinandergehen, wird häufig angesprochen, allerdings meist sehr summarisch, nur manchmal konkret auf bestimmte Inhalte oder Aktivitäten bezogen, wenn etwa ein Mädchen feststellt: *„Mädchenschule: ruhiger, nicht so viel Streit, nicht so viele verschiedene Interessen" (109).* Eine andere spricht die Pausenbeschäftigungen an:

„In den Pausen ist es immer etwas ruhiger. Wir Mädchen machen nicht so Kämpfe und so, wir setzen uns lieber zusammen und unterhalten uns und tauschen Aufkleber oder so. Wir haben halt unterschiedliche Interessen". (98).

Sport, Textil und Hauswirtschaft werden als Bereiche genannt, in denen Jungen entweder andere Interessen haben oder die sie von vornherein als für sich irrelevant betrachten:

„In Textil z. B. denken viele Jungen, da werden Puppenkleider genäht, Topflappen gehäkelt. Hauswirtschaft, denken mehrere Jungen, ist nur was für Mädchen" (109).

In Sport seien Jungen oft stärker und *„einfach besser" (104),* so daß Mädchen sich eher zurückhielten. Bei Ballspielen gehe es in der Mädchenschule weniger brutal zu, außerdem würden Mädchen dort auch weniger gehänselt, während Jungen oft mit ihren besseren Leistungen angäben (106). Gerade weil dieser Mädchen-Junge-Vergleich entfiele, sei alles viel entspannter:

„Wenn es eine gemischte Schule ist, denken manche Schüler(innen) auch, daß sie jetzt besser sein müssen und sind nervös, können sich nicht mehr richtig konzentrieren" (84).

In manchen Fächern vermuten einige Mädchen tatsächlich Leistungsvorsprünge der Jungen, die sie offenbar als eher unangenehm empfinden:

„Zum Beispiel in Politik oder Erdkunde würden die Jungen vielleicht besser sein. Und so sind die Mädchen in den einzelnen Fächern ungefähr gleich gut" (30).

Andere sind sich da weniger sicher oder sehen dies eher durch das Verhalten von Lehrkräften bedingt:

„In Physik, wo manche meinen, daß es ein Fach für Jungen wäre, könnte ich mir keinen Unterschied vorstellen. (...) Vielleicht ist es auf einer gemischten Schule so, daß die Lehrer meinen, daß Jungen die Experimente besser ausführen können und deswegen schwierigere Sachen machen. Aber das halte ich für Unsinn" (62).

Mehrere Schülerinnen erklären auch explizit, sie würden auf der reinen Mädchenschule besser gefördert, denn: *„In dem Fach Mathe kommen die Mädchen zu ihren Rechten, weil keine Jungen dabei sind, die alles besser können" (17).* Und eine andere resümiert:

„In den einzelnen Unterrichtsstunden werden wir mehr gefördert und haben bessere Voraussetzungen, z. B. in Mathe. Ich selbst muß sagen, daß ich in Mathe viel mehr verstehe, seit ich auf der Cäcilienschule bin. Und in Sport werden die Jungen sonst auch mehr gefördert, das ist hier anders" (108).

Wir hatten bei den gleichaltrigen Mädchen in koedukativen Klassen der Orientierungsstufe schon festgestellt, daß die Aussagen über gleiche oder unterschiedliche Leistungsfähigkeit oder Interessen eher spärlich ausfielen. Das ist in dieser Gruppe ebenfalls so. Als deutliche Differenz ist uns allerdings aufgefallen, daß solche Unterschiede bei den Mädchen aus koedukativen Klassen häufiger unter der Perspektive gegenseitiger Unterstützung thematisiert wurden. *„Ausgelacht werden"* und *„Angebereien"* durch Jungen wurde auch von ihnen kritisiert, die Unterschiedlichkeit wurde aber nicht so ausschließlich unter dem Gesichtspunkt lästiger und verunsichernder Konkurrenz betrachtet, sondern auch als anspornende Motivation und Anlaß zu wechselseitiger Hilfe und Unterstützung. Diese Dimension fehlt in den Aussagen der Schülerinnen der Mädchenschule nahezu ganz. Ein einziges Mädchen meint: *„In Politik wären so ein paar Jungen aber gar nicht schlecht" (17).* Welche Hoffnungen es damit verbindet, wird leider nicht ausgeführt. Häufiger wird dagegen die Befürchtung geäußert, Jungen würden bevorzugt (106) während die Mädchen *„schüchtern und benachteiligt werden" (100).*

Insgesamt bleibt das Leistungs- und Fähigkeitsselbstbild dieser Gruppe eher blaß. Betont wird immer die ungestörte Arbeitsmöglichkeit, die gute Atmosphäre und der fehlende Zwang zur Selbstbehauptung. Das wird in dieser Gruppe sehr stark hervorgehoben, wobei die Überlegenheit und Stärke der Jungen oft als ebenso ärgerliche wie unabänderliche Tatsache dargestellt wird. Auch in dieser Hinsicht unterscheiden sich die Schülerinnen der Mädchenschule recht deutlich von der Mehrheit der Mädchen aus koedukativen Schulen.

„Was mir gefällt ist, daß ich in einigen Fächern nicht so von den Jungen verdrängt werde. In der Grundschule, wo es Jungen gab, hatte ich Mühe, an Spielgeräte zu gelangen, weil sie fast immer von Jungen besetzt waren. Hier geht es leicht, sogar an die schönsten Geräte dranzukommen" (18).

Ein anderes Mädchen betont die größeren Möglichkeiten, sich auch als Klassensprecherin zu behaupten:

„Auch gibt es eine freiere Klassensprecherwahl, da sich jetzt jeder traut und nicht nur Jungen. Als Mädchen wird man sonst wahrscheinlich gar nicht für voll genommen und wenn man gewählt wird, kann man sich nicht durchsetzen bei Streitereien" (61).

Jungen würden immer Banden gründen *„und fangen Mädchen und Mädchen können sich schlecht wehren!" (93),* Kloppereien würde es öfter geben, wird befürchtet, aber: *„Die Jungen hätten auf jeden Fall mehr zu sagen als wir" (96).* Kurz:

„Ich denke, daß Mädchen ohne Jungen eher im Unterricht den Mund aufmachen und sich mit Jungen unterdrückt fühlen" (103).

Das dahinterstehende Jungenfremdbild ist relativ düster: Sie sind sehr albern (1), schreien herum, prügeln sich, wollen immer Clown spielen und die besten sein, auch wenn sie es oft gar nicht sind (6), sie machen alles kaputt (7), schubsen und verletzen Mädchen (18), buttern sie unter (19), stören und sind vorlaut (24), drängeln sich vor (30) und hänseln, wenn Mädchen etwas Falsches sagen (104). Ausgesprochen unfreundliche Jungen-Sprüche werden zitiert, wie *„Das ist nur was für Jungen und nichts für Mädchen" (11)* oder auch *„He, du dumme Kuh" (46), „Du dumme Heulsuse!" (106)* und ähnliche Unfreundlichkeiten. Nur vier Mädchen dieser Gruppe äußern sich positiv über Jungen, besser gesagt: Sie gestehen positive Ausnahmen von der negativen Regel zu: *„Es gibt aber auch nette Jungen, die sehr hilfsbereit sind" (6).* Davon allerdings bedauerlicherweise nicht genug:

„Aber manchmal können Jungen auch sehr lustig sein, die die ganze Klasse aufmuntern. Aber es gibt nur ein paar, die so sind" (55).

Zwei andere Mädchen räumen ebenfalls ein, es gebe *„auch sehr nette Jungen" (38),* die einem sogar schon mal einen Platz im Bus freihalten (59). Damit ist jedoch die Positivausbeute erschöpft. Das lange Sündenregister kann damit kaum ausbalanciert werden.

Allerdings werden auch über das eigene Geschlecht nicht sehr explizit positive Urteile gefällt. Sie sind aus der sehr positiven Beschreibung des Sozialverhaltens, das wir oben schon weitgehend präsentiert haben, aber implizit abzulesen. Als *„nett und kameradschaftlich" (6)* werden die Klassenkameradinnen beschrieben, der feste Zusammenhalt gelobt (77), Mitgefühl und Hilfsbereitschaft hervorgehoben (107). Ansonsten sind es weniger positive Eigenschaften und Verhaltensweisen, die dem eigenen Geschlecht bescheinigt werden, sondern lobenswert ist offenbar gerade das, was sie im Gegensatz zu den Jungen alles *nicht* tun, wie andere ärgern, auslachen, sich vordrängeln, stören, angeben usw. Die im Beisein von Jungen eher schüchternen Mädchen blühen nach diesen Beschreibungen unter Ihresgleichen auf, trauen sich dann auch die Beteiligung im Unterricht und sogar lustige Streiche zu.

4.1.1.3 Die Minderheitenposition: „Bei uns in der Schule ist es echt geil. Aber mit Jungen sicher auch"

Nur eine einzige Schülerin in beiden Jahrgängen erklärte explizit, sie habe eigentlich gar nicht auf eine reine Mädchenschule gewollt und fände gemischte Schulen besser, wenn es *„auch so ganz witzig"* sei. Mehr an Koedukationsbefürwortung haben wir in dieser Altersgruppe nicht gefunden. 36 Schülerinnen (von 109 Mädchen) äußerten sich aber ambivalent. Auf diese Minderheitenposition, die immerhin etwa ein Drittel der Mädchen betrifft, wollen wir hier kurz eingehen. Zunächst wieder das Eingangsbeispiel:

> *„Warum ich auf die Cäcilienschule gegangen bin: Weil meine Schwester auch auf der Cäcilienschule ist, und sie hat gesagt, daß man auch ohne Jungs auskommt, und das finde ich auch. Morgens, wenn der Unterricht beginnt, merkt man fast gar nicht, daß keine Jungs da sind. In den Pausen spielt man halt nur mit Mädchen, da tut sich nichts, ob man nun mit Jungen auch spielt. Wenn die Schule zu Ende ist, sieht man die Jungen im Bus. Ich finde die Cäcilienschule super!*
>
> *Auf einer normalen Schule findet man wohl schneller einen Freund, weil Mädchen und Jungen zusammen auf einer Schule sind. Aber auf der Cäcilienschule kommen ja in der Oberstufe auch Jungs dazu. Ich finde Jungen, es geht so! Mit Jungen kann man es wohl aushalten, aber jeden Tag, nein danke. Wenn ich ein paar Jungen aus meiner alten Klasse im Bus sehe, verstehen wir uns manchmal gut und manchmal streiten wir uns dann auch. Außerdem kann man in der Schule sowieso nicht so viel mit den Jungen spielen, man kann ja nachmittags mit ihnen spielen".*
>
> *(50, w, 5. Jg., 10 Jahre)*

Im Unterschied zu den Trennungsbefürworterinnen betonen hier einige Mädchen, für wie wichtig sie es halten, mit Jungen Kontakt zu haben und Erfahrungen mit ihnen zu machen:

„Aber ich fände es nicht schlimm, wenn Jungen dazukommen. Dann gibt es vielleicht mehr Spaß. Z. B., wenn es ein Einzelkind ist und ein Mädchen und auf eine Mädchenschule kommt, es ja fast gar nicht mit Jungen zusammen ist. Dann lernt es sie ja gar nicht kennen" (73).

Der Nachteil sei, daß man sich zu wenig aussuchen könne, mit wem man zu tun haben wolle: *„Nur wenn sie total doof sind, dann ist es natürlich bekloppt" (73).* Lustig, laut und witzig sei es früher auf der Grundschule mit Jungen gewesen, insgesamt *„doch sehr toll" (2).* Das Für und Wider ist nicht leicht auszutarieren:

„Ich finde es hier besser als in irgendeiner anderen Schule, hier gibt es keine Jungen, die mich ärgern, und wenn wir mal etwas Pep haben wollen, den können wir uns auch selber machen. Aber irgendwie fehlen die Jungen manchmal doch" (4).

Sie selbst „vertrete" die störenden Jungen manchmal in der Pause, meint diese Schülerin, was möglicherweise unter die Kategorie „selbst für Pep sorgen" fällt. Gut sei es, daß nicht dauernd in die Klasse geschrieen würde und man ungestörter arbeiten könne, daß es einen Spielschrank gebe, der von Jungen sicher zerstört würde, und daß es keinen Streit gebe. Ein anderes Mädchen findet auch, daß im Unterricht Jungen gut verzichtbar seien. *„Aber in den Pausen könnten sie ruhig da sein, dann könnten wir sie ja ärgern oder irgend etwas anderes mit ihnen machen" (26).* Man könne gut mit ihnen spielen, es sei lustig, und zwar anders als mit Mädchen:

„Ohne Jungen gibt es zwar Spaß, aber mit Jungen auch, nur dann ist es anderer Spaß und meist auch grober Spaß oder vielleicht auch besserer Spaß" (48).

Man könne gut mit ihnen spielen (72), denn *„es sind nicht alle Jungen doof" (51),* stellen mehrere Mädchen fest. Sie machten *„allen Scheiß mit",* bescheinigt ihnen eine Schülerin, mit ihnen könne man *„Quatsch machen, Spaßkämpfchen machen, dann hätt' ich höchstwahrscheinlich 'nen festen Freund" (89).* Ein bißchen sehnsüchtig klingt das schon, ähnlich wie bei der Klassengenossin, die sich über die Abwesenheit der Jungen mit der Feststellung tröstet: *„Na ja, ein bißchen bedauere ich es schon. Aber das geht mit der Zeit auch vorbei" (21).* Auch die eingangs zitierte Schülerin freut sich ja schon, daß in der Oberstufe auch Jungs dazu kommen. Und immerhin träfe man sie auch außerhalb:

„Ich sehe eigentlich genug Jungs. Obwohl manchmal fehlen sie mir doch bei manchen Spielen. Mit Jungs kann man viel mehr spielen, z. B. Jungs fangen die Mädchen. Dann kann man auch viel mehr Quatsch machen" (66).

Als Spaß- und Muntermacher, zur Vertreibung der Langeweile werden die Jungen geschätzt und vermißt. Wenn auch verschiedentlich betont wird, daß man selber genug Einfälle habe, um Langeweile nicht aufkommen zu lassen und Mädchen nicht durchweg „brave Engelchen“ seien - die Formel von der „Vertretung“ der Jungen bei den überbordenden Aktivitäten macht sehr anschaulich, daß solches Verhalten eben doch eher „Hosenrollen-Charakter“ trägt. Die Mädchen sind sich nicht einig, ob sich ihr Alltag denn überhaupt so sehr von dem einer koedukativen Schule unterscheide. Eine Schülerin faßt ihre Einschätzung in folgendem Vergleich zusammen:

„Aber hier ist es sehr witzig, auch ohne Jungen, und eigentlich ist es hier ähnlich wie auf einer gemischten Schule, nur daß das leiser ist“ (95).

Jungen seien eben *„nett aber laut“ (99),* es wird sehr begrüßt, daß man unter Mädchen viel ruhiger und ungestörter arbeiten kann. Die Ambivalenz resultiert im Unterschied zu den Trennungsbefürworterinnen offensichtlich daraus, daß die lustbetonten Kontakte vor allem in den Pausen sehr viel stärker vermißt werden, auch Freundschafts- und erste Verliebtheitswünsche werden hier formuliert. Unterdrückung von Mädchen durch Jungen fürchten aber auch einige dieser Mädchen (81), daß sie sich dagegen behaupten könnten, halten sie offenbar für wenig wahrscheinlich (48).

„Ich finde es eigentlich gar nicht so schlimm, daß wir keine Jungen haben. Wenn wir welche hätten, dann würden sich vielleicht nicht alle Mädchen trauen, etwas zu sagen. Die Mädchen würden sich dann von den Jungen unterdrückt fühlen. Die Jungen würden sich wahrscheinlich nur kloppen. einige Jungen fühlen sich auch immer so groß und meinen dann, wir müßten alles tun, was sie sagen“ (63).

Hinsichtlich der Leistungs- und Interesseneinschätzungen unterscheiden sich die Mädchen der Ambivalenzposition kaum von den Trennungsbefürworterinnen, auch nicht grundlegend in den Selbsteinschätzungen. Etwas freundlicher zeichnen sie das Jungenfremdbild. Sie nehmen sie zwar auch als laut, angeberisch und dominant wahr, statten sie aber auch mit Attributen wie hilfsbereit, lustig und nett aus. Als Partner für spannende Aktivitäten möchten diese Mädchen nicht gern auf Jungen verzichten, die ruhige Arbeitsatmosphäre gleicht diesen Mangel nicht so ganz aus. Andererseits ist sie ihnen - auch wegen der fehlenden Notwendigkeit zu konkurrierender Selbstbehauptung - doch lieb und wert. Den entgangenen Spaß suchen sie dann außerhalb der Schule oder verschieben ihn auf später. Wir werden sehen, daß die Bereitschaft hierzu mit zunehmendem Lebensalter zurückgeht.

4.1.1.4 Fazit: Endlich ungestört!

In keiner anderen Altersgruppe findet sich so ungebrochen die Befriedigung darüber, daß sie endlich die störenden *„Ärgerfritzen“* los sind. Nach Herzenslust kann man nun endlich alles das tun, was man möchte, ohne sich gegen Übergriffe verteidigen zu müssen, ausgelacht zu werden oder konkurrieren zu müssen. Weil Mädchen zivilisierter sind, werden ihnen auch mehr Freiräume zugestanden, Zugang zu Räumen und Spielen beispielsweise. All das ist in der Wahrnehmung der meisten Schülerinnen nicht nur äußerst vorteilhaft, es ist vor allem auch an die Abwesenheit von Jungen geknüpft. Die würden alles verderben und kaputtmachen. Allenfalls die Minderheit der Koedukationsbefürworterinnen korrigiert dieses trübe Jungenbild zuweilen. Auch diese Mädchen kreiden ihnen zwar viele ärgerliche Eigenschaften und Verhaltensweisen an, gestehen ihnen aber immerhin auch einiges Talent zum Quatschmachen zu, daß den Schulalltag nicht ausschließlich stört, sondern auch belebt. Aber das könne man auch selbst in die Hand nehmen, finden die meisten dieser Altersgruppe. Der größere Spaß wiegt in ihren Augen die Vorteile ungestörten Untersichbleibens nicht auf.

4.1.2 Pubertät und Adoleszenz (Jahrgänge 7-10): „... aber je älter ich werde, desto mehr finde ich, es wäre mit Jungen besser ...“

In den mittleren Jahrgängen ist die Minderheitsposition der jüngeren Schülerinnen zur deutlichen Mehrheitsposition avanciert: Gut die Hälfte der Schülerinnen äußert sich ambivalent, nur noch 31% plädieren für Trennung - wenige für fachspezifische, die weitaus meisten für getrennte Schulen. Und immerhin 18% sprechen sich in dieser Altersgruppe für die Koedukation aus. Verglichen mit den Werten der Mädchen aus koedukativen Schulen, die ihrerseits in diesem Alter der Koedukation so kritisch gegenüberstehen wie zu keinem anderen Zeitpunkt, ist dies zwar sehr wenig. Um die 60 Prozentmarke bewegte sich dort die Zustimmung. Dennoch ist hier als Gemeinsamkeit festzuhalten, daß die Pubertätsjahre in beiden Schultypen offensichtlich „Bewegung“ in die Meinungsbildung bringen. Dreh- und Angelpunkt ist auch bei den Schülerinnen der Mädchenschule dabei das Bedürfnis, das andere Geschlecht kennenzulernen, Hemmungen abzubauen, miteinander vertraut zu werden und erste Freundschaften zu erleben. Die Bewertung des Schulklimas und der Atmosphäre wird sehr stark unter diesem Blickwinkel vorgenommen. Das Thema „Beziehungen zu Jungen“ zieht sich durch die meisten Aufsätze, wird allerdings von Trennungsbefürworterinnen sehr anders bewertet als von den wenigen Koedukationsbefürworterinnen und der großen Mehrheit der ambivalent argumentierenden Mädchen.

Wir stellen aus dieser Mehrheitsposition zunächst ein komplettes Aufsatzbeispiel vor, um daran die verschiedenen Facetten und Ambivalenzen herauszuarbeiten. Anschließend konzentrieren wir uns bei der Darstellung der beiden Minderheitspositionen der Trennungs- und Koedukationsbefürworterinnen vor allem auf die Herausarbeitung der unterschiedlichen Bewertungen. Abschließend skizzieren wir sodann die Sichtweisen zu Lernen, Leistung sowie den Selbst- und Fremdbildern dieser Altersgruppe, soweit sie die Aussagen der jüngeren Schülerinnen ergänzen oder modifizieren.

4.1.2.1 Die ambivalente Mehrheitsposition: „Es ist manchmal etwas langweilig, weil man keinen Jungen anmachen kann“

„Ich meine, daß in den Fächern Politik, Mathe, Latein/Französisch, Deutsch, Englisch, Erdkunde und Kunst kein wesentlicher Unterschied zwischen gemischten und Mädchenschulen besteht. Aber unser Physik-/ Chemielehrer (man muß dazu sagen, daß unser Lehrer ein totaler Spanner ist) behauptet, daß man Physik/Chemie bei Jungen einfacher unterrichten könne. Ich kann mir das eigentlich nicht vorstellen, da Mädchen im allgemeinen schlauer sind als Jungen (ich meine damit das logische Denken). Vielleicht ist ja doch was dran. Im Fach Sport, glaube ich, ist ein reiner Mädchensport besser, denn ich habe keine Lust, Fußball oder anderen Quatsch zu spielen (ausgenommen Basketball, Volleyball und Rugby würden mit Jungen bestimmt mehr Spaß machen). In den Pausen machen wir eigentlich das gleiche wie die Mädchen (in unserem Alter) in koedukativen Schulen, nur eben ohne Jungen, aber ich werde das wohl noch überleben. Wir sitzen rum und quatschen, machen uns über Lehrer lustig, reden über Beziehungskisten, machen Hausaufgaben, manchmal - aber selten - kloppen wir uns auch, spielen mit dem Ball in der Klasse, grummeln, füttern die Tiere in unserer Schule usw.

Im Moment haben wir kein Bio, ich kann mir aber eigentlich gut vorstellen, daß das Thema Sexualkunde nicht so ausführlich besprochen wird, wie wir das gemacht haben. In einer gemischten Schule fände ich besser, daß man mehr Jungen zu Parties einladen kann und daß man ältere Jungen (die nicht in der Klasse sind) einfacher kennenlernt. Sonst nix. Die Klassengemeinschaft würde auseinanderfallen. Alle würden wahrscheinlich 'Schönheitskämpfe' austragen und es wäre viel zu anstrengend, mit Jungen in meinem Alter zusammenzusein. Mit älteren ist das natürlich was anderes.“

(208, w, 8. Jg., 14 Jahre)

Eine ganze Reihe von Schülerinnen äußert sich lediglich recht vorsichtig zu den Vorteilen einer gemischten Schule mit Wendungen wie: *„Man hätte dann auch mehr Kontakt zu Jungen" (115).* Andere stellen in sehr typischer Weise Vor- und Nachteile gegenüber. So wird z. B. befürchtet, auf Klassenfahrten breche mit Jungen zwar *„total das Chaos"* aus, wenn es etwa um Spülen und Kochen gehe, andererseits *„als wir eine Disco veranstaltet hatten, wäre es vielleicht besser mit Jungen gewesen" (111).* Auch auf Klassenfahrten werden sie vermißt, denn da *„würden die Jungs nachts kommen und uns erschrecken, das finde ich gut und das vermisse ich!" (117).*

Das Umziehen nach dem Sport sei langweilig, *„weil keine Jungen kommen und uns ärgern",* bedauert die Siebtkläßlerin, die wir in der Überschrift dieses Abschnitts zitieren. Insgesamt empfindet sie offenbar die Situation eher als defizitär, wie aus ihren einschränkenden Formulierungen hervorgeht:

„Hier in der Cäcilienschule ist es eigentlich ganz normal. Außer daß es hier keine Jungen gibt. (...) Manchmal ist es auch ganz gut, daß hier keine Jungen sind, weil man wenigstens nicht benachteiligt wird (nur weil man ein Mädchen ist)" (135).

Aber ob das *„wenigstens nicht Benachteiligtwerden"* den Vorteil der besseren Kontakte zu Jungen aufwiegt? *„In anderen Schulen",* stellt sie fest, *„kriegt man schneller einen Freund als hier"* (ebd.). Darin ist sie sich mit vielen einig, die schwankend zwischen Pro und Contra z. B. erklären: *„Es ist viel besser ohne Jungs. Allerdings auch etwas langweilig ohne Jungs, weil man sich nicht verknallen kann" (142).* Zwar könne man Jungen auch nachmittags kennenlernen, betonen einige und versichern: *„Auch Mädchen von der Cäcilienschule haben Lover!" (204),* aber wer eine Mädchenschule besuche und nicht besonders kontaktfreudig sei, weder Vereine noch Clubs besuche, der komme kaum mit Jungen zusammen (191). Und das sei schon von Nachteil, denn *„die meisten sind den Umgang mit Jungen überhaupt nicht gewöhnt" (239).* Insofern wäre der tägliche Kontakt mit ihnen vielleicht hilfreich: *„Dann hätte man nicht immer Hemmungen vor Jungen" (167)* und könnte leichter auf sie zugehen.

„Jetzt in der Mittelstufe wär' es natürlich manchmal schon schöner, wenn Jungen in der Klasse wären (das ist nun mal so in dem Alter). Auch wenn man mal 'ne Party feiern will, weiß man oft nicht, welchen Jungen man einladen soll" (204).

Mehrere Mädchen befürchten allerdings, daß die Klassengemeinschaft leide, weil unweigerlich Streit, Eifersucht und Konkurrenz um gutaussehende Jungen ausbrechen würde:

„Ich schätze, daß es überhaupt zu mehreren Reibereien oder Streitigkeiten käme, weil vielleicht so ein Konkurrenzkampf entstünde. Man würde

vielleicht denken, daß die oder der einen anderen wegschnappen könnte, ich meine so mit einem/r Freund/in gehen oder so" (205).

Das aber hätte höchst unerfreuliche Auswirkungen auf das Klima, das von den meisten Mädchen als sehr positiv erlebt wird. Auch in dem eingangs vorgestellten Aufsatz befürchtet die Schülerin, daß die Klassengemeinschaft auseinanderfallen würde, weil die zwischen den Mädchen ausbrechende Konkurrenz in *„Schönheitskämpfen"* ausgetragen würde. Unter dieser Perspektive lohnt es kaum, das eigene gute Klima für einen eher zweifelhaften Gewinn aufs Spiel zu setzen. Als weiteren Punkt geben mehrere Schülerinnen die Auswirkungen auf Konzentration und Leistungen zu bedenken:

„Im Unterricht wird man auf der Mädchenschule besser gefördert, da man sich auch selbst besser auf diesen konzentrieren kann (anstatt sonstige Flirtversuche abzuwehren oder selbst durchzuführen). Obwohl gerade das wird oft vermißt" (267).

Sie lassen dabei oft nicht klar erkennen, welche Prioriäten sie dabei setzen würden, sondern stellen lediglich Plus und Minus gegenüber, ohne dies bilanzierend zu bewerten:

„Wenn man auf das Alter zukommt, wo Jungen die Nr. 1 spielen, dann ist es gut, wenn man Jungen auf der Schule hat, weil man dann schneller einen 'findet' und schlechter, weil man im Unterricht nicht aufpaßt" (252).

Auf gemischten Schulen lerne man, mit Jungen umzugehen. Dann würde man vielleicht *„Jungen gegenüber nicht so schüchtern im Alltag sein"*, meint dieselbe Schülerin. Andererseits lerne man aber ohne Jungen intensiver und besser. Ob dies in ihren Augen weniger schwer wiegt, in dem Alter *„wo Jungen die Nr. 1 spielen"?* Das bleibt bei sehr vielen Mädchen dieser Kategorie, die sich ja auch nicht eindeutig für oder gegen gemeinsames bzw. getrenntes Lernen aussprechen, in der Schwebe.

4.1.2.2 Die Stimmen der Minderheitspositionen: Koedukations- und Trennungsbefürworterinnen

Wir skizzieren im folgenden knapp beide Minderheitspositionen, um daran das Spektrum der auseinanderdriftenden Meinungen zu verdeutlichen. Während die Mädchen der ambivalenten Mehrheitsposition jeweils Vor- und Nachteile hin- und herwendeten, beziehen Befürworterinnen und Gegnerinnen der Koedukation jeweils sehr eindeutig Stellung zu ihren Kontakt- bzw. Abgrenzungswünschen zum anderen Geschlecht.

Die Koedukationsbefürworterinnen: „Jungen müssen her!"

Die wenigen Koedukationsbefürworterinnen sind sich einig: Die Jungen fehlen, das ist ein ganz wesentlicher Grund für die Kritik an der eigenen Schule. Zwar räumen einige ebenfalls ein, daß Jungen zuweilen die Mädchen ärgern, aber das ist überhaupt kein Grund, nicht den Kontakt zu ihnen zu wollen:

„Ich finde, es gibt keinen Vorteil bei der Mädchenschule, höchstens, daß die Jungs einen nicht ärgern. Ich habe selber einen Freund und ich weiß, wie süß Jungs sein können" (131).

Leider ließen die Eltern den Schulwechsel auf ein gemischtes Gymnasium nicht zu, bedauert eine Mitschülerin. Sie selbst wolle das sehr gern: *„Ich lerne so nie richtig Jungen kennen" (153).* In den unteren Jahrgängen bis zur 7. Klasse sei das vielleicht ja noch weniger schlimm, meint eine Dreizehnjährige, *„aber allmählich wird es langweilig. Man könnte ja in der 10. wechseln. Ich glaube bei uns sind die Mädchen zickiger, auch sonst hat man wenig mit Jungen zu tun" (174).* Gut wäre, wenn man *„in den Pausen nebenbei noch besser lernt, mit Jungen umzugehen" (175),* meint eine Achtkläßlerin. Das sei für sie zwar kein Grund, die Schule zu wechseln, aber nochmal würde sie nicht auf eine Mädchenschule gehen. Dieser Wunsch nach mehr Vertrautheit mit dem anderen Geschlecht taucht immer wieder auf:

„Da man in der Schule keinen täglichen Kontakt zu Jungen hat, weiß man auch nie, wie man sich in verschiedenen Situationen den Jungen gegenüber verhalten soll" (185).

So gebe es auch wenig Möglichkeiten, nachmittags mal was mit Jungen zu unternehmen. Der dafür gesuchte Ersatz näme *„sehr seltsame Formen an, die oft sehr 'kindisch' sind, z. B. das Schwärmen für sehr 'schmalzig' aussehende Stars" (243).* Die mangelnde Erfahrung im Umgang mit Jungen führe auch zu ganz erstaunlichen Reaktionen, wenn mal einer auf der Bildfläche erscheine:

„Sobald ein Junge an unserer Schule auftaucht, springen die meisten Mädchen auf und haben durch den Jungen neuen Gesprächsstoff, und die Freundin des Jungen wird entweder bemitleidet oder beneidet. Hierdurch lernt man auch nicht, sich mit Jungen zu unterhalten und man lernt nicht so viele Jungen kennen, für manche Mädchen unserer Schule sind es Wesen von einem anderen Stern" (281).

Die Tatsache, daß Jungen nicht vorhanden sind, bedeutet überhaupt nicht, daß sie nicht doch in Gedanken und Gesprächen eine große Rolle spielen:

„In den Pausen reden wir auch über Jungen. Es interessiert Sie wahrscheinlich, worüber wir reden. Also z. B., welchen Jungen wir in unserem

Alter (ca. 14-16) ganz nett finden; in wen wir z. Z. verknallt sind; wie wir die Jungen fragen sollen, ob sie mit uns auf 'ne Fete gehen wollen usw." (246).

Diese ständige „virtuelle Anwesenheit" möchten die Koedukationsbefürworterinnen gern in reale Begegnungen und gemeinsame Aktionen umsetzen, erotisches Kribbeln und Erfahrungen von Verliebtsein eingeschlossen. Sie gehen zwar auch davon aus, daß dies nicht unbedingt, im eigenen Klassenzimmer stattfinden wird - die These vom Entwicklungsvorsprung der Mädchen wird auch von ihnen vertreten:

„Die Jungen in den eigenen Klassen sind sowieso noch unreifer als man selbst und wenn man sich mit Jungen privat trifft oder man sich in sie verliebt, dann sind sie auch in höheren Klassen oder so" (185).

Aber im eigenen Schulumfeld möchte man sie schon antreffen können, dafür würde man dann auch ein paar Nachteile in Kauf nehmen, wie etwa mehr Unruhe und Lärm. Das geht den Koedukationsgegnerinnen aber keineswegs so.

Die Trennungsbefürworterinnen: „Man ist ja in der Schule um zu lernen, und nicht um Jungen kennenzulernen."

Knapp die Hälfte der Trennungsbefürworterinnen hat sich in den Jahrgängen 7 - 10 zu diesem Themenkomplex geäußert, allerdings mit einer sehr anderen Grundtendenz. Zwei Argumente wurden besonders häufig in verschiedenen Variationen präsentiert: Man habe auch außerhalb der Schule hinreichend Kontaktmöglichkeiten zu Jungen. Und es wurde sehr stark die drohende Konkurrenz der Mädchen um die Akzeptanz der Jungen mit ihren negativen Folgen in den Vordergrund gestellt.

Auch wenn man auf einer Mädchenschule sei, so lautet im ersten Fall die Argumentationsfigur, habe man doch in der Freizeit am Nachmittag, beim Jugendtreff und sonstigen Anlässen hinreichend Gelegenheit, Jungen kennenzulernen und tue dies auch:

„Nur diejenigen, die prüde sind, sich immer ausschließen, keinen Freund wollen oder einfach so häßlich sind, bekommen keinen 'ab'. Das kommt allerdings in den seltensten Fällen vor" (173).

Mangelnde Vertrautheit, Hemmungen und Unsicherheit als deren Folge werden hier so gut wie gar nicht angesprochen. In der Schule könne man es eben deshalb ganz gut ohne Jungen aushalten, weil dies zu anderen Zeiten ja kein Problem sei.

„Außerdem brauche ich in der Pause keinen Jungen zum Knutschen, wie sich das andere vorstellen. In der Schule halte ich es auch noch ohne Jungen

aus, da ich nachmittags (fast jeden Nachmittag) mit vielen Jungen und Mädchen Hobbies habe" (176).

Der zweite Schwerpunkt betrifft die Frage, wie sich das Verhalten der Mädchen und ihre Beziehungen untereinander ihrer Einschätzung nach verändern würde, wenn Jungen hinzukämen. Einig sind sich viele zunächst darin, daß die bisherige Offenheit und Vertrautheit verlorenginge, Konkurrenz um die Gunst der Jungen, Eifersucht, Neid und Ausschluß wären die Folge:

„Ich fände es nicht so gut, wenn Jungen zu uns in die Klasse kämen, da es dann sicher einige (Mädchen, Anm. d. Aut.) gäbe, die sich schminken, parfümieren, anders anziehen usw." (184).

Mädchen wollten immer Eindruck auf die Jungen machen, erklärt eine Schülerin, und schließt sich selbst darin ausdrücklich ein. Sie fände es allerdings *„nicht normal, daß man sich derentwegen total verändert" (173).* So etwas sei aber häufiger zu beobachten:

„Ich glaube auch, wenn Jungen bei uns wären, daß die Mädchen gar nicht so sind, wie sie es wirklich sind, sondern in eine andere Rolle schlüpfen, um den Jungen zu imponieren" (198).

Für Jungen sei dies genauso, sie *„benehmen sich wie die letzten Idioten, nur um den Mädchen zu gefallen" (190),* auch am Nachmittag zerbreche man sich - egal ob Mädchen oder Junge - noch den Kopf, wie man sich gegenseitig beeindrucken könne, was natürlich zu Lasten der Hausaufgaben gehe.

Besonders konfliktträchtig ist es, wenn sich mehrere Mädchen für denselben Jungen interessieren oder umgekehrt:

„Wenn man z.B. 15 Jungen in unsere Klasse schicken würde, gäb' es untereinander mehr Streit und Haß, weil sich vielleicht fünf Mädchen für einen Jungen interessieren könnten (oder andersherum). Jede/r will dann besser sein als die/der andere" (199).

Außerdem würden Freundinnen oft vernachlässigt, wenn Mädchen einen Freund haben und plötzlich in den Pausen nur noch mit ihm zusammensein wollen. Plötzlich seien sie dann ausgeschlossen (212).

Flankierend - allerdings deutlich seltener - wird noch angeführt, daß die Ablenkung durch die Anwesenheit von Jungen doch sehr unerwünscht und schädlich für den Lernerfolg sei. *„Da schreibt man vielleicht Liebesbriefchen in der Stunde, im Spaß oder im Ernst" (125).* Es lange, wenn die abwesenden männlichen Wesen durchgängig Pausenthema seien, ansonsten sollten sie aus der Schule herausgehalten werden. Das sei schon deshalb sehr viel besser, weil sie als Einzelexemplare ganz nett seien, aber *„zusammen unausstehlich" (228).* Nachmittags könne man sie sich ja noch selbst aussuchen, aber mit mehr oder weniger zufällig in die Klasse geratenen männlichen Mitschülern möchte man sich nicht gern arrangieren müssen. Koedukationsgegnerinnen distanzieren sich somit am klarsten von Jungen als Lernpartnern. Auch als

Kommunikationspartner sind sie ihnen nur außerhalb der Schule willkommen.

Der gemeinsame Nenner: „Im großen und ganzen verstehen wir uns super"

Eine verschworene Gemeinschaft, die natürlich auch Konflikte zu verkraften hat und die auch nicht nur durch Bravheit gekennzeichnet ist, kann nach Ansicht vieler Mädchenschulanhängerinnen mit Jungen kaum aufkommen:

„Die meisten glauben, auf eine Mädchenschule würden nur Streber gehen und dort würde kein Quatsch gemacht werden. Doch das ist wirklich totaler Quatsch, wir machen genauso viel Quatsch wie andere auch, wir streiten und vertragen uns. Natürlich gibt es in jeder Klasse welche, die man nicht so gerne mag. Aber im großen und ganzen verstehen wir uns super. Wir spielen und lachen zusammen und unsere Gemeinschaft hält, wenn es hart auf hart geht, wirklich zusammen. Ich glaube, das würde in einer gemischten Schule anders sein" (116).

Immer wieder wird die Vermutung geäußert, daß es in geschlechtsgemischten Klassen mehr Eifersucht, Neid und Cliquenwirtschaft geben werde, was vor dem Hintergrund der oben skizzierten Überlegungen zur Rolle der Jungen verständlich wird. Als lebendig und lustig, bisweilen gar chaotisch wird der Unterricht bezeichnet (275). Die von den jüngeren Schülerinnen als Vorteil aufgeführte höhere Disziplin wird insofern relativiert, allerdings gehen sehr viele davon aus, daß die Unruhe mit Jungen noch gesteigert würde: *„Den Unterricht stelle ich mir noch chaotischer vor als bei uns (was nicht heißen soll, daß wir 'Engelchen' sind)" (223).* Ganz ohne Konflikte geht es im Alltag eben nicht. Manche Mädchen seien doch *„ziemlich streitsüchtig" (285).* Eine Schülerin erklärt, auch sie habe sich *„schon rumgeschlagen, na und, kann das ein Mädchen etwa nicht?" (165),* man sei eben auch in Mädchenschulen nicht nur gesittet und fleißig. Und eine andere berichtet:

„Wir in der Mädchenschule sind nicht immer brav und lieb, in unseren Stunden geht es ganz schön laut zu. Es rennen zwar keine Schüler durch die Klasse und kloppen, aber ganz ohne sind wir auch nicht. Wir haben schon viele Lehrer fertig gemacht, aber meist nur die, die nicht so streng sind. Lehrer müssen halt hart anfassen, wenn so eine plappernde Meute von Mädchen aufeinandertrifft" (125).

Diejenigen, die für gemeinsames Lernen mit Jungen plädieren, bestätigen durchaus das prinzipiell erfreuliche Klima und die gute Atmosphäre. Allerdings stellen sie sich das Lernen, mit Jungen doch noch witziger, weniger langweilig vor, *„weil Jungen meistens mehr Temperament haben als Mäd-*

chen" (268). Sie würden *„den Unterricht ein bißchen aufheitern, so wie in der Grundschule" (153),* es gäbe ein vielfältigeres Meinungsbild: *„Meistens hat unsere Klasse die gleichen Ansichten, also würden mich persönlich sehr die Ansichten und Meinungen der Jungen interessieren" (182).* Von ihnen sei auch mehr Widerstand zu erwarten:

„Jungen haben vielleicht auch nicht so viele Hemmungen und würden sich vielleicht mit den Lehrern auch mal anlegen und sich nicht alles gefallen lassen" (244).

Über die unterhaltsamen Einlagen in den Unterrichtsstunden hinaus vermissen diese Mädchen Jungen auch als Gesprächspartner, die neue Perspektiven beisteuern können und die sich wehren, während sie an sich selbst kritisieren, daß sie sich z. B. dem Begrüßungsritual des Aufstehens unterwerfen, *„was sehr untertänig aussieht"* und sich *„meistens anschreien lassen" (248).* Noch ein bißchen Aufwind von männlicher Seite für die eigene Aufmüpfigkeit erscheint mindestens einigen Mädchen offenbar recht willkommen.

4.1.2.3 Lernen, Leistung und Interessen: Mädchenselbst- und Jungenfremdbild

Zu diesem Komplex präsentieren wir nun den Aufsatz einer Trennungskritikerin, schließen daran zunächst ergänzende Aussagen aus dieser Gruppe an und konfrontieren dies dann mit den Meinungsäußerungen von Trennungsbefürworterinnen.

„Unser Schultag läuft ganz normal ab. Der Unterricht verläuft ziemlich ruhig, es herrscht keine besondere Unkonzentriertheit durch Ablenkung oder so. In den Pausen hat man häufig Langeweile, weil halt nur Mädchen da sind und keiner auf den Schulhof geht. Man sitzt in den Klassen und ißt und unterhält sich, es ist aber nicht besonders lustig.

In einer gemischten Schule stelle ich mir das ganz anders vor: Erst mal hat man in den Pausen und auch im Unterricht viel mehr Spaß und Unterhaltung, da das Zusammensein mit Jungen halt aufregender und lebendiger ist als nur mit Mädchen. Im Unterricht hat es natürlich auch Nachteile: Jungen sind in Mathe und allen übrigen naturwissenschaftlichen Fächern meistens besser, haben auch ein größeres Allgemeinwissen, denke ich, da sie sich mehr für sachliche und technische Dinge interessieren. Aber doch, denke ich, hat die Kommunikation von Jungen und Mädchen etliche große Vorteile. Bei uns merkt man z. B., daß Mädchen in einem Alter, in dem sie eigentlich schon sehr selbstbewußt und eigenständig sein sollten, sehr verklemmt und ge-

hemmt sind, offen ihre Meinung zu äußern. Sobald sie auch mit Jungen in Kontakt treten, tritt eine gewisse Hemmschwelle auf, die dadurch hervorgerufen wird, daß man den Umgang mit Jungen täglich und andauernd nicht gewohnt ist. Der Unterschied zwischen Jungen und Mädchen vergrößert sich, je länger man täglich nur von Mädchen umgeben ist. Der Unterricht würde mit Jungen und Mädchen wesentlich interessanter und lustiger sein."

(280, w, 10. Jg., 15 Jahre)

In der Frage, ob Mädchen und Jungen sich hinsichtlich ihrer Interessen und - eng damit zusammenhängend - auch hinsichtlich ihrer Fähigkeiten unterscheiden oder nicht, sind sich die Schülerinnen der Mädchenschule relativ uneinig. Die Befürworterinnen gemeinsamen Lernens gehen in der Mehrzahl von unterschiedlichen Neigungen aus, was sie aber offensichtlich häufig als anregend, nicht etwa als störend und bedrohlich bewerten:

„Ich fände es besser, auf einer gemischten Schule zu sein, weil dort die Atmosphäre sicherlich anders ist, denn Jungen und Mädchen haben unterschiedliche Interessen. (...) Auch in den Unterrichtsstunden würden dann sicherlich mehr Aspekte, womit ich verschiedene Aspekte meine, genannt; denn Jungen haben wahrscheinlich mehr Ahnung in technischen Dingen als die Mehrzahl der Mädchen" (284).

Allerdings wird das nicht durchgängig als Bereicherung erlebt, die Geschlechterkonkurrenz wird auch gefürchtet:

„In den Fächern wie Deutsch, Englisch, Mathe, Latein, Französisch bliebe wohl alles gleich, aber in Chemie, Physik, Erdkunde würde man bestimmt nicht soviel aufzeigen, weil man Angst haben würde, daß man etwas Falsches sagt. Das kann zwar jetzt auch passieren, aber ich glaube, daß die Jungen alles besser wissen würden in solchen Fächern" (200).

Grundsätzliche Leistungsüberlegenheit der Jungen nehmen die Mädchen nicht an, aber sie gehen - wenn auch nicht alle - erstaunlich oft von einem Wissensvorsprung der Jungen in „männlichen Domänen" aus:

„Ich glaube, daß in einigen Fächern die Mädchen allein besser lernen können (wie z. B. Informatik, Mathe, Physik, Naturwissenschaften), weil Jungen da meistens schneller sind, da sie häufig mehr Interesse haben" (276).

Eine Klassenkameradin, die Physik als Lieblingsfach angibt, findet das Angebot der Mädchenschule in diesem Bereich zu schmal. *„Das würde sich bestimmt ändern, wenn Jungs auf die Schule gehen würden"*, nimmt sie an (157). Auch eine Mitschülerin beschwert sich: *„In Chemie, Physik wird man immer abgestempelt, als wenn man kein Interesse an diesem Fach hätte" (202).* Andererseits, konstatiert ein Mädchen: *„Mädchen unter sich kommen mehr aus sich heraus, als wenn Jungen da sind, die nur darüber lachen" (273).* Sie hält das aber noch nicht für einen zwingenden Vorteil des getrennten Unterrichts. Nur zwei Schülerinnen aus dieser Gruppe melden Zweifel an Darstellungen an, die sie gehört haben. Die erste glaubt nicht an die größere Zurückhaltung der Mädchen:

„Daß sich Mädchen in Naturwissenschaften auf einer gemischten Schule zurückhalten, sehe ich als ein Vorurteil oder als eine schwache Verteidigung für die Mädchenschule" (220).

Auch sie hält aber die eigene Klasse für *„besser in Sprachen als in Naturwissenschaften"*. Die zweite betont ausdrücklich die prinzipiell vorhandenen Fähigkeiten von Mädchen:

„Übrigens glaub' ich nicht, daß Jungen in naturwissenschaftlichen Fächern (z. B. Mathe, Physik ...) bevorzugt werden, weil sie es angeblich besser können sollen. Es gibt bestimmt auch genug Mädchen, die gut in Mathe sind" (268).

Kein einziges der Mädchen erwähnt die Möglichkeit von Hilfe und Unterstützung durch Jungen im gemeinsamen Unterricht, erwartet werden gegenseitige Anregung und „Anstachelung". Ob man dafür allerdings hinreichend gerüstet ist, darüber ist man sich nicht sicher.

„Ich glaube, daß manche Mädchen an unserer Schule gröber sind, also, daß man lernt, sich gegen Mädchen durchzusetzen, aber man lernt hier wahrscheinlich nicht, wie man sich gegen Jungen behauptet" (281).

Insbesondere schüchterne Mädchen fühlten sich vermutlich *„etwas unterdrückt"*, weil sie sich nicht trauen, etwas zu sagen (276). Andererseits sei es gerade für solche *„ganz gut, mal aus sich rauskommen zu müssen"* (ebd.). Am schärfsten formuliert eine Schülerin des 10. Jahrgangs ihre Einwände gegen die getrennte Erziehung:

„Ich finde den Unterricht in gemischten Schulen für die Entwicklung für Mädchen besser, da sie sonst ein bißchen unnormal werden. Sie trauen sich 'in der Welt' sozusagen, besonders gegenüber Jungen nicht, ihren Mund aufzumachen und ihre Meinung zu sagen" (279).

Natürlich sei das nicht bei jeder so, gesteht sie zu, aber ihr sei bei dem Besuch einer gemischten Schule aufgefallen, daß dort viele Schülerinnen und Schüler *„viel selbstsicherer antworteten als hier manchmal"*. Das Mädchenbild dieser Schülerinnen trägt insgesamt deutlich negative Züge. Kein einziges Positivurteil ist zu verzeichnen, dafür finden sich Charakterisierungen wie albern, eingebildet, affig, langweilig, kindisch, *„etwas zurückgeblieben"* und zickig.

Jungen werden dagegen als witzige Rabauken, die den Alltag beleben und aufheitern geschildert, sie haben Temperament und keine Hemmungen, setzen sich gegen Lehrer durch, bringen Spaß, haben mehr und bessere Scherze auf Lager und vertreiben die Langeweile. Negativurteile über sie gibt es keine.

Das stellt sich in der Gruppe der Trennungsbefürworterinnen ganz anders dar. Von insgesamt 55 Mädchen äußern sich nur zwei positiv zu Jungen. Eine Schülerin findet Jungen *„echt total gut" (206),* möchte aber trotzdem nicht mit ihnen auf einer Schule sein. Die zweite bescheinigt Jungen, sie seien *„eher gute Freunde als Mädchen, weil Jungs nicht neidisch sind, wenn man besser aussieht" (264).* Es sind allerdings auch nur 14 Mädchen, die sich negativ äußern: kindisches Benehmen, vor allem aber immer wieder Auslachen und Hänseln wird den Jungen vorgeworfen, Anmache, Gewalt, Dominanz und mangelnde Kompromißbereitschaft seien von ihnen zu erwarten, außerdem seien sie naiv und intolerant, auch neidisch auf gute Leistungen.

Besonders die unerwünschten sozialen Verhaltensweisen der Jungen werden als Behinderung für ungestörtes Lernen kritisiert. Wenn dann auch noch der Entwicklungsvorsprung der Mädchen sehr betont wird, fallen die Beurteilungen männlicher Altersgenossen teilweise recht vernichtend aus, etwa bei der folgenden 14jährigen Schülerin der neunten Klasse:

„Außerdem kann ich mir gut vorstellen, daß wir mit unserem Lernstoff weniger schnell durchkommen würden, weil ich in Erinnerung an die Grundschule weiß, daß die Jungen meist mehr stören und weniger schnell begreifen, worum es im Unterricht geht. Und am schlimmsten ist es, daß die meisten gleichaltrigen Jungen zurückgeblieben sind und gräßlich albern, sie benehmen sich wie fünfjährige Babies" (229).

Die Meinungen über gleiche oder unterschiedliche Fähigkeiten von Jungen und Mädchen gehen aber ziemlich auseinander. Einige Mädchen erklären ausdrücklich, auf Mädchenschulen könne man bessere Leistungen und Noten erzielen, weil man ungestörter und konzentrierter arbeiten könne und besser gefördert werde:

„Ich finde eine Mädchenschule besser, denn dort werden die Mädchen richtig gefördert. Auf den meisten koedukativen Schulen werden die Mädchen total vernachlässigt" (133).

Worin diese bessere Förderung besteht, wird meistens nicht näher ausgeführt. Festgemacht wird es zuweilen daran, daß *„vielleicht in den Naturwissenschaften die Mädchen öfter zu Wort kommen" (234),* allerdings könne sie das nicht beurteilen, fügt diese Schülerin relativierend hinzu. Als Kritik an den Ansichten des eigenen Lehrers argumentieren einige Mädchen gegen die Einschätzung, Jungen seien darin interessierter bzw. besser befähigt: *„Ich meine, daß es nicht stimmt, daß Jungen besser Physik, Chemie, Mathe und Sport können" (198).* Ihre Klassenkameradin dagegen geht davon aus:

„In den einzelnen Fächern, wie Erdkunde, Physik, Chemie, Politik usw. wird sich (auf einer koedukativen Schule, Anm. d. Aut.) bestimmt sehr viel ändern. Ich meine, Jungs interessieren sich meistens mehr für diese Fächer

als wir Mädchen. Ich glaube auch, daß dann die Mädchen aus meiner Klasse, die ziemlich gut in den Fächern sind, nicht mehr so gut sein würden wie sonst" (195).

Eine andere wiederum verweist auf individuelle Neigungen, die ausschlaggebend seien und die sowohl bei Mädchen als auch bei Jungen manchmal untypisch ausfallen können:

„Die Mädchen wären (im koedukativen Unterricht, Anm. d. Aut.) vielleicht in den Fächern wie Textil und Kunst besser und die Jungen in den naturwissenschaftlichen Fächern. Dieses hört man zwar oft, doch es ist nicht wahr. Die Jungen können manchmal auch gut nähen, und die Mädchen können auch besser Physik oder Chemie" (213).

Der Schwerpunkt der Argumentation liegt aber deutlich in dem ungestörteren Lernklima, das bessere Leistungen erlaubt, zumal es keine Gründe gibt, sich dabei zurückzuhalten. Die Anwesenheit von Jungen könnte das ändern: *„Man würde dann nicht mehr so gut sein wollen, weil man dann als Streber bezeichnet werden könnte" (198).* Und außerdem: *„In gemischten Schulen sind die Männer 'Chef' (meistens) und unterdrücken die Mädchen".* Das Sozialverhalten ist hier also sehr eng mit der Leistungsdimension verknüpft. *„Sich nicht trauen", „unterdrückt werden", „Angst, etwas Falsches zu sagen"* tauchen als Vorstellungen über koedukativen Unterricht sehr häufig auf, während für die eigene Klasse die Aussage gilt, *„niemand hat Hemmungen, seine Meinung zu sagen, zu fragen, und auf die Fragen des Lehrers zu antworten (zumindest habe ich das Gefühl, daß niemand Hemmungen hat)" (223).* Das gilt offenbar aber auch in anderen Bereichen explizit nur unter „Gleichen":

„Auch denke ich, daß reine Mädchenschulen besser zur Persönlichkeitsentfaltung beitragen. Innerhalb von Mädchen traut man sich eher seine Meinung zu vertreten, oder mal etwas Ausgefalleneres anzuziehen" (275).

In Anwesenheit von Jungen, darin sind sich sehr viele einig, würden *„Mädchen zurückhaltender reagieren" (285),* jedenfalls sehr viele, vor allem die jüngeren und weniger Mutigen:

„Ich glaube, für jemanden mit gutem Durchsetzungsvermögen und starkem Selbstbewußtsein ist eine koedukative Schule gut geeignet, aber ich bin eher schüchtern und würde mich dann in eine Ecke verziehen" (264).

Hinweise auf bessere Möglichkeit, mehr Selbstbewußtsein zu entwickeln, formulieren lediglich zwei Schülerinnen. Die erste beschreibt das wie folgt:

„Die Mädchen auf unserer Schule sind viel emanzipierter als auf anderen Schulen, aber trotzdem nett. (...) Die Mädchen hier entwickeln sich schneller als die anderen. Sie sagen meistens, was sie denken. Die Mädchen hier werden irgendwie auf Selbstsicherheit und Willensstärke aufgebaut" (206).

Und auch eine Klassengenossin findet, *„daß man selbständiger, selbstbewußter und offener wird, wenn man auf eine Mädchenschule geht“*. Manche in der Klasse würden allerdings eingebildet, das seien aber höchstens 5-6, und so etwas könne auf gemischten Schulen sicher genauso passieren. Im Vergleich zu den vielen Phantasien von Selbstzurücknahme, an den Rand gedrängt oder gar unterdrückt zu werden, fanden wir diese Hinweise auf die Möglichkeiten der Stärkung weiblichen Selbstbewußtseins eher gering, jedenfalls wenn es über den Schonraum einer homogenen Gruppe hinausreichen soll.

4.1.2.4 Fazit: Zwischen Nähewunsch und Abstandsbedürfnis

Unsere Sichtung hat gezeigt, daß in allen drei Gruppierungen in abgestufter Weise die Beziehung zum anderen Geschlecht, die eigene Wirkung darauf und ebenso dessen Beurteilung und Bewertung eine wichtige Rolle spielt. In dieser Hinsicht unterscheiden sich die Schülerinnen der Mädchenschule nicht von denen der koedukativen Schulen. Vergleicht man allerdings die dort farbig vorgetragenen Begründungen für die Unverzichtbarkeit alltäglicher Nähe, dann fallen selbst die von der Minderheit der Koedukationsbefürworterinnen beherzt präsentierten Wünsche und erst recht die unentschlossen-abwägenden Überlegungen der ambivalent zum gemeinsamen Lernen stehenden Mädchen recht blaß aus. Diese beiden Gruppen äußern ein mehr oder weniger diffuses Gefühl von Mangel, Neugier und Kontaktbedürfnissen. Reiz und Risiko liegen dabei für die ambivalenten Mädchen nahe beieinander, während die Koedukationsbefürworterinnen sich vor allen Dingen mehr Sicherheit im Umgang mit Jungen erhoffen.

Die Trennungsbefürworterinnen dagegen können sich Jungen innerhalb der eigenen Schule fast nur als Störfaktoren für den Lernprozeß vorstellen, während die Mädchen aus koedukativen Schulen ihnen teils ja geradezu therapeutische Wirkung in Form von Streßabbau und Motivationsstärkung zuschreiben. Den Schülerinnen der Mädchenschule kommt da eher Ablenkung und Zerstörung von Mädchenfreundschaften in den Sinn. Sie scheinen von einer geradezu zwangsläufigen Entwicklung auszugehen, daß mit dem Erscheinen männlicher Wesen weibliche Aufmerksamkeit von den Geschlechtsgenossinnen abgezogen und auf den oder die Jungen gerichtet wird. Freundinnen werden dadurch zu potentiellen oder tatsächlichen Konkurrentinnen, die es allenfalls wachsam zu kontrollieren oder zu übertreffen gilt. Assoziationen zu genetisch programmierten Balzriten werden nahegelegt. Zuwendung und Solidarität haben Mädchen von ihresgleichen nicht mehr zu erwarten. Solche Konflikte werden von den Schülerinnen aus koedukativen Schulen kaum beschrieben - was wohl nicht heißt, daß sich nicht tatsächlich immer wieder kleine bis mittlere Dramen in diesen Klassen abspielen. Klassenlehrerinnen und -lehrer oder Begleitpersonen auf Klassenfahrten können so manches Lied davon singen. Allerdings wissen sie auch von der zuweilen überraschend schnellen Überwindung solcher Katastrophen zu berichten. Die eben noch „verratene“ Freundin wird zur Trösterin, wenn das kurzfristige Glück genauso schnell wieder zerronnen ist. Insofern hat uns die Eindeutigkeit überrascht, mit der die Schülerinnen der Mädchenschule die von ihnen sonst überwiegend so hoch geschätzte Solidarität unter Mädchen für so wenig strapazierfähig halten, daß sie durch das Auftreten von Jungen so nachhaltig zerstört werden kann. Ob dies nicht durch nachmittägliche Konkurrenz in gleicher Weise möglich ist, hat keines der Mädchen thematisiert. Auch das schien uns erstaunlich. Vorsichtig haben wir uns gefragt, ob der beschriebene vorsorgliche Verzicht auch psychisch entlastende Funktion haben könnte: Wenn man sich einen Wunsch - aus welchen Gründen auch immer - zu einem bestimmten Zeitpunkt nicht erfüllen kann, ist es zuweilen für den eigenen Psychohaushalt schonender, ihn aufzugeben oder zu vertagen, als mit einem ständigen Mangelgefühl zu leben. Die Fabel vom Fuchs, dem die zu hoch hängenden Trauben zu sauer erscheinen, setzt diesen Mechanismus einleuchtend ins Bild.

Damit wollen wir nun keineswegs andeuten, daß viele Schülerinnen der Mädchenschule ihre „eigentlichen“ Bedürfnisse verdrängen. Eine konkurrierende Erklärung wäre die, daß die Mädchen unter den Rahmenbedingungen des Mädchenschulbesuchs eine andere Bedürfnisstruktur entwickeln. Vermutlich würden einige der koedukativen Schülerinnen sich durch einen Teil der Mädchenschulaufsätze in ihrer Einschätzung bestätigt sehen, Besucherinnen von Mädchenschulen seien eher „schulfromm“- was diese selbst ja vehement bestreiten. Andererseits äußern relativ viele Mädchen Ansichten, die in der Tat sicher auch manches Lehrer- und Elternherz vor Freude höher schlagen lassen. Wir meinen damit beispielsweise die Einsicht, es sei klüger, sich auf den Unterricht und die Hausaufgaben zu konzentrieren, als auf die Frage, wie man den Jungs gefallen könne. Im Vergleich zu den offenherzigen Schilderungen von Genuß durch die Mädchen-Jungen-Beziehungen der Schülerinnen aus koedukativen Schulen bleiben die Schülerinnen der Mädchenschulen in dieser Altersgruppe jedenfalls eher zurückhaltend - wie auch immer man dies bewerten mag.

Die gute, offene Atmosphäre, das konzentrierte Arbeitsklima und die Vertrautheit unter Gleichen werden von vielen Schülerinnen als besondere Merkmale einer Mädchenschule hervorgehoben. Niemand müsse Hemmungen haben, auch Schwächere könnten integriert und gestützt werden, man könne alles fragen, ohne Angst davor haben zu müssen, ausgelacht zu werden. Dieses sehr positive Bild wird zwar von einigen Schülerinnen vorsichtig hinterfragt. Sie vermissen zuweilen Durchsetzungsfähigkeit und Aufmüpfigkeit, sehen dafür auch innerhalb der Mädchengruppen weniger positive Umgangsformen - so „zart“ ginge man auch nicht immer miteinander um. Dennoch beurteilt aber eine deutliche Mehrheit das soziale Klima in der eigenen Schule ausgesprochen positiv.

Das gilt bei vielen auch für die Leistungsdimension. Gerade wegen der höheren Disziplin, der Möglichkeit zu ungestörter Konzentration könne man gute Leistungen erreichen. Der Wegfall hemmender Jungendominanz wird von vielen erleichtert begrüßt. Allerdings ist das häufig verbunden mit der Unsicherheit, ob die innerhalb der Mädchengruppe gezeigten guten Leistungen in der Konkurrenz mit Jungen sich als gleichwertig erweisen. Diese Unsicherheit im Verein mit der Furcht, das gute Klima würde durch das Auftreten von Jungen gestört, erhöht bei vielen Schülerinnen das Abgrenzungsbedürfnis. Der Wunsch nach mehr Nähe und Kontakt zu Jungen muß schon recht ausgeprägt sein, wenn solche Befürchtungen ausgehalten werden. Wir haben gesehen, daß die Gruppe derjenigen, die solche Nähewünsche äußern, im Vergleich zu den jüngeren Schülerinnen sehr viel größer ist. Im folgenden werden wir die Entwicklung in der Oberstufe verfolgen.

4.1.3 Sekundarstufe II: „Ich bin so auch geteilter Meinung ...“

Auch in der Oberstufe äußert sich die weitaus größte Gruppe - genau die Hälfte der 154 Schülerinnen - ambivalent zum eigenen Schultyp. Ein Viertel möchte dagegen daran festhalten, und der Anteil derjenigen, die sich nur zeitweilig eine Trennung als sinnvoll vorstellt, ist inzwischen auf 20% gestiegen. Dahinter verbergen sich ganz unterschiedliche Vorschläge: Gemeinsames Gebäude mit gemeinsamen Pausen, aber getrennter Unterricht, fächerspezifische Trennungen oder aber - besonders häufig - so etwas wie ein Phasenmodell: gemeinsame Grundschule, Trennung während der Sekundarstufe I, ab Kl. 10 dann wieder gemeinsamer Unterricht. Eindeutige Koedukationsbefürworterinnen finden sich nur sieben. Trotz recht positiver Aussagen zum gemeinsamen Lernen mußten viele Mädchen schon deshalb in die Kategorie „ambivalent“ eingeordnet werden, weil sie ihre Unsicherheit aufgrund mangelnder oder zu weit zurückliegender Vergleichsmöglichkeiten stark betonten. Wir stellen zu Beginn wieder einen kompletten Aufsatz aus der Mehrheitsposition vor.

„Der normale Tagesablauf hat sich in den letzten sechs Jahren, in denen ich diese Schule besuche, so eingeprägt, daß Besonderheiten kaum noch auffallen und es total normal geworden ist, daß die Mitschülerinnen nur Mädchen sind. Die Unterrichtsform ist auch immer dieselbe.

Wenn ich sie nun mit der von einer koedukativen Schule vergleichen soll, kann ich dies nur auf Vorurteilen basierend tun, da ich den Alltag an einer gemischten Schule nicht kenne. Ich glaube jedoch, daß er sich nicht wesentlich von unserem Schulalltag unterscheidet. Die jüngeren Schülerinnen unserer Schule rennen genauso schreiend in den Pausen durch das Schulgebäude, wie ich es mir von 10-12jährigen Jungen vorstellen könnte. Wir unterhalten uns in den Pausen, was man jedoch auch genauso gut mit männlichen Gesprächspartnern durchführen könnte. Das Klima in den einzelnen Kursen ist unterschiedlich. Hier treten auch die Vor- und Nachteile einer Mädchenschule auf. In den meisten Kursen (z. B. Musik, Deutsch, Fremdsprachen) herrscht eine gute Atmosphäre. Man versteht sich mit den Lehrern und die Gruppe arbeitet gut zusammen. In Fächern wie z. B. Mathe, Physik, Sport scheiden sich doch dann manchmal die Geister. Ein Teil von uns (meist die Leistungsstärkeren) hätte gern hier männliche Mitschüler, da ihnen - so auch mir - der Unterricht teilweise zu sehr auf Mädchenschule angepaßt vorkommt. In Physik werden die schweren Formeln teilweise bewußt nicht beigebracht. Es könnte ja zu schwer sein. Der andere Teil ist jedoch froh, nur unter Mädchen zu lernen, da sie sonst eventuell weniger sagen würden. Ich bin so auch geteilter Meinung über die Institution reiner Schulen. Einerseits ist es eine Chance, selbstbewußt und unvoreingenommen lernen zu können. Es gibt auch keine Probleme mit gegenseitigem Imponierverhalten. Andererseits ist es auch gut, gemeinsam aufzuwachsen und miteinander zu lernen, da es sonst eventuell zu Berührungsängsten kommen könnte. Doch diese Pro- und Contraargumente sind schon lange bekannt, so daß ich nicht glaube, daß diese Umfrage aufschlußreiche Ergebnisse bringen wird. Dennoch viel Erfolg und Spaß bei der Auswertung."

(307, w, 11. Jg., 17 Jahre)

Die Ausführungen zum Schulleben wie auch zum Selbst- und Fremdbild unterscheiden sich nicht grundsätzlich von denen der jüngeren Schülerinnen, so daß wir hier - wie bei den Jugendlichen aus den koedukativen Schulen - unsere Auswertungsstrategie zur Vermeidung von Wiederholungen modifizieren. Zwei Aspekte lassen gerade bei den älteren Schülerinnen, die häufig rückblickend ihre gesamte Schulzeit reflektieren, gut herausarbeiten: ihre Sichtweise, ob und in welcher Weise sie das pädagogische Konzept der eigenen Schule als förderlich erlebt haben und worin sie die spezifische Beziehungsqualität reiner Mädchenklassen sehen. In einem dritten Schritt integrieren wir beide Aspekte unter der Fragestellung, ob und wie die Schülerinnen den Sonderstatus ihrer Schule erleben und wie sie ihn bewerten.

4.1.3.1 „Ich finde eine Mädchenschule besser, denn dort werden die Mädchen richtig gefördert"

Selbst die Trennungsbefürworterinnen äußern sich nur relativ selten und eher vorsichtig zu den mädchenspezifischen Förderkonzepten ihrer Schule. Das mag daran liegen, daß den meisten Vergleichsmöglichkeiten aus eigener Anschauung fehlen.

„Ich kann mir die Situation, daß sich im koedukativen Unterricht (in naturwissenschaftlichen Fächern) Mädchen zurückhalten und den ach so schlauen Jungen, die schon im Krabbelalter sich mit technischen Feinheiten eines Matchboxautos beschäftigen, den Vortritt lassen, nicht richtig vorstellen. Deswegen könnte ich mir vorstellen, daß frau (besonders in den ersten Jahren) hier besser gefördert wird als an einer der gewöhnlichen koedukativen Schulen. In späteren Jahren sieht die bessere Förderung dann so aus, daß in vielen Fächern ein höheres Unterrichtsniveau gehalten werden kann!" (348)

In den unteren Jahrgängen haben wir gesehen, daß dies vor allem mit der größeren Disziplin und der konzentrierten Arbeitsatmosphäre begründet wurde. Solch bessere „Arbeitsmoral" wird von den älteren Schülerinnen nur noch manchmal erwähnt (354). Im wesentlichen zentrieren sich die Argumente um die Frage der - von der Mehrheit als sicher angenommenen - Benachteiligung von Mädchen in koedukativen Kontexten, um Selbstbehauptung und Rückzug:

„Tatsache für mich ist, daß ich gerne auf eine Mädchenschule gehe, daß ich mich nicht dazu bereit erkläre, mich der wohl im koedukativen Unterricht immer vorhandenen Diskriminierung der Frau auszusetzen. Hier kann ich mich mehr auf meinen Unterricht konzentrieren, als mich mit dem besagten Konflikt auch noch in der Schule auseinandersetzen zu müssen, dem ich mich im Alltag schon zur Genüge stellen muß. Ich würde mich von keinem Jungen in meinem Unterrichtsverhalten beeinflussen lassen" (313).

Häufig wird dabei betont, daß es besonders für manche Mädchen"typen" angemessener sei, in reinen Mädchengruppen zu lernen:

„Positiv an dem Unterricht einer Mädchenschule wäre eindeutig zu vermerken, daß die Schülerinnen in keinster Weise von Jungen negativ beeinflußt werden, das Lernverhalten betreffend. D. h. Mädchen mit eher zurück-

haltenderem Charakter können hier besser lernen, sich durchzusetzen und zu zeigen, was sie können" (337).

Dafür gäbe es dort ein größeres Übungsfeld, meint eine Schülerin: *„Ebenfalls wird Mädchen an Mädchenschulen mehr die Möglichkeit zur freien Meinungsäußerung und die Teilnahme an Problemlösungen gegeben" (334).* Eine andere geht davon aus: *„Ich denke, auf koedukativen Schulen kommen die Mädchen oft 'zu kurz', da Jungen immer irgendwie eine Möglichkeit finden, sich in den Vordergrund zu rücken" (340).* Solche Gefahr drohe in Mädchenschulen nicht, was im Ergebnis zu mehr Selbstbewußtsein führe:

„Ich habe den Unterricht an einer reinen Mädchenschule bisher als recht angenehm empfunden. Z. B. glaube ich, daß im Schnitt die Mädchen einer reinen Mädchenschule ein weitaus ausgeprägteres Selbstbewußtsein haben als ihre Altersgenossinnen. Dies liegt vermutlich daran, daß sie zumindest im Schulalltag davor bewahrt worden sind, sich mit den Augen irgendwelcher männlicher Altersgenossen zu sehen und zu bewerten" (317).

Das eröffne mehr Möglichkeiten, sich auch auf Gebiete zu wagen, die gemeinsam mit Jungen schwerer zu erobern wären, ob es sich um das Spielen in einer Band handle (424), die Mitarbeit in Arbeitsgemeinschaften oder der Schülerzeitung oder auch um den immer wieder erwähnten naturwissenschaftlichen Bereich:

„Ich selber habe Biologie und Mathe als Leistungskurs gewählt, weil ich diese Fächer immer schon gerne gemacht habe, aber vor allem, weil ich auf dieser Schule durch die Jungen keine Konkurrenz hatte und sah" (354).

Es sei schon erleichternd, wenn man nicht von Jungen unterdrückt werde, *„die in ihrer Freizeit nichts anderes tun als sich mit chemischen Experimenten oder Radios auseinanderbauen zu beschäftigen" (353).* Die hohe Einschätzung der Jungenfähigkeiten auf solchen Gebieten schlägt in sehr vielen Äußerungen durch, wenn sie vereinzelt auch kämpferisch bestritten wird:

„Frau behandelt im Unterricht den gleichen Stoff wie 'man(n)', schreibt genauso schwere Klausuren, hat dieselben Lehrer und hat auch Lieblingsfächer und 'Ätzfächer'. Wie schon unser Schulslogan 'Frau ist schlau'(!) sagt, handelt es sich bei uns auch nicht um unfähige, desinteressierte 'Mädel' vom Lande, sondern um ganz normale, schlaue Frauen (...), die sich meiner Meinung nach auch oder ganz besonders im naturwissenschaftlichen Bereich nicht dümmer anstellen als Männer (oder Jungen, wie Sie wollen)" (348).

Einige der Oberstufenschülerinnen beziehen sich inzwischen auch auf aktuelle Erfahrungen aus gemischten Leistungskursen, die gemeinsam mit dem benachbarten Jungengymnasium organisiert werden.

„Mal werden Mädchen mit falschen Antworten ausgelacht und woanders wird man als gleichwertiger Partner im Unterricht anerkannt und es kann

auch vernünftig zusammen diskutiert werden. Wenn wir in den Leistungskursen mit Jungen zusammenkommen, sind die der anderen Schulen (entweder wir oder die anderen) anfangs etwas schüchterner, aber später kooperiert man wunderbar" (303).

Hemmungen oder die Bereitschaft, eigene Beteiligung und eigene Leistung zurückzustellen, um nicht als Streberin zu gelten, nehmen diese Mädchen vor allem für jüngere Schülerinnen an. Wenn man diese Phase hinter sich hat, ist gemeinsames Lernen in ihren Augen jedenfalls nicht schädlich. Aber größere Vorteile sehen sie insgesamt in geschlechtsgetrennten Schulen. Was nicht bedeutet, wie sie vorsorglich versichern, daß sie ein schlechtes oder gespanntes Verhältnis zu Jungen hätten: *„Wegen getrenntem Unterricht sind wir weder verklemmt, naiv noch hyperemanzipiert, höchstens etwas selbstbewußter als andere Mädchen" (422).*

Die Trennungsgegnerinnen sehen das anders. Einige von ihnen fühlen sich eher zu sehr „geschont". Sie begrüßen zwar das angenehme Klima, beanstanden aber: *„... leider wird man von vielen Lehrern zu wenig gefordert!!!" (439).* Außerdem gehen sie davon aus, daß gerade in koedukativen Lerngruppen wichtige Trainingssituationen für freies und selbstbewußtes Auftreten bestünden, die in Mädchenschulen fehlen:

„Ich glaube, daß manche Mädchen an unserer Schule gröber sind, also, daß man lernt, sich gegen Mädchen durchzusetzen, aber man lernt hier wahrscheinlich nicht, wie man sich gegen Jungen behauptet" (288).

Gerade das sei aber wichtig, jedenfalls unter dem Aspekt der Vorbereitung für die Zeit nach der Schule, geben mehrere zu bedenken.

„Von vornherein den Umgang mit Jungen zu haben, kann sehr gut für das Selbstbewußtsein eines Mädchens sein. Mädchen werden oftmals benachteiligt und verletzt von Jungen (gerade in der pubertären Phase), jedoch lernen sie dadurch, sich durchzusetzen. Sie sind weniger verletzbar im späteren Leben!" (350)

Deshalb solle Geschlechtertrennung keinesfalls zu lange dauern, sondern - wenn überhaupt - auf die unteren Jahrgänge beschränkt werden, schlagen mehrere Mädchen vor:

„Meiner Meinung nach ist eine reine Mädchenschule nur in den ersten drei Jahren sinnvoll, wenn man sich erst an alles Neue gewöhnen muß, sowieso noch stiller und zurückhaltender ist. Dann jedoch finde ich, müßte aber jeder so selbstbewußt sein, daß er sich auch im gemischten Unterricht behaupten könnte" (391).

In eine ähnliche Richtung argumentieren die Schülerinnen, die sich ambivalent zur Frage nach Vor- und Nachteilen ihres Schultyps äußern. Sie begrüßen zwar das konfliktfreiere Lernen und empfinden es als angenehm, daß sie nicht *„kleine, arrogant-dumme Möchtegernmachos"* um sich herum haben, setzen aber doch auf einen „Abhärtungseffekt" der koedukativen Schulen:

„Als Mädchen/Frau muß man, nach meinen Erfahrungen, mehr als angenehm, die Zähne zeigen. Ich glaube aber auch, daß Mädchen möglichst früh lernen sollten, damit umzugehen und sich nicht unbedingt auf einer reinen Mädchenschule verschanzen sollten; zumindest nicht die ganze Zeit ihres schulischen Werdegangs. Irgendwann im Berufsalltag müssen sie/wir sich/uns ja auch mit männlichen Wesen auseinandersetzen" (339).

Auch hinsichtlich der besseren Förderung in den naturwissenschaftlichen Fächern gehen bei ihnen die Meinungen auseinander, wie sich im eingangs zitierten Aufsatz ja schon andeutet. Die Mehrzahl geht davon aus, daß es auf diesem Gebiet für Mädchen in koedukativen Kontexten schwerer ist:

„Ich kann mir jedoch auch vorstellen, daß in den naturwissenschaftlichen Fächern, wo immer mehr Jungen als Mädchen sind, es auch immer schwerer für Mädchen sein wird, vorausgesetzt, daß sich überhaupt erst einmal ein Mädchen zu einem solchen Fach durchringt, obwohl diese deutlich in der Minderzahl sind" (367).

Gerade in einer solchen Minderheitenposition würden sie unterdrückt, übertönt und von Jungen stark beeinflußt, teils entmutigt durch häßliche Kommentare, teils durch nicht einzuholende Überlegenheit. Widerstand gegen solches Verhalten wird von den meisten offenbar als aussichtslos empfunden: *„Wir hätten nicht den Mut, uns gegen die dominanten Jungen durchzusetzen" (357).* Durch die gegenwärtigen Kooperationserfahrungen in der Oberstufe sehen sie das teilweise auch bestätigt:

„Da meine beiden Leistungskurse auf einer Schiene liegen, habe ich meinen Mathe-LK an einer koedukativen Schule (...). In dem Kurs sind nur Jungen und wir sind drei Mädchen von der Cäcilienschule. Das erste Halbjahr war ziemlich schockierend für mich, weil ich mir dachte: Oh, Gott, die können das bestimmt alles viel besser, weil Jungen ja auch angeblich mehr 'Talent' für naturwissenschaftliche Fächer aufweisen. Mittlerweile unterhalte ich mich mit fast allen und habe auch mehr Spaß am Unterricht, weil ich mir denke: Was die können, kann ich auch. Aber man merkt doch schon, daß diese Jungs den Unterricht mehr vorantreiben, als es bei uns früher (Mittelstufe) der Fall war. Mädchen sind da zurückhaltender. Das merke ich sogar bei mir, und das, wo ich wirklich nicht auf den Mund gefallen bin und bei uns an der Schule einen Querschnitt der mündlichen Mitarbeit von 1 - 2 habe, während ich in diesem Mathe-LK letztes Halbjahr mit einer 4+ beurteilt wurde" (373).

In anderen Fächern könnten ja vielleicht auch umgekehrt die Mädchen die Jungen *„überrumpeln"*, meint eine Schülerin, die ebenfalls von geringerer Durchsetzungsfähigkeit der Mädchen in Fächern wie Mathe, Physik und Geschichte ausgeht. Da ist sie sich aber keineswegs sicher:

„Andersherum könnte ich mir auch vorstellen, daß die Mädchen in manchen Kursen vielleicht die Jungen überrumpeln (bei den Jungen liegt es nur wahrscheinlich nicht an mangelnder Durchsetzungsfähigkeit; vielleicht ist das auch ein falsches Bild von Jungen auf einer Mädchenschule?), da von ihrer Seite mehr Interesse besteht, z. B. an Pädagogik, Bio, und es mag auch Fächer geben, in denen das Interesse so verteilt ist, daß es sich gerade aufwiegt und die Beteiligung gleich ist" (386).

Die große Unsicherheit des eigenen Urteils aufgrund eigener Erfahrungen wird von sehr vielen angesprochen. Überwiegend wird jedoch die „Dominanz-Hypothese" männlicher Leistungs- und Durchsetzungsfähigkeit vertreten. Eher vereinzelt finden sich deutlich selbstbewußte Gegenpositionen, die solche Beschreibungen bezweifeln oder mit eigenen Beobachtungen widerlegen. Auch Mädchen könnten in gemischten Kursen dominieren, berichtet eine Schülerin aus einem Biologie-Leistungskurs. Außerdem seien in höherem Alter die Jungen inzwischen auch reifer und kooperationsfähiger, die Mädchen selbstbewußter, so daß sich in der Oberstufe eigentlich keine Schwierigkeit mehr ergeben sollten: *„Ich kann nicht sagen, wie es mit anderen ist, aber wenn ich in einer gemischten Schule von Jungen unterdrückt würde, würde ich das ändern" (405).* Allerdings wird das immer wieder differenziert auf individuelle Persönlichkeitsunterschiede oder auch verschiedene „Typen":

„Es kommt aber auch auf das Wesen an, wenn man als Mädchen schon immer sehr selbstbewußt war, findet man sich auch im koedukativen Unterricht genausogut zurecht wie in einer Mädchenschule" (401).

Ob die Mädchenschule vor allem ein geeigneter Aufenthaltsort ist für eher schüchterne und zurückhaltende Schülerinnen, oder ob gerade die mehr Erfahrung und Training im Umgang mit Jungen brauchten, darüber gibt es - wie wir gesehen haben - unterschiedliche Meinungen. Zwar berichtet ein großer Anteil der Mädchen eine Reihe positiver Erfahrungen: Vielseitige und anspruchsvolle fachliche Förderung verbuchen sie in der Regel als Vorteil, dennoch bleibt ein hohes Maß an Ambivalenz. Wieweit diese Förderung im Vergleich mit den Jungen trägt, darüber haben viele ihre Zweifel - nicht unbedingt nur wegen der impliziten Hochschätzung von Motivation und Kompetenz der Jungen, sondern vor allem auch wegen ihrer Zweifel an der eigenen Durchsetzungsstärke. Nur von einer Minderheit wird klar die Einschätzung geäußert, man fühle sich stark genug für eine gleichwertige Kooperation. Ob das im Schutz der geschlechtshomogenen Gruppe aufgebaute Selbstvertrauen auch in geschlechtsheterogene Lernkontexte transferiert werden kann, darüber sind sich viele Mädchen durchaus nicht im klaren.

4.1.3.2 „Hier ist eine viel, viel bessere Klassengemeinschaft als auf anderen Schulen“

Generell in allen Jahrgängen wird von den Schülerinnen der Mädchenschule nahezu einhellig das gute Klima an der eigenen Schule gelobt. Das gilt für die Beziehungen zwischen den Mädchen ebenso wie für die zu den Lehrkräften. Die Folie dafür sind Annahmen über Wesens- und Verhaltensunterschiede der Geschlechter. Wir haben schon bei den jüngeren Mädchen gezeigt, daß bei den Jungen häufig eher negativ besetzte Eigenschaften wie Dominanz und Rücksichtslosigkeit wahrgenommen werden, während Mädchen häufig solche zugeschrieben werden, die dem Bild der freundlich-friedlichen Frau entsprechen. Allerdings erhielten Jungen auch oft positive Einordnungen als witzige Auflockerer des Unterrichts oder als Hilfe zur Durchsetzung eigener Vorstellungen gegen Lehrkräfte. Komplementär dazu wurden die eigenen Geschlechtsgenossinnen oft als weniger aktiv und mutig erlebt, wenn auch überwiegend die Zuschreibungen langweiliger Bravheit als typisches Merkmal von Mädchenschulen empört zurückgewiesen wurden. Wie charakterisieren nun die älteren Mädchen ihre Erfahrungen auf der Beziehungsebene?

Wir beginnen mit den Urteilen der Mädchenschulbefürworterinnen, die sich zu diesem Thema besonders ausgiebig geäußert haben. Rügen, Tadel und Briefe an die Eltern gebe es an ihrer Schule nicht, heben sie hervor (290). Das sei auch nicht nötig, weil es weniger Konflikte zwischen Lernenden und Lehrenden gäbe. Dennoch sei aber das Klima in der Klasse sehr lebendig, jeder könne seine Meinung äußern und tue das auch:

„Es ist einfach eine Gemeinschaft, in der niemand benachteiligt ist oder wegen seines Erscheinungsbildes ausgelacht wird. Das Verhältnis zwischen Schülern und Lehrern ist meistens wie auf freundschaftlicher Basis, der Lehrer wird als Mensch gesehen, der Fehler machen kann und dadurch entsteht ein ganz anderes Bild“ (292).

Man entwickle an dieser Schule *„eine besondere Art von Gemeinschaftssinn, da die Cäcilienschule ja fast die einzige Mädchenschule im weiten Umkreis ist“ (293).* Ungezwungener und besser sei der Schulalltag, wesentlich ruhiger, ohne Unterdrückung und Bevorzugung von Jungen (296). Dafür gehe man vertrauter miteinander um:

„Ich glaube, bei uns wissen die Mädchen mehr voneinander als auf anderen Schulen, reden über mehr. Man macht sich auch nicht soviel Sorgen um sein Äußeres und um sein Verhalten. Das kommt erst, wenn die Schule zuende ist und man wieder auf Jungs trifft. Man verhält sich also offener und ist, glaube ich, auch teilweise netter gegenüber Außenseitern, wobei man auf an-

deren Schulen vielleicht Angst hätte, dadurch schief angesehen zu werden" (298).

Besonders gut sei die Schule deshalb *„für Mädchen die schüchtern sind. Es gibt, glaube ich, nicht so große Cliquenbildung und nicht so große Angeberei"* (ebd.). Diese Argumentationsfigur taucht sehr häufig auf, erhält aber ihr Gegengewicht in Versicherungen, daß es eben auch oft laut und ausgeflippt zugehe (292). Zwar würde von Jungs auf koedukativen Schulen mehr *„Mist gebaut"*, aber auf der eigenen Schule seien *„es halt Mädchen, die das übernehmen müssen" (298).* Und es sei auch nicht so, daß man ausschließlich nett zueinander sei:

„Es ist nicht so, daß Mädchen immer lieb und zart mit sich umgehen (verbal), sondern daß auch im Unterricht mal harte Kritik oder laute Kommentare kommen, wie es in der Grundschule nur (fast) von Jungen kam. In den Pausen haben wir natürlich mehr Freiheit, da wir uns die Köpfe nicht mit Stühlen einschlagen. Wir dürfen auch in den Klassen bleiben. Außerdem gibt es bei uns keine Tadels in's Klassenbuch wie an anderen Schulen" (303).

Der größere Freiraum, den man wegen seines „vernünftigeren" Verhaltens hat, wird schon von den jüngeren Schülerinnen sehr hervorgehoben. Auch die älteren Mädchen sehen das Privileg, in den Pausen im Haus bleiben zu können, als Folge und Belohnung des besseren Sozialverhaltens. Jungen seien weniger fähig, ihre Konflikte gewaltfrei zu lösen. Ihnen könne man so etwas vermutlich nicht zugestehen. Und eine zusätzliche Dimension dieses Freiraums bedeute es, daß man von der ständigen Konkurrenz mit Jungen freigesetzt sei:

„Manche Mädchen empfinden vielleicht einen großen Leistungsdruck, wenn Jungen dabei sind, damit sie ja nicht untergebuttert werden. Man kann sich an einer Mädchenschule freier und besser und normaler entfalten und wird nicht von Jungen in eine bestimmte Entwicklungsrichtung gezwungen (viele Mädchen werden extra männlich im Verhalten, um anerkannt zu werden)" (303).

Dagegen könne man seine eigenen Werte kultivieren, die sich eben deutlich von männlichem Verhalten abheben:

„Mädchen untereinander verhalten sich im Unterricht sozialer, fairer und toleranter als es Jungen tun, bei denen eine regelrechte Hierarchie im Unterricht herrscht. Das ist wahrscheinlich auf die 'Macke im Mann' zurückzuführen, alles unter seiner Macht haben zu wollen. Schwächere haben keine Chance - Leistungsdruck und regelrechter Wahn, Hackordnung und unsoziales Verhalten" (313).

Davon möchte man sich scharf abgrenzen, sich untereinander zunächst der eigenen Identität ungestört vergewissern und Stärke aufbauen:

„Weiter empfinde ich es jetzt, in der 11. Klasse, wo ich wohl den kritischsten Teil der pubertären Phase hinter mir habe, als recht positiv, wenigstens in der Schule vor dem allgemeinen 'Balzverhalten' verschont zu bleiben. Ich will nicht sagen, daß dieses Verhalten für mich generell keine Reize birgt. Nein, nein! Aber ich halte es für ganz angenehm, in der Schule einen Ort zu haben, wo sämtliche feministischen Neigungen voll ausgelebt werden können, man auf Männer(chen) schimpfen und sie in Form des männlichen Lehrkörpers tyrannisieren kann" (317).

Auf diese Weise könne man sich besser entfalten, habe gleiche Probleme, fühle sich auch sicherer (326). Gerade das gute Verhältnis untereinander wirke sich sehr positiv auf den Unterricht aus:

„Ich glaube, daß dadurch z. B. ruhigere Schülerinnen ermutigt werden, sich am Unterrichtsgeschehen zu beteiligen. Sie fühlen sich sicher und können so auch die Angst überwinden vor einem falschen Beitrag zum Unterricht und vor dem Gespött der Mitschülerinnen. Deshalb stelle ich mir auch vor, daß an einer koedukativen Schule sich die vom Charakter nicht so durchsetzungsfähigen Schülerinnen von der Gemeinschaft und vom Unterrichtsgeschehen distanzieren" (329).

Mädchen gingen in Diskussionen stärker aufeinander ein, hörten besser zu und antworteten überlegter und weniger oberflächlich als Jungen (351). Man lache sich nicht gegenseitig aus oder freue sich über Fehler der andern (353). Erfahrungen und Ängste könne man viel besser austauschen, ohne deswegen Hänseleien befürchten zu müssen (354). Aggressivität, Brutalität und das Geltungsbedürfnis an reinen Mädchenschulen sei geringer, vermutet eine Schülerin:

„Es gibt zwar auch bei uns gewisse ehrgeizige Persönlichkeiten, die besonders versuchen, sich im Unterricht, in Pausen oder bei sonstigen schulischen Veranstaltungen zu profilieren, aber nicht aus Konkurrenzkampfgründen, oder um beim anderen Geschlecht Eindruck zu machen. Zu Handgreiflichkeiten oder anderen schweren Aggressivitäten kommt es eigentlich nie. Der Umgangston wird von Sympathie oder Antipathie bestimmt, je nachdem" (344).

Die Abwesenheit von Geschlechterkonkurrenz, des Zwangs, dem anderen Geschlecht gefallen oder es beeindrucken zu müssen, wird von mehreren Mädchen als Grund für das entspannte und vertrauensvolle Verhältnis untereinander genannt. Man werde auch dann akzeptiert, wenn man z. B. Probleme mit dem Aussehen habe, etwa zu dick sei (299) oder sehr zurückhaltend :

„Der Unterschied zu anderen Schulen ist vielleicht, daß man weniger Randale und Diskriminierung begegnet. Es ist eine nette Atmosphäre, die man sich aber nicht so vorstellen muß, daß alle still und brav ihres Weges gehen. Stimmungsmäßig ist hier genauso viel los wie an jeder anderen ge-

mischten Schule; nur daß oben genannte Unannehmlichkeiten wegfallen. Es kommt auch nicht so stark vor, daß viele meinen, sich irgendwie produzieren zu müssen, weil sie jemandem gefallen wollen, das macht vielleicht einiges natürlicher" (404).

Die Freundschaft untereinander sei auch dadurch *„wesentlich enger und stärker"* als an anderen Schulen, man habe ein geradezu „familiäres" Verhältnis, es zähle eben nicht nur Leistung (426): *„Man hilft dem anderen gern, anstatt sich zu freuen, daß man besser ist" (416).*

Dieses ausgesprochen positive Bild befriedigender weiblicher Kommunikation - solange sie nicht durch Jungen gestört wird - findet sich bei den Befürworterinnen gemeinsamen Lernens nur gebremst wieder. Sie empfinden die größere Ruhe und Überlegtheit zuweilen auch als Mangel an Aktion und Spontaneität (288). Die Freiheit, in der Pause ungestört auch im Gebäude bleiben zu können, schränkt in ihren Augen auch die Kontaktfreude ein Stück weit ein (319). Lustiger und unterhaltsamer stellen sie sich vor allen Dingen das Lernen mit Jungen vor (268). Und Hemmungen, Angst sich im koedukativen Unterricht zu melden etc., verneinen sie zumindest für sich selbst:

„Seitdem wir auch gemischten Unterricht haben, habe ich diesen erst richtig schätzen gelernt! Ich habe das Gefühl, ich lerne dort viel mehr, und ich kann auch überhaupt nicht behaupten, daß ich mich dort irgendwie benachteiligt oder eingeschüchtert durch das Auftreten der Jungen fühle" (391).

Nur ein *„verschwindend kleiner Teil"* der Mädchen sei davon betroffen, meint eine Schülerin (388), andere heben aber hervor, daß es gerade für *„die Mädchen, die sonst sowieso schüchtern sind"*, mit Jungen mindestens in den naturwissenschaftlichen Fächern wohl ziemliche Probleme geben könne (300). Hilfsbereitschaft und solidarische Unterstützung erwarten auch diese Mädchen von Jungen eigentlich gar nicht, sie sehen sich selbst nur besser gerüstet für die Auseinandersetzung mit der männlichen Konkurrenz. Insofern ruht die positive Schilderung der weiblichen Beziehungsqualität der eigenen Schule offenbar sowohl bei Koedukationsgegnerinnen wie -befürworterinnen auf einem ziemlich negativen Jungen- bzw. Männerbild. Gerade in der Abgrenzung davon wird die Qualität der Mädchenbeziehungen oft deutlich herausgearbeitet. Wir präsentieren dafür ein längeres Beispielzitat im Zusammenhang, weil dieses die vereinzelten Aussagen vieler Mitschülerinnen eindrucksvoll bündelt:

„Es ist für mich schwer vorstellbar, wie es in einer koedukativen Schule zugeht. (...) Da ich in meiner Freizeit so gut wie keinen Kontakt (er konvergiert zu Null) zu Jungen habe, weiß ich nicht, ob sie sich immer noch so ungestüm, teilweise möchte-gern-imponierend aufführen. Ich könnte mir jedoch

folgendes denken: Auf dem Weg von der Haltestelle zur Schultreppe müßte ich durch eine Allee von Schülern, die draußen stehen (um zu rauchen z. B.), und versuchen, Kommentare über mich zu überhören. In der Eingangshalle hätte ich mir durch einige raufende Jungen einen Weg zu bahnen. In den Fächern wäre ihr Verhalten wohl eher destruktiv, den Unterricht oder den Lehrer/die Lehrerin störend. Wenn ich etwas sagen wollte, müßte ich womöglich eine Viertelminute warten, bis sie zum Schweigen gebracht sind. Wären die Jungen tatsächlich so, wie ich sie nun beschreibe, hätte ich bestimmt Angst, meine Meinung über etwas vor der Klasse bekanntzugeben, würde mich deshalb längst nicht so häufig melden. Auch die Lehrenden wären vermutlich nicht so ausgeglichen und geduldig, sondern etwas genervter, aufgerieben. In naturwissenschaftlichen Fächern orientierten sie sich eventuell mehr an den Schülern, hoffend, von ihnen eher Antworten zu bekommen. Ich kann mir nicht vorstellen, welche Vorteile die Koedukation haben sollte. Vielleicht wäre das Schulmobiliar auch etwas zerstört (über und über bemalt, besprüht, angeschnitten), und Ruhe in der Bibliothek fände ich wahrscheinlich auch nicht unbedingt. Dort sitzt zwar eine Aufsicht, aber mit der Zeit gäbe es die bestimmt auf, dort immer hinzugehen und sie zur Ruhe zu bringen. Im übrigen: Es ist nicht so, daß ich keinen Kontakt zu Jungen habe, weil ich auf einer Mädchenschule bin; ich bin auf einer Mädchenschule, damit ich nichts mit Jungen zu tun habe" (365).

Diese krasse Distanzierung ist allerdings nicht typisch, die meisten Mädchen betonen ihr gutes Verhältnis zu Jungen mindestens in der Freizeit, die Vertreterinnen des gemeinsamen Lernens dehnen dies vorsichtig zuweilen auch auf schulisches Lernen aus. Aber dennoch setzen auch sie den hier skizzierten Negativbeschreibungen nicht sehr viel entgegen. Beide Gruppen heben die positiven Aspekte weiblicher Lern- und Lebenskultur in der Schule im Kontrast zu männlichen Verhaltensweisen sehr stark hervor.

Kratzer bekommt dieses positive Bild zuweilen von Schülerinnen, die sich ambivalent äußern. Zwar klassifizieren auch sie die Beziehungen der Mädchen untereinander als herzlich. Dennoch bescheinigen sie sich auch *„Hysterieanfälle"*, große Empfindlichkeit und Reaktionen, die sehr persönlich und verletzend ausfallen könnten (295). Bezogen auf schulische Leistungen gebe es auch viel Neid (325), gerade auf Mädchenschulen sei *„der Konkurrenzkampf größer (...), da Mädchen im allgemeinen mehr schulischen Ehrgeiz entwickeln" (343).* Falls es tatsächlich Jungendomänen in gemischten Schulen geben sollte, würde dies *„doch durch die Intrigen- bzw. Lästerspielchen an einer reinen Mädchenschule voll aufgewogen" (306).* Das sind aber eher seltene Aussagen. Auch in dieser Gruppe wird der größere Zusammenhalt der Mädchen positiv hervorgehoben, die Bereitschaft sich bei Problemen zu helfen, die Möglichkeit, auch *„heikle Themen"* zu besprechen.

Die starke Beziehungsorientierung von Mädchen und Frauen wird durch viele Zitate eindrucksvoll illustriert. Erst auf der Basis solch guter Beziehungen wird Lernen zum angenehmen Prozeß.

„Dieses gesamte Einheitsgefühl, das trotz aller Spaltungen alle verbindet, könnte mit Jungen niemals entstehen. Diese Verbundenheit ist für das Lernen sehr förderlich. In der Freizeit jedoch ist es schwer, in Kontakt mit Jungen zu treten" (364).

Das warme Aufgehobensein in der Gruppe der „Schwestern" wird aus dieser Perspektive bezahlt mit größerer Unsicherheit im Umgang mit Jungen. Das macht für viele Schülerinnen dieser Altersgruppe die Ambivalenz aus. Gleichzeitig gehen viele von ihnen davon aus, daß die Anwesenheit von Jungen unweigerlich die Vertrautheit zwischen Mädchen zerstören werde: *„Wäre ich auf einer gemischten Schule, hätte ich bestimmt nur ein paar (Mädchen), mit denen ich rede(n kann), weil die anderen sich eher an den Jungen orientieren" (365).* Den Jungen wird damit unbefragt eine ganz zentrale Rolle und Definitionsmacht zugeschrieben, denen Mädchen offensichtlich nichts entgegenzusetzen haben. Die so positiv bewertete spezifische Qualität weiblicher Beziehungen hält in den Augen sehr vieler Schülerinnen der Mädchenschule offenbar der Belastung durch die reale Anwesenheit von Jungen nicht stand.

4.1.3.3 Fazit: Ein entschiedenes „Jein" zur Mädchenschule

Wir haben gesehen, daß die beiden Fragen nach der Art und Weise der erlebten Förderung und auch nach der Beziehungsqualität überwiegend ambivalent eingeschätzt werden. Dreh- und Angelpunkt dabei scheint das Problem des Transfers und der Bewährung der positiven Erfahrungen in koedukativen Kontexten zu sein, die außerhalb der Schule den Alltag darstellen und denen man spätestens nach der Schulzeit nicht mehr ausweichen kann. Trotz vieler Positivurteile über entspanntes, anregendes, konkurrenzfreies und störungsarmes Lernen, bei aller Wertschätzung freundschaftlicher, offener und vertrauter Beziehungen, die gleichzeitig sehr hoch veranschlagt werden als Basis für die Zuwendung zu Sachthemen - bei vielen Mädchen bleibt ganz offensichtlich ein Defizitgefühl. Sie sind unsicher, inwieweit ihre Kenntnisse, aber auch ihr Auftreten und ihr Selbstvertrauen im Vergleich mit männlicher Konkurrenz bestehen wird. Einige fühlen sich leistungsmäßig eher unterfordert oder zu gering eingeschätzt, andere fürchten dagegen, mit männlicher Konkurrenz nicht mithalten zu können, ob nun aufgrund intellektuell-fachlicher Unterlegenheit oder wegen größerer Hemmungen und Unsicherheiten. Durch die positive Qualität der Sozialbeziehungen kann dies offensichtlich nicht kompensiert werden. Als Ergebnisse weiblicher Stärke, sich solche tragfähigen Beziehungen zu schaffen, werden diese auch nicht präsentiert, eher als „atmosphärischer Glücksfall", der sich unter Gleichen eben eher einstellt. Wohl deshalb ist dieser Zustand auch so labil: Sobald die Homogenität gefährdet ist, können Mädchen nur noch machtlos dem Zusammenbruch der heilen Frauenwelt zusehen. Daß man in die Kooperation mit Jungen Ansprüche an kommunikative Beziehungen einbringen und durchsetzen könnte, scheint für die meisten von ihnen nur wenig vorstellbar - soweit es die Gestaltung von Arbeitsbeziehungen in der Schule angeht.

Nimmt man die Ambivalenz in beiden Punkten zusammen, dann scheint das zwischen Zustimmung und Ablehnung schwankende Meinungsbild der Mehrzahl der Mädchen verständlich. Die Vorteile müßten schon überzeugender sein, wenn der von vielen gewünschte stärkere Kontakt zu gleichaltrigen Jungen aufgewogen werden soll. Wer nicht anwesend ist, kann leichter idealisiert werden. Mangelnde Vertrautheit erzeugt zuweilen gleichzeitig Hemmungen und besondere Spannung und Wertschätzung. Das schimmert nicht nur hinsichtlich der angenommenen Leistungsfähigkeit der Jungen in vielen Aufsätzen durch, es schlägt sich auch nieder in den Erwartungen an deren Witz, Unterhaltsamkeit und Durchsetzungsfähigkeit. Das heißt nicht, daß sich die Schülerinnen an Mädchenschulen überwiegend als defizitäre Mängelwesen betrachten, die dringend männlichen Schutzes und Beistandes bedürfen. Aber die Gruppe derjenigen, die selbstbewußt erklären, sich auch in Konflikt- und Konkurrenzsituationen schon durchsetzen zu können, ist verhältnismäßig klein. Die Mehrzahl argumentiert eher defensiv-unsicher. Das läßt uns daran zweifeln, daß der „Push" hinsichtlich des Selbstvertrauens, sich auch in männliche Domänen hineinzubegeben, tatsächlich in geschlechtshomogenen Gruppen in solchem Ausmaß erreicht werden kann, wie das zuweilen erhofft wird.

4.1.4 Zwischen Freiraum, Schonraum und Stigmatisierung

Wir greifen sowohl den Aspekt der inhaltlichen Förderung als auch den der Qualität der persönlichen Beziehungen abschließend noch einmal unter einer Perspektive auf, die für die Mädchen aller Altersstufen ganz offensichtlich hohe Bedeutung hat. Es geht um die Tatsache, daß der Sonderstatus der Mädchenschule, ihre „Abweichung vom Normalfall Koedukationsschule", vielen Schülerinnen zu schaffen macht. Sie beschweren sich bitter darüber, daß man ihnen mit einer Fülle von Vorurteilen entgegenträte. Man werde

„schief angesehen“, gehänselt und geärgert, als langweilig, brav und fromm abgestempelt, was ja gar nicht zutreffe.

„Ich glaube, daß Mädchenschulen besser sind als ihr Ruf. Nur die anderen (Kinder) finden in jemandem, der nicht auf eine gemischte Schule geht, oft ein gefundenes Fressen zum Spotten. Ein Nachbarmädchen z. B. teilte mir mit, ich würde (da ich auf einer Mädchenschule wäre) bestimmt nie einen Freund finden. Ich bin eigentlich noch nie richtig geärgert worden, weil ich auf einer Mädchenschule bin. Aber ich weiß es von anderen. Und manchmal habe ich richtig Angst zu sagen, auf welcher Schule ich bin“ (168).

Zwar sei es lächerlich, wenn man mit Begriffen wie *„Nonnenbunker“*, *„Kloster“* oder auch *„Hühnerfarm“* klassifiziert werde, aber für *„manche, die kein Durchsetzungsvermögen haben oder schüchtern sind, ist es ziemlich schwer dagegen anzukommen“ (266)*. Auch ihre Klassenkameradin meint, man müsse *„schon etwas selbstbewußt sein, um zuzugeben, Schülerin einer Mädchenschule zu sein“ (267). „So schlimm finde ich diese aber gar nicht“*, versichert sie - schließlich könne man in der Freizeit ja auch noch genügend Kontakte schließen, womit wohl solche zu Jungen gemeint sind. Beide Mädchen besuchen die 10. Klasse und leiden ganz offensichtlich darunter, daß sie *„von außenstehenden Schülern wegen der Mädchenschule oft belächelt und sofort als 'nicht so ganz richtig' abgestempelt“* werden (ebd.). Viele trifft besonders die Einschätzung, alle Mädchen, die solche Schulen besuchen, seien entweder *„scheu und lesbisch“ (271)* oder auch verklemmt, kämen mit Jungen nicht zurecht:

„Es gibt auch genügend Mädchen, die im Umgang mit Jungen sehr schüchtern sind, egal von welcher Schule sie kommen. So übel, wie jeder glaubt, ist es hier gar nicht. Nicht, daß ich es jedem empfehlen würde, aber es sollten auch keinem Vorwürfe gemacht werden, wenn er auf so eine Schule geht“ (400).

Gegen solche Unterstellungen finden sie es sehr schwierig, sich zur Wehr zu setzen, schlagen dabei auch in der Mehrzahl eher defensive Töne an (gar nicht so schlimm, eigentlich ganz normal etc.). Zuweilen verwickeln sie sich dabei in erstaunliche Widersprüche. So bestreiten sie vehement, überwiegend streberhaft oder doch brav und angepaßt zu sein, distanzieren sich aber im gleichen Atemzug von den unbotmäßigen Mädchen in koedukativen Schulen:

„Manche Leute denken zwar, wenn man von dieser Schule redet, an 'Nonnenschule' und strenge Erziehung, aber das ist nicht so (...) Wir sind hier genauso normal wie die Mädchen, die auf gemischte Schulen gehen. Außerdem kann man mit den Mädchen der gemischten Schulen manchmal gar nichts Vernünftiges anfangen, da sie eh fast immer rauchend und trinkend dasitzen“ (318).

Die Verteidigung der eigenen Schule wird häufiger umgedreht in Angriffe auf die rauchenden, trinkenden und drogenkonsumierenden SchülerInnen koedukativer Schulen. Das ist weiter vorn schon angesprochen worden. Damit wird das eigene Werteklima trotzig als „Normalitätsmaßstab" gegen die „eigentlichen Abweichler" gesetzt, damit wohl auch ein Stück „moralische Überlegenheit" reklamiert. Diese Selbstaufwertung gibt es aber nur zum Preis der Akzeptanz, sich tatsächlich als „anders als die Mehrheit" zu fühlen. Das dürfte nicht einfach sein, wenn diese Mehrheit Dinge tut, die zwar ungesund und verboten, für viele Mädchen in diesem Alter aber nichtsdestoweniger ziemlich reizvoll sind. Die Mädchen sind also einem ziemlichen Balanceakt zwischen eigenen Bedürfnissen, der gewünschten und tatsächlichen Außenwirkung und ihrem normativen Kontext ausgesetzt. Was wollen sie selbst? Wie können, dürfen oder müssen sie sich präsentieren, um innerhalb und außerhalb der Schule akzeptiert zu sein? Welche Freiräume werden ihnen eröffnet, welche aber auch beschnitten?

In einem Punkt sind sich die Schülerinnen einig, egal wie sie zu Koedukation oder Trennung stehen: Auf jeden Fall bietet die Mädchenschule Schutz und Schonraum für Minderheiten und Schwächere. So wird sie als besonders geeignet genannt für jüngere, schüchterne, dicke, häßliche oder behinderte, für lernschwächere, farbige oder ausländische Mädchen. Solche Reihungen finden sich mehrfach und in allen Altersgruppen. Wer in dieser Gesellschaft mit Mängeln - oder was dafür gehalten wird - behaftet ist, kann sich in weiblichen Gruppen besser aufgehoben fühlen, lautet die Botschaft. Begründet wird das mit den besseren sozialen Beziehungen:

„Auf unserer Schule gibt es einige Ausländer und Behinderte. Für sie ist es gut, diese Schule zu besuchen, da sie sich hier wohlfühlen. Andere Mädchen sind gegenüber diesen sehr hilfsbereit, wogegen Jungs oft sehr gemein sein können" (350).

Mädchen mit körperlichen Behinderungen müßten nicht befürchten, angegafft und ausgelacht zu werden (271), zurückhaltende und schüchterne Mädchen fänden hier mehr Entfaltungsmöglichkeiten (334), und solche, die sich in Anwesenheit von Jungen nicht auszudrücken trauen, hätten es ebenfalls hier leichter (404). Insbesondere die Trennungsbefürworterinnen stellen die Vorteile des Lernens ohne Geschlechterkonkurrenz sehr deutlich heraus, wobei sie in vielen Variationen implizit oder explizit von geschlechtstypischen Unterschieden zwischen Mädchen und Jungen ausgehen, aus denen sie ein Schonungs- oder spezifisches Förderungsbedürfnis für Mädchen ableiten:

„In den naturwissenschaftlichen Bereichen haben die Jungen meistens 'die Nase vorn', und schwerwiegende Probleme und Aufgaben, die werden größtenteils von Jungen gelöst. Die Mädchen ziehen dabei immer den kürzeren, da sie 1. den Stoff nicht so schnell verarbeiten können und 2. die Denk-

weise der Jungen nicht nachvollziehen können. Darum ist es wichtig, auf die Mädchen einzugehen, aber (so hört man es oft von Freundinnen, die auf gemischten Schulen sind), das ist meistens nicht der Fall, weil sie immer mitgezogen werden" (328).

Ein solches Verständnis von Förderung gerät hier stark in die Nachbarschaft von „Nachhilfe" und kann geradezu stigmatisierenden Charakter bekommen, wie gerade Koedukationsbefürworterinnen zuweilen auch beklagen. Sie wehren sich - wie wir gesehen haben - gegen Zuschreibungen von Lehrkräften, sie seien weniger interessiert oder fähig in Chemie oder Physik. Und sie fühlen sich auch zuweilen unterfordert, so daß sie es begrüßen würden, wenn Jungen hinzukämen, jedenfalls die Leistungsstärkeren. Der von vielen Mädchen begrüßte Schonraum zeigt damit ein problematisches Doppelgesicht. Die Freisetzung von männlicher Konkurrenz kann umschlagen in Beschränkung und reduzierte Ansprüche, jedenfalls wird dies sehr leicht von außen so wahrgenommen oder unterstellt. Das führt nun zu erheblicher Verunsicherung, weil gleichzeitig kaum Vergleichsmöglichkeiten der eigenen Leistungen mit der von Jugendlichen aus koedukativen Kontexten bestehen. Je nach Temperament und Selbstbewußtsein gehen einige Mädchen eher von mindestens gleichwertigen Leistungen aus, weitaus mehr machen aber Erziehungseinflüsse und Rollenerwartungen dafür verantwortlich, daß Jungen vermutlich eben doch in manchen Fächern besser und insgesamt durchsetzungsfähiger und selbstbewußter seien. Obendrein dann auch noch von Außenstehenden als eher unfähig und ungeübt im Umgang mit Jungen eingeordnet zu werden, schafft gerade in einem Alter, in dem die Attraktivität beim anderen Geschlecht hohe Priorität genießt, vermutlich eher Distanz zur eigenen Schule, deren Besuch man dieses Etikett „verdankt". Man muß ihren Besuch „zugeben" und braucht dazu Mut. Das scheint am ehesten denen zu gelingen, die reine Mädchengruppen als verteidigenswerten Freiraum interpretieren, der die weiblichen Entfaltungsmöglichkeiten breit ausschöpft und dabei positive soziale Beziehungen ermöglicht. Der größeren Zahl gelingt eine solch offensive Verteidigung des Lernens in geschlechtsgetrennten Gruppen jedoch weit weniger. Ihre Äußerungen spiegeln die Ambivalenz eines Schonraums, der gleichzeitig entlastet und einschränkt. Ob dies eher ein stützendes Moratorium darstellt, das für die nach der Schule folgende Geschlechterkooperation und -konkurrenz eine hinreichende Basis schafft, darüber sind sich viele nicht sicher.

4.2 Die Jungen: Trennung ist keine gute Lösung

Wir wenden uns im folgenden den Aufsätzen der Schüler des Jungengymnasiums zu und rekonstruieren deren Perspektiven in ähnlicher Weise wie die der Mädchen. Abschließend werden wir dann erörtern, welche Gemeinsamkeiten und welche Unterschiede sich zwischen den beiden geschlechtshomogenen Gruppen zeigen. Dabei werden wir uns von der Frage leiten lassen, ob und welche Differenzierungen erkennbar sind, je nachdem, ob man in der in unserer Gesellschaft hierarchisch höher bewerteten männlichen oder in der statusniedrigeren weiblichen Gruppe lernt.

Wir haben in Kapitel 2 schon aufgezeigt, daß Jungen die Koedukation noch stärker befürworten als Mädchen. Das gilt auch für die Jungen, die das Jungengymnasium besuchen. Dieser Trend nimmt mit zunehmendem Alter zwar leicht ab, aber nicht etwa zugunsten der Befürwortung von Trennung - es sind die ambivalenten Äußerungen, die ab der 7. Klasse sehr viel stärker auftreten und sich bis zum Ende der Schulzeit auf knapp 40 Prozent einpendeln. Während zu Beginn der Gymnasialzeit mit gut 40% die Koedukationsbefürworter die deutliche Mehrheit stellen, sind es zum Ende - mit etwas weniger Vorsprung zu den übrigen Gruppen - die Unentschiedenen. Die Trennungsbefürworter nehmen in den Klassen 5/6 mit gut 30% noch die mittlere Position ein, gehen ab Klasse 7 aber auf etwa ein Viertel zurück und bilden damit fortan die Minderheitenposition. Damit liegen sie freilich immer noch deutlich über den Trennungswünschen von Mädchen und Jungen aus koedukativen Schulen, die jeweils unter 10% betragen. Zeitweilige oder fachspezifische Trennung wird von den Schülern der Jungenschule übrigens in allen Altersgruppen kaum ins Auge gefaßt. Der bei den Mädchen - sowohl im Mädchengymnasium als auch in den koedukativen Schulen - in den Pubertätsjahren zu beobachtende steigende Wunsch nach Segregation in bestimmten Lernbereichen, weil dort ihrer Meinung nach unterschiedliche Interessen, ungleiche Bedingungen oder zu wenig Offenheit und Intimität vorherrschen, findet bei den Jungen keine Entsprechung. Sie unterscheiden sich damit auch von den Jungen in den koedukativen Schulen, die im 7.-10. Jahrgang ihrerseits etwas stärker für teilweise Trennung plädierten. Insgesamt sehen sie somit offenbar weniger Vorteile in der Geschlechtertrennung. Wir werden im folgenden ihre Begründungen dafür untersuchen.

4.2.1 Die Jahrgänge 5/6: „Ich glaube, mit Mädchen ist es doch besser!"

In den beiden ersten Jahrgängen des Jungengymnasiums fällt die Pro- und Contra-Position für gemeinsames bzw. getrenntes Lernen nahezu gleich stark aus. In 65 auswertbaren Aufsätzen stimmten 27 Jungen für Koedukation, 23 dagegen für Trennung. Wir stellen deshalb zunächst einen kompletten Aufsatz vor, der sich für gemeinsames Lernen ausspricht. Direkt nach dem Wechsel auf die weiterführende Schule vermissen die Jungen offenbar die aus der Grundschule gewohnten Partnerinnen sehr - ganz im Gegensatz zu den Schülerinnen der Mädchenschule, die sich sehr froh darüber zeigten, endlich unter sich und ungestört sein zu können.

> *„Der Unterricht in einer reinen Jungenschule ist ziemlich lahm. Es ist ein ewiger Konkurrenzkampf da, und in den Pausen wird sehr oft geprügelt, da jeder zeigen will, wie stark er ist. Die meisten machen nur Quatsch während der Stunde, weil sie sonst nichts anderes zu tun haben. In Stunden wie Werken ist die Aufmerksamkeit ziemlich gering. Wenn wir etwas mit Holz machen, spielen die meisten Ritter mit ihren Stöckern und kloppen sich. Falls wir etwas mit Kleister bauen, bewerfen sich die meisten mit der Blubbersoße, um die anderen zu reizen.*
>
> *Ich denke, daß auf einer gemischten Schule die Stimmung nicht so gereizt ist. Es gibt kaum Konkurrenzkämpfe, da man eine Freundin hat und somit das gute Benehmen vor den Mädchen zeigen will. Man bewirft auch ganz bestimmt kein Mädchen mit Kleister! Sicherlich gibt es immer ein paar Idioten, die sich prügeln, aber auf gemischten Schulen ist das Problem nicht so groß wie in den reinen Jungenschulen. Auch ist der Eifer größer, gute Noten zu schreiben, da bestimmt kaum ein Mädchen mit einem Trottel ausgehen würde."*
>
> *(563, m, 6. Jg., 12 Jahre)*

Dieser Junge verbindet mit der Anwesenheit von Mädchen ganz deutlich die Hoffnung auf ein besseres Klima: Mädchen üben zivilisierende Wirkung aus und stacheln gleichzeitig männlichen Ehrgeiz an, den sie dann mit Zuwendung belohnen. Viele seiner Altersgenossen sehen das ganz ähnlich.

4.2.1.1 Schulklima und Schulleben

Die weitaus am häufigsten anzutreffende Diagnose lautet: Ohne Mädchen ist es viel langweiliger. Mit ihnen macht es viel mehr Spaß, der Schulalltag hat mehr Witz, es ist lustiger und amüsanter, sie sorgen für ein freundliches Klima, verhindern Zank und Streit, die Pausen würden aufregender. Nur mit Jungen sei der Unterricht einerseits lahm, andererseits herrsche ein ewiger Konkurrenzkampf (563). Ohne Mädchen sei es eben *„komisch"*: *„In der Natur sind Mädchen und Jungen auch zusammen, also, warum nicht auch bei uns in der Schule?" (547).* In der Grundschule sei es sehr schön mit ihnen gewesen:

„Ich finde es besser, wenn Mädchen auf der Schule wären, weil Mädchen bessere Ideen haben, andere Spiele wissen, und es ist lustiger mit Mädchen. In der Grundschule hatten wir 14 Mädchen und 13 Jungen, es war gut mit den Mädchen, weil wir Aufkleber getauscht haben, sie wußten gute Spiele, und sie haben uns immer mitspielen lassen" (509).

Immer wieder wird betont, wie günstig Mädchen die Atmosphäre beeinflussen würden: Sie würden *„die Schüler der Oberstufe freundlicher stimmen" (500),* auch die Lehrer wären vermutlich netter und nicht so streng (548). In Anwesenheit von Mädchen würde in *„den Pausen nicht so viel gekloppt" (532),* man würde auch *„nicht so oft streiten und man könnte neue Freundschaften schließen" (543).* Geradezu erstaunlich oft werden Mädchen als diejenigen geschildert, die das Auftreten von Gewalt, von Schlägereien und groben Umgangsformen verhindern. Dabei wird nicht klar, ob sie dazu aktiv etwas tun, oder ob schon ihr bloßes Vorhandensein genügt. Einig sind sich die Jungen jedenfalls in der Beschreibung ihrer positiven Wirkung: *„Viele unserer Rowdys wären bestimmt sanfter" (561).* Auch auf die Disziplin im Unterricht würde sich das günstig auswirken. Der Unterricht würde *„nicht so oft gestört werden. Ich finde, es würde ruhiger sein und nicht so laut" (543).* Anfangs gebe es dabei vielleicht noch ein paar Eingewöhnungsprobleme, die aber überwindbar seien:

„Ich stelle mir vor, daß es mit Mädchen etwas ruhiger in den Klassen wird. Ja, o. k., zuerst würden wir sie vielleicht ein bißchen hänseln, aber dann würde es bestimmt besser werden. Wir müßten uns ja auch erst einmal daran gewöhnen. Ich fände es besser, gemischt zu arbeiten, weil es dann besser werden würde und man nicht mehr so viel zanken und streiten würde" (549).

Insgesamt würde sich jedenfalls das Miteinander zum Besseren verändern, darin sind sich die Koedukationsbefürworter völlig einig:

„Der Unterricht würde mit Mädchen wahrscheinlich anders ablaufen. Mit Mädchen in der Klasse würde man sich nicht gleich prügeln. Man würde hilfsbereit sein, um ihnen zu imponieren. Die versauten Wörter würden auch nicht in der Gegenwart von einem Mädchen vorkommen. Und man würde vielleicht endlich mal wieder eine Beziehung zu einem Mädchen haben" (540).

Dieser Wunsch nach Kontakten zieht sich ebenfalls durch viele Aufsätze. Einseitig sei es, in Unterricht und Freizeit immer nur mit Jungen zusammenzusein (546). *„Ich fände es irgendwie ja besser mit Mädchen. Schätzungsweise findet man, wenn man älter ist, schneller eine Freundin" (558),* hofft ein Zwölfjähriger. *„Ich hatte früher eine Freundin",* klagt ein Klassenkamerad, *„aber nun kann ich keine haben, weil wir nur Jungen sind" (552).* Das wird von mehreren als herber Verlust empfunden. *„Vielleicht täte es auch Liebesaffären geben",* stellt sich ein Schüler vor: *„Man könnte die Mädchen auch ärgern und Röcke hochziehen" (559).* Außer dieser Äußerung gibt es nur noch wenige, die Mädchen als willkommene Objekte des Ärgerns begrüßen. In der Regel vermissen die Jungen ihre Mitschülerinnen als vertraute Kommunikationspartnerinnen, mit denen der Alltag abwechslungsreicher wird:

„Es würde sich was ändern, wenn Mädchen zu uns kommen. Dann sind wir Jungen etwas freundlicher. Wenn Mädchen in unsere Schule kommen, dann kann man mehr anstellen, z. B. andere Spiele oder man ärgert die Mädchen. Es ist immer dasselbe. Wo man hinguckt, nur Jungen. Ich würde mich schon darauf freuen, wenn Mädchen zu uns kommen würden. Man hat einfach mehr Auswahl, wenn Mädchen und Jungen zur Verfügung sind" (538).

Zwei Schüler dieser Altersgruppe formulieren ihr Unbehagen an reinen Jungengruppen: *„Daß man irgendwie anders wird als normalerweise (schwul). Darum möchte ich, und mit Sicherheit auch Klassenkameraden, daß Mädchen und Jungen gemischten Unterricht haben sollen" (545).* Der zweite erklärt ausdrücklich, er bereue es, auf eine Jungenschule gegangen zu sein, weil man sich dort manchmal vorkomme, *„als wenn man schwul ist" (547).* Auf diese Ängste und Vorbehalte kommen wir noch gesondert zurück. Sie spielen jedenfalls offenbar schon in den ersten Jahren auf der weiterführenden Schule eine Rolle.

Im übrigen gehen die Knaben davon aus, daß sich ihr Unterrichtsalltag durch Mädchen auch nicht dramatisch verändern würde. Schule bleibt Schule, in welcher Konstellation man in den Klassen sitzt, ist zwar keineswegs bedeutungslos, aber die Verbesserungsmöglichkeiten sind begrenzt: *„Ich glaube, es wäre mit Mädchen zusammen in einer Klasse besser, als so, wie es jetzt ist. Nicht sehr viel besser, aber immerhin besser" (562).*

4.2.1.2 Lernen, Leistung und Interessen: Jungenselbst- und Mädchenfremdbild

Auch auf das gemeinsame Lernen üben Mädchen nach Ansicht der Jungen einen segensreichen Einfluß aus, weil sie in vieler Hinsicht ein Vorbild sein können: *„In den Hauptfächern (Deutsch, Englisch, Mathe) würden die Mädchen wahrscheinlich besser und ordentlicher arbeiten" (528),* vermutet ein Fünftkläßler. Vor allen Dingen stellen sie aber eine anspornende Konkurrenz dar:

„Wenn nun z. B. ein Junge eine eins hat und sonst immer nur eins und zwei schreibt, denkt sich ein anderer Junge dabei nichts. Er denkt nur, 'Wir Jungen sind doch die besten'. Wenn nun Mädchen in unseren Klassen wären, wär' z. B. bei mir der Ehrgeiz größer. Ich wollte dann immer besser als die Mädchen sein. Es wär' endlich wieder schön mit Mädchen" (551).

Mit dem Bedürfnis, besser als die Mädchen sein zu wollen, steht er nicht allein da. Mädchen seien ja bekanntlich sehr gut, stellt sein Klassenkamerad fest, und das wollten Jungen *„nicht auf sich sitzen lassen" (554).* In unserem Eingangsbeispiel wird als Grund dafür aufgeführt, daß *„kaum ein Mädchen mit einem Trottel ausgehen würde"*. Gute Leistungen scheinen für das eigene Selbstbild ebenso wichtig zu sein wie als Voraussetzung für Ansehen und Prestige bei Mädchen. Dabei schätzen viele Jungen die Leistungsfähigkeit der Mädchen recht positiv ein, und verlieren können müsse man auch lernen:

„Wenn man immer nur Jungs gegen Jungs macht, wird das langweilig, aber wenn Jungs gegen Mädchen spielen, dann sind auch mal die Mädchen besser als die Jungens. Wenn wir nie das Verlieren lernen, meinen wir, wir seien immer was Besseres als die anderen, z. B. die Mädchen" (507).

Auch dabei werden die Mädchen als sozial vorbildlich beschrieben, weil sie Niederlagen ertragen können, ohne die „Schuldigen" auszumeckern. Das sei unter Jungen ganz anders, da könne das schon passieren, nur weil man den Ball nicht getroffen habe (ebd.). Zu unterschiedlichen Interessen und/oder Leistungsfähigkeiten äußern sich die Jungen so gut wie gar nicht. In Werken hätten *„die Jungen einen Vorteil, das ist gut!" (532),* stellt einer befriedigt fest, das gelte auch für Fußball und Basketball im Sportunterricht. Mädchen hätten *„bessere Ideen, wie man den Unterricht gestalten kann"*, findet ein anderer Junge. Ansonsten ist die Leistungsdimension in dieser Altersgruppe kein Thema. Negative Äußerungen über Mädchen finden sich so gut wie gar nicht, manchmal seien sie *„ja ziemlich albern" (548).* Dagegen wird dem eigenen Geschlecht vor allem die Gewalttätigkeit angekreidet: *„Die Jungen kloppen sich immer oder schlagen sich immer, stellen immer Hacken und ärgern" (538).* Üble Angriffe werden geschildert, die über sportliches Kräftemessen wohl tatsächlich hinausgehen. *„Einer aus meiner Klasse haut einem immer in die Eier" (552),* berichtet beispielsweise ein Elfjähriger. Und ein anderer Sechstkläßler faßt seine Überlegungen so zusammen:

„Ich finde die Idee (der Geschlechtertrennung, Anm. der Aut.) nicht gut. Denn Jungen hauen sich sehr oft untereinander. In der Stunde erzählen wir uns sehr viel. Aber in der Pause prügeln wir uns immer, und wir petzen. Das find' ich nicht so gut. Wir haben auch ein paar ganz Gemeine in unserer Klasse" (548).

Diese unerfreulichen Zustände würden sich in der Erwartung der Jungen durch weiblichen Einfluß auf jeden Fall verbessern. Deshalb wünschen sie sich - ganz anders als die Mehrzahl der Schülerinnen der Mädchenschule - die Verhältnisse der Grundschule zurück, die sie offensichtlich überwiegend genossen haben. Jedenfalls sind die Erinnerungen, auf die sie hier zurückgreifen, ausschließlich positiv.

4.2.1.3 Die Stimmen der Trennungsbefürworter: „Außerdem ist es bitter, wenn ein Mädchen besser ist als ein Junge"

Die Jungen, die sich für getrennte Schulen aussprechen, sehen ihre Beziehung zu den Mädchen dagegen in sehr viel weniger rosigen Farben - und die Mädchen selbst erst recht:

„In den Englisch- und Deutschstunden ist es sehr schlecht, daß wir keine Mädchen in der Klasse haben, weil wir als Jungen jetzt die Mädchenrollen übernehmen müssen. Ansonsten ist es gut, daß wir keine Mädchen haben, denn sie sind Petzen, Streberinnen, wollen alles besser wissen, tun groß usw.

Morgens aufstehen: 6.00 Uhr. Zur Bushaltestelle fahren: 7.00 Uhr. Beginn der Schule: 8.00 Uhr. Freitags, 1. Stunde Englisch: Da ist es nicht ganz so gut ohne Mädchen, aber schlecht ist es auch nicht! 2. Stunde Mathe: Nun ist es schön ohne Mädchen, denn sie würden stören! 3. Stunde Deutsch: In dieser Stunde ist es weder schön noch schlecht mit den Mädchen! 4. Stunde Erdkunde: Bei einer solchen Stunde sind die Mädchen fehl am Platze, denn sie verstehen nichts von Ländern! 5. Stunde Religion: In dieser Stunde ist es ebenfalls schlecht, wenn Mädchen da wären, weil Reli mit Mädchen keinen Spaß macht! 6. Stunde Biologie: Es ist sehr gut, weil sie eh nichts von Biologie verstehen! In den Stunden, die am Freitag nicht vorkommen, wie z. B. Musik, ist es auch nicht schlecht ohne Mädchen, denn sie verstehen zwar was von Noten, aber ich bin der Meinung, daß Mädchen nicht singen können! Im großen und ganzen ist es auf unserer Schule ohne die Mädchen besser, außer wenn wir viele Hausaufgaben aufhaben. Also bleiben die Petzliesen von unserer Schule fern! Übrigens, Mädchen sind sehr eingebildet.

(502, m, 5. Jg., 11 Jahre)

Diese Jungen vermissen die Mädchen ganz und gar nicht: *„Mir persönlich gehen die Mädchen nicht ab. Ich finde es sogar besser, wenn wir unter uns sind“ (503),* formuliert ein Zehnjähriger, und nennt auch die Gründe dafür: *„In der Klasse treiben wir ganz gern ein wenig Unsinn. Das funktioniert besser in der Jungenschule, weil wir so ziemlich dieselben Interessen haben“* (ebd.). In den Pausen müsse man keine Rücksicht auf Mädchen nehmen, und auch der Unterricht *„verläuft angenehmer für mich, da der Lehrer nur auf Jungen Rücksicht nehmen muß und sich nicht zu den Interessen der Mädchen entfernen muß“* (ebd.). Er habe sich auch *außerdem „mit Mädchen nie befaßt“.* Wenn Mädchen in der Schule wären, befürchtet ein anderer, gäbe es womöglich *„andere Fächer, z. B. Textil, und das hasse ich“ (522).* Auch andere Unannehmlichkeiten sieht er voraus: *„Beim Sport z. B. würden die Mädchen immer in die Jungskabine gucken“* (ebd.). Ein anderer hat ähnliche Sorgen: *„In Bio würden, wenn wir mit Mädchen in einer Klasse wären und gerade Sexualkunde durchnehmen würden, die Mädchen schreien: 'Ausziehen!' Persönlich will ich lieber mit Jungen auf eine Schule gehen“ (525).* Nur Unruhe gäbe es im Fach Sexualkunde, vermutet auch ein dritter. Auch auf anderer Ebene sieht sein Klassenkamerad den Frieden in Gefahr: *„Ich mag, daß es nur Jungs in unserer Schule gibt, denn sonst gibt es mehr Kämpfe, und zwar um Mädchen“ (524).* Sogar hinsichtlich der Disziplin erwarten einige Knaben nichts Gutes: *„Manche Mädchen stören die Jungs im Unterricht. Das ist gemein“,* stellt einer von ihnen fest. Und der zweite versichert: *„Mir gefällt eine Jungenschule, weil man da in Ruhe arbeiten kann, und die Mädchen machen ja nur Krach“ (517).* Ein dritter geht allerdings - wie die Koedukationsbefürworter - davon aus, daß es mit Mädchen etwas ruhiger zugehen würde, *„da die fast täglichen Raufereien mit Sicherheit weniger werden würden“ (566).*

Die Interessen und Fähigkeiten von Mädchen und Jungen werden als zu verschieden betrachtet, um befriedigend miteinander lernen zu können. Überwiegend wird das am Fach Sport illustriert. Dort würden Mädchen nur reden, aber nicht mitmachen (513), oder sie wollten turnen, was Jungen nicht mögen (501). Ohne Mädchen könne man auch besser Hockey spielen, *„weil wir sehr rauh spielen“ (525).* Jungen wären dagegen sauer, wenn sie Seilhüpfen sollten (535). Außerdem seien Mädchen *„Tussis“* und *„Gockertanten“,* die nur rumkreischen würden, wenn man beispielsweise in Biologie Augen sezieren solle (515). Man könne dann auch nicht z. B. eine kleine

Erdkröte herumgeben, denn *„die Mädchen hätten sicher sofort geschrien. Aber bei uns hatte wirklich keiner geschrieen" (505).*

Eine ganze Reihe von Äußerungen bezieht sich dann in unterschiedlicher Weise auf das Thema Leistung und Konkurrenz, der vorangestellte Aufsatz veranschaulicht das. Teilweise wird den Mädchen aggressiv jede Fähigkeit abgesprochen: *„Die Mädchen sind einfach doof. Die können ja gar nicht lernen" (517).* Häufiger werden sie dagegen als ärgerliche Konkurrenz betrachtet: *„Die Mädchen sind wieder die besten. Und kämpfen um jede eins" (506),* empört sich ein Fünftkläßler, der aber auch seine Mitschüler kritisiert: *„Die Jungen spielen sich vor den Mädchen auf und wollen sich einschleimen"* (ebd.). Nur unter Jungen gebe es dagegen keine Streitereien, wer besser ist in Leistungsfächern wie Mathe oder Deutsch (529). Wenn Mädchen - wie z. B. im Sport nicht so gut seien, *„und wenn sie was nicht können, fangen sie immer schnell an zu weinen. Und dann tun Mädchen immer ganz schlau" (505).* Werken sei allerdings nicht leicht für Mädchen, *„denn sie sind pingelig" (524).* Dafür seien sie in Kunst aber besser, *„das finde ich doof"* (ebd.), vermutlich wären die Mädchen insgesamt in den Hauptfächern *„bestimmt die Besseren und Jungs würden darüber ziemlich sauer sein" (535).* Ein Sechstkläßler bringt seine Probleme mit der Geschlechterkonkurrenz in drastischen Formulierungen auf den Punkt:

„Ich will keine Weiber, denn sie sind Scheiße, weil sie sehen blöd aus. Ich könnte mir keinen Unterricht in Englisch vorstellen. Und außerdem würde es nur Unruhe geben, wenn wir Sexualkunde haben würden. Außerdem ist es bitter, wenn ein Mädchen besser ist als ein Junge" (527).

Keineswegs werden Mädchen hier als Friedensengel und sozial vorbildliche Wesen gesehen. Im Gegenteil, sie kneifen, kratzen und beißen immer (522), außerdem sind sie zickig, blöd und doof (505), sie *„ärgern einen und petzen nur" (504),* sie nerven - ohne sie ist es super (514). Und so soll es auch bleiben:

„Ich finde den Vorschlag, daß Mädchen auf unsere Schule kommen sollen, bekloppt! Begründung: Ich hab' mich im 4. Schuljahr so darauf gefreut, auf eine Jungenschule zu kommen. Und jetzt kommen Sie mit dem Vorschlag an, daß Jungs und Mädchen zusammenkommen sollen. (...) Alles in einem Satz ausgedrückt: Es soll so bleiben wie es ist" (501).

4.2.1.4 Fazit: Die Medaille hat zwei sehr unterschiedliche Seiten

Die sehr unterschiedlichen Wahrnehmungen und Bewertungen der Jungen haben uns überrascht. Während diejenigen, die entschieden für die Fortsetzung des gemeinsamen Lernens plädieren, sich an eine ganze Reihe positiver Erlebnisse erinnern und die Mädchen als Garantinnen eines angenehmen Klimas sehen, werten die Befürworter getrennten Lernens sie massiv ab. Mädchen sind in ihren Augen überhaupt keine Bereicherung ihres Alltags, im Gegenteil - sie stören durch Zimperlichkeit, Andersartigkeit und sind entweder selbst eine bedrohliche Konkurrenz oder geben Anlaß zu Streitigkeiten unter den um ihre Gunst konkurrierenden Jungen. In solcher Offenheit wird die Angst vor der Verletzung des Überlegenheitsimperativs in kaum einer Gruppe geäußert. Es scheint für viele der Jungen eine nur schwer verkraftbare Vorstellung, schlechter abzuschneiden als Mädchen. Nur ein einziger findet, daß man von Mädchen lernen könne (und auch solle), mit Anstand verlieren zu können, sich jedenfalls dafür nicht gegenseitig niederzumachen. Dagegen thematisieren viele die ihnen unausweichlich scheinende steigende Konkurrenz, wenn Mädchen in die Klasse kommen, die es zu beeindrucken gilt. Eroberungsverhalten scheint schon früh als Norm zu gelten, die kaum zu hinterfragen ist. Jedenfalls deutet sich bereits hier eine Komplementarität im Geschlechtsrollenverständnis der Jungen an: Die soziale Kompetenz der Mädchen wird hoch geschätzt, bzw. ihr Fehlen besonders scharf getadelt. Bei den Jungen sind Stärke und Überlegenheit wichtig. Sie dürfen nicht gefährdet werden, erst recht nicht durch Mädchen. Nur wenn das Sozialverhalten der Mädchen von den Jungen geschätzt und akzeptiert wird, eröffnen sich Perspektiven für befriedigende Beziehungen. Bei einem beträchtlichen Teil der Jungen trifft das nicht zu, sie grenzen sich aggressiv von den Mädchen ab. Zwischentöne gibt es bei ihnen kaum, auch bei den relativ wenigen Jungen nicht, die sich ambivalent äußern. Sie haben allerdings ein deutlich positiveres Mädchenbild als die Trennungsbefürworter. Die Mädchen - sowohl in koedukativen Schulen als auch im Mädchengymnasium - konnten den Jungen zuweilen trotz aller negativen Eigenschaften auch noch positive Seiten abgewinnen. Sie seien zwar laut und frech, dafür aber unterhaltsam und trauten sich Dinge zu, die man selbst gern täte. Bei den Jungen fällt das - jedenfalls in dieser Altersgruppe - wesentlich holzschnittartiger aus. Wir werden sehen, wie sich das in den höheren Jahrgängen entwickelt.

4.2.2 Pubertät und Adoleszenz (Jahrgänge 7-10): „Manche kriegen schon einen roten Kopf, wenn man nur von Mädchen spricht"

Von einer klaren Mehrheitsposition kann in diesen Jahrgängen eigentlich kaum noch gesprochen werden: Von insgesamt 152 Jungen plädieren 58 für gemeinsames Lernen, 56 äußern sich ambivalent. Ihr Anteil liegt deutlich höher als bei den jüngeren Schülern, während die Koedukationsbefürwortung leicht rückläufig ist. Für die Trennung sprechen sich inzwischen nur noch 25% aus. In den Jahrgängen 5 und 6 lag der Anteil noch bei einem Drittel. Der Schwerpunkt der Argumentation liegt auch bei den Besuchern des Jungengymnasiums in dieser Altersgruppe bei der Frage nach dem Umgang mit dem anderen Geschlecht. Das sei gerade an einer solchen Schule für viele ein Problem, meinen viele Koedukationsbefürworter und auch die Ambivalenten. Ihre Positionen unterscheiden sich nur graduell. Bei ersteren steht ganz klar das Bedürfnis nach mehr Sicherheit im Umgang mit Mädchen im Vordergrund, die letzteren sehen etwas stärker die Risiken. Um Doppelungen zu vermeiden, beschränken wir uns hier auf die Präsentation der Argumentationsstruktur der Koedukationsbefürworter.

4.2.2.1 „Ich finde, daß das weibliche Geschlecht nur Positives mit sich bringt“

„Mein jetziger Schultag verläuft ziemlich langweilig. In der Pause stehen wir nur in der Cafeteria herum und unterhalten uns über irgendwelche Themen, die überhaupt gar keinen Sinn haben. Der Unterricht ist auch immer langweilig, es gibt nichts Interessantes. In Biologie z. B. wären die Stunden mit Mädchen viel interessanter. Die einzige Abwechslung in den Pausen ist, wenn mal eine Schlägerei ist.

Mit Mädchen an der Schule bzw. in der Klasse wäre der Schultag viel interessanter. In den Pausen könnte man sich dann mit Mädchen unterhalten oder eine neue Freundin finden, auch der Unterricht wäre viel interessanter, wenn Mädchen dabei sein würden, weil er dann nicht immer so eintönig wäre; man sitzt immer mit Jungen da, erzählt sich Witze, fängt an zu lachen und bekommt Strafarbeiten auf. Es ist sowieso vollkommen schwachsinnig, wenn nur Jungen auf einer Schule sind, leider habe ich mir nach der vierten Klasse darüber noch keine Gedanken gemacht. Ich bin absolut dagegen, daß keine Mädchen an unserer Schule sind, weil man nicht so schnell welche kennenlernt und dadurch viel schüchterner gegenüber Mädchen wird. Außerdem bin ich noch dagegen, weil es viel zu altmodisch ist. Wenn Mädchen an unserer Schule wären, wären diese Probleme nicht aufgetreten, deswegen bin ich ganz klar dafür, daß Mädchen an unsere Schule kommen.“

(674, m, 9. Jg., 14 Jahre)

Das Problem mangelnder Kontakte und damit auch der Schüchternheit und Unsicherheit im Umgang mit Mädchen wird in mehr als vierzig Zitaten variiert:

„Der Nachteil an einer reinen Jungenschule ist, daß man den Umgang mit dem anderen Geschlecht sozusagen gar nicht hat. Viele haben ihn sogar richtig verlernt und schämen sich sofort, wenn sie von einem Mädchen angesprochen werden" (570).

Man werde leicht rot und flüchte sich in alberne Witze (572), habe viel mehr Hemmungen als Freunde, die auf koedukative Schulen gehen:

„Welche von einer koedukativen Schule gehen mit Mädchen ganz normal um, wie mit einem Jungen. Hier ist es irgendwie anders. Man kommt mit Mädchen fast gar nicht so in Kontakt und hat fast auch gar keine Mädchen als Freunde" (584).

Das fehle aber einfach, weil es mit Mädchen bestimmt interessanter wäre: *„Mit ihnen könnte man über andere Themen reden, mit ihnen ins Kino gehen, sich auch außerhalb der Schule mit ihnen treffen oder einfach etwas unternehmen" (628).* Ob das ganz ungetrübt wäre, bezweifeln selbst die klaren Befürworter gemeinsamen Lernens zuweilen:

„Es wäre vielleicht aber auch störend für das Verhältnis zwischen einem Mädchen und einem Jungen, sich jeden Tag zu sehen. Es gäbe vielleicht Streit, und es gäbe keine Freude auf ein baldiges Wiedersehen" (661).

Außerdem vermuten sie auch die Gefahr, *„daß Jungen 'hart' (cool) werden, um bei den Mädchen Eindruck zu schinden" (638).* Konkurrenzverhalten und *„Imponiergehabe" (653)* der eigenen Geschlechtsgenossen sehen sie voraus und folgern:

„Wenn wir an unserer Schule Mädchen hätten, wäre es nicht so gut, weil die Jungen dann versuchen würden, den Mädchen zu imponieren, indem sie andere Mitschüler in die 'Pfanne hauen'. Mädchen fördern die Klassengemeinschaft nicht" (673).

Dafür wäre die Erfahrung mit Mädchen aber *„bestimmt ganz gut für später" (605).* Man könne *„Vorurteile gegen Mädchen"* abbauen (673). In getrennten Schulen werde Jungen *„die Möglichkeit vorenthalten, ein wirklich gesundes Verhältnis dem weiblichen Geschlecht gegenüber zu entwickeln" (684).* Schließlich würden Mädchen auch Abwechslung und neue Sichtweisen in den Unterricht bringen. Als Beispiel führt ein Schüler der 9. Klasse dazu an:

„Interessant wäre garantiert die Meinung von Mädchen zu dem von uns kürzlich behandelten Thema 'Abtreibung' gewesen. Wir Jungen können uns da sehr wenig drunter vorstellen, im Gegensatz zu Mädchen, mit ihrem gewissen Mutterinstinkt!" (684).

Aber das gelte auch für viele andere Themen. Insgesamt *„würde sich der Bildungshorizont vergrößern“ (682),* wenn Erfahrungen zwischen Mädchen und Jungen ausgetauscht werden könnten:

„Es würde ein interessanter Unterricht sein, da es verschiedene Geschlechter in der Klasse geben würde, die verschiedene Parteien geben würden. Mädchen haben einen anderen Alltag als Jungen und es würde zu interessanten Stunden kommen“ (691).

Dann müßten auch Themen angesprochen werden, die sonst nicht hinreichend behandelt würden, z. B. im Sexualkundeunterricht:

„So wurde natürlich die Frau sehr wenig besprochen (Das kann natürlich auch an unserer Biologielehrerin liegen; wie will eine müde Lehrerin vor uns Horde Jungs etwas über das Geschlecht der Frau erzählen?)“ (703).

Ob ihm dies vor einer „gemischten Horde“ einfacher erscheint, teilt der Knabe nicht mit. Dafür gibt ein anderer zu bedenken, es sei zwar vielleicht lustiger mit Mädchen, *„man könnte aber nicht so über Dinge reden, über die wir sonst reden würden“ (704).* Das sieht die Mehrzahl aber anders:

„Dadurch würde der Unterricht garantiert viel lockerer verlaufen. Besonders in gemeinschaftlichen Fächern wie z.B. Sozialkunde hört man auch mal die Meinung der Mädchen. Die Mädchen bringen mal etwas ‘Schwung’ in die Sache und man würde besser diskutieren können usw.“ (686).

Endlich käme mit Mädchen *„mal Stimmung in die Klasse und wir hätten viel mehr Freude am Lernen. Wir wären dann auch nicht mehr so albern und würden nicht so viel über die anderen lachen“ (583).* Es gäbe mehr Spaß, trotzdem wäre es vermutlich ruhiger, und interessanter wäre der Unterricht auch, meint ein Junge. Vorteile sieht er auch darin, *„daß man sich im Sportunterricht oder in anderen Fächern mit den Leistungen der Mädchen messen könnte oder vergleichen. Nachteile wären aber, wenn wir z. B. anfangen müßten zu häkeln und stricken oder vielleicht noch schlimmer“ (621).* Das alles würde er aber inkauf nehmen, *„allein um den Ruf der Schule zu retten. Die Jungen von gemischten Schulen behaupten, daß wir alle schwul seien, aber das stimmt nicht“* (ebd.). Die Probleme mit solchen Vorurteilen haben wir schon bei den jüngeren Schülern angetroffen, in diesen Jahrgängen werden sie verstärkt vorgetragen. Auch die Befürchtung, *„weibliche Fächer“* könnten in die Schule eingeschleppt werden, wiederholt sich mit unterschiedlichen Bewertungen. In der Regel würde dies nicht gerade begeistert begrüßt, ein Schüler spricht dem aber mindestens einen Nutzwert zu: *„Es wäre aber von Vorteil, wenn mehr Hauswirtschaft und so gemacht würde, denn später wird es immer mehr Frauen geben, die arbeiten wollen“ (630).*

Überwiegend positiv schätzen diese Schüler auch die Leistungsfähigkeit der Mädchen ein, viele ausdrücklich auch in Naturwissenschaften. Mädchen würden das Leistungsniveau der Schule erhöhen, vermutet ein Schüler, unterschiedliche Fähigkeiten in Naturwissenschaften anzunehmen, hält er *„für Quatsch. Mädchen sind genauso gut wie Jungs“* (ebd.). Dazu gibt es aber auch Gegenstimmen:

„Ich könnte mir auch vorstellen, daß die Mädchen in Sachen wie Kunst, Heftführung, Ordentlichkeitspunkten bei Arbeiten usw. immer besser als Jungen abschneiden, auch wenn die Jungen sich mehr anstrengen. Die Mädchen haben halt eine 'Hand' für solche Sachen. Dafür haben, nach meinen Gedanken, die Jungen in anderen Fächern wie z. B. Erdkunde, Biologie, Mathe, Sport und in AG's wie Informatik mehr Vorteile. Also gleicht sich das ja in dieser Hinsicht aus“ (565).

Gerade in technischen Fächern, z. B. in Computerkursen, sei es in seiner Klasse für Mädchen wohl schwerer, vermutet ein Schüler des 9. Jahrgangs. *„In jungenspezifischen Bereichen werden die Mädchen entmutigt, unterdrückt, so daß das anfängliche Interesse nachläßt“ (675).* Ein ernsthaftes Argument gegen die Koedukation ist das in seinen Augen aber nicht. Und auch andere weisen darauf hin: Wenn in irgendwelchen Fächern unterschiedliche Fähigkeiten vorhanden sein sollten, dann könnte man sich gegenseitig helfen (667). Solche Überlegungen hatten die Schülerinnen der Mädchenschule zu unserer Überraschung gar nicht in Erwägung gezogen. Hier tauchen sie zwar auch nicht sehr häufig auf, mindestens einige Jungen äußern aber ihre Bereitschaft, Mädchen in Chemie, Physik oder Werken zu unterstützen und hoffen ihrerseits auf Hilfe, etwa in Handarbeit (638). Selbst im Sport wären sie zu Konzessionen bereit: *„In Sport würde man sich viel anders verhalten, weil man dann nicht mehr so rücksichtslos Fußballspielen könnte, die Jungen müßten viel rücksichtsvoller handeln. Das täte unserer Klasse ganz gut“ (659).* Überhaupt würde man sich vorteilhaft verändern, *„z. B. keine versauten Zettel rundgeben“ (667).* Beide Geschlechter könnten *„sich gegenseitig zügeln“ (675),* schlägt ein Schüler der 9. Klasse vor. Nur ein einziger Junge spricht in dieser Gruppe soziale Fähigkeiten von Mädchen an: Mit ihnen könne man *„viel besser über Probleme reden als mit Jungen. Die Jungen hören eigentlich nie zu“ (580).* Mädchen könnten dies wesentlich besser. Die erhofften Klimaverbesserungen werden in ihren Augen offenbar durch die bloße Anwesenheit von Mädchen als Auslöser für zivilisierteres Verhalten der Jungen erreicht. Damit erhalten die Mädchen, wie ein Junge schreibt, so etwas wie eine *„Schiedsrichterfunktion“ (675).* Unter ihrer Kontrolle - so stellen sich die Jungen vor - würden sie sich gut benehmen, weil man ihnen ja gefallen will. Wenn ein solchermaßen externalisiertes Gewissen nicht vorhanden ist, schlägt man über die Stränge: Frauen werden nicht länger idealisiert, sondern von dem Podest geholt, auf das man sie vorher selbst gesetzt hat. Sie werden zu Objekten herabgesetzt, an denen man(n) eigene

Stärke und Überlegenheit demonstrieren kann. So ganz falsch scheint diese implizite Selbsteinschätzung nicht zu sein, wie unser folgender Exkurs zeigt.

4.2.2.2 Exkurs: Der ganz alltägliche Sexismus „unter Männern"

Wir verlassen kurzfristig die Argumentationsmuster für oder gegen gemeinsames Lernen, um ein Ergebnis anzusprechen, daß wir ausschließlich bei Jungen gefunden haben, zwar nicht ausschließlich in dieser Gruppe, aber nirgends so gehäuft: Wir haben insgesamt zwölf Aufsätze der Schüler dieser Altersgruppe von der Codierung ausgeschlossen, weil wir aus der sexistischen Anmache der Forscherinnen schließen konnten, daß es sich hier um bewußte Provokationen handelte. Vereinzelt haben wir solche Exemplare auch bei Jungen aus koedukativen Schulen gefunden. Für die reguläre Auswertung nach unseren sonstigen Kategorien waren sie verloren. Als Illustration pubertärer Ausgaben von „Männerphantasien", wie Klaus Theweleit (1980) sie für Erwachsene analysiert hat, wären sie hoch spannend. Wir werden diese Analyse hier nicht leisten, weil das ein ganz neues Thema wäre. Mitteilens- und nachdenkenswert erschien uns aber die Tatsache, daß ein Teil der Jungen die Ablehnung unserer Forschungsfrage durch aggressiven Sexismus abreagierte. Diese Spielart taucht nur bei Jungen auf. Wir haben auch bei Mädchen empörte oder ironische Nachfragen geerntet: ob wir etwa mittelalterliche Verhältnisse wiederherstellen wollten, ob wir Schülerinnen von Mädchenschulen eigentlich für Mondkälber hielten, die hinter Klostermauern verstauben und ähnliche, ebenfalls aggressiv getönte Mißfallenskundgebungen. Aber keines der Mädchen hat uns etwa vorgeschlagen:

„Ach wissen Sie was, Sie können mich mal ins Knie ficken, ich hab keinen Bock mehr, für Sie meine kostbare Phantasie zu verschwenden. Ich finde es lächerlich, an unserer Schule so eine Befragung durchzuführen" (693).

Der Doppelname der Projektleiterin beflügelte dabei in der Tat die Phantasie zu kühnen Beispielen für das, was die Jungen selbst als *„abgefuckter Name"* bezeichneten, und zu der Nachfrage, ob der Doktortitel wohl von Aldi oder aus einer Bestechung stamme. Aus einer koedukativen Schule fühlte sich in einem ähnlichen Beispiel ein Oberstufenschüler zu der Nachfrage veranlaßt, warum man denn eigentlich im Anschreiben so aufdringlich als Projektleiterin erscheinen müsse. Ob da etwa Minderwertigkeitskomplexe im Spiel seien? Wir haben uns gefragt, ob solche Assoziationen bei einer männlichen Professorenunterschrift wohl auch in Jungenköpfen aufgetaucht wären. Unsere Hypothese lautet: eher nicht. Wenn eine Frau eine prestigeträchtige Position einnimmt, scheint dies bei manchen Jungen doch recht heftige Irritationen auszulösen, die dann überkompensiert werden müssen. Also servierte man uns Frauenarztwitze, Sprüche aus der untersten Macho-Schublade oder auch eindeutige Angebote samt Telefonnummer:

„Wieviel Kinder haben Sie? Sind Sie glücklich verheiratet? Ist Ihr Mann impotent? Falls Sie überhaupt einen haben! Falls Sie mal einen richtigen Mann kennenlernen wollen, ich bin für Sie da" (715).

Als kleiner Einblick in den offenbar jederzeit verfügbaren Vorrat von Sexismen bei 16jährigen dürfte das vermutlich reichen. Die Häufung der Aufsätze im 10. Jahrgang legt die Vermutung nahe, daß sich mehrere Knaben gegenseitig angeregt und hochgekitzelt haben. Die Schulleitung, die einige dieser Produkte zu Gesicht bekam, reagierte äußerst betroffen. Eigentlich könne man so etwas gar nicht weiterleiten, schlug sie vor, wohl nicht nur in Sorge um unsere Verletzlichkeit, sondern verständlicherweise auch um den guten Ruf der kirchlichen Einrichtung. Wir freuen uns, daß sie das Material nicht konfisziert hat. Wir haben schon erwähnt, daß wir ähnliche Phantasien auch bei Jungen aus koedukativen Schulen gefunden haben, wir haben es also nicht mit einem „Jungenschulproblem" zu tun. Es scheint uns aber nicht völlig abwegig, daß solche Produkte stärker von denjenigen verfaßt werden, die real eher gehemmt und unerfahren sind. Daß solche Hemmungen für Besucher von Jungenschulen offenbar ein größeres Problem darstellen können als für Schüler an koedukativen Schulen, haben wir herausgearbeitet. Möglicherweise reagieren sie den daraus resultierenden Druck stärker in entsprechenden Phantasien ab. Überdies sind in reinen „Männerbünden" - vom Stammtisch bis zur Armee - Situationen des gegenseitigen Anstachelns und Hochschaukelns solcher Phantasien häufiger zu finden als in geschlechtsgemischten Gruppen. Reine Jungenschulen machen da sicher keine Ausnahme. Das heißt nun nicht, daß dies dort zum Alltag gehört. Die Jungenschulen, die wir aus eigener Anschauung kennen, vermitteln uns ein völlig anderes Bild. Möglicherweise sind die jungen Menschen, die uns ihre Telefonnummer angedient haben, ganz reizende Zeitgenossen. Es bleibt aber gerade die irritierende Erkenntnis, daß auch nette, intelligente und kooperative männliche Wesen von einem Moment zum anderen auf Sexismen verfallen können, die man ihnen nicht im Traum zugetraut hätte. Das gilt in koedukativen Schulen ebenso wie in reinen Jungenschulen. Als pädagogisches Problem ist das bislang nur in Grenzen reflektiert worden. Wenn man Jugendlichen dabei helfen will, die eigene Rolle zu finden und befriedigende Beziehungen zum anderen Geschlecht zu gestalten, wird man sich ihm intensiver zuwenden müssen.

4.2.2.3 Die Stimmen der Minderheitsposition: „Mädchen würden einen normalen Jungen an unserer Schule nur verwirren ..."

Am häufigsten wird als Vorteil des getrennten Lernens genannt, daß man sich dabei besser auf den Unterricht konzentrieren könne, nicht abgelenkt werde und somit bessere Leistungen bringen könne.

„Moin! Jungenschulen sind keineswegs negativ!!! An einer reinen Jungenschule kann man sich viel besser konzentrieren und ist nicht so abgelenkt. Auch die Kriminalität ist bei uns niedriger, wie ich bei Vergleichen feststellen konnte.

Mädchen würden einen normalen Jungen an unserer Schule nur verwirren, und die Durchschnittsnote sänke um 1-2 Punkte. Außerdem gäbe es Komplikationen in Hinsicht auf die Pubertät, da wir hier einen sehr großen Wald haben. Mädchen lassen die Jungen sich in koedukativen Schulen nicht zur Entfaltung bringen, da Mädchen bevorzugt werden. Auch meine ich, daß, wenn ich in einer koedukativen Schule sein würde, daß es eine andere Verteilung von Noten bei verschiedenen Fächern geben müßte, da oft Jungen oder Mädchen nicht nach ihrem Können gerecht benotet werden, da es nur ein einziges System der Notenverteilung gibt. Bitte veräppeln sie die Jungenschule vor dem Wissenschaftlergremium nicht. Eine Jungenschule hat auch ihr Gutes. Dann Adios und bis bald!"

(594, m, 7. Jg., 13 Jahre)

Chaotisch würde der Unterricht mit Mädchen, vermutet ein Achtkläßler, weil *„man viel aufgeregter ist als sonst" (655). „Das weibliche Geschlecht lenkt einen normal denkenden Jungen ab, andererseits fehlt die kooperative Meinung des weiblichen Geschlechts" (592),* stellt ein Siebtklässer fest. *„Ich glaube, wenn Mädchen dabei wären, würden sie uns nur aufgeilen" (593),* befürchtet sein Klassenkamerad. Und ein anderer bemerkt vorwurfsvoll: *„Sicher, Sie denken nur an Mädchen. Man würde gar nicht mehr aufpassen. Ich bin für getrennte Schulen!!" (624)*

Auch in ihrer Wahrnehmung ist es die schlichte Tatsache der Anwesenheit von Mädchen, die zwangsläufig für Ärger sorgt:

„Ich finde es besser ohne Mädchen, da man mit denen nicht viel machen kann und die in der Klasse Unruhe stiften, da die anderen Jungen immer blöde Witze über sie machen und da die Jungen sich um das beste Mädchen streiten würden" (627).

Daß es langweiliger ist ohne Mädchen, gestehen selbst einige der Trennungsbefürworter explizit zu. Allerdings scheinen ihnen die Nachteile - wie

Ablenkung, schlechtere Leistungen, gestörte Jungensolidarität - deutlich zu überwiegen, jedenfalls in den Pubertätsjahren:

„Vor allem die Schüler der Unter- und Mittelstufe haben noch nicht dasselbe Verhältnis zu Mädchen wie zu Mitschülern. Da hilft auch keine so oft propagierte Förderung des natürlichen Verhältnisses untereinander. Zuerst muß erst einmal ein Verhältnis zum gleichen Geschlecht zur Förderung guter Kameradschaft entstehen" (681).

Bei einigen Jungen deutet sich ein ausgesprochen negatives Mädchenbild an. Sie seien unsolidarisch, *„würden nicht zu uns halten und immer alles petzen. Außerdem sind sie viel zu empfindlich und zu zickig" (589).* Deshalb fände er es blöd, wenn Mädchen auf seine Schule kämen, teilt ein Siebtkläßler mit und faßt seine Haltung schlicht zusammen: *„Ich hasse Mädchen!"* (ebd.)

Jungen seien *„einfach cooler, und man kann auch mal von jemandem abschreiben" (593).* Während die Jungen aus koedukativen Klassen in der Regel an ihren Mitschülerinnen die Bereitschaft schätzen, ihnen z. B. vor der Schule schnell noch ihre Hausaufgaben zu überlassen, gehen die Schüler des Jungengymnasiums davon aus: *„Ein Mädchen würde das nie und nimmer tun" (587).* Und außerdem sei auch wenig mit ihnen anzufangen, sie seien *„in vielen Hinsichten langweilig" (642),* man müßte vorsichtiger sein und könne auch nicht so gut über „intime Dinge" reden.

„Diese Mädchen sind dumm! Sie reden immer über langweilige Themen wie Parfüm und Puppen usw. Jungen reden über bessere Themen wie Sex, Autos und Fußball" (591).

Im Unterricht wäre es vermutlich nicht mehr so witzig und auch außerhalb der Stunden verstünden Mädchen weniger Spaß: *„Wahrscheinlich würden die Mädchen die meisten Streiche, z. B. Autos verschieben, Mitschüler in die Mülltonne werfen, nicht mitmachen"* (625).

Ein Zehntkläßler, der bis zur achten Klasse koedukative Schulen besuchte, bewertet seine jetzigen Erfahrungen im Vergleich dazu sehr positiv: *„Auf unserer Jungenschule ist die Stimmung innerhalb der Klasse und in der gesamten Schule kameradschaftlich und harmonisch, wo jeder für jeden kämpft und ein fester Zusammenhalt besteht" (702).* Eine solch „kämpferische Harmonie" läßt sich offenbar in den Augen vieler Jungen mit Mädchen nicht herstellen, vor allem dann nicht, wenn *„die Mädchen in den Klassen 5-8 teilweise weiter entwickelt sind, und es so zu keiner Chancengleichheit kommt!" (702).* Beobachtungen zum weiblichen Entwicklungsvorsprung werden von den übrigen Schülern der Jungenschule in dieser Gruppe nicht angesprochen. Dem Knaben mit koedukativer Schulerfahrung hat er aber wohl zu schaffen gemacht, das würde jedenfalls die Heftigkeit seiner Reaktion erklären:

„Insgesamt finde ich diese Befragung für ziemlich schwachsinnig, da Sie ollen Feministinnen doch nur hören wollen, daß Mädchen nur untergebuttert werden, was gar nicht stimmt. Insgesamt sind die Mädchen die Dominas und unterdrücken die Männerwelt durch ihre weiblichen Reize! Dieses (das männliche Geschlecht ist wohl gemeint, Anm. d. Aut.) kann sich auch nur durchsetzen, da Männer potenter sind als Frauen, da diese nur an ihre nächste Nähmaschine oder Golf Cabrio denken!!!!!!!!" (702).

4.2.2.4 Fazit: Barrieren überwinden oder Schutzzäune ziehen?

In den Pubertätsjahren wird die Haltung der Jungen spürbar erschüttert: Die Zustimmung zu Formen gemeinsamen Lernens wird etwas geringer, die zur Geschlechtertrennung nimmt aber noch deutlicher ab. Entsprechend stark nehmen ambivalente Einschätzungen zu. Wir haben gesehen, daß sich die Begründungsmuster dafür vor allem um die Frage gruppieren, wie die Beziehung zum anderen Geschlecht von den Jungen wahrgenommen wird. Diejenigen, die sich vor allem einen vertrauteren Umgang mit Mädchen wünschen, dabei mehr Sicherheit gewinnen und Hemmungen abbauen möchten, plädieren entschieden für die Koedukation. Von den Mädchen erwarten sie dabei qua Anwesenheit einen förderlichen Einfluß, nicht weil sie ihnen besonders positive Eigenschaften zuordnen. Von sich selbst und den eigenen Geschlechtsgenossen erwarten sie ein angemesseneres Verhalten, weil dies in Gegenwart von Frauen notwendig ist und weil dies Teil der Strategie ist, die Gunst umschwärmter Mädchen zu gewinnen. Das werde die Atmosphäre in der Schule enorm verbessern. Die Trennungsbefürworter widersprechen dem energisch, weil sie unvermeidliche Komplikationen befürchten, die keinesfalls die Vorteile aufwiegen. Sobald Mädchen auftreten, ist es nach ihrer Einschätzung erstens mit der Aufmerksamkeit und Konzentration auf den Unterricht und zweitens mit der Solidarität untereinander vorbei. Konkurrenz- und Imponiergehabe würde an die Stelle des früheren Zusammenhalts treten. Der „Kampf um das Weibchen" scheint ihnen geradezu mit Naturnotwendigkeit einzutreten. Es finden sich in solchen Zusammenhängen auch relativ häufig Wendungen wie *„jeder normale"* oder *„normal denkende"* Junge werde sich beispielsweise ablenken lassen. Dahinter scheinen Konzepte zu stehen, in denen die Beziehung zwischen den Geschlechtern als eine schwer kontrollierbare, deshalb auch mehr oder minder bedrohliche gesehen wird. Äußere Trennung scheint da ein sinnvolles Mittel. Am deutlichsten formuliert dies ein Junge, der so etwas wie ein Moratorium fordert: Wenn man sich innerhalb der eigenen Geschlechtsgruppe hinreichend sicher fühlt, dann ist man auch gewappnet, dem anderen Geschlecht gegenüberzutreten. Solange das noch nicht der Fall ist, grenzt man „die Fremden“ besser aus. Diese Position zeigt deutliche Parallelen zu den von den Schülerinnen der Mädchenschule vertretenen Annahmen, das Auftreten von Jungen zerstöre die hoch geschätzte Intimität und Vertrautheit zwischen den Klassenkameradinnen und belaste sie mit Konkurrenzdruck und Eifersüchteleien.

Ein beträchtlicher Teil der Jungen schwankt zwischen den beiden Positionen, sieht auf der einen Seite den Vorteil genußversprechender Kontakte, fürchtet auf der anderen aber Nachteile hinsichtlich Leistung und Konkurrenz. Diese Jugendlichen fürchten zuweilen nicht nur die Ablenkung durch Mädchen, sondern sehen in ihnen auch noch die fleißigen, strebsamen, auf manchen Gebieten vielleicht sogar besser befähigten Mitschülerinnen, die mit guten Noten die männlichen Klassenkameraden hinter sich lassen. Insofern hat die zunehmende Konkurrenz einen Doppelaspekt: *Mit* den Mädchen tritt man in den Wettbewerb um bessere Noten, *um* die Akzeptanz der Mädchen konkurriert man mit den anderen Jungen. Im günstigen Falle erringt man als „Crack“ die Zuneigung der begehrten Partnerin, auf der anderen Seite tun sich aber auch diverse Möglichkeiten des Scheiterns auf. Je nach kalkulierter Erfolgs- oder Mißerfolgswahrscheinlichkeit dürfte die Waage sich neigen: Wer überwiegend Erfolgshoffnungen hegt, wird eher zur Überwindung der Barrieren und Öffnung des homogenen Territoriums neigen. Wer klare Mißerfolgsbefürchtungen empfindet, plädiert vermutlich eher für sorgfältige Grenzkontrollen. Besonders schwer auszuhalten ist vermutlich die Spannung im Bereich mittlerer Erfolgswahrscheinlichkeit. Und für alle Jugendlichen ist die Ausbalancierung der Beziehungswünsche mit dem Ziel nach guten schulischen Abschneidens in dieser Lebensphase offensichtlich keine leicht zu lösende Aufgabe. Die Risiken des Scheiterns sind zu beiden Seiten hin hoch.

4.2.3 Sekundarstufe II: „Bei uns waren früher viele Leute kontaktscheu ...“

In der Oberstufe bilden die ambivalenten Einschätzungen mit knapp 40% dic Mehrheitsposition, gefolgt von den Befürwortern der Koedukation mit gut 30%. Für getrennte Schulen - also den eigenen Schultyp plädiert nunmehr ein Viertel der Jungen. Viele Schüler halten allerdings das Thema eigentlich schon für erledigt, weil durch die Kooperation mit dem benachbarten Mädchengymnasium inzwischen einige Kurse koedukativ organisiert sind. Auf

Erfahrungen mit diesen gemischten Lerngruppen wird mehrfach Bezug genommen.

Die Argumentationsmuster der Oberstufenschüler unterscheiden sich kaum von denen der jüngeren, so daß wir die Präsentation aus diesem Grunde knapp halten können. Auch in der Jungenschule wird in der Oberstufe kaum der Aspekt der Vorbereitung auf ein späteres Zusammenleben der Geschlechter in Beruf und Partnerschaft thematisiert. Wenn die Frage nach außerschulischen Auswirkungen angesprochen wird, geht es ausschließlich darum, wie verklemmt oder unbefangen man in verschiedenen Schultypen werde. Das wird dann wiederum abgewogen gegen Vorteile des konzentrierten und - in diesen höheren Jahrgängen stärker betont - qualitativ anspruchsvolleren Lernens, das sich an spezifisch männlichen Interessen und Bedürfnissen ausrichtet. Ein Beispiel für solch eine Argumentation bietet der Aufsatz eines Schülers, der zur unentschiedenen Mehrheitsposition zählt.

„Bei uns in X am Don-Bosco-Gymnasium[24] verläuft der Schulalltag auch nicht anders als an anderen Schulen, mit dem Unterschied, daß hier eben nur Jungen zur Schule gehen. Wenn man den Unterricht an einer reinen Jungen- bzw. einer Mädchenschule vergleicht, und die Vergleichsmöglichkeit besteht bei uns, da man auch Kurse an der Hildegardisschule belegen kann, kann man feststellen, daß an der Mädchenschule andere Maßstäbe gesetzt werden. Während hier mehr Wert auf dialektisches Denken gelegt wird, wird an der Mädchenschule mehr Reproduktion gefordert. Vorteile hat die getrennte Lernerziehung, da man nicht mehr als Lehrer auf geschlechtsspezifische Unterschiede eingehen muß, z. B. ist der Matheunterricht unkomplizierter und schneller an getrennten Schulen. Der Zusammenhalt ist innerhalb der Klasse größer als in gemischten Klassen. Jedoch bemerkt man auch, daß manche nach einer getrennten Schulausbildung den Kontakt zum anderen Geschlecht fast völlig verloren haben und nicht mehr wissen, wie man sich ihnen gegenüber verhalten soll und Hemmungen haben, Mädchen anzusprechen. Bei Frauen stellt man manchmal ein überzogen feministisches und männerfeindliches Bild fest.

Beides hat seine Vor- und Nachteile, doch ich habe leider keine Vergleichsmöglichkeit von einer gemischten Schule, so daß ich den Unterricht nicht so beurteilen und beschreiben kann.

(743, m, 13. Jg., 20 Jahre)

Deutlich wird hier zum einen, daß die Frage der kommunikativen Kompetenz im Umgang mit Mädchen auch aus der Sicht der älteren Schüler einen sehr zentralen Stellenwert hat. Immer wieder wird auf den fehlenden Kontakt

24 Die hier aufgeführten Namen sind wiederum von uns geändert.

mit Mädchen hingewiesen, auf mangelnde Erfahrungen, die zu Schüchternheit führe und damit erst recht Erfahrungen verhindere. Der Nachteil solcher eingeschlechtlicher Schulen sei, *„daß manche Jungen keinen Kontakt zum anderen Geschlecht haben und teilweise total verklemmt sind" (717)*. Jedenfalls könne man merkwürdige Umgangsformen beobachten:

„Es gibt bei uns auf der Schule bestimmt Jungen, die unter Umständen ein etwas gestörtes Verhältnis zum weiblichen Geschlecht haben. Auf einer Klassenfete vor zwei Jahren, wo zwei Mädchen anwesend waren, wurden sie entweder blöd und dumm angelabert oder dumm angestarrt" (730).

Besonders in den Jahrgängen 5 - 9 sei dies zu beobachten, meint ein Elftkläßler, danach würden sich die Hemmungen dann aber lösen:

„Frauen sind etwas ganz normales (Wer hätte das nicht gedacht?!!) Mit Tanzkurs, Feten, Konzerten und Stoppelmarkt bauen sich schon Beziehungen (Bekanntschaften) auf, die vielleicht durch Koedukation schon früher bestanden hätten" (739).

Einige Schüler halten eine solche Problemsicht für eher übertrieben. Als verklemmt könne man Schüler einer Jungenschule *„auch nicht bezeichnen, obwohl oft dazu geneigt wird" (740)*. Der mangelnde Kontakt in der Sekundarstufe I sei vielleicht nicht so gut, beim ersten gemeinsamen Unterricht in der Oberstufe reagiere man dann schon *„etwas nervös, aber das legte sich schnell. Allerdings muß man sagen, daß die Kontaktaufnahme und das Verhalten gegenüber Mädchen in der Mittelstufe ziemlich gestört war. Als wir Tanzkurs machen mußten, kam das große Aha-Erlebnis, und es haben sich fast alle völlig bescheuert benommen. Vielleicht wäre das bei Koedukation nicht passiert" (761)*. Aber solche Erfahrungen seien ja nachholbar. Das allerdings sei wichtig, weil das sonst *„unter anderem auch fatale Folgen für das gesellschaftliche Leben haben kann" (752). „Wir Schüler einer Jungenschule haben schon von vornherein Vorurteile gegenüber Mädchen" (740),* bekennt ein Schüler des 11. Jahrgangs, ohne diese jedoch näher zu spezifizieren. Manche Themenbereiche würden schon recht einseitig betrachtet, meint ein Schüler. Dafür könne man aber auch *„bei einigen Themen offener sprechen" (752)*. Leider wird auch hier jeweils nicht ausgeführt, welche Themen damit gemeint sind. Mehrere Schüler benutzen solch wolkige Formulierungen. Aus dem Kontext kann man jeweils vorsichtig schließen, daß es dabei einerseits um Fragen von Sexualaufklärung geht, andererseits aber wohl auch um eher sexistische Äußerungen, vornehmer umschrieben als Kommentare, *„die in einer gemischten Klasse nicht gegeben werden würden, weil sie oft einfach peinlich wären" (739)*. Ein Schüler der elften Klasse konkretisiert das am Beispiel der montäglichen Berichte:

„Jeder erzählt von seinen Mädchen, die er am Wochenende kennengelernt hat. So etwas wäre in einer gemischten Klasse nicht möglich, da man

sonst von den Mädchen als sexueller Triebtäter bezeichnet werden würde" (727).

Die ziemlich dürren Schilderungen lassen häufig nicht erkennen, ob dieses Klima eher als schwül und veränderungsbedürftig erlebt wird, oder ob es eher als „Männerbund" geschätzt wird, der durch Frauen und ihren Anspruch auf Wohlverhalten in lästiger Weise gestört wird. Dem eben zitierten 17jährigen Schüler, der von den Berichten über die Wochenenderoberungen erzählt, gefällt es gut auf der Jungenschule, *„denn unter Männern lebt es sich anders" (727).* Ein anderer meint, es *„würde sich sicherlich das Benehmen von uns Jungen ändern, da den meisten doch ein gutes Verhalten gegenüber Mädchen in ihrer Kindheit eingetrichtert wurde" (725).* Es bleibt in der Schwebe, ob das eher lästige Kontrolle oder eine begrüßenswerte Verbesserung des sozialen Klimas in seinen Augen darstellt. Daß die Konkurrenz zwischen den Jungen zunehmen würde, wird auch hier wieder von mehreren Schülern vermutet: *„Bei einigen würde es aber auch zu 'Brutalität' führen, da sie sich gegenüber Mädchen dann beweisen zu scheinen müssen"* (ebd.). Die vermuteten Veränderungen sind also mindestens zweischneidig.

Eindeutig auf der Positivseite der getrennten Erziehung verbuchen dagegen auch die älteren Schüler, daß man *„nicht (geschlechtsbedingt) vom Unterricht abgelenkt"* werde (752). Außerdem könnten zwischenmenschliche Beziehungen zwischen Jungen und Mädchen den Unterricht nicht beeinflussen, und schließlich sei *„es statistisch bewiesen, daß Jungen z. B. in naturwissenschaftlichen Fächern leistungsstärker sind"* (ebd.).

4.2.3.1 „... der Lerneffekt wird sehr gestört ..."

Vorstellungen über deutlich unterschiedliche Interessen und Leistungsfähigkeiten finden sich vor allem in der Gruppe der Trennungsbefürworter. Gerade bei den älteren Jungen nehmen sie zuweilen groteske Züge der Selbstüberschätzung bzw. Diskriminierung an, wie das folgende Beispiel veranschaulicht:

„Die geistige Reife der Mädchen läßt aber meistens arg zu wünschen übrig. Früher wurde immer erzählt, Mädchen sind geistig und körperlich reifer. In den Fächern wie Chemie Grundkurs, die es zur Zeit nur am Hildegardis-Gymnasium gibt, weil alle Leute von unserer Schule Leistungskurs haben, merkt man das Gegenteil. Der Unterricht kommt kaum voran. Die Mädchen labern dumm rum, ohne dem Unterricht zu folgen, anders als bei uns, wo durchgängig beides parallel läuft, Unterricht und Gespräche. In anderen Fächern, z. B. Geschichte am Hildegardis-Gymnasium, ist der Unterricht

zweigeteilt. Manche Hilden können nur aufpassen, andere verstehen nicht, was der Lehrer will und stören nur, obwohl man sich mit solchen Mädchen recht gut unterhalten kann, während man selber aufpaßt" (747).

Ein anderer Schüler führt als Vorteil an, daß man in den Naturwissenschaften konzentrierter arbeiten könne, *„weil man nicht von Öko-Weibern und sich nägellackierenden 14-jährigen, die wie 20 aussehen, stören lassen möchte" (728).* Nicht nur das Klima sei an der Jungenschule besser als an der Mädchenschule, stellt ein weiterer fest:

„Während bei uns manchmal echt gute Diskussionen im Unterricht zustande kommen, habe ich dort selbständige Beiträge, ich meine Diskussionen, selten erlebt. Dort wird viel mehr Wert auf Textarbeit gelegt. (Ich habe dort in Religion nur Textarbeit gemacht), während hier viel mehr logisch erschlossen wird. Von daher kann man sagen, daß Jungs vielleicht auf diesem Gebiet stärker sind als Mädchen. Das heißt aber für mich nicht, daß Mädchen unbedingt wesentlich schwächer sind in Naturwissenschaften, aber es gibt schon Unterschiede in diesem Bereich" (744).

Ein solches Urteil kann im Vergleich mit anderen Aussagen noch als eher vorsichtig bezeichnet werden. Ziemlich holzschnittartig entwickelt dagegen ein Mitschüler folgende Typologie der Mädchengymnasiastinnen, die an Kursen in der Jungenschule teilnehmen:

„Hierbei gibt es wohl hauptsächlich zwei 'Sorten' von Mädchen. Die einen machen im Unterricht Radau (kichern, lachen, herumalbern), so daß der Unterricht sehr stressig wird und man kaum etwas mitbekommt. Bei der anderen Kategorie handelt es sich um solche, die alles hören und wissen wollen. Sie schreiben alles mit, fragen alles nach und machen dadurch den Unterricht genauso zur Qual wie die Radau-Macher. Dieses Verhalten ändert sich auch in den Pausen nicht, wodurch die himmlische Ruhe, welche man an anderen Tagen in den Pausen hat, erheblich gestört wird. Ein Vorteil ist, daß man einige unangenehme Arbeiten (Referate usw.) gut auf sie abwälzen kann. In einzelnen Fächern ändert sich etwas. In den 'Fleißfächern' z. B. haben die Mädchen klare Vorteile, da wir von Natur aus äußerst faul sind. Dieses gleichen wir jedoch in den 'anspruchsvolleren' Fächern wieder aus" (745).

Mädchen sind aus einer solchen Perspektive sozial fehlkonstruiert: Entweder sind sie undiszipliniert, albern und nerven mit ihrer Unfähigkeit, weil ihnen offenbar die beneidenswerte Fähigkeit abgeht, sich sowohl zu unterhalten als auch dem Unterrichtsgeschehen zu folgen. Oder sie sind übereifrige Streberinnen, dann verderben sie das Klima aufgrund ihrer intellektuellen Minderausstattung durch vielfaches Nachfragen. Willige Übernahme niedriger Tätigkeiten kann dies nur teilweise wiedergutmachen. Solche Einordnungen sind in der Gruppe der Trennungsbefürworter ganz überwiegend anzutreffen. In den Naturwissenschaften *„würden Mädchen den Unterricht nur verlangsamen"*, im Chemie-Leistungskurs *„sang- und klanglos untergehen" (746)*. In dem nur von Jungen besuchten Mathematik-Leistungskurs sei der Unterricht dagegen *„relativ entspannt"*. Wenn der Unterrichtsinhalt etwas komplizierter werde, würde man sogar die Blicke nach vorn richten, ansonsten die üblichen Witze erzählen, was *„so frei nur in mädchenlosen Kursen möglich"* sei: *„Das Niveau der Witze ist niedrig, das von Mathe hoch" (747)*. Der Gesamttenor des Aufsatzes läßt jede selbstironische Distanzierung von solchen Verhaltensweisen ausschließen. Ganz unbefangen drückt dieser junge Mann sein doppeltes Gefühl der Überlegenheit aus: Als Mann und als mathematisch-naturwissenschaftlich kompetenter Zeitgenosse ist er den Mädchen weit voraus. Er war es auch, der ihnen bescheinigte, ihre geistige Reife ließe arg zu wünschen übrig. Der Zustimmung vieler seiner Schulkameraden kann er sich dabei sicher sein. Zwar meint einer seiner Mitschüler, immerhin habe ein Mädchen durch seine Beiträge den Physik-Grundkurs *„in seinem Niveau angehoben"*, aber dennoch befindet er:

„Ich persönlich bin also für eine reine Jungenschule, da die Mädchen, die zu uns kommen (die von der Mädchenschule), einfach noch nicht so weit sind, vernünftige Gespräche mit Jungen zu führen" (749).

Den getrennten Unterricht könne man in einigen Fächern, nämlich in naturwissenschaftlichen Kursen, wesentlich *„interessanter, anspruchsvoller im Hinblick auf einen reinen 'Jungen-Kurs' gestalten, bzw. für Mädchen das Niveau in diesen Fächern herunterschrauben, da es allgemein gilt, daß das Verständnis der naturwissenschaftlichen Fächer beim männlichen Geschlecht ausgeprägter ist als beim weiblichen Geschlecht" (755).*

In dieser Eindeutigkeit hatten wir diese Einschätzung des männlichen Leistungsvorsprungs selbst bei den Trennungsbefürwortern nicht erwartet, auch nicht mit derart abqualifizierenden Äußerungen. Vollends irritiert hat uns dann aber die Tatsache, daß auch die Befürworter gemeinsamen Lernens solche Positionen keineswegs infrage stellen. Ein einziger Schüler erklärte, er habe keine Unterschiede in naturwissenschaftlichen Fächern feststellen können (751). Die übrigen sprachen das Thema entweder gar nicht an bzw. plädierten im Sport für unterschiedliche Bewertungskriterien. Und ein Schüler gestand Frauen gar Leistungsvorteile zu, allerdings auf anderen Gebieten:

„Ich bin auch nicht der Meinung, daß Frauen generell leistungsfähiger sind als Männer, sondern ich würde sagen, daß das von Fall zu Fall verschieden ist, wenn man dann mal von Fächern absieht, für die Frauen privilegiert sind (Handarbeiten, Kochen u. a.). Ich will damit natürlich nicht diese 'Frauen an den Herd'-Meinung vertreten, aber sie sind doch wirklich geschickter in solchen Sachen" (735).

Diese insgesamt relativ „harte“ Stereotypisierung hat uns sehr nachdenklich gestimmt. Wir verwechseln gewiß die hier zu Papier gebrachten Einschätzungen der Jugendlichen nicht mit irreversiblen Einstellungen und Orientierungen, die sich bruchlos in ausbeuterisches und unterdrückendes Verhalten umsetzen. Ein wenig erinnern die wortgewaltig vorgetragenen Selbstbewußtseinsdemonstrationen ja auch an Kinder, die laut singen, wenn sie in den Keller gehen. Wer wird denn Angst haben? Oder Versagensängste? Wer den Überlegenheitsimperativ tief genug verinnerlicht hat, darf vermutlich nicht einmal deren Existenzmöglichkeit ins Bewußtsein dringen lassen. Daß dies kleine oder auch größere Helden in Not bringen kann, leuchtet durchaus ein. Uns hat die Frage bewegt, ob die lange Zeit mangelnder Möglichkeit, sich gemeinsam mit Mädchen als Lernende zu erleben, für die Schüler der Jungenschule die Unsicherheit erhöht und damit diesen Konflikt verschärft hat. Die Jungen in koedukativen Schulen haben jedenfalls keineswegs in dieser krassen Weise geschlechtstypisierende Zuschreibungen vorgenommen. Gerade die Oberstufenschüler haben sehr stark auf individuelle Interessen und Fähigkeiten verwiesen, bei Mädchen wie bei Jungen. Ihre Geschlechtsgenossen, die lange Zeit in reinen Jungengruppen gelernt haben, reklamieren dagegen sehr viel deutlicher Überlegenheit. Während bei den Schülerinnen der Mädchenschule die mangelnden Vergleichsmöglichkeiten mit Jungen eher in Selbstzweifel und Unsicherheit umschlagen, behaupten die Schüler der Jungenschule selbstbewußt ein höheres Leistungsniveau. Es macht offensichtlich einen Unterschied, ob man in einer Institution lernt, in der das nachrangige Geschlecht unter sich bleibt, oder ob man sich exklusiv in der gesellschaftlich höher bewerteten Gruppe zusammenfindet. Letztlich macht das wohl den Unterschied aus zwischen Stigmatisierung und Privilegierung.

4.2.3.2 Das Problem mit dem Ausnahmestatus: „Unsere Schule wird von außen oft als Rüpel- oder Schwulen-Schule angesehen“

Ähnlich wie bei den Schülerinnen der Mädchenschule zieht sich durch sehr viele Aufsätze der Jungen die Klage darüber, daß man als Besucher einer geschlechtsgetrennten Schule immer wieder auf Vorurteile stoße. Das gilt unabhängig von der eigenen Haltung zur Koedukation sowohl für Trennungs- als auch für Koedukationsbefürworter oder Ambivalente. Inzwischen gelten solche Schulen als eher exotische Ausnahmen, es wird begründungsbedürftig, warum man nicht eine „normale“ Schule besucht. Zwei Unterstellungen machen den Jungen dabei offensichtlich besonders zu schaffen, wie vorn schon angeklungen ist. Beide treffen die männliche Identität ins Mark. Zum ersten sehen sie sich häufig dem Verdacht ausgesetzt, die Trennung vom anderen Geschlecht führe zu Schüchternheit und Verklemmung, Schüler der Jungenschule seien leicht daran zu erkennen, daß sie ein merkwürdiges Verhalten Mädchen gegenüber an den Tag legten. Zum zweiten begegnen sie offenbar häufig der Annahme, Homosexualität sei an diesen Schulen ein verbreitetes Phänomen. Beide Zuschreibungen werden von den Jungen als abwertend und diskriminierend wahrgenommen.

Dabei gehen die Meinungen hinsichtlich des ersten Punktes deutlich auseinander. Ein großer Teil der Jungen hat - wie wir gesehen haben - selbst den Eindruck, sich nicht so frei und ungezwungen dem anderen Geschlecht gegenüber verhalten zu können, wie das in ihren Augen wünschenswert wäre. Diese Jungen bewerten solche Äußerungen insofern nicht als Vorurteil, fühlen sich aber vermutlich an einer besonders empfindlichen Stelle getroffen. Ihnen wird öffentlich ein Defizit bescheinigt, das sie selbst als schwierig und hinderlich erleben. Andere hingegen wehren sich vehement gegen solche Zuschreibungen: *„Außerdem sind Jungen an Jungenschulen keineswegs verklemmt!!!!“ (713),* empört sich bereits ein Zehntkläßler. Seine älteren Mitschüler bestätigen dies:

„Daß eine Mädchenscheue oder Verklemmtheit durch den Unterricht an unserer Jungenschule 'vermittelt' würde, kann ich nur abstreiten, da man ja in der Freizeit genug Umgang mit dem anderen Geschlecht hat, z. B. Tanzschule“ (748).

Wesentlich entschiedener wehren sich aber die Jugendlichen gegen die Annahmen ihrer Umwelt, Jungenschulen seien eine Umgebung, in der Homosexualität gedeihe. Dagegen protestieren sie einhellig und massiv:

„Unsere Schule wird von außen oft als Rüpel- oder Schwulenschule angesehen. Das ist eine Schweinerei, denn die Hildegardis-Schule wird auch nicht als Lesbenschule bezeichnet“(637).

Schon deshalb würden manche Schüler es begrüßen, wenn Mädchen in die Schule aufgenommen würden, „allein um den Ruf der Schule zu retten. Die Jungen von gemischten Schulen behaupten, daß wir alle schwul seien, aber das stimmt nicht“ (621). Von vielen würde das offenbar als Erleichterung begrüßt werden:

„Außerdem würden wir mit Mädchen auf unserer Schule mit den albernen Gerüchten, daß wir alle schwul wären, nicht mehr attackiert werden“ (721).

Kritisiert wird ausnahmslos, daß solche Behauptungen haltlos und falsch seien. Keiner der Jungen kritisiert daran die Tatsache, daß hier eine Minderheit von Menschen diskriminiert wird, weil sie von der geltenden Sexualmoral abweicht. In der Bewertung von Homosexualität als deviant scheinen sich die Jungen durchweg einig zu sein. Das gilt auch für die Schüler der koedukativen Schulen, die ihrerseits zum Teil genau dieses Vorurteil formulierten, wenn sie beispielsweise vor dem Ausbruch einer *„Schwulenepidemie"* durch die Einführung von Jungenschulen warnten. Heterosexualität ist als Norm in den Köpfen der Jugendlichen fest verankert. Uwe Sielert (1989, S. 78) beschreibt die Verhaltenseinschränkungen, die damit für Jungen verbunden sind: „Im Jugendzentrum vergeht kaum ein Tag, an dem nicht irgend jemand als 'schwule Sau' beschimpft wird oder ein neuer Schwulenwitz die Runde macht. Die seltenen Jungenfreundschaften befinden sich in der Zwickmühle: Einerseits möchten zwei Freunde miteinander durch dick und dünn gehen und vertrauen sich tatsächlich sehr intime Dinge an. Andererseits dürfen sie ihre Beziehung nicht körperlich ausdrücken und sich nicht allzu oft von der Clique absondern, um nicht den Verdacht der Homosexualität auf sich zu lenken oder einfach als unmännlich zu gelten. Schwule sind für viele Jugendliche keine richtigen Männer und wer sich so ähnlich verhält, hat sein Image auf's Spiel gesetzt."

Schüler einer Jungenschule sehen sich einem solchen Vorwurf durch ihre Zugehörigkeit zu eben dieser Institution offensichtlich wesentlich stärker ausgesetzt. Je nach Temperament empfinden sie das entweder als *„Schweinerei"* oder als *„albernes Gerücht"*, kalt läßt es sie jedenfalls nicht. Es ist schwer abzuschätzen, ob solche Zuschreibungen für sie den ohnehin schon starken Druck noch erhöhen, Männlichkeit überzeugend zu präsentieren. Die Identifikation mit dem eigenen Schultyp erleichtert es jedenfalls sicherlich nicht.

4.2.3.3 Fazit: Ein distanziertes „eher nicht" zur Jungenschule

In der Bilanz drückt sich bei den Jungen deutlich stärkere Zurückhaltung gegenüber dem Lernen in geschlechtsgetrennten Schulen aus, als dies bei den Schülerinnen der Mädchenschule der Fall ist. Mehr als ein Drittel spricht sich explizit für die Koedukation aus, ein Drittel ist unentschieden, die kleinste Gruppe - nur gut ein Viertel - hält den eigenen Schultyp für gut und richtig. Sehr selten wurde von einigen Jungen ins Feld geführt, man könne offener über einige Dinge reden, wenn man unter sich sei. Das von den Schülerinnen der Mädchenschule immer wieder gelobte positive Klima hat aus der Perspektive der Jungen an ihrer Schule offenbar keine Entsprechung. Möglicherweise erklärt auch dies ihr hohes Bedürfnis und die Hoffnung, durch die Anwesenheit von Mädchen viele Dinge zum Besseren zu wenden. Vergleicht man die drei von uns untersuchten Schultypen miteinander, so steht die koedukative Schule an der Spitze der Akzeptanz durch ihre „Kunden“. Die Mädchenschule rangiert mit deutlichem Abstand dahinter, und das Schlußlicht bildet die Jungenschule. Uns hat dieser deutliche „Öffnungswunsch“ verblüfft, zumal die Jungen ihr eigenes Geschlecht durchaus weniger abschätzig beurteilen, als dies bei vielen Mädchen der Fall war. Eher haben sie betont, daß es auch allein mit Jungen durchaus interessant sei. Möglicherweise können sie nur relativ diffus zum Ausdruck bringen, was ihnen in männlichen Kontexten denn eigentlich fehlt. An einigen Stellen schimmert das Bedürfnis nach gewaltfreiem, verständnisvollen und mitfühlendem Umgang miteinander deutlich durch, nach Kommunikationsformen, die in reinen Jungengruppen schwerer zu verwirklichen sind. Mit weiblicher Unterstützung hoffen sie dabei auf größeren Erfolg. Allerdings fühlen sie sich wenig gerüstet für die Kommunikation mit den einerseits so sehr herbeigewünschten Partnerinnen. Jedenfalls sehen viele sich selbst als ungeübt und wenig geschickt darin, mit Mädchen ins Gespräch zu kommen. Daß ihnen solche Defizite von außen auch immer wieder zugeschrieben werden, dürfte ihre Unsicherheit dabei noch erhöhen. Lediglich eine Minderheit begrüßt die Abwesenheit von Mädchen als Reduktion von Konfliktmöglichkeiten: Die Solidarität in der „Brüderhorde“ wird durch Konkurrenz um weibliche Gunst nicht beeinträchtigt.

4.2.4 Zwischen Schüchternheit, Eliteanspruch und Vorurteilsabwehr

Wir hatten auch bei den Schülerinnen der Mädchenschule aufgezeigt, daß sie sich durch die Wahl ihrer Schule in eine Minderheitenposition gesetzt sehen, und damit als „anders“ oder „abweichend“ wahrgenommen werden. Die Schüler des Jungengymnasiums kämpfen ebenfalls mit solchen Schwierigkeiten. Dabei stehen sie bereits zu Beginn der Sekundarschulzeit der Form getrennten Lernens deutlich ablehnender gegenüber als die Mädchen. Sie freuen sich keineswegs, nun endlich ungestört unter sich zu sein, sondern verbuchen die Abwesenheit der Mädchen zum großen Teil als Verlust. Mit steigendem Alter nehmen diese kritischen Stimmen nochmals zu. Die Jungen wünschen sich mehr Kontakt zu gleichaltrigen Mädchen, um weniger schüchtern und gehemmt auf sie zugehen zu können und erwarten eine wesentliche Verbesserung des Klimas von der Anwesenheit weiblicher Mitschülerinnen. Mädchen gegenüber würde man sich auf seine gute Erziehung besinnen, meinen viele Jungen. Man würde sich besser benehmen, netter zueinander sein, sich mit Zoten zurückhalten und sich dafür stärker anstrengen, um durch gute Leistungen in der Achtung der Angebeteten zu steigen. Ein solches Frauenbild und seine Folgen wird von den Jugendlichen nicht hinterfragt. Mädchen sind in ihren Augen zu erobernde Wesen, deren Gunst es zu erringen gilt. Zwangsläufig werden deshalb ihrer Einschätzung nach Konkurrenz und Rivalität innerhalb der Jungengruppe zunehmen, Solidarität und Freundschaft damit ernsthaft gefährdet. Von dem größeren Teil der Jungen würde das hingenommen werden, von einem kleineren Teil wird das als in keiner Weise im Verhältnis zum Nutzen stehend abgelehnt, und ein beträchtlicher Teil bleibt in der Abwägung von Vor- und Nachteilen ambivalent.

Bei den jüngeren Schülern werden Mädchen offenbar von einem Teil der Jungen als Konkurrenz gefürchtet, weil sie den Kampf um die guten Noten in doppelter Weise verstärken. Erstens sind sie Konkurrentinnen, was bei ihrem schulfreundlichen Verhalten besonders ernstzunehmen ist. Zweitens wäre eine Niederlage einem Mädchen gegenüber ganz besonders bitter, wie ein Fünftkläßler es formulierte. Solchen Gefährdungen kann man durch Geschlechtertrennung entgehen und dies als Entlastung empfinden. Das erleichtert dann auch in den folgenden Jahren die - schwer bis kaum zu prüfende - Behauptung, das Niveau der männlichen Leistungen sei - jedenfalls in „Männerdomänen" wie Mathematik und Naturwissenschaften - zweifellos höher als in gemischten Lerngruppen. Wir haben gesehen, daß diese Haltung vor allem von denen vertreten wurde, die sich mit dem eigenen Schultyp identifizierten. Homogene Lerngruppen hielten sie für die geeigneteste Form, auf die ihrer Meinung nach unterschiedlichen Interessen und Leistungspotentiale von Mädchen und Jungen einzugehen. Daß man von Heterogenität auch profitieren könne, daß der eigene Vorsprung sich möglicherweise relativieren oder gar auflösen könne, wurde von diesen Jugendlichen kaum in Betracht gezogen. Das heißt noch nicht, daß sich hinter den forsch vertretenen Elite-Attitüden nicht möglicherweise doch eine gehörige Portion Unsicherheit und Selbstzweifel verbergen kann. Darüber geben aber die uns vorliegenden schriftlichen Äußerungen keinen weiteren Aufschluß.

Ein Großteil der Jungen hat jedoch für sich selbst massive Unsicherheit im Umgang mit dem anderen Geschlecht als problematische Folge des Besuchs einer Jungenschule beschrieben. Man traue sich kaum, Mädchen außerhalb der Schule anzusprechen, bekomme gleich einen roten Kopf, fühle sich in der Tanzschule unwohl, beneide andere Jungen um ihr „normales" Verhalten. Gleichzeitig ist aber der Wunsch nach solchen Kontakten verständlicherweise hoch. Viele Jungen können ihn offenbar außerhalb der Schule aufgrund mangelnder Übung nur schwer herstellen. Von gemeinsamen schulischen Aktivitäten erhoffen sie einen Sicherheit vermittelnden Rahmen. Einige der Schüler versichern, wie sehr ihnen an befriedigenden Beziehungen mit den Mädchen liege. Keineswegs würden sie ihre Mitschülerinnen „unterdrücken" wollen, andere wiederum sehen dies als unvermeidliche Gefahr voraus. Je stärker einzelne Jungen polare Interessen- und Fähigkeitsausstattungen der Geschlechter betonen, je sicherer sie dabei von männlichen Leistungsvorsprüngen ausgehen, desto weniger können sie sich gemeinsames Lernen sinnvoll oder gar genußreich vorstellen. Elitäre Überlegenheitsansprüche führen zur aggressiven Zurückweisung jeder Kooperation mit Partnerinnen, die als prinzipiell nicht gleichwertig betrachtet werden. Das betrifft aber eine relativ kleine Minderheit. Der Großteil der Jungen betont dagegen seine Bereitschaft zu partnerschaftlicher Kommunikation. Die gelte es erst (wieder) zu lernen, und genau das halten sehr viele Jungen für das eigentliche Defizit ihrer Schulerfahrungen.

4.3 Selbst- und Fremdbilder zwischen Polarisierung und Verunsicherung

Wir hatten hier am Kapitelanfang einige Fragen und Hypothesen skizziert, die uns bei der Auswertung und Interpretation angeleitet haben. Die Darstellung unserer Ergebnisse hat sich darauf bezogen. Wir haben die verschiedenen Vergleichsperspektiven an den Stellen angesprochen, wo sie sich als besonders ergiebig erwiesen: *innerhalb der Geschlechtergruppe* (Mädchensichten in koedukativen versus geschlechtsgetrennten Schulen bzw. in analoger Weise Jungensichten) und *über die Geschlechtergrenze hinweg* (Unterschiede zwischen der Mädchen- und der Jungenschule). Kurze Zusammenfassungen haben wir zur besseren Orientierung am Ende der getrennt behandelten Altersstufen vorgenommen.

Wir verzichten hier auf eine Gesamtzusammenfassung, um unnötige Wiederholungen zu vermeiden. Zurückkommen möchten wir aber in aller Kürze auf unsere Frage nach den Folgen der Geschlechtertrennung für die Selbst- und Fremdwahrnehmung. Viele engagierte Kritikerinnen der Koedukation knüpften an getrennten Unterricht die Hoffnung, innerhalb der eigenen Geschlechtsgruppe könnte zunächst einmal in Ruhe ein umfassendes eigenes Fähigkeitsselbstbild aufgebaut werden. Wer nicht ständig störende, gar dominante Konkurrenz erlebt, kann Lust an der Sache und Selbstvertrauen besser aufbauen. Da gar nicht die Chance besteht, eine Aufgabe abzugeben an den- oder diejenigen, die es (möglicherweise) ohnehin besser können, sei die Kompetenzerfahrung für alle möglich. Damit könne dann auch nicht nur einem Geschlecht solche Kompetenz zugeschrieben werden, Geschlechterreviere des Wissens könnten gar nicht erst entstehen.

Eine solche Argumentation ist zunächst einmal einleuchtend, wir haben selbst schulische und außerschulische autonome Bereiche für Mädchen und Frauen gefordert (Faulstich-Wieland/Horstkemper 1988). Unsere eigenen Erfahrungen in geschlechtsgetrennten Kursen im EDV-Bereich haben uns aber sehr nachdenklich gestimmt. Wir konnten zwar in der Tat beobachten, daß die Mädchen und Frauen sehr rasch Kompetenzen erwarben, die Atmosphäre war in der Regel dabei wirklich sehr angenehm und lernförderlich. Allerdings registrierten wir sehr bald die nicht ausräumbaren Zweifel, ob sich nicht in einer gemischten Gruppe doch ein deutlicher Abstand zwischen den Geschlechtern gezeigt hätte. Der Aufbau eines stabilen Selbstvertrauens stieß hier an Grenzen. In vielen Aufsätzen der Schülerinnen der Mädchenschule spiegelt sich ein ähnliches Phänomen, die geschlechtstypische Polarisierung bestimmter Fähigkeiten und Kompetenzen wird durch die Trennung nicht aufgebrochen. Vorübergehend schafft die Freisetzung von Konkurrenz mit den Jungen den Mädchen Erleichterung. Diese wird aber bezahlt mit der Unsicherheit, ob die in einem solchen umgrenzten Bereich erworbenen Qualifikationen auch wirklich gleichwertig sind. Nur wenige Mädchen vertreten offensiv und selbstbewußt ein Leistungsselbstbild, das auch untypische Bereiche einschließt.

Bei den Jungen scheint die Abwesenheit der Mädchen die Reklamierung eigener Überlegenheit in bestimmten Domänen zu verstärken. Sie sind durch die mangelnden Vergleichsmöglichkeiten davor „geschützt", dies tatsächlich unter Beweis stellen zu müssen. Damit kann ihr Überlegenheitsgefühl sowenig widerlegt werden wie das Unterlegenheitsgefühl der Mädchen. Beide - Mädchen wie Jungen - nahmen in den geschlechtsgetrennten Schulen tatsächlich deutlich stärker Typisierungen vor, als dies in den koedukativen Schulen zu beobachten war. Und bei einem großen Teil der Schülerinnen und Schüler geschlechtsgetrennter Schulen fiel die Unsicherheit auf, die bedauernde Mitteilung, daß man dies mangels eigener Erfahrung nicht beurteilen könne.

Wir haben schon darauf hingewiesen, daß außer der Homogenität oder Heterogenität der Lerngruppe eine Menge anderer Faktoren eine Rolle dabei spielen, welche Erfahrungen sich in Selbst- und Fremdbildern niederschlagen. Image und Inhalte der verschiedenen Fächer und das Verhalten der Lehrkräfte sind dabei besonders einflußreiche Größen. Diese wollen wir im nächsten Kapitel intensiver beleuchten.

5 Fachspezifische Problemsichten

In der neuen Diskussion um die Koedukation werden häufig die naturwissenschaftlichen Fächer als „Problempunkte" hervorgehoben: Vor allem Physik wird von Mädchen deutlich seltener belegt als von Jungen, aber auch Mathematik, Chemie und Informatik werden von Schülerinnen weniger als von Schülern gewählt, wenn Wahlmöglichkeiten existieren. Diese „Abstinenz" von jungen Frauen im mathematisch-naturwissenschaftlichen Bereich - in der beruflichen Bildung und an der Hochschule dann auch in den technischen und ingenieurwissenschaftlichen Fächern - wurde sehr früh in einen ursächlichen Zusammenhang mit dem gemeinsamen Unterricht von Mädchen und Jungen gebracht. Zwei Aspekte waren dafür „verantwortlich": Erprobungen von getrennten Computerkursen und -arbeitsgemeinschaften zeigten, daß Mädchen bereit waren, solche Angebote anzunehmen. Eine Untersuchung zur schulischen Herkunft von Informatik- und Chemiestudentinnen ergab einen hohen Anteil ehemaliger Mädchenschulabsolventinnen (Kauermann-Walter u. a. 1988; zur Kritik vgl. Faulstich-Wieland 1991; Giesen u. a. 1992). Dieses Ergebnis wurde sehr medienwirksam verbreitet und ließ die Koedukationsfrage vor allem zu einer werden, in der um getrennten Unterricht insbesondere in naturwissenschaftlichen Fächern gestritten wurde.

Mit unserer Untersuchung wollten wir überprüfen, ob die Schülerinnen und Schüler ebenfalls einen solchen Zusammenhang zwischen einzelnen Fächern und Vor- oder Nachteilen koedukativen Unterrichts herstellen. Die Aufgabenstellung war absichtlich so allgemein gehalten, daß die Kinder und Jugendlichen völlig frei in der Entscheidung waren, welche Fächer sie thematisieren wollten - oder ob sie nicht überhaupt andere Akzente setzen wollten. In den bisherigen Ausführungen haben wir gesehen, daß Fächer durchaus eine Rolle spielen, wenn Mädchen und Jungen über gemeinsame oder getrennte Schulen nachdenken.

In diesem Kapitel wollen wir diese Sicht der Schülerinnen und Schüler speziell auf die Fächer genauer untersuchen. Altersspezifische Differenzierungen treten dabei zunächst in den Hintergrund. In einem ersten Schritt überprüfen wir, wieviele Schülerinnen und Schüler überhaupt einen Bezug zwischen Schulfächern und Geschlecht herstellen. Selbst wenn wir bereits wissen, daß die Schülerinnen und Schüler den Fächern nicht unbedingt die wichtigste Rolle für die Koedukation zubilligen, könnte man doch vermuten, daß sie fast alle Fächer zumindest auch erwähnen.

Da in der öffentlichen Diskussion Trennungen, und zwar insbesondere zeitweilige Trennungen in einzelnen Fächern als eine sinnvolle Lösung vorhandener Probleme angesehen werden, überprüfen wir in einem zweiten Schritt, in welchen Fächern Schülerinnen und Schüler geschlechtsgetrennten Unterricht für sich wünschen oder für sinnvoll halten. Wir haben im Kapitel 2 bereits aufgezeigt, daß Trennungswünsche vorhanden sind, wenngleich sie selbst in den geschlechtsgetrennten Schulen eher die Minderheitenposition ausmachen. In diesem Kapitel sollen diese Voten noch genauer differenziert werden, und zwar danach, ob die Schülerinnen und Schüler eher getrennte Schulen oder eher zeitweilige und fachspezifische Trennungen erwägen.

Die Begründungen für solche Trennungen oder aber für Koedukation fallen in den einzelnen Fächern durchaus unterschiedlich aus. In einem dritten Schritt werden wir deshalb diese fachspezifischen Sichtweisen der Schülerinnen und Schüler für die verschiedenen Fächer herausarbeiten. Wir konzentrieren uns dabei auf typische Argumentationsmuster, präsentieren also keinen vollständigen Überblick über alle Details. Dennoch lassen sich nicht immer Überschneidungen mit den Kapiteln 3 und 4 vermeiden. Aus Diskussionen mit Lehrkräften wissen wir, daß neben schulform- und alterstypischen Besonderheiten immer auch die Frage nach fachspezifischen Differenzierungen interessiert. Um den Leserinnen und Lesern die Möglichkeit zu geben, jeweils gezielt diesen Interessen nachgehen zu können, akzentuieren wir in diesem Kapitel die fachspezifischen Sichtweisen. Wer wissen möchte, wie die Schülerinnen und Schüler z. B. den mathematisch-naturwissenschaftlich-technischen Bereich sehen, der findet hier eine Zusammenstellung der typischen Argumentationsmuster. Wer sich dagegen über altersspezifische Unterschiede informieren wollte, konnte dies in den bisherigen Kapiteln tun. Solche Unterschiede tauchen hier nur auf, wenn sie auch unter fachspezifischen Gesichtspunkten relevant sind. Wir haben uns insgesamt bemüht, Doppelungen so gering wie möglich zu halten.

5.1 Schulfächer und Geschlecht: Schulischer Alltag umfaßt mehr als den Stundenplan

Um herauszufinden, welche Bedeutung einzelnen Fächern für den koedukativen bzw. für einen geschlechtsgetrennten Schulalltag zukommt, haben wir zunächst einmal ausgezählt, wieviele Schülerinnen und Schüler überhaupt

Fächer in diesem Zusammenhang erwähnen. Mit Hilfe des Computerprogramms MAX haben wir dafür alle Textstellen zu den verschiedenen Schulfächern als „keywords in context" ausdrucken lassen. Danach wurden alle jene Stellen gestrichen, in denen nur eine Erwähnung des Faches erfolgte, ohne daß ein Bezug zu Geschlechterverhältnissen hergestellt wurde. Dies sind beispielsweise alle jene Stellen, in denen der Stundenplan des Aufsatztages wiedergegeben wird. Ebenfalls gehören solche Stellen dazu, in denen die Namen der Lehrkräfte erwähnt werden. Weiterhin haben wir solche Aufsätze unberücksichtigt gelassen, in denen die Langeweile oder Interessantheit eines Faches als „Leistung" eines speziellen Lehrers oder einer speziellen Lehrerin herausgestellt wird. In der Liste verblieben dagegen solche Stellen, in denen sich die Schülerinnen und Schüler über die gleichen oder unterschiedlichen Fähigkeiten und/oder Interessen von Mädchen und Jungen bezogen auf diese Fächer äußerten. Auch Aufsätze, in denen „typisches" Mädchen- oder Jungenverhalten und soziale Beziehungen zwischen den Geschlechtern im Zusammenhang mit einzelnen Schulfächern erwähnt wurden, blieben in der Liste. Zwei Beispiele sollen verdeutlichen, was damit gemeint ist: Ein Junge beschreibt z. B. Mädchenverhalten im Sportunterricht: *„Wenn wir laufen wollen, dann sagen die Mädchen, immer laufen, es macht doch keinen Spaß"* (351, m, HS[25]).[26] Eine Schülerin kennzeichnet das Verhältnis von Jungen zu naturwissenschaftlichen Fächern: *„Die Jungen geben in solchen Fächern leider mit ihrem (nicht immer vorhandenen) Wissen an, auch in Sachen Technik und Computer stellen sie uns Mädchen sofort als 'dumm' dar"* (840, w, Gy). Bei der quantitativen Auswertung wurden dann Personen gezählt, nicht Aufsatzstellen. D.h., wenn sich Jugendliche in einem Aufsatz an mehreren Stellen über die naturwissenschaftlichen Fächern äußern, so zählen sie dennoch jeweils nur einmal. Äußern sie sich jedoch sowohl über die naturwissenschaftlichen Fächer wie auch über Englisch oder Französisch, so werden sie sowohl bei den Naturwissenschaften wie bei den Sprachen gezählt.

Betrachtet man die Häufigkeit, in der die verschiedenen Fächer/Fachbereiche in der skizzierten Art und Weise thematisiert werden, so zeigen sich einige Unterschiede zwischen den Schülerinnen und den Schü-

25 Da als Gliederungsprinzip in diesem Kapitel die Fächer dienen, weisen wir für die zitierten Aufsätze zur besseren Übersicht jeweils neben der Aufsatznummer das Geschlecht (w, m), die Schulform und für die Sekundarstufe II den Jahrgang aus.

26 Weil in dieser Aufbereitung aus den Überschriften das Geschlecht nicht mehr hervorgeht, geben wir es bei den Quellenangaben zum Interview mit an. Außerdem fügen wir Angaben zu Jahrgang bzw. Schulform und -typ hinzu, soweit dies für Differenzierungen relevant wird.

lern, sowie zwischen den koedukativen und den geschlechtsgetrennten Schulen (vgl. Abb. 6).

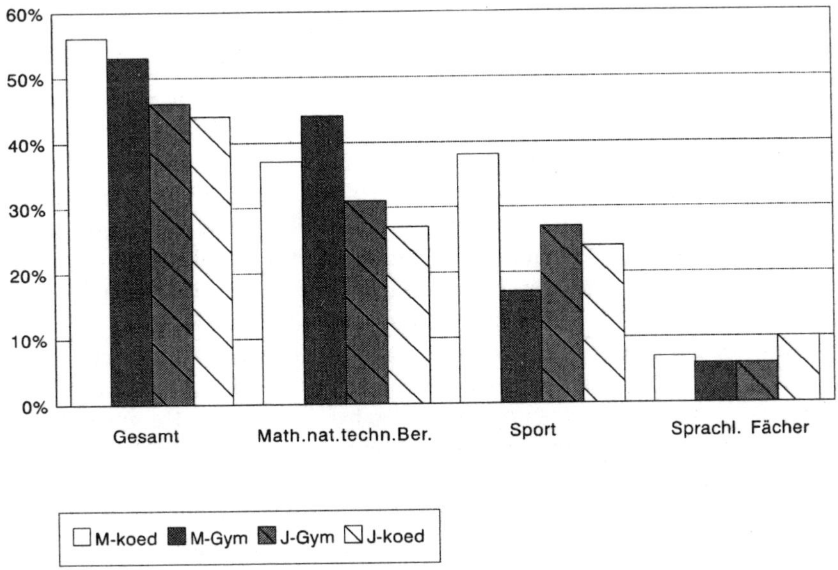

Abb. 6: Schulfächer und Geschlecht

Zunächst einmal zeigt uns die erste Säulengruppierung, daß überhaupt nur die Hälfte aller Aufsatzschreibenden einen Bezug zwischen mindestens einem Schulfach und dem Geschlecht herstellen. Damit bestätigt sich noch einmal, daß die Bewertung des koedukativen oder getrennten Schulalltags für die Kinder und Jugendlichen auch andere Dinge als fachlichen Unterricht betrifft.

Betrachten wir, welche Fächer/Fachbereiche thematisiert werden, so stehen mathematisch-naturwissenschaftlich-technische an erster Stelle. Da diese Fächer in der öffentlichen Diskussion, wie sie sich in Radiosendungen oder Zeitungsberichten widerspiegelt, im allgemeinen im Vordergrund stehen, kann dieses Ergebnis durchaus als erwartungsgemäß angesehen werden. Es muß vielleicht sogar eher erstaunen, daß nicht mehr Schülerinnen und Schüler sich auf diese Fächer bezogen haben. Bei den Schülerinnen aus den koedukativen Schulen sind es nämlich „nur" 37%, bei den Schülerinnen aus dem Mädchengymnasium immerhin 44%. Von den Jungen thematisieren sogar nur 27% derjenigen aus koedukativen Schulen und 31% derjenigen aus dem Jungengymnasium diese Fächer. Für die Schülerinnen erreicht der mathematisch-naturwissenschaftlich-technische Bereich also einen etwas höheren Aufmerksamkeitsgrad als für die Schüler, wenn es um die Beschreibung des Schulalltags und seiner Veränderungen geht.

Fast genauso wichtig ist den Schülerinnen und Schülern aber das Fach Sport: Für die Mädchen aus den koedukativen Schulen steht es sogar an 1. Stelle: 38% beschreiben geschlechterrelevante Aspekte des Sportunterrichts. Bei den Schülerinnen des Mädchengymnasiums thematisieren es deutlich weniger, mit 17% nimmt der Sport hier einen entschieden weniger relevanten Stellenwert ein als bei allen anderen Gruppen. Für die Jungen steht dieses Fach mit 27% am Jungengymnasium und mit 24% an koedukativen Schulen in seiner Wichtigkeit für Geschlechterfragen nur wenig hinter den Fächern des mathematisch-naturwissenschaftlich-technischen Bereichs.

Wesentlich seltener werden dann die anderen Fächer/Fachbereiche angesprochen. Die Unterschiede zwischen den Geschlechtern und den Schularten sind hier auch gering: Die sprachlichen Fächer - häufig als Komplement zu den naturwissenschaftlichen Fächern genannt - bilden die dritthäufigst genannte Gruppe. Sie werden von den Schülern der koedukativen Schulen mit 10% etwas öfter angesprochen als von den anderen Gruppen. Alle anderen Fächer kommen kaum vor. Die Prozentanteile ihrer Nennungen liegen deutlich unter 10%, oft werden sie nur von einem oder einigen Kindern erwähnt. D.h., Kunst und Musik ebenso wie die sozialwissenschaftlichen Fächer, zu denen Politik, Geschichte, Erdkunde u.ä. gehören, spielen eine sehr geringe Rolle in der Auseinandersetzung um Geschlechterverhältnisse.[27]

Wenn Schülerinnen und Schüler sich bei der Beschreibung ihres schulischen Alltags in der dargestellten Weise mit einzelnen Fächern befassen, so heißt dies nicht, daß sie in diesen Fächern gerne getrennten Unterricht hätten. Ob und wo sie solche Trennungen wünschen, wollen wir im nächsten Schritt untersuchen.

---

27 Wir haben in der schriftlichen Instruktion für die Schülerinnen und Schüler vermieden, überhaupt einzelne Schulfächer anzusprechen. In den Einstiegstext, der in der Orientierungsstufe, der Realschule und im koedukativen Gymnasium vorgelesen werden konnte (s. Anhang), haben wir bewußt sowohl die mathematisch-naturwissenschaftlichen wie die sprachlichen Fächer erwähnt. Sport dagegen wurde von uns nicht genannt. Insofern scheint uns die Verteilung der Schulfächer, wie sie sich dann in den Aufsätzen zeigt, tatsächlich die Bedeutsamkeit widerzuspiegeln, die sie für die Schülerinnen und Schüler hat. Sie ist nicht methodisch induziert.

5.2 In welchen Fächern wird Trennung gewünscht?

Um herauszufinden, wieviele Schülerinnen und Schüler eine Trennung der Geschlechter in einzelnen Fächern oder für eine bestimmte Zeit erwägen und befürworten, haben wir die im Kapitel 2 ausgewiesenen Voten für Trennungen der Geschlechter noch einmal differenziert danach, ob Schülerinnen und Schüler sich für getrennte Schulen oder aber nur für Trennungen in bestimmten Bereichen aussprechen (vgl. Abb. 7).

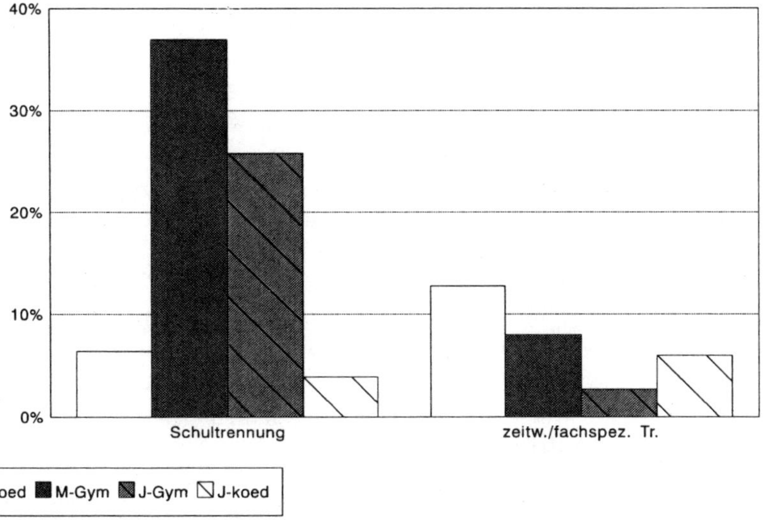

In der Grafik sind nur die Prozentwerte derjenigen ausgewiesen, die Trennung wünschen.
Um auf 100% zu kommen, müssen die Werte derjenigen, die für Koedukation votieren bzw. die ambivalent sind, hinzuaddiert werden.

Abb. 7: Wunsch nach Trennung der Geschlechter

Die beiden jeweils äußeren Säulen in der Abbildung 8 verweisen auf Mädchen und Jungen aus koedukativen Schulen, die beiden jeweils inneren Säulen auf die Schülerinnen und Schüler aus den geschlechtsgetrennten Gymnasien. Zunächst einmal finden wir deutliche Unterschiede beim Wunsch nach getrennten Schulen: Die Schülerinnen und Schüler aus den geschlechtsgetrennten Gymnasien plädieren häufiger für eine Schultrennung - sprechen sich also für ihren Typ von Schule aus - als die Schülerinnen und Schüler aus koedukativen Schulen. Für diese Kinder und Jugendlichen kommen - wenn überhaupt - eher fachspezifische oder zeitweilige Trennungen in

Betracht. Schülerinnen votieren aus beiden Schultypen häufiger für solche Trennungen als Schüler.

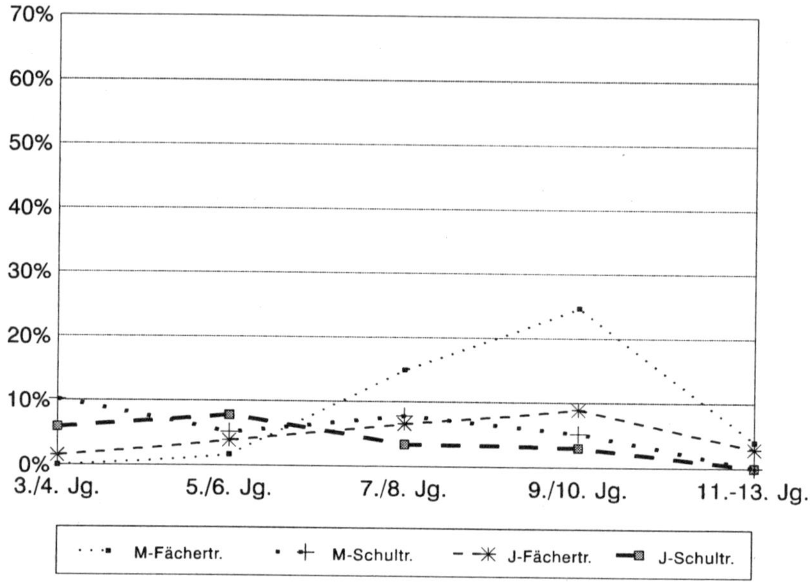

Abb. 8: Befürwortung von Trennung nach Jahrgängen (koedukative Schulen)

Zeitweilige oder fachspezifische Trennungen sind in koedukativen Schulen - zumindest aus der Sicht von Schülerinnen und Schülern - durch einfache organisatorische Veränderungen herbeizuführen, ohne daß sie an der Grundstruktur einer gemeinsam von Mädchen und Jungen besuchten Schule etwas ändern. In den geschlechtsgetrennten Schulen dagegen würde die Herstellung fachspezifischer Trennungsformen einen massiven Eingriff bedeuten, weil dies hieße, das jeweils andere Geschlecht durch Kooperation mit anderen Schulen oder durch Öffnung der eigenen Schule einzubeziehen. Beides jedoch verändert die Grundstruktur einer getrennten Schule deutlich. Fachspezifische oder zeitweilige Trennungen haben also in den beiden hier verglichenen Schultypen ganz unterschiedliche Folgen für den schulischen Alltag. Weil der Schritt zu solchen Trennungen ein eher kleiner oder ein deutlich größerer ist, betrachten wir die beiden Schultypen im folgenden zunächst getrennt.

Als erstes zeichnen wir dafür in den koedukativen Schulen nach, wie sich mit zunehmendem Alter die Wünsche nach Trennung bei den Mädchen und Jungen verändern (vgl. Abb. 8).

Die jüngsten Schülerinnen und Schüler unserer Untersuchungsgruppe, nämlich die Grundschulkinder, wünschen sich, wenn überhaupt eher getrennte Schulen als fachspezifische Trennungen. Da der Fachunterricht dort auch noch sehr begrenzt ist, verwundert diese Akzentuierung eigentlich auch nicht. Wenn man denn gerne ohne das andere Geschlecht sein möchte, dann liegt es nahe, sich deren Angehörige in einer anderen Schule vorzustellen. Auch in der Orientierungsstufe votieren die Kinder allerdings, wenn sie sich getrennten Unterricht wünschen, eher für eine umfassende, d.h. schulische Trennung als für eine Separierung in einzelnen Fächern. Dies könnte seine Ursache weniger - wie in der Grundschule - in Vorstellungen haben, die durch die Organisation der Schule nahegelegt sind. Vielmehr könnten in der Orientierungsstufe auch entwicklungs- oder sozialpsychologische Gründe eine Rolle spielen, warum Mädchen und Jungen, wenn sie denn nichts miteinander im Sinne haben, auch gleich einen deutlich radikaleren Trennstrich ziehen. Wir werden solche Interpretationsmöglichkeiten im 6. Kapitel prüfen. Von der 7. Klasse ab dreht sich das Trennungsvotum deutlich um: Jetzt gewinnt der Wunsch nach getrennten Fächern - und damit zugleich der nach Beibehaltung der koedukativen Schule - an Bedeutung gegenüber dem nach einer völligen Trennung. Eine nennenswerte Anzahl, d.h. Prozentwerte, die deutlich über 10% hinausgehen, finden wir allerdings auch hier nur bei den Schülerinnen in den Jahrgängen 7 bis 10. Bei den Schülern steigen die Werte in diesen Klassen zwar auch an, liegen aber deutlich unter den Zahlen der Mädchen. In der Sekundarstufe II - dieses ergibt sich konsequent aus den bereits im Kapitel 2 dargestellten hohen Zustimmungen zur Koedukation - finden sich bei beiden Geschlechtern kaum noch Wünsche nach Trennungen.

Betrachten wir in einem nächsten Schritt, welche Fächer/Fachbereiche von den Schülerinnen und Schülern benannt werden, wenn sie getrennten Unterricht in Erwägung ziehen. Wir beschränken uns dabei allerdings auf den Zeitraum der Sekundarstufe I, d.h. auf die Jahrgänge 7 bis 10, in denen überhaupt nur nennenswerte Voten für fachspezifische Trennungen abgegeben werden (vgl. Tab. 3).

Aus der Tabelle 3 geht deutlich hervor, daß sowohl von den Schülerinnen wie von den Schülern das Fach Sport bei den Trennungswünschen an erster Stelle steht. Von den 68 Schülerinnen, die überhaupt getrennte Fächer in Erwägung ziehen, nennen drei Viertel Sport - entweder ausschließlich oder in Kombination mit naturwissenschaftlichen Fächern. Knapp die Hälfte wünscht Trennungen in naturwissenschaftlichen Fächern. Analysiert man genauer, welche Fächer des naturwissenschaftlichen Bereichs gemeint sind, so zeigt sich, daß die Hauptschülerinnen vor allem getrennten Biologieunterricht wünschen, während die Realschülerinnen und Gymnasiastinnen hier in erster Linie Physik nennen.

Tab. 3: Wunsch nach fachspezifischer Trennung bei Schülerinnen und Schülern der Klassen 7 bis 10 in koedukativen Schulen (absolute Zahlen)

genannte Fächer	Mädchen	Jungen
nur Sport	33	16
Sport und naturwissenschaftliche Fächer	19	3
nur naturwissenschaftliche Fächer	14	6
Sprachen (Deutsch, Englisch, Französisch)	2	-
Gesamt	68	25

Bei den Jungen sehen die Prioritäten durchaus ähnlich aus wie bei den Mädchen: Auch sie möchten in erster Linie getrennten Sportunterricht. Ein Drittel könnte sich außerdem vorstellen, in den naturwissenschaftlichen Fächern ohne Mädchen zu bleiben. Allerdings sind dies bei den Schülern nur Realschüler und Gymnasiasten, während die Hauptschüler sich ausschließlich getrennten Sportunterricht wünschen.

Insgesamt zeigt diese Analyse des Wunsches nach fachspezifischen Trennungen, daß für jene Minderheit der Schülerinnen und Schüler, die überhaupt getrennten Unterricht erwägt, keineswegs der naturwissenschaftliche Bereich im Vordergrund steht. Die Schülerinnen und Schüler wünschen sich damit nicht in jenen Fächern, die in der allgemeinen Koedukationsdiskussion als besonders relevant für zeitweilige Trennungen angesehen werden, eine Geschlechtertrennung. Ihnen scheint dies vor allem im Fach Sport sinnvoll zu sein. Im dritten Teil dieses Kapitels werden wir den inhaltlichen Begründungen dafür noch genauer nachgehen. Vorher soll jedoch der Trennungswunsch in den geschlechtsgetrennten Gymnasien genauer analysiert werden. Betrachten wir auch hier zunächst, ob sich Veränderungen im Altersablauf ergeben (vgl. Abb. 9).

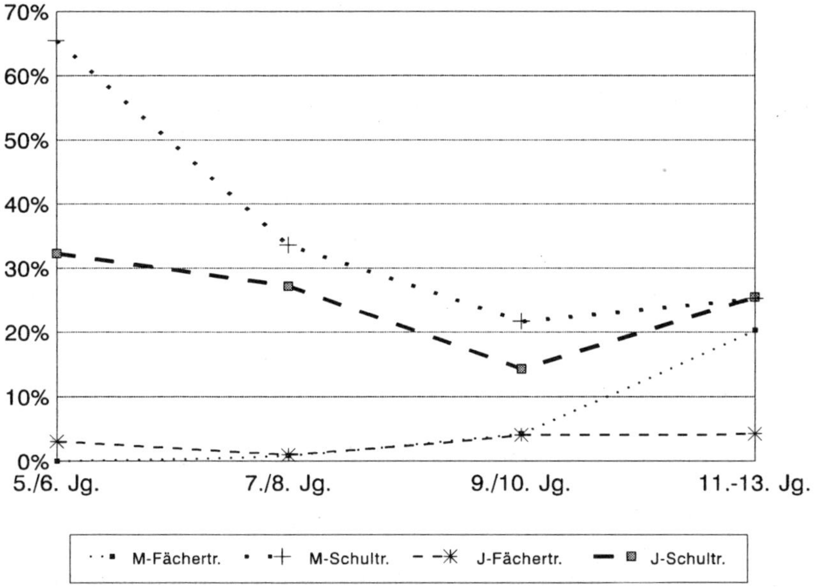

Abb. 9: Befürwortung von Trennung nach Jahrgängen (geschlechtsgetrennte Schulen)

Die Schülerinnen des Mädchengymnasiums sprechen sich in den Jahrgängen 5 und 6 am deutlichsten für ihre Schulform aus, denn mit fast zwei Drittel werden hier getrennte Schulen am klarsten favorisiert. Dies wird in der Sekundarstufe I ab Klasse 7 nur noch von weniger als 30% so geäußert. Aber auch der Anteil derjenigen, die fachspezifische Trennungen möchten, liegt von Klasse 5 bis Klasse 10 unter 5%. In der Sekundarstufe II dagegen steigt er auf 20%, während der Anteil bei denjenigen, die getrennte Schulen befürworten, nochmals etwas sinkt. Wie bereits oben gesagt, hat der Wunsch nach zeitweiliger oder fachspezifischer Trennung bei diesen Schülerinnen unterschiedliche Bedeutung. Die Reichweite der Veränderung des eigenen Alltags ist mehr oder weniger groß: In vielen Fällen plädieren die Schülerinnen des Mädchengymnasiums für Trennungen in der Unter- und/oder Mittelstufe, d.h. für getrennte Schulen in der Sekundarstufe I, während sie in der Sekundarstufe II auch gemeinsamen Unterricht für möglich und sinnvoll halten - wie er in Kooperation mit benachbarten Schulen auch schon praktiziert wird. Die Mehrheit der Schülerinnen, die zeitweilige Trennung wünscht, spricht sich damit für eine Phasentrennung aus. Eine verschwindende Minderheit der Schülerinnen meint damit jedoch nicht phasenweise, sondern fachspezifische Trennung. Ihr Wunsch würde in der Konsequenz die Umwandlung der Mädchenschule in eine koedukative Schulen bedeuten, in der dann aber doch einige Fächer getrennt bleiben sollten. Dies sind insgesamt nur 13 Schülerinnen. Von ihnen wollen - bis auf eine, die für getrennten Sportunterricht plädiert - alle getrennten Unterricht in Mathematik, Physik und/oder Chemie.

Im Jungengymnasium finden wir ähnliche Konstellationen wie in der Mädchenschule, allerdings mit deutlich niedrigeren Prozentwerten: Hier liegt der Anteil jener, die getrennte Schulen wünschen, d.h. die ihre eigene Schule bejahen, bereits im 5./6. Jahrgang mit knapp einem Drittel sehr niedrig, sinkt in der Sekundarstufe I ab Klasse 7 ab auf knapp ein Viertel und steigt in der Sekundarstufe II geringfügig wieder an. Der Anteil von Jungen, die fachspezifische oder zeitweilige Trennungen wünschen, liegt durchgängig sehr niedrig. Auch von ihnen sprechen sich bis auf zwei alle für getrennte Schulen in der Sekundarstufe I und damit nicht eigentlich für fachspezifische, sondern für phasenweise Trennungen aus. Die beiden Ausnahmen, die im Grunde gern koedukativ unterrichtet würden, nehmen Sport von diesem Wunsch aus.

Insgesamt bedeuten die vorgestellten Ergebnisse, daß sich hinter den Voten für zeitweilige oder fachspezifische Trennungen in den geschlechtsgetrennten Schulen im Grunde Voten für *schulische* Trennungen verbergen. Anders als jene Schülerinnen und Schüler, die ihre Schule voll bejahen, möchten diese jedoch die Geschlechtertrennung für eine kürzere Zeitspanne - z. B. nur während der Unterstufe. Eine völlige Minderheitenposition nehmen dann jene Schülerinnen und Schüler ein, die mit ihrer Stellungnahme für fachspezifische Trennungen eigentlich ein Votum zur „Koedukation mit Ausnahmen" abgeben.

5.3 Schulfächer als Geschlechterreviere?

Wir haben gesehen, daß der Wunsch nach Trennungen in einzelnen Fächern insbesondere dem Sportunterricht gilt. Die mathematisch-naturwissenschaftlich-technischen Fächer - die in der öffentlichen Diskussion den Kristallisationskern für die Koedukationskritik bilden - spielen bei den Schülerinnen und Schülern auch eine wichtige Rolle für die Auseinandersetzungen mit Geschlechterfragen, ohne daß diese in Wünsche nach getrenntem Unterricht münden müssen. Die sprachlichen Fächer werden zwar in gewissem Umfang ebenfalls herangezogen, um das Verhältnis der Geschlechter zu beleuchten. Sie spielen jedoch für Trennungsvorstellungen keine Rolle, ebensowenig wie sozialwissenschaftliche und musisch-künstlerische.

Verdeutlichen kann man an allen drei Bereichen - Sprachen, Sport, Naturwissenschaften - welche Zusammenhänge zwischen Fach und Geschlecht hergestellt werden: Welche Bedeutung hat das Fach für geschlechtstypische Sichten, für Leistung, Interessen, Zukunftsplanungen? Gibt es einen Zusammenhang zwischen solchen Typisierungen und Trennungswünschen? Verblüffend fanden wir, daß berufliche Chancen von den Schülerinnen und Schülern gar nicht im Zusammenhang mit einzelnen Fächern thematisiert wurden. Leistungs- und Interessenunterschiede sind dagegen wichtige Themen für die Mädchen und Jungen, wenn sie sich mit Schulfächern auseinandersetzen.

5.3.1 Sprachliche Fächer

„Im Deutschunterricht wird z. B. überhaupt nicht Literatur von Frauen oder Literatur über Frauen gelesen."
(753, m, J-Gy, 13. Jg.)

Um herauszufinden, inwieweit Schülerinnen und Schüler in ihren Äußerungen zur Koedukation sich auf Fächer beziehen, die sprachliche Fähigkeiten fördern, haben wir als Keywords in Kontext die Begriffe Deutsch, Englisch, Französisch, Latein und Sprache eingegeben. Die Gesamtzahl der Aufsatzstellen zu diesen Fächern bleibt mit Werten zwischen 5 und 10% der Äußerungen relativ gering.

In den koedukativen Schulen betreffen alle Aussagen in diesem Kontext die Frage, ob Mädchen in sprachlichen Fächern besser seien als Jungen. Die Mehrheit aller Schülerinnen und Schüler betont, daß es sich um individuelle, nicht um geschlechtsbezogene Fähigkeiten handele. Eine Reihe von Jugendlichen - insbesondere Schüler der Realschule und Schülerinnen des Gymnasiums - äußern die Auffassung, daß Mädchen in den Sprachen besser seien als Jungen bzw. daß sie sich für Sprachen mehr interessierten. Dieser Einschätzung folgt aber fast durchgängig zugleich die Erläuterung, daß solche Differenzen als gegenseitiger Ansporn empfunden würden oder zu gegenseitiger Hilfe dienen könnten. Ein Realschüler leitet gerade aus „unterschiedlicher Begabung" die Notwendigkeit von Förderung in getrenntem Unterricht ab:

„In Sprachen: natürlich sind Mädchen sprachlich begabter, jedoch will ich als Junge später genauso gut Französisch sprechen können wie Mädchen, auch wenn es mir schwerer fällt" (664, m, RS).

Nur zwei Schülerinnen glauben, daß getrennter Unterricht in diesen Fächern wegen unterschiedlicher Leistungen für Mädchen bzw. für Jungen günstiger wäre.

Die Stereotypisierung geschlechtsbezogener Fähigkeiten finden wir deutlich eher in den geschlechtsgetrennten Schulen, und zwar unter den BefürworterInnen von Trennungen. Einige Schülerinnen der Mädchenschule sind der Meinung, daß Jungen für sprachliche Fächer oder etwa Gedichte „keine Ader" hätten.

„Vor allem würden Fächer wie Deutsch, Musik und Kunst nicht mit der nötigen Muße oder der Bereitschaft, sich auf ein im Prinzip ohne handfestes Ergebnis bleibendes Thema einzulassen, behandelt werden, wie es im Normalfall bei uns der Fall ist, aus dem Grund, daß Jungen normalerweise keine 'Ader' für diese Dinge haben" (321, w, M-Gy).

Auch bei den Schülern des Jungengymnasiums finden wir Äußerungen, die diese „Abstinenz" von Jungen gegenüber z. B. Gedichten betonen:

„Ich könnte mir nur schwer vorstellen, daß ein Mädchen mit Hammer und Bohrer arbeitet, oder daß ein Junge Gedichte vorträgt" (566, m, J-Gy).

Von den Schülerinnen des Mädchengymnasiums wird vor allem Angst vor Ausgelachtwerden als Argument für getrennten Unterricht auch in Sprachen angeführt.

„In der zweiten Stunde haben wir Latein, in dieser Stunde finde ich es gut, daß keine Jungen dabei sind. Denn wenn eine von den Mädchen etwas nicht verstanden hat oder einen Satz falsch übersetzt, lachen einige Jungen sofort los. Jetzt habe ich vielleicht ein Vorurteil gebildet, weil ich mit Jungen noch nie Latein hatte, aber eine Freundin hat mir mal so einen Vorgang geschildert" (140, w, M-Gy).

Die Schülerinnen empfinden Interaktionssituationen mit Jungen offensichtlich als bedrohlich, weil sie Fehler als Blamage erleben, wenn Jungen dabei sind. Ein unbefangenes Arbeiten in Anwesenheit von Jungen, gar von solchen, an denen einem etwas liegt, können diese Schülerinnen sich schwer vorstellen.

„Ich selbst könnte mir z. B. nicht vorstellen, im Unterricht frei und unbefangen mitzuarbeiten, auch wenn Fehler da sind (z. B. in Englisch Aussprache), wenn ein Junge dabei wäre, den ich sehr gern mag" (355, w, M-Gy).

Eine Reihe von Schülerinnen allerdings beklagt, daß der Unterricht ohne Jungen einseitiger abläuft. Jungen würden auch andere Aspekte in die Diskussionen einbringen und so die Sichtweisen ergänzen.

„Was ich allerdings vielleicht ein bißchen vermisse, sind z. B. die Gedanken von Jungen in so Fächern wie Deutsch. Ich könnte mir vorstellen, daß es da ganz interessant wäre, einmal zu hören, was sie über das Gedicht denken oder dabei empfinden" (426, w, M-Gy).

Ein ähnliches Argument finden wir auch bei den Schülern der Jungenschule, die Koedukation befürworten. Ein Schüler der Sekundarstufe II beklagt die Zuschneidung der Inhalte auf die Interessen der Jungen, die zugleich eine Vernachlässigung von bestimmten Themenbereichen bedeutet:

„Ein normaler Schultag sieht in unserer Schule so aus, daß viele Fächer besonders auf Jungen zugeschnitten sind: Im Deutschunterricht wird z. B. überhaupt nicht Literatur von Frauen oder Literatur über Frauen gelesen" (753, m, J-Gy).

Zusammengefaßt zeigen uns die Aussagen der Schülerinnen und Schüler, daß sie in koedukativen Schulen den gemeinsamen Unterricht gerade in Fächern, die mit Sprache und Diskussion zu tun haben, als Möglichkeit gegenseitiger Bereicherung empfinden. In den geschlechtsgetrennten Schulen wird diese Heterogenität dagegen von einem großen Teil der Schülerinnen und Schüler vermißt. Von denjenigen allerdings, die positiv zu ihren getrennten Schulen stehen, werden die Sprachen deutlich als Geschlechterreviere angesehen. Die Schülerinnen des Mädchengymnasiums äußern zusätzlich die Sorge, sich vor Jungen zu blamieren und von ihnen ausgelacht zu werden.

5.3.2 Jungensport und Mädchenspiele

> *„Im Sportunterricht ist es halt so, daß die Jungen irgendwie andere Sportarten tun wollen als die Mädchen."*
> *(344, w, HS, 8. Jg.)*

Die Geschlechter unterscheiden sich in ihren sportlichen Möglichkeiten durch Kraft, Ausdauer und Härte. In kaum einer Einschätzung sind sich Mädchen und Jungen so einig wie in dieser. Insofern ist verständlich, wenn sich viele Schülerinnen und Schüler in ihren Aufsätzen mit dem Fach Sport beschäftigen und ihre Erfahrungen darüber mitteilen, wie sie solche Heterogenität erleben, wie Lehrkräfte damit umgehen. Wie sie sich einen angemessenen Sportunterricht wünschen, wird von vielen Schülerinnen und Schülern ausgeführt. Eine durchaus relevante Minderheit insbesondere unter den Schülerinnen in der Sekundarstufe I der koedukativen Schulen sieht ihn in einer Geschlechtertrennung. Auch bei den Schülern finden sich dafür mehr

Stimmen als bei anderen Fächern. Auf der anderen Seite finden wir gerade beim Fach Sport auch eine ganze Reihe von Aufsatzstellen, in denen explizit die Beibehaltung koedukativen Sports gefordert wird. Im folgenden wollen wir deshalb zunächst die Sicht der Mädchen und dann die der Jungen nachzeichnen, wobei wir jeweils differenzieren zwischen denen, die koedukativen und denen, die getrennten Sportunterricht befürworten.

5.3.2.1 Die Sicht der Mädchen

Befürworterinnen koedukativen Sportunterrichts betonen auch für dieses Fach - wie schon für koedukative Schulen allgemein -, daß sie es gemeinsam mit Jungen lustiger und abwechslungsreicher finden.

„Meistens ist es lustig und turbulent, wenn wir z. B. Sport haben. Die Jungen mögen dieselben Sachen wie Mädchen im Sport. Ohne die Jungen könnte ich mir die Schule nicht denken, und das geht fast allen Mädchen so" (744, w, Gy).

Diese Schülerin hebt die gemeinsamen sportlichen Interessen zwischen Mädchen und Jungen hervor, womit sie allerdings eher eine Minderheitenposition ausdrückt. Häufiger findet sich auch unter den Koedukationsbefürworterinnen deutliche Kritik am Verhalten der Jungen, daran, daß sie mekkern, Mädchen auslachen oder rücksichtslos werfen. Eine Reihe von Mädchen beschwert sich darüber, daß Jungen ihre Mitschülerinnen bei manchen Sportarten einfach ignorieren würden. An die Jungen geht aber auch der Appell, sich etwas mehr zurückzuhalten und nicht immer so zu tun, als seien sie die Größten.

Als zentrales Argument für gemeinsamen Sportunterricht erweist sich die Sorge der Mädchen, unter sich auf weniger anspruchsvolle und weniger anstrengende Sportarten festgelegt zu werden.

„Wir spielen dann im Sportunterricht nur leichte Spiele oder laufen nur, weil die Lehrerinnen Angst haben, daß wir das nicht können. Lehrer gäbe es dann auch nicht, nur so pingelige Lehrerinnen, die ich sowieso nicht mag" (338, w, HS).

Die Mädchen äußern die Vermutung, in einer Mädchenschule *„nur Schwebebalken" (556, w, RS)* oder vor allem *„Tanzen, Bodenturnen usw." (792, w, Gy)* machen zu dürfen. Damit verbindet sich bei ihnen auch die Befürchtung, nicht mehr in bezug auf Kraft und Stärke gefördert zu werden.

„Beim Sport z. B. werden die Mädchen zäher, lernen, sich gegen Jungen durchzusetzen (auch im Unterricht)" (925, w, Gy).

Solche Anstrengungen erleben die Trennungsbefürworterinnen dagegen wesentlich deutlicher als Zumutung und als Ausdruck klar unterschiedlicher Interessen.

„Im Sportunterricht ist es halt so, daß die Jungen irgendwie andere Sportarten tun wollen als die Mädchen. Die Jungen wollen meistens Fußball, Handball, Basketball oder Eishockey spielen. Die Mädchen aber wollen lieber Gymnastik oder am Reck turnen. Da gibt es schon mal Streit. Und dann meinen die Jungen, daß sie die Größten in der Klasse sind" (344, w, HS).

Der Wunsch nach Trennung resultiert hauptsächlich aus der Einschätzung, daß die Interessen und Leistungsunterschiede zwischen Mädchen und Jungen zu groß seien und Mädchen deshalb zu kurz kämen. Dieses Zu-kurz-Kommen sehen diese Schülerinnen zum einen dadurch verursacht, daß Lehrer sich zu stark an den Jungen orientieren.

„An unserer Schule gibt es zuwenig Sportlehrer, so daß die Sportstunden gemeinsam (männlich und weiblich) abgehalten werden. Und das finden sehr, sehr viele Mädchen ungerecht. Denn es sind alle (fast) Sportlehrer auf dem Jungentrip, d.h. sie machen den Sport jungengerecht und die Mädchen machen mit 'hängender Zunge' mit" (594, w, RS).

Die Mädchen finden sich von einem solchen Sportunterricht überfordert, weil man *„von einer Übung zur anderen gehetzt"* wird, während man im getrennten Sportunterricht Möglichkeiten hätte, *„die Übungen, Spiele besser zu lernen und zu trainieren" (847, w, Gy).*

Zum anderen fürchten viele dieser Mädchen allerdings auch die Kritik der Mitschüler, wenn sie nicht mithalten können. Wenn Jungen über mißlungene Versuche o. ä. lachen, trifft dies die Mädchen tief. Mädchen untereinander, darüber sind sie sich einig, lachen sich nicht in dieser Weise aus.

„In einem Fach würde ich sagen, daß man Jungen und Mädchen trennen sollte, und zwar in Sport. Weil Jungen in Sport ziemlich schnell lachen und die Mädchen sich untereinander nicht so richtig auslachen" (706, w, Gy).

Auch wenn Jungen *„dumme"* Kommentare abgeben, empfinden Mädchen dies als selbstwertbeeinträchtigend.

„Besonders schlimm für mich ist es im Sportunterricht, weil man sich erst recht nichts zutraut, wenn die Jungen im Hintergrund lästern und dumme Bemerkungen machen, dann verschwindet einfach das Selbstbewußtsein" (622, w, RS).

Diese Verhaltensweisen von Mitschülern betreffen jedoch nicht nur und vielleicht nicht einmal in erster Linie tatsächlich sportliche Patzer, sondern berühren die gerade in der Adoleszenz noch sehr verletzbare Sphäre der weiblichen Körperlichkeit. Insbesondere Mädchen, die *„etwas pummeliger sind" (567, w, RS),* haben es schwer, aber auch für die anderen bedeutet dieses körpernahe Fach, daß sie ihren Körper, mit dessen Entwicklung und

Funktion sie selbst häufig noch keineswegs im Reinen sind, zu nicht von ihnen bestimmten Zeitpunkten den Blicken der Jungen aussetzen müssen. Sie können nicht selbstbestimmt darüber entscheiden, wann und was sie von ihrem Körper offenbaren wollen, sondern sie sind der Situation „ausgeliefert" und müssen sich in ihr gelegentlich mit Anmache durch die Jungen auseinandersetzen. Insbesondere in der Zeit der Menstruation fühlen sich dabei einige Schülerinnen in einer „peinlichen" Lage. Vor allem Hauptschülerinnen beklagen das unreife Verhalten der Jungen.

„In Sport ist es doof, wenn wir zusammen Unterricht machen. Wenn einer aus unserer Klasse, von den Mädchen versteht sich, die Regel hat, weiß man nicht, wie man es sagen soll, denn die Jungen sind so babyhaft, daß sie dumm rum labern" (334, w, HS).

Aber auch von einigen Sportlehrern finden sich die Schülerinnen gerade mit diesem Problem nicht verstanden.

„Wenn Mädchen in Sport ihre Periode haben, können manche Lehrer das nicht verstehen, wie unser Lehrer, der das nicht in seine hohle Birne reinkriegt" (521,w, RS).

Für die Schülerinnen der Mädchenschule stellen sich solche Konfrontationen nicht. Sie erleben entsprechend den getrennten Sportunterricht vor allem als Verwirklichung ihrer Interessen, als Chance, nicht an männlichen Maßstäben gemessen zu werden und nicht sexistischen Angriffen von Jungen und Männern ausgesetzt zu sein.

„In Sport werden Dinge gemacht, die uns Mädchen auch interessieren, z. B. Ringe, Brennball, Barren usw." (172, w, M-Gy).

Sie gehen allerdings wesentlich deutlicher noch als die Schülerinnen der koedukativen Schulen davon aus, daß Jungen im Sport besser seien. Die Zuschneidung des Unterrichts auf ihre Interessen erspare ihnen zugleich die Messung an den (höheren) Leistungen der Jungen. Einige Schülerinnen, die ambivalent oder kritisch zu getrennten Schulen eingestellt sind, fürchten dagegen, durch den Sportunterricht an ihrer Schule einseitig zu „anmutigen" und „schwachen" Frauen erzogen zu werden. Sie sehen im getrennten Sportunterricht durchaus die Gefahr einer Verfestigung tradierter Geschlechtsrollenklischees. Sie bemängeln, daß ihnen solche Sportarten wie Fußball, Handball und Rugby vorenthalten werden und sie *„nur die vereinfachte Form der Liegestütze machen, aus welchem Grund auch immer!" (312, w, M-Gy)*. Die Anwesenheit der Jungen würde das Angebot verbreitern, die Sportstunden abwechslungsreicher machen, vielleicht auch ein anderes Training ermöglichen.

„Ich find's so ganz gut, nur in Sport find' ich, daß man vielleicht besser trainieren könnte, wenn auch Jungen dabei sind" (122,w, M-Gy).

5.3.2.2 Die Sicht der Jungen

Von Seiten der Jungen finden wir auch unter den Befürwortern koedukativen Sportunterrichts eine nicht unbeträchtliche Zahl von abwertenden Äußerungen gegenüber Mädchen, in denen diese als faul oder unfähig hingestellt werden.

„Die Mädchen halten den Sportunterricht sehr häufig auf und sie können viele Sachen auch nicht" (540, m, RS).

Einige Schüler beklagen sich darüber, daß Mädchen bevorzugt würden. Damit können sie offenbar nur schwer umgehen.

„In der Schule kann aber auch gegenseitiger Haß entstehen, z. B. in Sport: Geräteturnen mag kaum ein Junge und wenn dann die Mädchen besonders gelobt werden, stellen sich die Jungen geschlossen gegen die Mädchen" (743, m, Gy).

Leistungsvergleiche mit Mädchen sind aber einigen Schülern so wichtig, daß sie deshalb am koedukativen Sportunterricht festhalten. Man bekommt allerdings leicht den Verdacht, daß die Jungen dabei hoffen, immer als die Besseren abzuschneiden. So begründet ein Gymnasiast seine Ablehnung getrennten Sportunterrichts damit, daß sonst weniger sportliche Jungen die Rolle der Mädchen erhielten.

„In einer reinen Jungenschule würde sich viel ändern (glaube ich). z. B. in Sport, wenn es einen Jungen gibt, der nicht so gut in Sport ist, der wird ausgelacht und sogleich als 'Mädchen' bezeichnet" (828, m, Gy).

Einige Jungen befürchten in getrenntem Unterricht einseitige Ausrichtungen auf geschlechtsstereotype Sportarten und befürworten koedukativen Sport zur Gewährleistung von Vielfalt.

„Ich finde gemischten Sportunterricht besser als getrennten, da vom Thema beide Gruppen berücksichtigt werden. Getrennt stelle ich mir das so vor: Jungen - Fußball, Mädchen - Gymnastik" (906, m, Gy).

Ebenso geben auch einige Jungen zu bedenken, daß „harter Jungensport" durchaus nicht in ihrem Interesse läge und die Anwesenheit von Mädchen für sie auch Schutz vor Überforderung bedeuten könne.

„Außerdem würde der Sportunterricht ohne Mädchen viel härter werden, was auch manchen Jungen nicht so gut bekommen würde" (568, m, RS).

Befürworter von getrenntem Sportunterricht allerdings führen als zentrales Argument an, unter sich die eigenen Interessen besser durchsetzen zu können. Sie wünschen sich durchaus eine Konzentration auf Jungensport, der auch eine entsprechende Härte aufweisen solle.

„Ich halte es in Sport für nötig, getrennt zu unterrichten, weil manche Jungen den Mädchen z. B. nicht den Ball abgeben, und man könnte zum Beispiel härteren Sport betreiben" (492, m, HS).

Getrennter Sport würde sie auch von Rücksichtnahme gegenüber Mädchen entbinden:

„In Sport, da müssen wir immer auf die Mädchen warten, bis sie fertig sind. Man darf nicht so fest werfen, man darf das nicht und das auch nicht" (441, m, HS).

Die Jungen des Jungengymnasiums beschreiben ihren Sportunterricht denn auch genau so: als deutlich „männlich" orientiert, als hart, rauh und anstrengend.

„Wir können im Sportunterricht unbeschwert Fußball spielen, ohne Rücksicht auf Mädchen zu nehmen" (622, m, J-Gy).

Unterricht, bei dem man *„viel mehr in die Knochen hauen"* (712, m, J-Gy), *"rauh spielen"* (525, m, J-Gy), sich *„körperlich anstrengen"* (535, m, J-Gy) und *„ausdauernde Übungen machen"* (664, m, J-Gy) kann, wird von den Jungen des Jungengymnasiums, die für ihre getrennte Schule sind, begrüßt.

Einige - allerdings verhältnismäßig wenige - Stimmen gibt es aber auch bei den Jungen des Jungengymnasiums, die sich gegen die „Zurichtung zur Männlichkeit" durch Sport wehren und von der Koedukation erhoffen, weniger harte Übungen machen zu müssen.

„ Im Sportunterricht würden wir nicht so schwere Übungen machen (sehr gut!)" (663, m, J-Gy).

5.3.2.3 Grenzen setzen - Grenzen überwinden

Die Aufsätze der Schülerinnen und Schüler widerspiegeln durchgängig die Erfahrung, daß wir es überwiegend mit geschlechtsgetrennten Sportkulturen zu tun haben: Jungen-/Männersport gilt als leistungsorientiert, Kraft und Stärke erfordernd, als hart. Mädchen-/Frauensport ist eher auf Anmut und Grazie, auf eine Darstellung orientiert, der Anstrengung nicht anzumerken ist. Die Scheidelinie zwischen denjenigen Schülerinnen und Schülern, die für koedukativen Sportunterricht votieren, und denjenigen, die getrennt unterrichtet werden möchten, verläuft denn auch im wesentlichen entlang einer Identifikationslinie mit der jeweils eigenen Sportkultur: Diejenigen, die die Grenze überschreiten möchten, plädieren für Koedukation; diejenigen, die mit den Anforderungen an die Geschlechtsrollen übereinstimmen, halten getrennten Unterricht für angemessen. Mädchen, die für sich auch mehr Leistungsorientierung und Kraft wünschen, und Jungen, die auch anderen Interessen an Körperbewegung nachkommen möchten als nur den kraft- und leistungsorientierten, befürworten gemeinsamen Sportunterricht. Heterogenität und Breite des Angebotes, Erweiterung der eigenen Möglichkeiten stehen bei ihnen oben in den Wünschen an schulischen Sportunterricht. Jene Schülerinnen dagegen, die Sorge haben, den Leistungsansprüchen an Jungen/Männer nicht gerecht zu werden, und jene Schüler, die ihre Interessen vor allem an „hartem Männersport" - speziell Ballspielen - ausleben möchten, hätten gerne Sportunterricht jeweils unter sich. Bei den Schülerinnen schwingt zudem deutlich mit, daß sie Diskriminierungen und Sexismen, die mit dem weiblichem Körper zu tun haben, von seiten ihrer Mitschüler erfahren oder befürchten und getrennter Unterricht sie davor schützen würde. Als unsensibel erfahrenes Lehrerverhalten verstärkt das Unbehagen dieser Schülerinnen an koedukativem Sportunterricht nochmals.

5.3.3 Mathematisch-naturwissenschaftlich-technischer Bereich

Um die Sichtweise der Schülerinnen und Schüler zum mathematisch-naturwissenschaftlich-technischen Bereich zu erhalten, haben wir alle Textstellen zu den Fächern Biologie, Chemie, Mathematik, Naturwissenschaften, Physik, Sachkunde, Technik, Textil und Werken sowie zusätzlich noch zum Stichwort Computer aus den Aufsätzen herangezogen.

Schülerinnen wie Schüler setzen sich in ihren Aufsätzen vor allem mit zwei Fragen auseinander: Handelt es sich bei den mathematisch-naturwissenschaftlich-technischen Fächern um solche, die Mädchen oder Jungen näher oder ferner liegen? Was folgt aus der Bejahung oder Verneinung einer Geschlechteraffinität für die Einschätzung der Koedukation?

Bei der Behandlung dieser Fragen akzentuieren die Kinder und Jugendlichen in unterschiedlichen Altersgruppen verschiedene Fächer: In der Grundschule, der Orientierungsstufe und in der Hauptschule geht es um Textil-, Werk- und Technikunterricht. Dieser spielt auch bei den Schülern des Jungengymnasiums eine wichtige Rolle für ihre Erwägungen zur Koedukation. Die in diesem Kontext thematisierten Aspekte betreffen nicht Wünsche nach getrenntem Unterricht, sondern die „Zugehörigkeit" dieser Fächer zu einem Geschlecht und ihre Konsequenzen. In der Realschule und in den Gymnasien betrifft der größte Anteil der Erörterungen die Naturwissenschaften allgemein bzw. in den koedukativen Schulen vor allem Physik, in den geschlechtsgetrennten zusätzlich auch die Mathematik. Hier spielen Überlegenheits-/Unterlegenheitsaspekte eine Rolle und werden auch Gründe für oder gegen Trennung erwogen. Um die Notwendigkeit getrennten Unterrichts geht es auch noch beim Fach Biologie. Allerdings steht Biologie hier eigentlich als Metapher für den Sexualkundeunterricht. Erörtert werden seine koedukationsrelevanten Aspekte vor allem von den Haupt- und RealschülerInnen sowie von den Schülerinnen und Schülern der geschlechtsgetrennten Gymnasien.

5.3.3.1 Textil - Werken - Technik

> *„Aber in den Fächern wie Technik, da braucht man einfach Jungs. Manchmal müssen wir sägen oder auch was anderes, und die Jungs machen das für uns."*
>
> *(406, w, HS, 9. Jg.)*

In der Grundschule haben die Kinder sowohl Textil- wie Werkunterricht. In der Orientierungsstufe sind beide Aspekte unter dem Oberbegriff Textiles Gestalten in einem Fach vereint. In der Hauptschule sind Hauswirtschafts- und Technikunterricht Teil von Arbeitslehre. Auf dem Jungengymnasium gibt es Arbeitsgemeinschaften, u. a. in Werken.

Durchgängig finden wir bei Mädchen wie bei Jungen eine unbefangene geschlechterstereotype Zuordnung der beiden Pole: Es ist klar für sie, daß Textil (und später Hauswirtschaft) „Mädchenfach" und Werken und Technik „Jungenfächer" sind. Dies beinhaltet zugleich, daß die Fähigkeitsverteilung entsprechend eindeutig ist. Selbst eine Zehntkläßlerin aus der Hauptschule schreibt völlig selbstverständlich:

„Bei manchen Fächern sind die Jungs besser, und bei manchen sind eben die Mädchen besser. z. B. bei Werken haben die Jungen mehr Ahnung, und bei Textil können das die Mädchen besser" (471, w, HS).

Mädchen wie Jungen sehen im Textilunterricht Mädchen als überlegen und Jungen als unterlegen. So beschreibt eine Grundschülerin, daß die Jungen in Textil *„ganz kleinlaut"* seien, während sie ansonsten doch sich *„als die Größten fühlen" (130, w, GS).* Ein Grundschüler gesteht den Mädchen Überlegenheit im Textilunterricht zu: *„Bei Textil sind die Mädchen sehr gut und sorgfältig und die Jungen schlampen ein bißchen" (135, m, GS).*

Umgekehrt wird genauso selbstverständlich die größere Kompetenz der Jungen im Werken unterstellt. Nur eine Grundschülerin zweifelt sie an und hält sie eher für Bluff: *„In Werken fühlen sich die Jungen als die größten Handwerker" (132, w GS).*

Auch die Schülerinnen und Schüler der geschlechtsgetrennten Gymnasien teilen diese Zuordnung. Die Schülerinnen des Mädchengymnasiums scheinen keinen Textilunterricht zu erhalten, wie eine Schülerin bedauert:

„In Textil hätten wir vielleicht einen Vorteil, aber Textil wurde ja jetzt bei uns an der Schule abgeschafft, da zu wenig Lehrer dafür da sind" (197, w, M-Gy).

Die bei ihr klar erkennbare Zuordnung von Textil zum weiblichen Geschlecht findet sich jedoch explizit auch in einem weiteren Aufsatz einer Neuntkläßlerin:

„Man kann mit den Lehrern auch über rein 'weibliche' Fragen sprechen, ohne daß dann die Jungen lachen. Man kann dann so auch Kunst- und Textilunterricht richtig abstimmen. Ich kann mir nämlich nicht vorstellen, daß Jungen eine Hose nähen würden" (230, w, M-Gy).

Die Schüler des Jungengymnasiums erklären entsprechend Werken klar zum „Jungenfach", mit dem Mädchen nichts anfangen können.

„Werken: Ich möchte lieber mit Jungen den Unterricht allein gestalten, wenn sie (die Mädchen - Anm. d. Aut.) nämlich einen Hammer auf die Hand bekommen, fangen sie an zu heulen" (523, m, J-Gy).

Problematisch erscheint den Kindern die „Geschlechtsspezifik" dieser Fächer nicht: In den koedukativen Schulen argumentieren sie durchgängig, daß gegenseitige Hilfe erfolge. Ein Grundschüler erläutert freimütig, *„wenn wir uns verhäkelt haben, gehen wir zu den Mädchen" (120, m, GS).* Auch eine Orientierungsstufenschülerin erklärt, daß der Spaß des gemeinsamen Unterrichts gerade aus solchen Kooperationsformen entstehe, bei denen gegenseitige Hilfe und Anerkennung möglich wird.

„In der Arbeitsgemeinschaft macht es mit Jungs mehr Spaß. Weil die Mädchen fast alle nichts von Werken oder so verstehen. Und dann hilft dir mal ein Junge, das finde ich gut. Beim Textil da ist es ganz einfach andersrum, die Jungs brauchen Hilfe von den Mädchen, weil vielleicht die Jungs noch gar nichts von Sticken, Stricken und Nähen verstehen" (259, w, OS).

Ganz so ungetrübt scheint allerdings die Hilfe von seiten der Jungen nicht zu sein. Bereits in der Interaktionsstudie von Hans Oswald, Lothar Krappmann und Maria von Salisch wurde aufgezeigt, daß Hilfe und Kooperation durchaus risikoreich ist.

„Es entsteht nämlich ein ungleiches Verhältnis zwischen dem Hilfsbedürftigen und derjenigen Person, die helfen könnte. Immer wieder haben wir beobachtet, daß Helfer/innen ihre augenblickliche Überlegenheit ausnutzen, um Hilfesuchende zu mahnen, zu demütigen, bloßzustellen. Die Hilfesuchenden veruchen sich dagegen zu wehren und schmälern die Hilfe oder machen die Helfer/innen sogar nachträglich lächerlich..." (Oswald u. a. 1988, S. 178).

Jungen sind zudem an den Hilfeleistungen deutlich weniger beteiligt als Mädchen. Auch in unserer Studie verweisen einige Schülerinnen darauf, daß offensichtlich nicht ohne weiteres unterstellt werden kann, daß Jungen Hilfeersuchen auch immer nachkommen. Eine Schülerin aus der 5. Klasse erklärt:

„In Werken haben Jungen mehr Ahnung als wir Mädchen und wenn wir ein Problem haben, fragen wir die Jungs und sie helfen uns. Vielleicht tun es nicht so viele, aber die meisten Jungen helfen einem" (206, w, OS).

Eine andere Schülerin beschreibt deutlich abweisende Reaktionen von Jungen: *„Im Werken können Jungen den Mädchen helfen. Aber viele machen dies nicht, sondern sagen Iih: 'Iih, der dummen Kuh helfe ich doch nicht'„ (207, w, OS).*

Beide Schülerinnen allerdings betonen für ihre Klasse, daß die Jungen dort nicht zu jenen Exemplaren gehören, auf die man nicht zählen könne. *„In unserer Klasse sagen die Jungs zu den Mädchen nicht Iih und wir kommen miteinander gut aus" (206, w, OS).*

Auch von Hauptschülern wird auf ein kooperatives Klima verwiesen:

„Alle Jungs und Mädchen in unserer Klasse verstehen sich gut. Alle sind freundlich und wenn einer dem anderen helfen soll, dann macht er das gerne. Jungs helfen Mädchen, wenn wir Technik haben, und Mädchen helfen Jungs, wenn wir Textil haben. Wir kommen gut miteinander aus" (434, m, HS).

Allerdings ist die gewährte Hilfe ganz offensichtlich eine, die an den Geschlechterstereotypen nichts verändert und insofern sehr zweischneidig bleibt. Eine Neuntkläßlerin berichtet:

„Aber in den Fächern wie Technik, da braucht man einfach Jungs. Manchmal müssen wir sägen oder auch was anderes, und die Jungs machen das für uns" (406, w, HS).

Durch solche Hilfen erfahren vor allem Mädchen auch nicht, ob sie nicht problemlos selber mit einer Säge umgehen könnten. Stattdessen verfestigen beide Geschlechter die Zuschreibungen von Fähigkeiten, die eben zugleich implizieren, daß man im jeweils anderen Bereich weitgehend unfähig ist. Dabei scheinen uns die Verarbeitungsmuster ebenfalls unterschiedlich zu sein: Jungen sehen weniger, daß sie etwas nicht könnten: Sie *„schlampen"* eben nur ein bißchen in Textil. Auch ist die Meinung unter den Jungen durchaus geteilt, ob sie Textilunterricht überhaupt brauchen. Während einige Jungen Besorgnis äußern, mit einer Aufhebung von Koedukation auch den Textilunterricht zu verlieren, halten andere es für sehr vorteilhaft, von solchen „Mädchensachen" verschont zu werden. Die Schüler des Jungengymnasiums sind sich völlig einig darin, daß sie Textilunterricht für sich unter

Niveau fänden. Selbst wenn sie koedukative Schulen klar befürworten, wäre ihnen wichtig, sich nicht mit den Mädchen auch zugleich das Fach Textil einzuhandeln:

„Auch wird der Unterricht dann spannender und lustiger, wenn Mädchen vorhanden wären. Aber trotzdem wäre ich dagegen, z. B. Fächer wie Textil u. a. durchzuführen“ (651, m, J-Gy).

Ein Koedukationsbefürworter der Sekundarstufe II allerdings steuert dieser Einschätzung entgegen und spricht sich für eine Individualisierung von Lernchancen aus:

„Auf Jungenschulen werden zusätzliche AG's angeboten, die angeblich mehr 'Jungensachen' sind, wie z. B. Werken usw. Das kann zu einer Erziehung gegen das eigentliche Wesen des Jungen führen. Denn vielleicht hätte er ja mehr Interessen an anderen Dingen“ (718, m, J-Gy).

Bei den Koedukationsbefürworterinnen aus den koedukativen Schulen finden wir ebenfalls Stimmen, die solch breitere Möglichkeiten für sich für wichtig halten. Ablehnende Äußerungen zu Werken und Technik tauchen nicht auf, wohl aber die Sorge, dieser Fächer verlustig zu gehen, wenn Koedukation aufgehoben würde.

5.3.3.2 Naturwissenschaften - Mathematik

Die Argumentationsmuster der Schülerinnen und Schüler in den koedukativen und in den geschlechtsgetrennten Schulen sind in bezug auf die naturwissenschaftlichen Fächer - speziell Physik - deutlich unterschiedlich. Aus diesem Grund gliedern wir die Darstellung in diesem Unterkapitel nach den Schultypen. Auffällig ist vor allem, daß wir in den koedukativen Schulen bei den Schülerinnen und Schülern unabhängig von ihrer Stellung zur Koedukation ähnliche Darstellungen und Kritikpunkte am Schulalltag finden. Die Unterschiede liegen in den Akzentsetzungen und in den Schlußfolgerungen. In den geschlechtsgetrennten Schulen dagegen unterscheiden sich die KoedukationsbefürworterInnen deutlich von den TrennungsbefürworterInnen.

Koedukative Schulen

„Ich kenne viele Mädchen, die in Naturwissenschaften gut sind, es geht nur ums Interesse."

(24, w, Gy-SII, 11. Jg.)

Wurde für die Fächer Textil - Werken - Technik die gegenläufige Affinität der Geschlechter so gut wie nicht in Frage gestellt, so läßt sich eine solche ungebrochene Zuordnung für die Naturwissenschaften bei den Jugendlichen in den koedukativen Schulen nicht feststellen. Ausgangspunkt der Erörterungen ist zwar auch hier die Meinung, es handele sich bei den Naturwissenschaften um männliches Terrain. Inwieweit jedoch eine solche Behauptung berechtigt ist oder nicht, darum kreisen viele der Aussagen der Schülerinnen und Schüler.

Eine Reihe von Schülerinnen vertritt die Meinung, Jungen seien in den naturwissenschaftlichen Fächern besser, hätten hier ihre Stärke, bzw. umgekehrt, Mädchen hätten dort ihre Schwierigkeiten. Eine Zehntkläßlerin schreibt:

„Für viele Mädchen sind die Fächer der Naturwissenschaften und Mathematik eine Qual. Ich selber bin nicht halb so stark davon geplagt, jedoch handelt es sich um die Mehrzahl, die davon betroffen ist" (643, w, RS).

Diese Auffassung findet sich auch bei Befürworterinnen von Koedukation, jedoch etwas häufiger bei Schülerinnen, die getrennten Unterricht in Betracht ziehen. Sie versprechen sich von getrenntem Unterricht Schutz vor Kommentaren der Jungen oder davor, von ihnen ausgelacht zu werden.

„In Physik, Chemie, Biologie, Erdkunde und Mathematik ist es sehr schlimm. In Physik hab ich nun wirklich keine Ahnung. Ich bemühe mich zwar im Schriftlichen, jedoch im Unterricht an der Tafel komme ich überhaupt nicht mit und melde mich kaum. Die Jungen dagegen habens in naturwissenschaftlichen Fächern (Physik und Technik) im allgemeinen wirklich besser (auch Mathematik, da die meisten einen Computer besitzen). Wenn ich versuche, mich zu melden und drangenommen werde und es falsch ist, kichern die Jungen (nicht alle!) gleich im Hintergrund und sagen, daß es mal wieder typisch für mich sei! Chemie und Biologie machen mir eigentlich schon Spaß, nur habe ich ein wenig Angst davor, meinen Kommentar abzugeben, weil die Jungen sich in diesem Bereich viel geschickter und fachmännischer ausdrücken können und es sich eben intelligenter anhört" (622, w, RS).

Diese Schülerin erlebt offensichtlich ihre eigenen Beiträge als weniger geschliffen und gekonnt und bewertet die Fähigkeiten der Jungen als deutlich höher. Aus diesem Grund macht die Konkurrenz mit Jungen im koedukativen Unterricht ihr Angst. Getrennter Unterricht bietet nach Ansicht der Befürworterinnen einen Schutz vor Vergleichen mit als leistungsstärker angesehenen Jungen.

Gerade die Möglichkeit, sich mit dem anderen Geschlecht zu messen, führt jedoch bei anderen Schülerinnen zur Befürwortung gemeinsamen Unterricht. Für sie bedeutet eine solche Situation eher Ansporn und Herausforderung:

„Die Behauptung, daß Mädchen in naturwissenschaftlichen Fächern und dafür Jungen in den Sprachen nicht die gleichen Leistungen erbringen, sehe ich als falsch an. Ich sehe es oft als eine 'Herausforderung' an, mich z. B. in Physik besonders zu engagieren. Mir liegen diese Fächer, wohingegen Sprachen meine Schwachpunkte sind. Sehen es Mädchen als eine Vernachlässigung an, im naturwissenschaftlichen Unterricht nicht allzuoft drangenommen zu werden, so ist es ihre eigene Schuld" (22, w, Gy-SII, 11. Jg.).

Die Mehrzahl der Schülerinnen vertritt denn auch die Meinung, Mädchen und Jungen seien gleich fähig in naturwissenschaftlichen Fächern. Deswegen ist aber der koedukative Alltag in diesem Bereich für sie noch nicht unbedingt in Ordnung. Nicht wenige beklagen sich deutlich über Benachteiligungen. Dabei sind es jedoch nach ihrer Auffassung viel weniger die Mitschüler als die Lehrkräfte, die als Verursacher von Ungleichheiten und Ungerechtigkeiten empfunden werden. Zum einen spielt die Einstellung von Lehrern hier eine Rolle: Mehrere Schülerinnen berichten von Lehrern, die glauben, *„daß Mädchen sowieso an Chemie nicht interessiert sind"*. Eine von ihnen fügt hinzu: *„Ich finde diese Einstellung schade" (674, w, RS)*. Eine Gymnasistin drückt ihre Meinung dazu drastischer aus:

„Und in Physik gibt es immer noch Lehrer, die die bescheuerte Ansicht teilen, Mädchen wären unfähig, richtig zu kapieren und zu arbeiten" (871, w, Gy).

Die Schülerinnen empfinden solche Einstellungen verständlicherweise als demotivierend, denn diese setzen sich nach den Berichten der Mädchen auch in konkrete Interaktionsformen um, mit denen schwer umzugehen ist. So berichtet eine Realschülerin:

„Bei uns im Chemieunterricht war/ist es so, daß unser Lehrer solche Bemerkungen losgelassen hatte, von wegen 'Frauen brauchen Chemie sowieso nur zum Kochen und Waschen'. Es sollte zwar nur ein Scherz sein, aber trotzdem fand ich das nicht so toll. Ich finde, es liegt an der Einstellung der Lehrer, ob sie Jungen und Mädchen gleichbehandeln" (675, w, RS).

Die Schülerinnen werden mit solchen Aussagen in die Situation gebracht, über etwas zu lachen, was auf ihre Kosten geht. Es entsteht eine klassische Double-bind-Situation: Lachen sie nicht mit, gelten sie als humorlos. Lachen sie jedoch mit, entwerten sie sich selber in mehrfacher Hinsicht. In der Aussage wird eine Reduzierung von Frauen auf ihre Versorgerrolle vorgenommen. Dies impliziert zugleich, daß ihnen intellektuelle Ansprüche abgesprochen werden. Zeigt eine Schülerin nun Interesse an Chemie, so unterstellt die Aussage, daß dieses Interesse nicht aus intellektueller Neugier am Fach, sondern aus der Verwertbarkeit für die traditionelle Frauenrolle gespeist sein muß. In allen Fällen, unabhängig davon, wie die Schülerinnen sich verhalten, es geht in jedem Fall für sie negativ aus. Die Chance, als Frau selbstbewußt Interesse an Chemie als Wissenschaft zu äußern, läßt eine solche Aussage nicht zu (vgl. zu diesen Mechanismen Kotthoff 1988).

Derartige subtile Diskriminierungen sind jedoch nur eine Form, an der sich Kritik festmacht. Häufiger noch empfinden die Schülerinnen sich dadurch benachteiligt, daß Lehrer nach ihrer Wahrnehmung Jungen von vornherein für besser halten.

„In den naturwissenschaftlichen Fächern werden Jungen öfters bevorzugt, weil die (Physik-, Chemie-) Lehrer Jungen für fähiger halten als uns Mädchen und das von vornherein schon festlegen" (842, w, Gy).

Diese Einstellung setzt sich - so die berichteten Beobachtungen der Schülerinnen - um in eine Bevorzugung von Jungen: Sie kommen häufiger dran und die Inhalte sind an ihren Vorkenntnissen ausgerichtet.

„Schlimmer ist, daß viele Lehrer das Vorurteil haben, daß Mädchen wirklich keine Naturwissenschaften können. Diese Lehrer nehmen dann meistens nur die Jungen im Unterricht dran und gestalten auch den Unterricht so, daß er für Jungen verständlich, doch für die Denkweise der Mädchen, die ja auch meistens in diesen Fächern keine Vorkenntnisse haben, zu kompliziert ist" (929, w, Gy).

Damit erhalten die Jungen jedoch nicht nur Lernchancen, die eine Wissenskluft zwischen Mädchen und Jungen herstellt oder vertieft, sondern sie können daraus Überlegenheitsgefühle ableiten, denen keine reale Basis zugrunde liegen muß.

„Ich meine, daß die Jungen in den Fächern, wo sie uns angeblich überlegen sind, auch nicht viel mehr wissen. Ich glaube, daß dies auch ein wenig von den Lehrern abhängt. Vielleicht lassen diese sich von den Vorurteilen beeindrucken und meinen, daß man die Jungen, z. B. in Physik, die Versuche machen läßt und dadurch fühlen sich die Jungen den Mädchen überlegen" (733, w, Gy).

Die Kritik an den Lehrkräften wird von einer ganzen Reihe von Schülerinnen vorgebracht. Auch sie führt jedoch nicht zu einheitlichen Konsequenzen: Einige Schülerinnen leiten daraus ein Votum für getrennten Unterricht ab, weil die Lehrer dort gezwungen würden, sich an den Mädchen zu orientieren, sie die Versuche machen zu lassen, usw.

Die Mehrheit allerdings richtet eher Forderungen an die Lehrkräfte auch im koedukativen Unterricht. Sie wünscht sich verständlichere Darstellungen und ein Eingehen auf die Interessen der Mädchen. An die Mitschüler geht allerdings zusätzlich deutliche Kritik über deren undiszipliniertes Verhalten und ihr verletzendes Auslachen. Darüber hinaus erhoffen sich einige Mädchen auch Hilfe von den Jungen: Wenn schon die Lehrer die Naturwissenschaften nicht verständlich darstellen, dann könnten wenigstens die Jungen einspringen und erklären, was man nicht verstanden hat.

Gerade für jene Schülerinnen, die keine Leistungsunterschiede zwischen den Geschlechtern sehen, spielen auch Befürchtungen eine Rolle, nach denen naturwissenschaftlicher Unterricht an Mädchenschulen wesentlich schmaler von den Inhalten oder wesentlich anspruchsloser vom Niveau her oder gar überhaupt nicht mehr betrieben würde. All dies läßt sie Koedukation befürworten. Auch fürchtet eine Schülerin, keine Vergleichsmöglichkeiten mehr zu haben: Wenn *„man an Mädchenschulen doch das Gefühl hätte, daß man den Jungen unterlegen ist" (849, w, Gy),* dann sei man zu leicht verunsicherbar in der Frage, ob Mädchen und Jungen gleich leistungsfähig sind.

Betrachten wir die Jungenaussagen zu den naturwissenschaftlichen Fächern, so sind sie in gewisser Hinsicht komplementär zu der Sicht der Mädchen: In einer Reihe von Aufsätzen wird festgestellt, daß Jungen in naturwissenschaftlichen Fächern besser seien, besser abschneiden bzw. bevorzugt würden. Als Gründe führen die Jungen an, Mädchen würden sich nicht so dafür interessieren, Mädchen seien deshalb zurückhaltender und würden sich nicht genug melden. Prinzipiell sprechen sie den Mädchen die Fähigkeit zu den mathematisch-naturwissenschaftlichen Fächern *nicht* ab, im Gegenteil: Ein Achtkläßler schreibt, Mädchen müßten sich nur melden, dann wären sie genauso gut (540), und ein Siebtkläßler verweist darauf, daß die Mädchen besser erklären könnten als Jungen (526). Ein anderer Schüler des 7. Jahrgangs ist der Meinung, Jungen könnten Mädchen helfen. Getrennter Unterricht in den naturwissenschaftlichen Fächern steht insofern für die Jungen auch kaum an.

Unter den Schülern gibt es einige, allerdings sehr wenige, die sich deutlich abwertend über Mädchen äußern:

„Die Mädchen haben in Chemie/Physik keine blasse Ahnung. Auch wenn man gerade etwas gesagt hat, können sie es kaum wiederholen." (808, m, Gy).

Die Mehrheit vertritt aber wie bei den Mädchen die Meinung, beide Geschlechter seien gleich gut bzw. bei beiden Geschlechtern gäbe es interessierte und kompetente sowie uninteressierte und schlechte Schülerinnen und Schüler. Ebenso berichten eine Reihe von Jugendlichen, daß sie sich in den mathematisch-naturwissenschaftlichen Fächern gegenseitig helfen. Die Interaktionsprobleme, wie sie von den Schülerinnen thematisiert wurden, sind einigen Jungen durchaus bewußt.

„Die Jungen geben oft viel mehr in Naturwissenschaften an und 'unterdrücken' dadurch die Mädchen. Ich merke das sehr oft in Computer-AGs, die zwar gut belegt sind, aber fast nur von Jungen" (916, m, Gy).

Sie machen sich allerdings keine Gedanken, wie sie solche Verhaltensweisen verändern könnten. Eher schieben sie den Mädchen selber die Schuld zu:

„Immer wenn die Jungen über einen besonders blöden Fehler lachen, giften die Mädchen sofort los. Sie können einfach nicht über sich selbst lachen" (808, m, Gy).

Dieser Schüler zielt mit seiner Kritik allerdings auf jene oben bereits angesprochenen Double-bind-Situationen, in denen Mädchen als humorlos gelten, wenn sie sich dem Mitlachen auf ihre Kosten verweigern.

Ein anderer Schüler könnte sich vorstellen, daß Trennungen ein wirksames Mittel gegen solch eigenes problematisches Verhalten wäre:

„In Fächern wie Chemie und Physik finde ich es gut, Mädchen und Jungen getrennt zu unterrichten, da dort Mädchen unbewußt von Jungen diskriminiert werden" (833, m, Gy).

Mädchengymnasium

> *„In einer Mädchenschule kommen alle Mädchen mit der gleichen Voraussetzung und können dann gemeinsam aufholen, was viele der Jungen schon vorher wußten, ohne von denselben entmutigt zu werden, auf welche Weise auch immer..."*
>
> *(363, w, M-Gy, 12. Jg.)*

Wenn wir im folgenden die Sicht der Schülerinnen des Mädchengymnasiums präsentieren, dann konzentrieren wir uns auf die Aussagen der beiden „Extremgruppen", nämlich auf diejenigen, die positiv zur Trennung der Geschlechter stehen einerseits, und auf diejenigen, die Koedukation befürworten, andererseits. Beide Gruppen stellen eine Minderheit dar, weil der größte Teil der Mädchen eine ambivalente Haltung zu getrennten Schulen einnimmt. Die Argumente dieser beiden Gruppen finden sich bei den Ambivalenten ebenso. Es macht jedoch gerade die Ambivalenz aus, daß die Argumente weniger eindeutig, stärker mit Zweifeln versehen sind.

Die Befürworterinnen von Trennung nehmen den mathematisch-naturwissenschaftlich-technischen Bereich zunächst einmal unhinterfragt als männliche Domäne wahr. Insofern halten sie auch überwiegend die Jungen für leistungsstärker, insbesondere schreiben sie ihnen eine schnellere Auffassungsgabe zu.

„Ich bin auf diese Schule gegangen, weil ich finde, daß Mädchen und Jungen in den naturwissenschaftlichen Fächern nicht immer dieselben Ziele erreichen. In gemischten Schulen sind die Jungen meist besser und ich glaube auch, daß Mädchen in gemischten Schulen nicht immer den Mut haben, sich zu melden, weil Jungen anwesend sind" (378, w, M-Gy, 12. Jg.).

Die Entmutigung der Mädchen wird aber nicht allein durch ein größeres Wissen der Jungen bewirkt, sondern diese werden auch als dominant und bestimmend angesehen.

„Ich kann mir vorstellen, daß Gruppenarbeit mit Jungen, besonders in Naturwissenschaften mir nicht gefallen würde. Im Extremfall würden z. B. bei Versuchen die Jungen alles machen und die Mädchen dürften dann spülen" (393, w, M-Gy, 12. Jg.).

Vor diesem Hintergrund argumentieren die Schülerinnen für eine Geschlechtertrennung. Durch sie ergibt sich ihrer Meinung nach ein gleicher Leistungsstand, von dem aus Nachfragen sinnvoll und möglich sind.

„Im Mathe-LK stehen wir alle ungefähr auf einer Stufe, so daß es nicht schlimm ist, wenn man mal etwas nicht versteht, weil die Lehrerin dann noch mal alles für alle erklärt" (362, w, M-Gy, 12. Jg.).

Zumindest aus einigen Äußerungen läßt sich auch schließen, daß die Mädchen überzeugt sind, dieser Leistungsstand sei niedriger als in koedukativen Schulen.

„Ich glaube, daß in einer gemischten Schule bestimmte Unterrichtsfächer anders ablaufen würden, z. B. Mathe oder Physik. Die meisten Jungen sind in diesen Fächern so gut, daß sie viel schneller verstehen können. Das würde auch den Durchschnitt erhöhen, was manchem Mädchen, das nur langsam versteht, schaden könnte" (278, w, M-Gy).

Keineswegs reklamieren die Schülerinnen der Mädchenschule, die positiv zu ihrer Schulform stehen, daß sie ein ausgeprägtes Interesse an Physik entwickeln würden.

„In Sachen 'Dritte Welt' und so etwas sind wir sehr interessiert. Aber wenn es z. B. in Physik um Merksätze geht, werden wir alle 'undiszipliniert'„ (183, w, M-Gy).

Einig sind sich diese Schülerinnen allerdings darüber, daß sie sich in Mädchenschulen eher trauen, sich zu melden. Auch betonen sie, daß Mädchen hier stärker gefördert würden. Was sie selber als förderlich wahrnehmen, beschreiben sie nicht eindeutig (vgl. dazu auch Kap. 4.1.3.1). Die Argumente zielen zum einen darauf, daß keine Jungen da sind, um sie zu entmutigen.

„Ich denke schon, daß etwas Wahres daran ist, daß die naturwissenschaftlichen Bereiche in einer Mädchenschule mehr gefördert werden. In einer Mädchenschule kommen alle Mädchen mit der gleichen Voraussetzung und können dann gemeinsam aufholen, was viele der Jungen schon vorher wußten, ohne von denselben entmutigt zu werden, auf welche Weise auch immer..." (363, w, M-Gy, 12. Jg.).

Auch müssen sie nicht befürchten, *„übertrumpft"* zu werden:

„An dieser Schule gehen viele Mädchen in den naturwissenschaftlichen Bereich, weil sie keine Hemmungen haben, dort von Jungen 'übertrumpft' zu werden. ... Ich meine, obwohl die Zeit auf einer gemischten Schule sehr weit zurückliegt, daß vor allem im naturwissenschaftlichen Bereich konkreter auf die einzelnen Probleme der Mädchen eingegangen werden kann. In den naturwissenschaftlichen Bereichen haben die Jungen meistens 'die Nase vorn' und schwerwiegende Probleme und Aufgaben, die werden größtenteils von Jungen gelöst" (328, w, M-Gy, 11. Jg.).

Relativ sicher sind sich diese Schülerinnen, daß in koedukativen Schulen Mädchen auf jeden Fall benachteiligt, Jungen bevorzugt werden. Unklar bleibt in dieser Aussage, ob die *„schwerwiegenden Probleme"* nun - wo die Jungen fehlen - von den Mädchen selber gelöst werden, oder ob vielleicht auch solche Aufgaben gar nicht mehr gestellt werden. Die gerade vorher zitierte Schülerin vermutet eher, daß in den koedukativen Schulen das Niveau höher sei:

„Im allgemeinen beschäftigen sich Jungen in ihrer Kindheit schon mehr mit technischen Dingen und haben somit einen Vorsprung. Allerdings könnte ich mir vorstellen, daß gerade dieser Vorsprung der Jungen mich in einer koedukativen Schule dazu anspornen könnte, es ihnen gleichzutun, denn ich denke schon, daß das Niveau in den naturwissenschaftlichen Bereichen an einer gemischten Schule höher ist" (363, w, M-Gy, 12. Jg.).

Diese Auffassung teilen denn auch jene Mädchen, die sich für koedukativen Unterricht aussprechen. Sie vertreten weniger, daß Jungen leistungsstärker seien, wenngleich auch bei ihnen dies eher als Zweifel und Frage geäußert wird. Der Standard des naturwissenschaftlichen Unterrichts erscheint ihnen allerdings deutlich geringer als an koeduativen Schulen.

„In Physik werden die schweren Formeln teilweise bewußt nicht beigebracht. Es könnte ja zu schwer sein" (307, w, M-Gy, 11. Jg.).

Kritik äußern sie auch an der Menge der naturwissenschaftlichen Angebote, die für interessierte Mädchen als unzureichend empfunden wird.

„Mein Lieblingsfach ist Physik und ich finde, daß in der Richtung viel zu wenig angeboten wird. Das würde sich bestimmt ändern, wenn Jungs auf die Schule gehen würden" (157, w, M-Gy).

Jungengymnasium

> *„Durch eine Trennung der Geschlechter im Unterricht kann man diesen in einigen Fächern (in naturwissenschaftlichen Kursen) wesentlich interessanter, anspruchsvoller im Hinblick auf einen reinen 'Jungen-Kurs' gestalten."*
>
> *(755, m, J-Gy, 13. Jg.)*

Auch hier konzentrieren wir uns in der Darstellung auf die beiden „Extremgruppen", nämlich auf die Koedukationsbefürworter einerseits und auf die Trennungsbefürworter andererseits. Diejenigen, die positiv zur Koedukation stehen, bilden in der Jungenschule die Mehrheit, während diejenigen, die Trennung bejahen, eine Minderheitenposition darstellen.

Mathematik und Naturwissenschaften - speziell Physik und Chemie - reklamieren die Trennungsbefürworter unter den Schülern des Jungengymnasiums ganz klar für sich. Mädchen würden deutlich als störend empfunden: Sie wären verantwortlich dafür, daß Jungen glauben, sich profilieren zu müssen, und sie würden die Disziplin stören:

„In den Naturwissenschaften arbeitet man konzentrierter, weil man nicht von Öko-Weibern und sich nägellackierenden 14-jährigen, die wie 20 aussehen, stören lassen möchte. Außerdem spricht man über Dinge, die man sonst, so möchte ich mutmaßen, nicht anreißen würde. Man(n) braucht auch nicht so darauf zu achten, daß man Fehler macht, um dann von gackernden Emanzen ausgelacht zu werden" (728, m, J-Gy, 11. Jg.).

Schließlich würde das fachliche Niveau gesenkt, wenn Jungen nicht mehr unter sich wären:

„Durch eine Trennung der Geschlechter im Unterricht kann man diesen in einigen Fächern (in naturwissenschaftlichen Kursen) wesentlich interessanter, anspruchsvoller im Hinblick auf einen reinen 'Jungen-Kurs' gestalten, bzw. für Mädchen das Niveau in diesen Fächern herunterschrauben, da es allgemein gilt, daß das Verständnis der naturwissenschaftlichen Fächer beim männlichen Geschlecht ausgeprägter ist als beim weiblichen Geschlecht" (755, m, J-Gy, 13. Jg.).

Von Seiten der Koedukationsbefürworter wird eine gleiche Befähigung von Mädchen und Jungen auch im mathematisch-naturwissenschaftlich-technischen Bereich angenommen.

„Von wegen naturwissenschaftliche Fächer halte ich für Quatsch. Mädchen sind genauso gut wie Jungen" (704, m, J-Gy).

Einige Schüler gehen allerdings von unterschiedlich gelagerten Interessen aus. Koedukativer Unterricht böte gerade dann die Chance, voneinander zu lernen und sich gegenseitig anzuspornen.

„Es gibt verschiedene Interessen: bei Jungen Sport, Chemie, Physik, Bio. Bei Mädchen Sprachen, Kunst, Musik. Es ist gut, da es eine bessere Teilnahme im Unterricht gibt, um dem anderen Geschlecht zu imponieren. Durch die verschiedenen Interessen kann der eine dem anderen etwas zeigen. Es ist ein nicht mehr so eintöniges Schulbild" (691, m, J-Gy).

5.3.3.3 Biologie - Sexualkunde

„In den Fächern wie Biologie, bei einem Thema, was Mädchen verstärkt angeht, kann man ungestört reden..."
(118, w, M-Gy, 7. Jg.)

Einige Schülerinnen, die getrennten Unterricht im mathematisch-naturwissenschaftlich-technischen Bereich befürworten, nennen dafür das Fach Biologie. Es sind vor allem Schülerinnen im achten Jahrgang der Hauptschule, aber auch in der Realschule. Eigentlich geht es dabei jedoch gar nicht um das Verhältnis von Mädchen und Jungen zu Naturwissenschaften. Biologie steht hier vielmehr für heikle Themen, wie sie vor allem der Sexualkundeunterricht darstellt. Biologie ist also nur der Rahmen für besonders sensible Bereiche, in denen die geschlechtsbezogenen Identitäten wie auch das Miteinanderumgehen berührt werden. Einige Schülerinnen beschweren sich massiv über das *„pubertäre Gelächter"* der Mitschüler (477, w, HS). Den Jungen scheint es sehr schwer zu fallen, dieses Thema ernsthaft in Anwesenheit der Mädchen anzugehen.

„Wenn wir in Biologie gerade mal Sexualkunde haben oder über Sex sprechen, dann kriegen die Jungs einen roten Kopf und sie kriegen gar nichts mehr mit, weil sie immer lachen. Dann werden wir Mädchen und auch ein paar andere Jungs, die nicht mehr so albern sind, abgelenkt und können nichts Neues dazulernen, oder wir alle, die aufpassen, wissen nicht, was in der Arbeit vorkommt" (338, w, HS).

Trennungswünsche resultieren dann vor allem daraus, Dinge untereinander besprechen zu können, *„die nur Mädchen angehen“ (406, w, HS)*. Solche Dinge in der Schule zu klären erfordert wohl sowieso schon Mut, angesichts von unkalkulierbaren Jungen steigen die Barrieren noch deutlich an:

„In dem Fach Biologie können die Schüler zwar gut sein, aber wenn man dann z. B. über den menschlichen Körper spricht, kann dann da schon mal eine Hemmschwelle sein und man kann nicht mehr reden, wie man es eigentlich vorhatte“ (629, w, RS).

Dies ist auch das zentrale Argument der Schülerinnen und Schüler der geschlechtsgetrennten Gymnasien, die positiv zu ihrer Schulform stehen. Die Schülerinnen fürchten, gerade bei bestimmten Themen wie z. B. Sexualkunde nicht so offen reden zu können, wenn Jungen dabei wären.

„In den Fächern wie Biologie, bei einem Thema, was Mädchen verstärkt angeht, kann man ungestört reden.... Ein Unterricht nur mit Mädchen ist wirklich gut. Mädchen können etwas sagen, was sie sich vielleicht nicht trauen würden, wenn Jungen dabei wären.... In Biologie würden die Jungen sicherlich manchmal kichern, wenn es um Mädchen geht" (118, w, M-Gy).

Die Schüler des Jungengymnasiums sehen sich jedoch keineswegs als die „coolen”, unbefangenen, sondern fürchten ebenfalls, durch anwesende Mädchen in Verlegenheit gebracht zu werden.

„In Bio würden, wenn wir mit Mädchen in einer Klasse wären und gerade Sexualkunde durchnehmen würden, die Mädchen schreien: 'Ausziehen!'„ (525, m, J-Gy).

Ausschlaggebender für das Trennungsvotum ist bei diesen Jungen jedoch, daß sie eine ausschließliche Orientierung auf Jungenthemen und -interessen positiv finden. Bei einem Fünftkläßler hört sich dies exemplarisch so an:

„In unserer Schule nur Jungen, das ist besser - also keine Meinungsverschiedenheiten. ... In Biologie sind wir ein Volk, nur Jungen, bei Mädchen wäre anders, z. B. wie bei Sexualkunde, bei Jungen ist gleich" (529, m, J-Gy).

Solche Sichtweise finden wir aber auch in höheren Klassen wie beispielsweise in der folgenden Aussage eines Zehntkläßler deutlich wird, der die Konzentration auf das eigene Geschlecht als begrüßenswert herausstellt:

„Biologieunterricht: Letztes Jahr haben wir Sexualkunde II durchgenommen und konnten so das Thema 'Mädchen' auslassen und hatten so mehr Zeit für unseren Bereich“ (696, m, J-Gy).

In getrennten Schulen, wenn Jungen unter sich bleiben, bietet dies nach Meinung dieser Schüler die Chance, sich auf die einen selbst betreffenden Angelegenheiten zu konzentrieren und mit „Frauenangelegenheiten” gar nicht erst konfrontiert zu werden.

Dieses wird umgekehrt von den Koedukationsbefürwortern gerade bemängelt. Sie kritisieren eher, daß *„die Frau sehr wenig besprochen wurde" (703, m, J-Gy)*. Mitschülerinnen böten hier die Gelegenheit, Auskünfte zu erhalten, die eben nur von Mädchen kommen können.

„Bei manchen Themen im Biologieunterricht können Mädchen ganz bestimmte Auskünfte geben, die vielleicht Jungen nicht geben können. Das ist natürlich umgekehrt genauso. Man könnte sich gegenseitig helfen. ... Außerdem würden wir uns bei sexuellen Themen im Biounterricht ruhiger verhalten und nicht herumkichern" (667, m, J-Gy).

Gerade die Koedukationsbefürworter könnten sich auch vorstellen, daß die Anwesenheit von Mädchen eine offenere und freundlichere Atmosphäre ergäbe und nicht albern gelacht würde.

„In Biologie wird nur gelacht von einigen, wenn wir über Sexualkunde reden. Wir sprechen öfter über Mädchen in den Pausen und ich fände es echt besser, wenn wir mit Mädchen auch zusammen Unterricht hätten.... Es würde, glaube ich, freundlicher zugehen, wenn wir mit Mädchen Unterricht hätten, und daß nicht einige sofort anfangen würden zu lachen in Biologie. Das Verhältnis miteinander wäre dann viel offener" (629, m, J-Gy).

An diesen Beispielen zeigt sich - wie bereits in den Kapiteln 3 und 4 ausgeführt -, daß Jungen davon ausgehen, Mädchen übten zivilisierenden Einfluß auf sie aus. Die Schüler thematisieren in keiner Weise, wie sie selbst es finden, als sexistisch gesehen zu werden. Daß Mädchen aus Sorge vor sexistischem Verhalten für Trennungen plädieren, spielt in den Ausführungen der Jungen keine Rolle.

In den koedukativen Schulen spricht sich kein Junge für getrennten Biologieunterricht aus. Ein Hauptschüler, der allerdings bereits in der 10. Klasse ist, also wohl den Sexualkundeunterricht von einer ab- und aufgeklärten Position aus betrachten kann, fürchtet, daß getrennter Unterricht nicht „normal" und „locker" wäre:

„Man könnte nicht mehr so viel zusammenarbeiten wie früher. Es wäre ein sehr verklemmter Unterricht, besonders im Fach Biologie, wo dann kein freier (normaler) Unterricht mehr stattfinden kann. Es wäre auf die Dauer sehr langweilig" (478, m, HS).

Dies sehen auch die Koedukationsbefürworterinnen des Mädchengymnasiums so. Sie betonen, daß sie gerne die Meinung von Jungen hören würden.

5.3.3.4 Typisierung verhindert Erweiterung von Fähigkeiten

Die Äußerungen der Schülerinnen und Schüler zum mathematisch-naturwissenschaftlich-technischen Bereich lassen drei Problemkreise erkennen:

Der erste betrifft die Geschlechtertypisierung, wie sie hier insbesondere an den Fächern Textil, Technik und Werken verdeutlicht wurde. Diese Fächer werden ganz deutlich als Geschlechterreviere wahrgenommen: Textilunterricht ist Mädchendomäne, Technik und Werken sind männliche Bereiche. Die Komplementarität in diesen Zuschreibungen läßt die Kinder und Jugendlichen Fragen von Benachteiligung und Bevorzugung in diesen Fächern nicht aufwerfen. Mädchen und Jungen konkurrieren hier nicht miteinander. In den koedukativen Schulen bestätigen sie sich vielmehr gegenseitige Hilfeleistungen. Solche Hilfen allerdings garantieren wiederum die Aufrechterhaltung der Typisierungen. Mädchen bringen in Ordnung, was Jungen *„verhäkelt"* haben, Jungen sägen für die Mädchen. Solche „Hilfeleistungen" verhindern nicht nur eine Erweiterung der eigenen Fähigkeiten, sie haben insbesondere für die Mädchen benachteiligende Folgen: Die vorgenommenen Typisierungen sind zugleich deutlich hierarchische. Viele Jungen kritisieren, daß sie mit der Koedukation „minderwertige" Fächer wie Textil und Hauswirtschaft erhalten hätten. Die Mädchen dagegen fürchten durch eine Aufhebung von Koedukation „hochwertige" Fächer wie Naturwissenschaften oder Technik zu verlieren. Für Jungen sind mangelnde Fähigkeiten in Textil keineswegs selbstwertschädlich, für Mädchen sind vorhandene Fähigkeiten umgekehrt dagegen nicht selbstwertdienlich. Von den Anstrengungen z. B. in Werken verschont zu werden, ist jedoch nur ein zweifelhafter Gewinn. Zugleich schließt dies die Mädchen von der Kompetenz und selbstbewußten Teilhabe an den „wertvollen" Bereichen aus.

Im naturwissenschaftlichen Unterricht finden wir differenziertere Formen der Geschlechtertypisierung, die Geschlechterreviere sind hier nicht so eindeutig abgesteckt. Im Vordergrund steht hier ganz deutlich die Frage der Benachteiligung von Mädchen sowie die Einschätzung gleicher oder unterschiedlicher Leistungsfähigkeiten der Geschlechter. Vor allem Schülerinnen sehen Jungen eher als bevorzugt, sich selber als benachteiligt an. Getrennter Unterricht erscheint einer Reihe von ihnen deshalb als sinnvolle Möglichkeit, Mädchen zu fördern. Aus den Äußerungen geht allerdings kaum hervor, worin eine stärkere Förderung der Schülerinnen im getrennten Unterricht besteht. Sie möchten gerne vor Leistungsvergleichen mit den Jungen geschützt werden, ebenso vor deren entmutigenden und abwertenden Kommentaren. Entscheidend scheint für die Trennungsbefürworterinnen zu sein, daß sie die Dominanz und Überlegenheit von Jungen als unveränderbar unterstellen und eigene Entfaltungsmöglichkeiten in einem Schon- und Schutzraum suchen. Die Koedukationsbefürworterinnen in den koedukativen Schulen dagegen üben massive Kritik an den Einstellungen und dem Verhalten von Lehrkräften, die ihnen gleiche Fähigkeiten und Interessen in den Naturwissenschaften nicht zutrauen. Nur vor diesem Hintergrund können Jungen eine Vormachtstellung erwerben und Überlegenheitsgesten herausbilden. Die Kritik der Schülerinnen zielt denn auch klar auf die Notwendigkeit, innerhalb des koedukativen Unterrichts diese Interaktionsstrukturen zu verändern. An der Mädchenschule äußern die Schülerinnen den Verdacht, daß Jungen bevorzugt werden. Für die Trennungsbefürworterinnen ist dies quasi unvermeidlich. Die ambivalenten oder positiv zur Koedukation eingestellten Schülerinnen sehen hingegen in diesem Bereich Veränderungsmöglichkeiten und kritisieren das Verhalten der Lehrkräfte. Von Seiten vieler Schüler in den koedukativen Schulen wird den Mädchen durchaus die Befähigung zu naturwissenschaftlichem Arbeiten zugestanden. Sie betonen individuelle Unterschiede und setzen auf gegenseitige Hilfen. Die Schüler des Jungengymnasiums dagegen sehen sich überwiegend als überlegen an und fürchten, von den Mädchen in ihren Leistungsfortschritten gehemmt zu werden.

Der dritte Problemkreis betrifft schließlich die Frage nach Vertrautheit und Offenheit im schulischen Unterricht. Sie macht sich zwar am Fach Biologie fest, zielt aber eigentlich nicht auf die Naturwissenschaften, sondern auf Probleme des Sexualkundeunterrichts. Gerade da fürchten Mädchen wie Jungen, daß man in Anwesenheit des anderen Geschlechts weniger offen über manche Themen reden könne. Ähnlich wie im Sportunterricht finden wir hier vor allem Befürchtungen der Mädchen, sie könnten durch Mitschüler kompromittiert oder veralbert werden. Solche Sorgen um mangelnde Ernsthaftigkeit werden unabhängig von der Haltung zur Koedukation geäußert. Selbst die Befürworterinnen und Befürworter halten es für möglich, daß man sich - ob aus Unsicherheit oder aus Profilierungsstreben - gegenseitig auslacht oder provoziert. Je enger und persönlicher die behandelten Unterrichtsgegenstände die eigene Identität berühren, dabei Emotionen und Gefühle ansprechen und Themen einschließen, die sonst in öffentlichen Situationen eher tabuisiert sind, desto stärker scheinen Mädchen und Jungen getrenntes Lernen für sinnvoll zu halten. Sie versprechen sich davon Schutz vor Diskriminierung und vor Sexismus. Beides mögen sie nicht hinnehmen, auch nicht, wenn dies in „humorvoller“ Verkleidung auftritt.

Jenseits dieser Furcht vor unangemessenen Witzen ist die Einigkeit aber zu Ende. Befürworterinnen und Befürworter von Trennung begrüßen häufig eine Konzentration auf ihre eigenen Themen: Schülerinnen betonen, daß sie unter sich viel besser Dinge besprechen könnten, die nur Mädchen etwas angingen. Schüler des Jungengymnasiums heben hervor, daß sie sich um Mädchenbelange nicht kümmern müßten und dafür mehr Zeit für das Thema Mann hätten. KoedukationsbefürworterInnen wünschen sich dagegen, gerade vom anderen Geschlecht mehr Informationen zu bekommen und dessen Perspektive kennenzulernen. Jungen gehen außerdem davon aus, daß sie in Anwesenheit der Mädchen mehr Selbstkontrolle hinsichtlich sexistischer Allüren üben würden. Auf diesen Punkt sind wir in Kapitel 4 schon eingegangen, er scheint bei Fragen von Sexualkundeunterricht besonders virulent zu werden.

Insgesamt äußern sich die Mädchen und Jungen zur Frage von gemeinsamem oder getrenntem Unterricht sehr differenziert. Sie orientieren sich dabei weniger an Fächergrenzen, sondern stärker an den konkret behandelten Lerngegenständen und vor allem den sozialen Verhaltensweisen von MitschülerInnen und Lehrkräften. Diese Erwartungen nehmen wir in unserem abschließenden Kapitel wieder auf.

6 Lernen in unterschiedlichen schulischen Kontexten

Unsere Studie hat sich mit zwei verschiedenen Schultypen und deren Sozialisationswirkungen beschäftigt: mit koedukativen Schulen auf der einen und geschlechtsgetrennten Schulen auf der anderen Seite. Bei letzteren finden sich in der Mädchen- und Jungenschule wiederum je spezifische Bedingungen. Auf unsere Bitte haben die Schülerinnen und Schüler ihren gegenwärtigen Schulalltag beschrieben und dabei den Blick auf die An- oder Abwesenheit des jeweils anderen Geschlechts gerichtet. Die detaillierte Nachzeichnung ihrer Aussagen hat uns Erkenntnisse vor allem auf zwei Dimensionen erbracht:

- Es ist für Kinder und Jugendliche im Verlauf ihrer *biographischen Entwicklung* offenbar unterschiedlich leicht oder schwer, eher reizvoll oder aber eher angstsetzend, mit dem jeweils anderen Geschlecht auszukommen. Altersspezifische Entwicklungsschritte und institutionelle Ereignisse beeinflussen dabei Wünsche nach Gemeinsamkeit oder Abgrenzung.
- *Unterschiedliche Sozialisationskontexte* prägen ganz entscheidend die Wahrnehmungen und Bewertungsmuster der Mädchen und Jungen. Individuell unterschiedliche Verarbeitungsmuster im Umgang mit Heterogenität lassen entweder geschlechtsgemischte oder aber geschlechtsgetrennte Lerngruppen attraktiver erscheinen.

Die Aufsätze der Kinder und Jugendlichen haben in aller Deutlichkeit gezeigt, welch zentrale Bedeutung die Kategorie Geschlecht im Sozialisationsprozeß einnimmt. Theoretisch interpretieren wir die von uns beschriebenen Unterschiede zwischen den Geschlechtern in Anlehnung an Regine Gildemeister (1988) als soziale Konstruktionen. Wir grenzen uns damit deutlich von biologistischen Erklärungsansätzen ab. Die Tatsache, daß die Zuordnung zu einem Geschlecht an biologisch-körperlichen Merkmalen festgemacht wird, heißt nicht, daß diese Merkmale bestimmend für weibliches oder männliches Verhalten sind. Vielmehr wird die Ausgestaltung solchen Verhaltens im Sozialisationsprozeß entwickelt und inszeniert. Normative Vorstellungen, Idealbilder von Männlichkeit oder Weiblichkeit, werden - weitgehend unbewußt - in ritualisierten Formen gelebt, die Relevanz des Geschlechtsunterschieds damit immer wieder neu bekräftigt. Mit Goffman

(1994) gehen wir dabei davon aus, daß die körperlichen Unterschiede zwischen den Geschlechtern als solche keine große Bedeutung für die menschlichen Fähigkeiten haben, die zur Bewältigung der meisten Aufgaben in unserer gegenwärtigen Gesellschaft gebraucht werden. Sie gewinnen ihre enorme soziale Bedeutung dadurch, daß sie zum Ausgangspunkt für die Zuordnung von Individuen zu einer Geschlechtsklasse werden. Das hat weitreichende Folgen, weil damit ein Prozeß mit je unterschiedlichen Lern- und Entwicklungschancen eröffnet wird: „Von Anfang an werden die der männlichen und die der weiblichen Klasse zugeordneten Personen anders behandelt, sie machen verschiedene Erfahrungen, dürfen andere Erwartungen stellen und müssen andere erfüllen. Als Folge davon lagert sich eine geschlechtsklassenspezifische Weise der äußeren Erscheinung, des Handelns und Fühlens objektiv über das biologische Muster, die dieses ausbaut, mißachtet oder durchkreuzt" (Goffman 1994, S. 109). Je stärker solche Unterschiede „dramatisiert" werden, desto eher liegt es nahe, beiden Geschlechtern komplementäre Eigenschaften und Verhaltensweisen zuzuschreiben. Verbunden sind damit Bewertungen, die in aller Regel die den Männern zugeordneten Fähigkeiten und Interessen höher einstufen. Etabliert wird dabei eine Geschlechterhierarchie, die ohne großen Zwang nur gewährleistet werden kann, wenn auch Mädchen und Frauen einen Gewinn daraus ziehen können. Er liegt vor allem darin, daß sie eine besondere Art von Wertschätzung genießen, die ihnen zugleich Schutz in ihren „Refugien" sichert und sie vor den Anstrengungen der männlichen Lebenswelt bewahrt. „Obwohl Frauen weniger gelten als Männer, werden sie in ernstzunehmender Weise durch solche Werte wie Mütterlichkeit, Unschuld, Sanftheit, sexuelle Attraktivität und so weiter idealisiert und mythologisiert - ein unbedeutender Pantheon vielleicht, doch noch immer ein Pantheon" (ebd., S. 119).

Die gesellschaftlich vorgeprägten Konstruktionen von Weiblichkeit und Männlichkeit werden von den einzelnen Individuen aktiv angeeignet. Im Sozialisationsprozeß entwickeln sie sich zu einer unverwechselbaren Persönlichkeit, bilden ihre persönliche Identität aus. Als Mitglied unterschiedlicher sozialer Gruppen erwerben sie gleichzeitig eine soziale Identität, in der Gemeinsamkeiten mit anderen hergestellt werden. Als Geschlechtsidentität betrifft dies die Zugehörigkeit zur Kategorie „weiblich" oder zur Kategorie „männlich" und umfaßt die Merkmale und Eigenschaften, die jeweils als typisch gelten.

Wir konkretisieren diese abstrakte Beschreibung am Beispiel von Mädchensozialisation: Ein Mädchen wird in der Wahrnehmung anderer weiblicher Wesen feststellen, daß es eine Reihe von Ähnlichkeiten zwischen sich selbst und diesen gibt. Es registriert solche Ähnlichkeiten nicht nur, sondern stellt sie aktiv her. Es „konstruiert sich als Mädchen". Zugleich erfährt das

Kind aber auch, daß es keineswegs gleich ist mit den anderen Mädchen, es konstruiert sich immer auch als etwas anderes, eigenes. Ebenso stößt es - wie wir mit Goffman (1994) schon aufgezeigt haben - auf viele Zumutungen und Beschränkungen, die mit der weiblichen Rolle verbunden sind. Mit den jeweiligs aktuellen eigenen Bedürfnissen stimmen diese oft nicht überein. Nun setzt sich das Mädchen nicht nur zu seiner weiblichen Umwelt in Beziehung. Es nimmt zugleich auch Ähnlichkeiten mit männlichen Wesen wahr oder wünscht Grenzüberschreitungen, verhält sich wie ein Junge. In der Regel wird aber zur fremden Geschlechtsgruppe eher Abgrenzung vorgenommen. Die persönliche Identität umfaßt also Merkmale, die typischerweise dem eigenen Geschlecht zugeschrieben werden, sie enthält aber durchaus auch Elemente, die vorzugsweise dem anderen Geschlecht zugerechnet werden. In gleicher Weise setzt sie auch sowohl Abgrenzung vom eigenen wie vom fremden Geschlecht voraus. Ein schwieriger Balanceakt im Sozialisationsprozeß des Mädchens besteht nun darin, „eigene" und „fremde" Elemente so in die persönliche Identität zu integrieren, daß die soziale Identität als Frau nicht gefährdet wird.

Wie ein solches „Mischungsverhältnis" aussehen darf und soll, ist nun nicht überzeitlich festgeschrieben. Das hängt vielmehr von den gesellschaftlichen Rahmenbedingungen ab. Unsere Gesellschaft hat die Gleichberechtigung der Geschlechter zur Norm erhoben. Als Folge läßt sich feststellen, daß eine scharf polarisierte Geschlechtsidentität als zentrales Moment für die in der Sozialisation herauszubildenden Geschlechtscharaktere in Auflösung begriffen ist. Die Vorherrschaft der Versorgungsmacht der Frauen und der Ernährerrolle des Mannes gilt nicht mehr uneingeschränkt. Allerdings finden wir noch weit mehr Widersprüchlichkeiten als Eindeutigkeiten in diesem Prozeß (vgl. Prokop 1994). Empirische Befunde der Jugendforschung zeigen, daß Jugendliche sich heute nicht mehr „spezifisch" verorten möchten: „Heutige Jugendliche zeigen ein starkes Bedürfnis nach persönlicher Einheit jenseits der Männlich-Weiblich-Dichotomie. Viele wenden sich vehement gegen die damit verbundene Vereinseitigung" (Bilden 1985, S. 40).

Insofern läßt sich für unsere gegenwärtige Gesellschaft eine zunehmende Labilisierung der Geschlechtscharaktere registrieren. Goffman (1994) spricht von einer Auflösung von „Geschlechterglaubensvorstellungen". In unseren Aufsätzen spiegelt sich dies in der großen Spannbreite, mit der Unterschiede zwischen den Geschlechtern beschrieben werden. Sie reicht von scharfen Typisierungen entlang der Geschlechtergrenze bis hin zu weitgehender Individualisierung. Die Konstruktionsprozesse verlaufen also keineswegs einheitlich, sie unterscheiden sich sowohl in den verschiedenen Altersgruppen als auch in den spezifischen Sozialisationskontexten.

Vor dem Hintergrund des hier skizzierten theoretischen Bezugsrahmens möchten wir im folgenden die zentralen Ergebnisse noch einmal knapp zusammenfassen und reflektieren. Wir fragen zunächst danach, wie sich die Geschlechtsidentität und das Arrangement der Geschlechter von der Grundschule bis zur Sekundarstufe II entwickelt. Welche Rolle spielt die Institution Schule dabei, welchen Einfluß haben koedukative oder geschlechtsgetrennte Lernangebote? Abschließend fragen wir nach den Möglichkeiten, wie schulische Bildungsprozesse die Identitätsfindung von Mädchen und Jungen angemessen unterstützen können.

6.1 Unterschiedliche Bewertungen der Koedukation im Verlauf schulischer Sozialisation

In der Grundschule scheint es im Zusammenleben der Geschlechter nur wenig Probleme zu geben. Heterogenität ist hier für die Mehrzahl der Kinder positiv besetzt. Die Jahrgänge 5 und 6 in der Orientierungsstufe sind vor allem für Jungen mit großen Ambivalenzen und Unsicherheiten verbunden. Im weiteren Verlauf der Sekundarstufe I zeigen in den Klassen 7 - 10 insbesondere die Mädchen sehr klar Probleme auf, die sich aus der gemeinsamen Unterrichtung ergeben. In den Jahrgängen der Sekundarstufe II differenzieren sich dann deutlich die Meinungen zwischen den Jugendlichen aus koedukativen und geschlechtsgetrennten Schulen: Während Jungen und Mädchen in koedukativen Schulen fast ausnahmslos das gemeinsame Lernen befürworten, plädieren viele Schülerinnen der Mädchenschule für mindestens zeitweise getrenntes Lernen. Die älteren Schüler des Jungengymnasiums äußern sich dagegen überwiegend ambivalent.

Die Interpretationsmöglichkeiten für diese Entwicklungsverläufe sind vielfältig. Zwei parallele Stränge können wir dabei analytisch trennen: Alterstypische Entwicklungsaufgaben sind ebenso zu bewältigen wie institutionelle Übergänge. Beide sind nicht unabhängig voneinander, sondern beeinflussen sich gegenseitig. Wir werden versuchen, gerade dieses Wechselspiel an den wichtigen Einschnitten der schulischen Biographie näher aufzuhellen.

Die Konzepte von Männlichkeit und Weiblichkeit werden durch Beobachten und Nachahmen von „relevanten Anderen" und darüber hinaus zu einem erheblichen Anteil im Diskurs zwischen Kindern und Jugendlichen erlernt. Gerade kleinen Kindern ist es wichtig, hier erst einmal Eindeutigkeit zu erlangen, also für sich eine klare Position in der Frage, „Wer bin ich?" zu finden. Dabei sind die Geschlechterrollen keineswegs starr, sondern erlauben eben wegen der notwendigen diskursiven Auseinandersetzung sehr wohl auch Ausprobieren und Verändern. Abweichungen von der Geschlechterrolle sind zwar möglich, aber dies erfordert zugleich „kategorienerhaltende Arbeit an den Geschlechtergrenzen" (Davies 1992, S. 46). In der Grundschule finden wir einerseits, daß die Schülerinnen und Schüler gegenüber der Vorschulzeit größere Freiheiten auch in der Ausfüllung ihrer Geschlechtsrolle praktizieren. Ihr neuer Status, als Lernende zu den „Großen" zu gehören, ermöglicht es den Kindern vermutlich, auf der Basis einer schon gefestigten Geschlechtsidentität zu experimentieren und ihr Verhaltensspektrum zu erweitern. Insofern zeigen sie in dieser Zeit einen relativ unbefangenen Umgang mit Heterogenität - Mädchen und Jungen gehören dazu, man möchte einander nicht missen. Andererseits ist auch in der Grundschule die Geschlechterhierarchie keineswegs aufgehoben. Auch hier entwickeln die Kinder nicht in erster Linie das breite Spektrum von Verhaltensweisen beider Geschlechter, sondern delegieren die unterschiedlichen Aufgaben „geschlechtstypisch": Jungen übernehmen die Rolle der Unterhaltenden, Mädchen die der sozial Sorgenden. Grenzüberschreitungen gelten allerdings durchaus als zulässig. Sie werden kaum hinterfragt oder gar sanktioniert. Das Zusammenspiel beider Geschlechter wird von den meisten Kindern als unproblematisch erlebt und als den Alltag belebend dringend gewünscht.

Mit dem Übergang in die Orientierungsstufe[28] ändert sich diese positive Sicht der Koedukation vor allem bei den Jungen. Ein nicht unbeträchtlicher Teil von ihnen äußert nunmehr Probleme mit Mädchen und steht dem gemeinsamen Schulbesuch mit ihnen skeptisch gegenüber. Dies hängt unserer Einschätzung nach nicht nur mit alterstypischen Entwicklungsschüben zusammen, sondern ist eher mit den Besonderheiten des institutionellen Übergangs in die weiterführende Schule zu erklären. Die Orientierungsstufe zielt nahezu von Beginn an auf schulische Auslese. Die Kinder kommen aus unterschiedlichen Grundschulen und müssen sich komplett neu einleben: Schulweg, Schulgebäude, Lehrkräfte, ein Teil der Unterrichtsfächer und die Mehrzahl der Mitschülerinnen und Mitschüler sind noch unbekannt. Dieses alles in Ruhe kennenzulernen und Wege des Umgangs damit zu finden, ist für viele Kinder sehr schwierig. Bereits nach dem ersten Halbjahr werden sie Leistungskursen zugeordnet, die eine Vorentscheidung für die spätere Schullaufbahn bedeuten. Zwar bleibt zwischen der fünften und der sechsten Klasse niemand sitzen, aber die Noten entscheiden über weitere Leistungs-

28 Um möglichen Mißverständnissen vorzubeugen, stellen wir ausdrücklich klar, daß die folgenden Beschreibungen nicht etwa integrierte Systeme insgesamt treffen. Kritisiert wird nicht der Versuch, die Übergangsauslese des gegliederten Schulsystems nach dem vierten Schuljahr zu vermeiden, sondern die Dominanz der Einstufungs- und Zuweisungsprozesse innerhalb einer eigenständigen zweijährigen Schulform.

kurseinstufungen. Nach dem zweiten Halbjahr der sechsten Klasse gibt es zunächst eine Trendempfehlung für die weitere Schullaufbahn, am Ende der Orientierungsstufenzeit steuert die endgültige Laufbahnempfehlung die Einmündung in das gegliederte Schulsystem. Die gesamte Schulzeit während dieser zwei Jahre stellt also einen erheblichen Leistungsstreß für die Kinder dar. Die Leistungsmessung erfolgt dabei in erster Linie komparativ mit den anderen Schülerinnen und Schülern, erst nachgeordnet spielen „objektive" Kriterien eine Rolle. Für Jungen, die gemäß der männlichen Rolle „überlegen" sein müssen, entsteht nun ein doppelter Druck: Sie müssen möglichst gut sein - also besser als viele andere Kinder. Gemäß den Imperativen der Geschlechterhierarchie müssen sie auf jeden Fall besser sein als Mädchen - sonst steht die männliche Überlegenheit in Frage. Das ist nun aber keineswegs leicht. Sowohl in der Grundschule als auch in der Orientierungsstufe sind in der Regel die Mädchen leistungsmäßig den Jungen nicht nur gewachsen, sondern sogar überlegen. In der Altersphase ab 10 Jahren sind sie oftmals auch körperlich weiter entwickelt als Jungen. Sie gefährden damit in mehrfacher Hinsicht deren Dominanzposition. Schließlich werden in dieser Schulform Tugenden hochgehalten, die eher den Mädchen zugeschrieben und von ihnen erbracht werden, wie z. B. das „Mappenführen" in allen Fächern. Auf Jungen wirkt der permanente Leistungsdruck in der Orientierungsstufe also vermutlich noch stärker als auf Mädchen. Zu einem Zeitpunkt, zu dem möglichst gutes Abschneiden in der Leistungskonkurrenz wegen der hohen Zukunftsvorentscheidung besonders wichtig wird, beschert ihnen die koedukative Situation eine Konkurrenz, die sie nur mit Mühe bestehen und aushalten können. Dennoch äußern sie sich aber nicht mehrheitlich gegen die Koedukation, sondern sind eher ambivalent oder thematisieren das Geschlechterverhältnis gar nicht. Auch die Mädchen äußern sich deutlich weniger dazu, als in anderen Altersstufen. Die Aufmerksamkeit beider Geschlechter wird offenbar mehr von anderen Aspekten ihrer schulischen Umgebung okkupiert.

In den geschlechtsgetrennten Schulen finden wir in den Jahrgängen 5 und 6 geradezu gegenläufige Positionen zur Koedukation: Die Schülerinnen sind froh, endlich ohne die Jungen zu sein, während die Schüler lieber weiterhin Mädchen dabei hätten. Ebenso wie für die Kinder der Orientierungsstufe ist der Wechsel auf die neue Schule auch für sie ein Umbruch. Die Mädchenschule liegt jedoch in Nordrhein-Westfalen, wo die Verteilung auf die weiterführenden Schulen nach der 4. Klasse erfolgt. D.h. der Leistungsdruck, der für die Orientierungsstufenschüler die Situation so schwierig macht, könnte in Nordrhein-Westfalen bereits im 4. Schuljahr zu einer Veränderung des Geschlechterverhältnisses geführt haben. Dies würde erklären, warum so viele Mädchen im 5. und 6. Jahrgang der Mädchenschule sich über das Verhalten ihrer ehemaligen Mitschüler in der Grundschule beklagen. Die Schilderungen dieses Verhaltens heben insbesondere Dominanz und Überlegenheitsgehabe der Jungen hervor. Die Schüler der niedersächsischen Jungenschule haben mit ihrem Wechsel die Orientierungsstufe umgangen. Sie kommen damit noch aus der deutlich konfliktärmeren Grundschule - die dort vom Selektionsdruck des Übergangs in das dreigliedrige Schulsystem entlastet ist - direkt in das Jungengymnasium. Dies könnte den hohen Prozentsatz derjenigen erklären, die lieber koedukativ unterrichtet würden - und auch deren positives Mädchenbild. Gemeinsam ist für beide geschlechtsgetrennte Schulen, daß dort zum einen nicht die Bewährungsphase in dieser scharfen Form über zwei Jahre hinweg institutionalisiert ist. Zum anderen entfällt hier die Geschlechterkonkurrenz. Die Mädchen fühlen sich hier verschont vor Disziplinlosigkeit und Dominanzstreben der Jungen, diese wiederum müssen sich weder mit den guten Leistungen noch den sozialen Ansprüchen der Mädchen auseinandersetzen. Im Gegensatz zu den Orientierungsstufenkindern ist die Konkurrenz für sie keine doppelte, sondern nur noch eine einfache.

In der Sekundarstufe I finden wir dann ab der 7. Klasse insbesondere bei den Schülerinnen eine veränderte Einstellung zur Koedukation. Dies hängt eng mit der Entwicklung der Geschlechterverhältnisse in der Adoleszenz zusammen. Auf der einen Seite wird die Beziehung zum anderen Geschlecht zunehmend reizvoller und interessanter. Andererseits nehmen aber auch die Konflikte zu, nicht zuletzt wegen der zeitlich nicht synchronen Entwicklung von Mädchen und Jungen. Auch hier wird der „Überlegenheitsimperativ“ der Jungen häufig wieder massiv untergraben. Aber auch für die Mädchen wird die Leistungskonkurrenz mit Jungen aus anderen Gründen schwierig. Karin Flaake (1990a) hat herausgearbeitet, daß Mädchen - anders als Jungen - gerade in dieser Altersphase ihr Selbstbewußtsein in geringerem Maße als zuvor über eigene Leistungen und Fähigkeiten beziehen können. Sie gewinnen es nunmehr viel stärker über ihre Attraktivität für männliche Partner. Petra Milhoffer (1994, S. 124) verweist auf die neue Qualität der Interaktionsbeziehungen zwischen den Jugendlichen: Koedukative Schule als Zwangsverband vermischt soziale und sexuelle Verhaltenszwänge, „kürzelhaft zu kennzeichnen als Konkurrenz miteinander und Konkurrenz umeinander". Nach Milhoffer herrscht hier also nicht nur sozialer, sondern auch sexueller Leistungsdruck. Der führt dann dazu, daß Schülerinnen sich aus männlichen Domänen zurückziehen, um nicht ihre Position als begehrenswerte Frau dadurch zu gefährden, daß sie den Weiblichkeitsvorstellungen nicht entsprechen.

Probleme bringt diese Zeit vermutlich für alle Schülerinnen - aber auch für die Schüler - mit sich, die gerade mit der körperlichen Entwicklung und der Körperpräsentation zu tun haben. Deshalb ist der Sport ein Unterrichtsfach, in dem die Zustimmung zur Koedukation deutlich zurückgenommen wird. Nicht nur sind die Jugendlichen durch die Sportkleidung weniger in der Lage, ihren Körper zu verstecken, im Sport geht es gerade darum, ihn offensiv und häufig „öffnend" einzusetzen. Dies allerdings geht kaum, ohne daß zugleich sexuelle Komponenten ins Spiel kommen. Besonders für Mädchen ist dies risikoreicher als für Jungen: Die Grenze zwischen Annäherung und Belästigung ist im Rahmen unserer Gesellschaft fließend (Goffman 1994, S. 155ff.). Frauen werden in der patriarchalen Gesellschaft nach wie vor leicht zum Sexualobjekt gemacht. „Der Grund dafür ist darin zu suchen, daß die patriarchale Gesellschaft die Frau als Objekt definiert, als einen bloßen Körper, und daß in einer sexistischen Gesellschaft Frauen von anderen tatsächlich oft als Objekt und bloßer Körper angesehen werden. (...) Den Körper in freier, aktiver und offener Ausdehnung und furchtloser Nach-außen-Gerichtetheit zu öffnen bedeutet für die Frauen, das Zum-Objekt-gemacht-werden zu ermutigen" (Young 1993, S. 724). Für die größere Zahl der Schülerinnen wird die Koedukation deshalb im Sportunterricht problematisch und ihre Zustimmung dazu kippt. Unter den Hauptschülerinnen finden wir darüber hinaus auch einige, die sich getrennte Schulen wünschen. Analysiert man ihre Aufsätze, so ist der erlebte Sexismus das entscheidende Argument dafür: Viele Verhaltensweisen der Jungen - T-Shirt hochziehen, Anrempeln, Tätscheln - empfinden sie als unangenehm und bedrohlich. Die Schülerinnen, die an gemeinsamen Schulen festhalten möchten, betrachten dieselben Aktivitäten dagegen eher als spielerische Formen der Annäherung. Für die Mehrzahl macht sie einen erheblichen Teil des Reizes koedukativer Schulen aus. Bei den Schülerinnen der Mädchenschule hatten wir in dieser Phase ebenfalls ein hohes Bedürfnis nach mehr alltäglichen Kontakten zu Jungen festgestellt. Gebrochen wird es allerdings für viele dadurch, daß sie damit verbundene Risiken fürchten.

In den Jahrgängen der Sekundarstufe II fällt insgesamt die Befürwortung von Koedukation sehr hoch aus. In den koedukativen Schulen registrieren Mädchen und Jungen befriedigt, daß die schwierigen Zeiten der Pubertät nun überwunden seien. Gemeinsames Lernen wird überwiegend als anregend und darüber hinaus auch als angemessen für eine auf Gleichberechtigung der Geschlechter ausgerichtete Gesellschaft empfunden. Sowohl in unserem Mädchen- als auch im Jungengymnasium ist das Prinzip der Geschlechtertrennung inzwischen partiell durchbrochen, weil beide Schulen mit anderen Oberstufen kooperieren. Für viele Jugendliche hat sich die mangelnde Möglichkeit, innerhalb der eigenen Schule Kontakte zum anderen Geschlecht zu knüpfen, deutlich relativiert. Ihr Aktionsradius hat sich verändert, die Klippe der Schüchternheit und Unsicherheit im Umgang miteinander scheint weitgehend überwunden. Daß aber in den unterschiedlichen Sozialisationskontexten sehr unterschiedliche Erfahrungen auch zu spezifischen Konstruktionen von Geschlechtsidentität führen, werden wir im nächsten Abschnitt näher beleuchten.

6.2 Identitätsentwicklung als Niederschlag sozialer Interaktionen

Aufzeigen möchten wir hier das komplexe Zusammenwirken von Geschlechtszugehörigkeit und Strukturen der schulischen Umgebung, die Orientierungsmuster, Verhaltensweisen und Selbstbilder entscheidend prägen. Erworben und ausdifferenziert werden sie in sozialen Interaktionen. In ihnen spiegeln sich in je spezifischer Form verschiedene Arrangements der Geschlechter. Verortet sind diese zugleich innerhalb der Geschlechtertypik wie innerhalb der Geschlechterhierarchie. Daß z. B. bestimmte Fächer und damit entsprechende Kompetenzen typischerweise männlich oder weiblich zugeordnet sind, zählt zu den allgemein geteilten Wissensbeständen. Diese Zuordnung wird da bedeutsam, wo die Typik für zutreffend und für sich selbst als gültig gehalten wird. Eine solche Akzeptanz heißt immer, sich mit eigenen Grenzen zu arrangieren: Bestimmte Fähigkeiten oder Aktivitäten sind einem selbst nicht oder nur in Grenzen zugänglich. Hilfe und Kooperation über die Geschlechtergrenzen hinweg bieten in solchem Falle Möglichkeiten, Ausgleich zu schaffen - Konkurrenz und Ansporn sind eher Formen, eigene Kompetenzen zu erweitern. Beide Spielarten sind nicht ohne soziales Risiko: Hilfe oder Kooperation kann verweigert werden, in der Konkurrenz kann man scheitern. In den Interaktionen verbergen sich also mögliche Konflikte, die - wenn sie sich zwischen Angehörigen unterschiedlichen Geschlechts abspielen - nie unabhängig von der Geschlechterhierarchie zu sehen sind. Die Über- oder Unterlegenheitsdimension ist hier immer mit impliziert. Viele der Selbstbeschreibungen unserer Schülerinnen und Schüler verweisen darauf, daß Jungen im Schulalltag sich eher als überlegen präsentieren, während Mädchen sich dagegen häufig unterlegen fühlen und sich entsprechend verhalten. Dem liegen unterschiedliche Situationsdefinitionen zugrunde. Jungen erleben die Schulklasse als ein Feld, in dem sie selbstbewußt agieren, ihre Interessen durchsetzen und Kompetenzen nicht nur erwerben, sondern auch demonstrieren können. Mädchen fürchten dagegen viel eher, zu scheitern und ihre Inkompetenz zu offenbaren. Weil sie fürchten, dafür von den Jungen ausgelacht zu werden, halten sie sich lieber zurück, selbst wenn dies zu ihrem eigenen Schaden ist. Diese komplementären Situationsdefinitionen - Aufdeckungsgefahr eigener Inkompetenz auf der weiblichen, Chance für Kompetenzdarstellung auf der männlichen Seite - verweisen auf ein Arrangement der Geschlechter, das ihr hierarchisches Verhältnis stabilisiert. Diese Konstruktion wird jedoch in koedukativen Schulen anders realisiert als in der Mädchen- bzw. in der Jungenschule. Das läßt sich sehr schön an einem spezifischen Konkurrenzmechanismus illustrieren:

Die Schülerinnen des Mädchengymnasiums schildern sehr häufig als unangenehme Vorstellung, daß Jungen in koedukativen Gruppen Mädchen immer gleich auslachen, wenn sie einen Fehler machen. Die Schülerinnen der koedukativen Schulen konstatieren solches Jungenverhalten auch durchaus, allerdings weit weniger als die Schülerinnen der Mädchenschule dies vermuten. Die Schülerinnen kritisieren zwar das Verhalten ihrer männlichen Mitschüler und formulieren klare Veränderungswünsche. Noch wesentlich deutlicher artikulieren sie jedoch Kritik an den Lehrkräften. Die Mädchen wünschen sich, daß diese sich auf sie einstellen, ihre individuelle Motivation wahrnehmen und ihre Stärken erkennen. Tatsächlich haben sie jedoch den Eindruck, daß sie häufig als eher defizitär gesehen werden. Das gilt insbesondere in den als „männlich" etikettierten Fächern. Die Schülerinnen fühlen sich hier oft von den Lehrkräften nicht ernst genug genommen und in ihren Interessen und Fähigkeiten nicht ausreichend anerkannt. Dagegen wehren sie sich. Gleichzeitig haben sie den Eindruck, daß solche Voreingenommenheiten der Lehrkräfte unangenehme Verhaltensweisen von Jungen eher verstärken. Jungen werden ihrer Meinung nach zu wenig in ihrem Dominanzgebaren gebremst oder zu rücksichtsvollem Verhalten angehalten. Die Lehrkräfte orientieren sich stärker an ihren Interessen und Fähigkeiten und nehmen sie als kompetenter wahr als die Mädchen. Damit verstärken sie die Neigung der Jungen, eine Überlegenheitsposition zu beanspruchen. Viele Schülerinnen der koedukativen Schulen sehen in solchen Interaktionsstrukturen eine deutliche Benachteiligung. Diese Mädchen akzeptieren die Geschlechterhierarchie also nicht, sondern stellen sie deutlich infrage. Die in ihren Selbsteinschätzungen eher unsicheren Schülerinnen der Mädchenschule tun diesen Schritt gerade nicht. In Anlehnung an Goffman (1994) könnte man bei ihnen eher von einer Strategie der Dramatisierung der (vermuteten) Unterschiede sprechen. Eben dadurch werden bestehende Verhältnisse gestützt.

Auch einige Jungen - vorzugsweise in der Jungenschule - fürchten sich davor, von Mädchen ausgelacht zu werden. Gerade weil ihnen die Vorstellung unangenehm ist, an der Einlösung des Überlegenheitsanspruchs zu scheitern, plädieren sie für eine Trennung der Geschlechter. Die Mehrheit der Jungen in koedukativen Schulen läßt in unseren Aufsätzen kaum Überlegenheitsphantasien erkennen. Zuweilen wird sogar selbstkritisch das eigene Dominanzverhalten hinterfragt.

Geschlechterkonkurrenz wird von den Jugendlichen aber auch nicht ausschließlich als negativ und belastend erlebt. Einige betrachten sie auch als Ansporn und Herausforderung. Bei den Schülerinnen der Mädchenschule liegt dies offensichtlich außerhalb jeder Vorstellung. Sie bewerten die Konkurrenz mit Jungen durchgängig negativ. Für die Schüler der Jungenschule rückt der Konkurrenzaspekt nicht als Frage des Leistungsvergleichs mit Mädchen in den Vordergrund, sondern als Konkurrenz der Jungen um Mädchen. Weil dies gleichzeitig die solidarischen Beziehungen untereinander ihrer Einschätzung nach erheblich stören würde, gewinnen sie der Geschlechtertrennung positive Seiten ab.

Auch die Dimension gegenseitiger Hilfe und Unterstützung wird in koedukativen und geschlechtsgetrennten Schulen sehr unterschiedlich erlebt. In den koedukativen Schulen wird dies als wesentliches Element ihres Alltags dargestellt und positiv bewertet. Die Schülerinnen der Mädchenschule können sich dagegen die Jungen kaum als Helfende, sondern nur als bedrohliche Konkurrenten vorstellen. Den Lehrkräften in koedukativen Schulen unterstellen sie, daß diese Jungen durchgängig bevorzugen und deren Dominanz kaum etwas entgegenzusetzen haben. Veränderungsforderungen werden von ihnen nicht gestellt. Das ist insofern auch folgerichtig, als sie das Problem durch Separierung von den Jungen lösen wollen. In der Jungenschule können sich einige Schüler Ergänzung und Anregungen von Mädchen schon als angenehm und nützlich vorstellen. Dort wird das Thema Hilfe und Unterstützung allerdings nur sehr selten angesprochen.

Wir haben bisher die Bedeutung der unterschiedlichen Sozialisationsumwelten in koedukativen und geschlechtsgetrennten Schulen beleuchtet. Dabei haben wir zunächst die Bewertung des eigenen Schultyps durch die Schülerinnen und Schüler unberücksichtigt gelassen. In einem weiteren Differenzierungsschritt wollen wir diese nun in die Analyse einbeziehen. Wir systematisieren, wie Schultypzugehörigkeit, Geschlecht und Stellungnahme zum eigenen Schultyp sich niederschlagen in Selbstkategorisierungen und Bewertungen des Geschlechterarrangements (vgl. Tab. 4). In diesen Vergleich beziehen wir nur die Gymnasien der Klassen 7 bis 13 ein, um die Komplexität der einflußnehmenden Faktoren zu reduzieren. Wir haben es danach mit einer leistungsmäßig einigermaßen homogenisierten Gruppe zu tun. Um die Strukturen möglichst klar herausarbeiten zu können, haben wir außerdem nur diejenigen aufgenommen, die sich eindeutig für Koedukation oder für Trennung ausgesprochen haben. Die Ambivalenzposition haben wir ausgeschlossen.

Tab. 4: Selbst- und Fremdeinschätzungen von Mädchen und Jungen in Abhängigkeit von Schultyp und der Haltung zur Koedukation

Schultyp	koedukatives Gymnasium		geschlechtshomogenes Gymnasium	
Votum zur Koedukation	pro Koedukation	für Trennung	für Trennung	pro Koedukation
Mädchen (n=189 koed; n=330 M-Gy)	83% Mehrheit ❶ eher Betonung von Gleichheit und individuellen Unterschieden, Forderung nach Berücksichtigung unterschiedlicher Voraussetzungen im Unterricht, Kritik an Jungendominanz	13% Minderheit ❷ Leistungsvorsprung der Jungen auf bestimmten Gebieten in Verbindung mit unerfreulichem Sozialverhalten weckt Wunsch nach besseren Lernbedingungen	38% Minderheit ❸ Bessere Förderung, ungestörtes Lernen, keine Konkurrenz mit (leistungsstärkeren) Jungen sind Argumente für Trennung (Unsicherheit des Urteils, weil keine eigenen Erfahrungen)	12% Minderheit ❹ vorsichtig-defensive Argumentation für gemeinsames Lernen, eher Hochschätzung männlicher Fähigkeiten, aber auch Zweifel an der Überlegenheit der Jungen (auch hier: Unsicherheit)
Jungen (n=156 koed; n=199 J-Gy)	79% Mehrheit ❺ kaum geschlechtstypische Etikettierung, Hinweis auf individuelle Interessen und Ausnahmen, Selbstkritik an Dominanzverhalten	10% Minderheit ❻ Mädchen bremsen in bestimmten Bereichen den Lernfortschritt, Überlegenheitsgestus und Abwertung von Mädchen	26% Minderheit ❼ Interessengegensätze werden unterstellt und als störend betrachtet, die Anwesenheit von Mädchen als Anlaß zu Profilierungsstreben und Disziplinproblemen gefürchtet	37% Minderheit ❽ Voneinanderlernen und gegenseitiger Ansporn wird erwartet, Bedürfnis nach positiven Sozialkontakten, wenig Typisierung

Unsere Hypothese dazu lautete, daß von vier Gruppen Geschlechterdifferenzen besonders stark betont werden müßten: von denjenigen Mädchen und Jungen nämlich, die diese Trennung befürworten, egal ob in geschlechtsgetrennten oder koedukativen Schulen. Komplementär dazu sollten diejenigen, die positiv zur Koedukation stehen, deutlich weniger Geschlechtertypisierungen vornehmen, und zwar sowohl in koedukativen wie in geschlechtsgetrennten Schulen. Wir gingen bei dieser Hypothese davon aus, daß eher die eigenen Einstellungen zum anderen Geschlecht und zur Heterogenität die Selbst- und Fremdwahrnehmung prägen als die institutionelle Vorstrukturierung der schulischen Umwelt als koedukative oder aber geschlechtshomogene Gruppierung.

Gemeinsamkeiten finden wir in der Tat zwischen denjenigen, die Trennung befürworten, und zwar zwischen den Schülerinnen (Felder 2 und 3) einerseits und den Schülern (Felder 6 und 7) andererseits. Zur besseren Orientierung haben wir diese Felder grau unterlegt. Beide Geschlechter formulieren komplementär aufeinander bezogene negative Fremdbilder. Die Mädchen begründen ihren Abgrenzungswunsch dabei eher aus einer Position der Unterlegenheit, die ihnen offenbar Widerstand oder die Formulierung von Veränderungsansprüchen aussichtslos erscheinen läßt. Leistungsmäßig fürchten sie die Überlegenheit von Jungen. Weil sie keinerlei Hilfe von ihnen erwarten, können sie männliche Mitschüler offenbar nur unter der Perspektive von Konkurrenz sehen. Ungestört möchten sie sich auf ihre weiblichen Interessen konzentrieren können. Die männlichen Trennungsbefürworter halten komplementär dazu fest an ihren Maßstäben und Inhalten. Sie wollen sich mit „weiblichen" Themen nicht auseinandersetzen müssen und fühlen sich zugleich in den „wichtigen" Fächern wie Mathematik und Naturwissenschaften als Überlegene. Mädchen sprechen sie gleiche Interessen und gleiches Leistungspotential weitgehend ab. Aus einer solchen Perspektive erscheinen gemeinsame Lernprozesse beiden Geschlechtern unattraktiv. Wie realitätsangemessen diese jeweiligen Fremd- und Selbsteinschätzungen sind, steht allerdings auf einem ganz anderen Blatt. Sie liegen aber deutlich auf der Linie der nach wie vor herrschenden Geschlechterpolarität und konstruieren zugleich die damit einhergehende Geschlechterhierarchie.

In den koedukativen Schulen wird - wie erwartet - von den Mädchen wie den Jungen, die positiv zu diesem Schultyp stehen (Feld 1 und 5), gemeinsames Lernen durchweg sehr positiv bewertet. Typisierenden Interessen- und Fähigkeitszuschreibungen wird eine deutliche Absage erteilt. Individuelle Vorlieben und das daraus resultierende Engagement seien entscheidend, Begabungen werden nicht entlang der Geschlechtergrenze verteilt gesehen. Dagegen lassen aber die KoedukationsbefürworterInnen in Mädchen- bzw. Jungenschulen (Felder 4 und 8) solche Ansätze zur Betonung prinzipiell gleicher

Potentiale bei Mädchen und Jungen weniger erkennen. Bei den Jungen ist das nur selten überhaupt Thema, die Mädchen verweisen auf mangelnde Erfahrungen und schwanken zwischen der Hochschätzung männlicher Fähigkeiten und Zweifeln an der behaupteten Überlegenheit. Hier müssen wir unsere Annahmen also modifizieren: Wir finden in der Pro-Koedukations-Position einen deutlichen „Schultypeffekt", d. h. die Unterschiede in dieser Gruppe finden sich nicht in der Hauptsache zwischen den Geschlechtern, sondern hängen in erster Linie von den Erfahrungen mit koedukativem oder getrenntem Lernen ab. In der Pro-Trennungs-Position finden wir dagegen stärker ausgeprägt den „Geschlechtseffekt", wie wir ihn oben schon skizziert haben. Die Ergebnisse dieser differenzierten Analyse weisen damit nochmals sehr deutlich darauf hin, daß Geschlechtertrennung eher die Neigung verstärkt, Typisierungen vorzunehmen. Ansatzpunkte für Lernprozesse, die auf Abbau von Ungleichheit zielen, sind eher in gemeinsamen sozialen Erfahrungen von Mädchen und Jungen zu suchen.

Einleuchtend beschreibt Goffman (1994, S. 133), daß gerade periodische Trennungen die Bedeutung des Geschlechterunterschieds besonders akzentuieren: „Diese stellen sicher, daß subkulturelle Unterschiede trotz der häufigen Kontakte zwischen den Geschlechtern erhalten und wiederhergestellt werden". Die weiblichen Rückzugsgebiete seien dabei in der Regel „feiner" ausgestattet, die männlichen dagegen weniger einnehmend. Dies werde dann häufig als natürliche Folge des Unterschieds zwischen den Geschlechtern deklariert, obwohl es mehr ein Mittel zur Anerkennung, wenn nicht gar zur Erschaffung dieses Unterschiedes darstelle.

Der Besuch geschlechtsgetrennter Schulen - und in abgemilderter Form wohl auch die zeitweilige Trennung in homogene Lerngruppen - dürften solche Formen periodischen Rückzugs darstellen. In der Familie und in der außerschulischen Umgebung ist der Kontakt mit dem anderen Geschlecht ja durchaus vorhanden. Wir haben insbesondere bei den Schülerinnen der Mädchenschulen eine Reihe von Schilderungen gefunden, die Goffman's Überlegungen eindrucksvoll illustrieren. Sie genießen ihre kultivierte Umgebung, in der die disziplinlosen Jungen keinen Schaden anrichten können. Umgekehrt empfinden letztere durchaus die Unwirtlichkeit männlicher Territorien und möchten „mehr Atmosphäre" durch die Anwesenheit von Mädchen erleben. Beide Geschlechter bestätigen sich damit ihre Unterschiedlichkeit immer wieder neu, vergrößern sie dabei und bilden schließlich je eigene Umgangsformen, Sichtweisen und Kompetenzen aus.

6.3 Perspektiven einer geschlechterbewußten Pädagogik

Wir haben aus den Berichten der Kinder und Jugendlichen zu rekonstruieren versucht, in welch vielfältiger Weise Schule verstrickt ist in die Konstruktion von Geschlechtsidentität. Ihre organisatorischen Strukturen, die pädagogischen Konzepte und vor allem die sozialen Interaktionen, in denen sich Schulalltag realisiert, können - wie wir gesehen haben - ein sehr unterschiedliches Anregungspotential für die individuelle Entwicklung darstellen. Das verweist auf die Variationsbreite schulischer Gestaltungsmöglichkeiten, die sich immer auch in spezifischen Förderungsstrategien für bestimmte Gruppen konkretisieren können. Adressaten solcher Zuwendung waren lange Zeit vor allem die Mädchen. Gerade für Mädchen hat sich die Spannbreite dessen, was sie in ihr Einstellungs- und Verhaltensspektrum integrieren können, ganz deutlich erhöht. Das erklärt sich vor allem daraus, daß unmittelbar einsichtig gemacht werden kann, daß dies eine Erweiterung ihres Aktionsradius darstellt, einen Abbau von Benachteiligung. Eine Gesellschaft, die Gleichberechtigung und Gleichstellung propagiert, kann den Mädchen und Frauen dies legitimerweise nicht versagen, sie muß dies durch Maßnahmen - auch im Bildungsbereich - vorbereiten und flankieren. Für Jungen und Männer ist auf den ersten Blick ein Gewinn sehr viel schwerer feststellbar. Ihre privilegierte Position wird angekratzt, Mädchen und Frauen treten als Konkurrenz in Feldern auf, zu denen sie vorher kaum Zutritt hatten. Erwartungen werden nun auch an Jungen gestellt, die sonst nicht in ihr Ressort fielen, sondern dem statusniedrigeren Geschlecht zugeordnet waren. Ob aus deren Erfüllung Befriedigung gezogen werden kann, erscheint vielen männlichen Wesen durchaus zweifelhaft. Und auch darüber, ob und in welcher Weise solche Veränderungen von der Schule ebenfalls aufgegriffen werden sollen, herrscht noch große Uneinigkeit und Unsicherheit.

Wir haben aber gesehen, daß unterschiedliche schulische Sozialisationserfahrungen die Wahrnehmungen und Bewertungsmuster der Jugendlichen entscheidend prägen. Auch die hohe Bedeutung der Rolle von Lehrerinnen und Lehrern als zentralen Handlungsfiguren ist dabei deutlich geworden. Die zukunftsweisende Frage scheint uns deshalb zu sein: *Wie kann es den in Schule Handelnden gelingen, Jungen wie Mädchen darin zu unterstützen, ihre eigene Identität zu finden und zu entwickeln, ohne sich von typisierenden Geschlechtsrollenmustern einengen zu lassen?*

Organisatorische, curriculare, didaktisch-methodische Überlegungen sind dazu ebenso notwendig wie die Frage nach der Reflexion und Gestaltung der sozialen Interaktionen.

6.3.1 Gemeinsam oder getrennt lernen?

Wir beginnen mit der aktuell am häufigsten und stark kontrovers diskutierten Überlegung zur Lernorganisation in koedukativen oder getrenntgeschlechtlichen Gruppen. Zwei Erkenntnisse haben wir hierzu durch unsere Studie gewonnen:

(1) Es gibt eine überwältigende Mehrheit von Kindern und Jugendlichen, die explizit für gemeinsames Lernen plädieren. Das gilt vor allem für diejenigen, die ihren „Besitzstand“ in koedukativen Schulen verteidigen, aber auch für einen bemerkenswert hohen Teil derer, die geschlechtsgetrennte Schulen besuchen. Der Wunsch nach Sicherheit und Unbefangenheit im Umgang mit dem anderen Geschlecht hat dabei einen hohen Stellenwert. Für die meisten Schüler bedeutet das ein gutes Stück „Lebensqualität“ in der Schule. Wenn man sich an der subjektiven Bedürfnislage heutiger Schülerinnen und Schüler orientieren will, muß man sich also der Frage nach der Gestaltung koedukativer Lernprozesse stellen.

(2) Die institutionelle Trennung von Mädchen und Jungen fördert Typisierungen eher, statt Möglichkeiten zur Erweiterung eigener Perspektiven und selbstbewußten Kompetenzeinschätzungen anzuregen. In koedukativen Kontexten scheint dies gerade den Mädchen besser zu gelingen. Auch Jungen äußern dort weniger stereotype Hochschätzungen des eigenen Geschlechts, erkennen ihren Mitschülerinnen häufiger vielfältige und gleiche Fähigkeiten wie sich selbst zu. Abgrenzungsbedürfnisse gegenüber dem anderen Geschlecht - entweder aus Unsicherheit oder aus einem Überlegenheitsgestus heraus - sind deutlich seltener.

Nimmt man beide Erkenntnisse zusammen, gibt es gute Gründe dafür, sich vorrangig mit der Frage nach der angemessenen Gestaltung *gemeinsamer* Lernprozesse zu beschäftigen. Um Mißverständnissen vorzubeugen: Uns geht es keineswegs darum, jede Form geschlechtshomogener Differenzierung abzulehnen oder gar die pädagogische Arbeit der wenigen verbliebenen reinen Mädchen- und Jungenschulen zu diskreditieren. Wir haben auch hervorgehoben, daß die besonderen Bedingungen dieser Schulen (z. B. konfessionelle Bindungen, Selektionseffekte) berücksichtigt werden müssen, wenn man Unterschiede in den Einstellungen der Jugendlichen interpretiert - sie werden eben nicht allein durch die spezifische schulische Situation produziert. Dennoch haben Faktoren des schulischen Kontextes daran offensichtlich einen bedeutsamen Anteil. Unser Anliegen ist es nun, im Sozialisationsfeld Schule günstige Bedingungen dafür zu identifizieren, wie sich Jugendliche beiderlei Geschlechts in ihrer Entwicklung möglichst wenig durch Stereotype behindern lassen oder selbst behindern. Die Abwesenheit des anderen Geschlechts kann man nach unseren Ergebnissen offenbar nicht als eine solche günstige Bedingung bezeichnen. Eher gibt es Indizien für das Gegenteil.

Wir haben dies hier untersucht durch den Vergleich der Sozialisationswirkungen koedukativer und geschlechtsgetrennter Schulen. Auf die Chancen und Grenzen der zeitweiligen Trennung in der Arbeit mit geschlechtshomogenen Gruppen sind wir nur am Rande eingegangen. Dabei haben wir eher skeptisch eingeschätzt, ob insbesondere das erhoffte Ziel der Entwicklung größeren Selbstbewußtseins der Mädchen in spezifischen Unterrichtsfächern hinreichend erreicht werden kann. Strukturell wird das erschwert durch die Unmöglichkeit, die eigenen Leistungen mit denen der Jungen zu vergleichen und Sicherheit darüber zu gewinnen, daß ein „Mädchenprogramm" genauso anspruchsvoll ist. Personell stellen solche Vorhaben hohe Anforderungen an die Lehrkräfte, die solche getrennten Kurse entwickeln und durchführen. Erfolgversprechend sind sie nur dann, wenn sie mehr als eine organisatorische Sortierung der Lernenden zum Ziel haben. Verändert werden müssen auch die Lerninhalte und die Vermittlungsmethoden. Ganz entscheidend sind dabei die eigenen Einstellungen der Lehrerinnen und Lehrer zur Geschlechterfrage. Wir haben gezeigt, daß gerade die Mädchen seismographisch empfindlich die mehr oder weniger subtilen Hinweise registrieren, die ihnen weniger Interesse, geringere Vorerfahrungen oder gar niedrigere Leistungsfähigkeit auf bestimmten Gebieten zuschreiben. Wenn dies in geschlechtsgetrennten Kursen geschieht, dürfte das weitgehend prinzipiell mögliche Positiveffekte konterkarieren. Was die Mädchen sich wünschen, sind Lehrerinnen und Lehrer, die sich auf unterschiedliche Voraussetzungen im koedukativen Unterricht einlassen und mit didaktischer Phantasie damit umgehen können.

6.3.2 Ansätze einer reflexiven Koedukation

Inzwischen nimmt die Zahl der Lehrerinnen - mit deutlichem Abstand auch die der Lehrer - immer mehr zu, die sich einer solchen Herausforderung stellen wollen. Das Interesse an einschlägigen Fortbildungsveranstaltungen steigt, in Lernwerkstätten und Modellversuchen werden Strategien entwickelt und erprobt. Exemplarisch möchten wir dies sowohl für den Bereich der Grundschule als auch der Sekundarstufe skizzieren.

Im Zentrum steht das Bemühen, zu einem möglichst frühen Zeitpunkt bei beiden Geschlechtern etwas gegen den Aufbau von Vorurteilen und die Verfestigung von Stereotypen zu tun, „Lernen gegen den Strich" zu fördern.

Lehrerinnen und Lehrer könnten Jungen da stärker als bislang bremsen, wo sie sich störend und unsozial oder gar gewalttätig verhalten, weniger auf die Kompromißbereitschaft und Geduld der Mädchen bauen, sondern die Jungen in diesem Bereich stärker zu Rücksichtnahme und Toleranz auffordern. Und nicht weniger wichtig wäre sicherlich die Ermutigung und Anregung zu aktivem sozialen Verhalten: Sich gegenseitig helfen und unterstützen sollte eben nicht vor allem eine an Mädchen gerichtete Erwartung sein, sondern als selbstverständlich auch von Jungen gefordert werden. Es wird hohe Zeit, daß die lange vernachlässigte Frage nach den Defiziten männlicher Sozialisation stärker reflektiert wird und vor allem zu praktischen Konzeptentwicklungen und -erprobungen führt (vgl. Ottemeier-Glücks/Prengel 1993, Kaiser 1993).

Komplementär dazu sollten Lehrerinnen und Lehrer den Mädchen gezielt größere Wertschätzung als bislang vorwiegend üblich entgegenbringen - und zwar nicht nur hinsichtlich ihrer sozialen Kompetenzen, sondern auch ihrer interessanten Vorschläge, ihres originellen und aufmüpfigen Verhaltens - eben des Verhaltens, das die Mädchen so überwiegend den Jungen zuschreiben. Es kann auf die Dauer nicht wirkungslos bleiben, wenn Mädchenbeiträge verstärkt aufgegriffen und hervorgehoben werden, wenn auch entsprechende Erwartungen an die Leistungsfähigkeit von Mädchen geäußert werden, ihnen Vertrauen in ihre Kreativität und Stärke entgegengebracht wird.

Damit würde die Entwicklung von Mädchen- und Jungenidentität gefördert, die nicht auf Kosten des weiblichen Geschlechts (und auch nicht auf Kosten der „untypischen" Jungen) geht. Die Einübung eines solchen Umgangs der Geschlechter miteinander könnte verhindern helfen, daß das Sichkümmern um soziale Belange wie selbstverständlich an Mädchen und Frauen delegiert wird, ihr Engagement fordert, ihnen aber zugleich wenig Bestätigung verschafft, während Jungen und Männer davon entlastet werden und sich auf die Ausgestaltung und Präsentation ihrer Individualität konzentrieren können.

Gerade in der Grundschule sehen wir eine ganze Reihe vielversprechender Ansätze. Mit hoher Sensibilität haben Lehrerinnen Arbeits- und Lernformen entwickelt, die es Mädchen und Jungen ermöglicht, eine eigene Perspektive zu entwickeln, sich aber auch auf andere einzulassen, dabei kritisch abzuwägen, was man selbst übernehmen möchte und was nicht. Die Beiträge in dem von Pfister/Valtin (1993) herausgegebenen Sammelband machen das breite Spektrum solcher Möglichkeiten deutlich. Das kann sich direkt auf die Reflexion von Rollenverhalten beziehen, um im besten Falle mehr Verständnis und Toleranz im Umgang miteinander zu erreichen (vgl. Röhner 1993). Allerdings braucht es dazu eine gehörige Portion Augenmaß. Wenn Barbie-Puppe oder He-Man zum Unterrichtsgegenstand werden, muß das noch kein tieferes Verständnis füreinander wecken. Im ungünstigen Fall mobilisiert das eher Abwehr und Widerwillen, fördert eher die Abgrenzung und vertieft die Gräben zwischen den Geschlechtern.

Aber auch und gerade im Wechsel binnendifferenzierter geschlechtsheterogener und -homogener Arbeitsformen können Mädchen und Jungen bei der gemeinsamen Erarbeitung von Produkten und Erkenntnissen sehr viel über sich selbst erfahren, wenn dies von Lehrkräften vorsichtig angeleitet und reflektierend begleitet wird. Ein ausgezeichnetes Beispiel aus dem Sachunterricht stellt das Projekt „Mädchen und Jungen bauen eine Stadt“ dar (Appel 1993). Alle Kinder trugen zunächst zusammen, was denn alles in einer Stadt vorhanden ist, in der man gern lebt. In getrennten Gruppen konnten beide Geschlechter ihre eigenen Pläne „unter sich“ entwickeln, konkretisieren und umsetzen. Aus Styropor wurde eine Mädchenstadt und eine Jungenstadt gebaut, die von Spielfiguren bewohnt wurde. Bei der gegenseitigen Vorstellung der äußerst unterschiedlichen Produkte wurden dann die Differenzen zwischen Mädchen-und Jungenperspektive sehr deutlich. Dabei gelang es den Kindern, sich gegenseitig anzuregen, Ideen der anderen Gruppe anzuerkennen und aufzugreifen, zu modifizieren und in die eigene Konzeption einzuarbeiten. Die Jungen erkannten die Leistungen der Mädchen dabei ohne abwertende Kommentare an, wollten allerdings ihre Konsequenzen für die Veränderung ihrer Stadt selbst ziehen. Gegenseitige Hilfe bedeutete also in diesem Falle eben nicht, sich etwas abnehmen zu lassen.

Für die Förderung von Jungen stellt es nun ein besonderes Problem dar, daß männliche Modelle in der Grundschule überhaupt nur selten anzutreffen sind - und wie in anderen Schulformen auch, ist ihre Bereitschaft, sich der Geschlechterthematik zuzuwenden, im Vergleich zu ihren weiblichen Kolleginnen eher zögerlich. Ohne eine stärkere Sensibilisierung der Wahrnehmung der Lehrkräfte für die subtilen Prozesse der Konstruktion geschlechtlicher Identität, die im schulischen Interaktionsgeschehen ständig ablaufen, wird es aber schwerlich gelingen, einen pädagogischen Kontext zu schaffen, in dem auf der Basis gleicher Rechte Differenzen zugelassen und sogar produktiv gemacht werden können.

Mit welchen Schwierigkeiten dies verbunden ist, welche Chancen dies aber auch eröffnen kann, soll in Umrissen angedeutet werden am Beispiel eines rheinland-pfälzischen Modellversuchs (vgl. Horstkemper/Kraul 1995). Dort arbeitet an vier Schulen jeweils ein sechsköpfiges Team von Lehrerinnen und Lehrern daran, ein für beide Geschlechter förderliches Lernarrangement im koedukativen Unterricht zu entwickeln. Begonnen wurde diese Arbeit im 9. Jahrgang dreier Gymnasien und einer Gesamtschule. Sie wird die Schülerinnen und Schüler bis zu ihrem Schulabschluß begleiten und erstreckt sich auf die Fächer Deutsch, Geschichte, Sozialkunde und Mathematik, Physik, Chemie. Curriculare und fachdidaktische Überlegungen einerseits und die Reflexion der Interaktionsebene andererseits müssen dabei zusammenkommen, wenn der Umgang mit Geschlechterdifferenzen produktiv gemacht werden soll.

Eine ganz wesentliche Erkenntnis der Anfangsphase war es, daß eine zu häufige Thematisierung der Geschlechterproblematik im Unterricht eher kontraproduktiv wird. Zu leicht können Schülerinnen und vor allem Schüler sich „missioniert“ oder auch „in die Ecke gestellt“ fühlen. Das polarisiert und mobilisiert Abwehr, nicht Nachdenklichkeit und Offenheit. Eher muß es darum gehen, im alltäglichen Umgang miteinander Formen zu finden, die eine Loslösung von Rollenfixierungen ermöglicht und individuelle Entwicklungsprozesse fördert, die auch zu „Grenzüberschreitungen“ ermutigt. Eine der beteiligten Lehrerinnen hat für ihr Fach Sozialkunde ihre Erfahrungen damit sehr plastisch beschrieben (vgl. Demel 1994). Nach Überwindung der Anfangsschwierigkeiten kamen sehr vielversprechende Entwicklungen in Gang.

Patentrezepte oder technologische Regeln des „richtigen“ Umgangs mit Mädchen und Jungen sind allerdings nicht zu finden. Die Suche nach förderlichen Interaktions- und Kommunikationsstrategien kann nur gelingen, wenn die eigenen Orientierungen der Lehrerinnen und Lehrer bewußt gemacht und selbstkritisch überprüft werden. Das betrifft sowohl pädagogische Zielvorstellungen als auch das eigene Rollenverhalten und die Einstellung zur Geschlechterfrage. Damit wird nun allerdings auch der Kern der beruflichen und persönlichen Identität von Lehrerinnen und Lehrern berührt, die Fragestellungen eines solchen Projektes gehen weit tiefer „unter die Haut“ als etwa rein didaktische Überlegungen zur Bearbeitung bestimmter Sachverhalte im Fachunterricht.

Die Beschäftigung mit einer solch heiklen und „identitätsnahen“ Thematik mobilisiert Ängste und Abwehr. Selbst die freiwillig in unseren Modellversuch einbezogenenen Lehrerinnen und Lehrer haben häufig sehr zwiespältige Gefühle. Die Furcht davor, als „zu feministisch“ oder gar als „männerfeindliche Emanze“ klassifiziert zu werden, läßt viele Kolleginnen vor deutlichem Engagement zurückschrecken. Umgekehrt fühlen sich männliche Lehrer gelegentlich zu unrecht angegriffen, in eine Reihe mit „Machos“ und „patriarchalischen Unterdrückern“ gestellt, denen sie sich doch keineswegs selbst zurechnen. Sobald erst einmal die Sensibilität für die unterschwelligen Botschaften in der Kommunikation und Interaktion geweckt wurde, beobachtet man auch den eigenen Alltag mit geschärfter Aufmerksamkeit und registriert problematische Punkte deutlicher. Das steigert auf Anhieb nicht unbedingt die Harmonie. Es schärft aber die Wahrnehmung für die Rituale, die auch in pädagogischen Prozessen Weiblichkeit und Männlichkeit in hierarchischer Weise konstruieren und bestätigen. Das wiederum beeinflußt nach den Aussagen der beteiligten Lehrkräfte die Unterrichtsplanung sowohl inhaltlich als auch methodisch. Didaktische Überlegungen nehmen wesentlich breiteren Raum ein, und pädagogische Grundsatzdebatten etwa über Fragen der primären Orientierung an Fachsystematiken oder aber stärkerer Anknüpfung an den Lebenswelten und Interessen der Jugendlichen seien früher nie in diesem Ausmaß geführt worden. Die Einbeziehung der Geschlechterfrage trägt auf diese Weise dazu bei, die Schule „neu zu denken", wie Hartmut von Hentig (1993) dies fordert.

Eben darin sehen wir die Notwendigkeit und die Chancen einer geschlechterbewußten Pädagogik. Wir wünschen den Kindern und Jugendlichen, die uns hier bereitwillig ihre Sichtweisen, Wünsche und Probleme geschildert haben, und natürlich *allen* Kindern und Jugendlichen, daß sich ihre Schulen zu Lernorten entwickeln, die Mädchen und Jungen in gleicher Weise zu selbstbestimmter Lebensgestaltung befähigen. Und wir wünschen ihnen vor allem viele engagierte Lehrerinnen und Lehrer, die diese Entwicklung vorantreiben.

7 Anhang: Dokumentation der Instruktionen und Einstiegshilfen

Grundschule

Den Grundschülerinnen und -schülern wurde von ihren Lehrkräften für das Schreiben der Aufsätze folgende dreiteilige Anweisung gegeben:

1. Einleitung / Motivierung

„Als ich noch zur Schule ging, gab es in meiner Klasse nur Mädchen . Die Jungen gingen auf eine andere Schule. Auch dort gab es in den Klassen nur Jungen." (Von männlichen Grundschullehrern wurde das Statement entsprechend umformuliert.)

2. Erste Arbeitsaufgabe

„An unserer Schule - das wißt Ihr ja - werden Mädchen und Jungen gemeinsam unterrichtet, und sie benutzen gemeinsam den Pausenhof. Schreibt bitte auf, wie sich die Mädchen und Jungen - wie Ihr also Euch - in den einzelnen Unterrichtsstunden und in den Pausen verhaltet. Was machen die Mädchen, was die Jungen, wie gehen sie miteinander um?"

3. Zweite Arbeitsaufgabe

„Stellt Euch jetzt vor, auch Ihr würdet heute getrennt - also nur Mädchen oder nur Jungen in einer Klasse - unterrichtet werden. Auf dem Pausenhof gäbe es dann ebenfalls nur Mädchen oder nur Jungen. Schreibt bitte auf, wie Ihr Euch den Unterricht in den einzelnen Fächern und die Pausen in einer solchen Schule vorstellt. Was fändet Ihr da besser, was schlechter? Wie meint Ihr, würden sich die Mädchen und Jungen dann verhalten?"
Die zweite Arbeitsaufgabe konnte auch mit zeitlichem Abstand (z. B. am nächsten Tag) gegeben werden.

Sekundarstufe I und II

Die Schülerinnen und Schüler der Orientierungsstufe, der Realschule und des Gymnasiums erhielten folgende Instruktionen, wobei die Bögen für Schülerinnen und Schüler getrennt waren und entsprechend jeweils nur die zutreffende Bezeichnung enthielten. In der Sekundarstufe II wurde die Anrede „Sie" verwendet:

Liebe Schülerin der .....schule
(bzw. Lieber Schüler der .....schule),
Mädchen und Jungen besuchen heutzutage gemeinsam die Schule - das war aber nicht immer so. In der letzten Zeit hat es Diskussionen darüber gegeben, ob man nicht wieder getrennten Unterricht einführen sollte. Im Rahmen eines von mir geleiteten Forschungsvorhabens sollen die Meinungen und Vorstellungen der Schülerinnen und Schüler dazu erfaßt werden. Wir möchten also erfahren, wie es Euch im gemeinsam von Mädchen und Jungen besuchten Unterricht ergeht und wie Ihr Euch getrennten Unterricht vorstellen würdet.
Bitte schreibe auf, wie ein normaler Schulalltag (Unterricht in verschiedenen Fächern, Pausen, Arbeitsgemeinschaften, usw.) in Deiner jetzigen Schule, in der Mädchen und Jungen in der Klasse gemeinsam arbeiten, verläuft. Danach beschreibe bitte einen Schultag, wie Du ihn Dir in einer Mädchenschule (bei Jungen: in einer Jungenschule) vorstellst. Was fändest Du da besser, was schlechter? Beschreibe dabei bitte auch, was sich in den einzelnen Unterrichtsfächern ändern würde, ob sich die Mädchen (bzw. Jungen) anders verhalten würden.
Du kannst auf der Rückseite dieses Blattes mit Deiner Beschreibung beginnen und weitere Blätter anheften.
Bevor Du anfängst, beantworte bitte noch die nachfolgenden Fragen:
Wie alt bist Du? _____ *Jahre*
Wenn Du nicht die deutsche Staatsangehörigkeit hast,
welcher Nationalität gehörst Du an? ______________________________
In welchem Schuljahrgang bist Du? ______ *Klasse*
Bitte fang jetzt auf der Rückseite an zu schreiben.

Die Erhebung fand während einer Schulstunde statt und wurde von den Klassenlehrerinnen und Klassenlehrern durchgeführt. Als Einstieg in die Aufgabe konnten sie den Schülerinnen und Schülern folgenden Text vorlesen, wenn sie dies nach ihrer Einschätzung der Lerngruppe für sinnvoll hielten:

Florian war zu Beginn des Familienfestes immer noch voller Wut über den heutigen Schultag. „Diese blöden Mädchen in der Schule", legte er los, „immer werden sie bevorzugt."

„Was?" schaltete sich seine Schwester Petra ein, „das stimmt ja wohl überhaupt nicht. Ihr Jungs drängt Euch doch immer vor und ärgert die Mädchen!"
„Na, na," versuchte der Großvater zu beruhigen, „was ist denn mit Euch los? Ich dachte, in der heutigen Schule, wo endlich Mädchen und Jungen zusammen sind, würden sie auch gut miteinander auskommen. Zu meiner Zeit waren wir noch völlig getrennt in der Schule."
„Genau", fing auch die Großmutter an zu erzählen, „an unserer Schule gab es zwei große Türen, über der einen stand 'Eingang für Mädchen' und über der anderen 'Eingang für Knaben', und der Pausenhof war auch getrennt, damit wir uns nicht treffen konnten."
Petra und Florian hörten interessiert zu. „War das bei Euch auch noch so?" fragte Petra die Eltern. Die Mutter fing an:
„In die Grundschule - wie man das heute nennt - bin ich mit Mädchen und Jungen zusammen gegangen. Aber als ich dann auf die sogenannte höhere Schule kam, da waren wir nur Mädchen. Das hat mich erstmal sehr verblüfft. Es war ein neusprachliches Lyceum - so hießen damals die Mädchenschulen - und das bedeutete, wir lernten Englisch und Französisch, nicht aber Latein. Es gab auch wenig naturwissenschaftlichen Unterricht. Ich hätte damals gern mehr Mathematik und Naturwissenschaften gemacht, weil mich das sehr interessierte. Dazu hätte ich aber auf das Jungengymnasium wechseln müssen, und das habe ich mich nicht getraut. Da wäre ich ja das einzige Mädchen in der Klasse gewesen. In der Realschule waren die Mädchen und Jungen allerdings auch zu meiner Schulzeit schon zusammen."
„Und bei Dir, Papa?" fragte Florian, „wie war das da?"
„Ja, wir waren ein ehrwürdiges Jungengymnasium, das lange Zeit humanistisch orientiert war, wo also Latein und Griechisch unterrichtet wurden. Aber es gab auch schon einen mathematisch-naturwissenschaftlichen Schwerpunkt, den ich ja dann auch gewählt habe. Mädchen gab es an unserer Schule keine - jedenfalls kann ich mich an keine erinnern."
Die Mutter fuhr fort: „Bald nachdem ich aus der Schule entlassen wurde, kam es im gymnasialen Bereich zur Zusammenlegung der Mädchen- und der Jungenschule. Seitdem gingen Mädchen und Jungen also auch dort in die gleiche Schule, so wie Ihr das tut. Offensichtlich ist das aber nicht nur rosig, wenn ich mich an Eure Wut von vorhin erinnere ..."
Florian und Petra unterbrachen sofort und riefen: „So stimmt das nicht, es hat auch sein Gutes ..."

In der Hauptschule hielten die Lehrerinnen und Lehrer jede schriftliche Instruktion - auch den Einstiegstext - für zu kompliziert für ihre Klientel. In Anlehnung an die forumulierten Materialien gaben sie die notwendigen Anweisungen auf eine nach ihrer Einschätzung angemessene Weise mündlich.

In den beiden geschlechtsgetrennten Schulen wurde gegenüber der schriftlichen Instruktion in den koedukativen Schulen nur der jeweilige Bezug geändert. Es hieß also zu Beginn:

„Liebe Schülerin (bzw. Lieber Schüler) der ...schule,
Mädchen und Jungen besuchen heutzutage in den meisten Fällen gemeinsam die Schule - Eure Schule ist hiervon eine Ausnahme."

Die eigentliche Instruktion lautete entsprechend:

„Bitte schreibe auf, wie ein normaler Schulalltag (Unterricht in verschiedenen Fächern, Pausen, Arbeitsgemeinschaften, usw.) in Deiner jetzigen Schule, in der nur Mädchen (bzw. nur Jungen) in der Klasse gemeinsam arbeiten, verläuft. Danach beschreibe bitte einen Schultag, wie Du ihn Dir in einer koedukativen Schule, in der Mädchen und Jungen gemeinsam arbeiten, vorstellst. Was fändest Du da besser, was schlechter? Beschreibe dabei bitte auch, was sich in den einzelnen Unterrichtsfächern ändern würde, ob sich die Mädchen (bzw. Jungen) anders verhalten würden."

8 Literatur

Appel, Katrin: Jungen und Mädchen bauen eine Stadt - und lernen voneinander. In: Pfister/Valtin 1993, S. 124-134

Becker, Howard S./Geer, Blanche: Teilnehmende Beobachtung: Die Analyse qualitativer Forschungsergebnisse. In: Hopf, Christel/Weingarten, Elmar (Hg.): Qualitative Sozialforschung. Stuttgart 1993, (3. Aufl.), S. 139-166

Behnken, Imbke u. a. (Hg.): Schülerstudie '90. Jugendliche im Prozeß der Vereinigung. Weinheim und München 1991

Bilden, Helga: Sozialisation und Geschlecht. In: Valtin, Renate/Warm, Ute: Frauen machen Schule. Frankfurt/M. 1985, S. 13-41 (Arbeitskreis Grundschule)

Biermann, Christine: Haushalts(s)paß für Jungen und Mädchen. In: Brehmer, Ilse: Schule im Patriarchat - Schulung fürs Patriarchat? Weinheim und Basel 1991, S. 125 - 136

Boßmann, Dieter: Zukunftserwartungen der Jugend. Eine Schülerumfrage. Tübingen 1982

Breitenbach, Eva: Geschlechtsspezifische Interaktion in der Schule. Eine Bestandsaufnahme der feministischen Schulforschung. In: Die Deutsche Schule 2/1994, S. 179-191

Buff, Alex: Schulische Selektion und Selbstkonzeptentwicklung. In: Pekrun, Reinhard/Fend, Helmut (Hg.): Schule und Persönlichkeitsentwicklung. Stuttgart 1991, S. 100-114

Davies, Bronwyn: Frösche und Schlangen und feministische Märchen. Hamburg 1992

Degenhardt, Annette: Geschlechtstypisches Verhalten über die Lebensspanne. In: Degenhardt, Annette/Trautner, Hanns Martin: Geschlechtstypisches Verhalten. Mann und Frau in psychologischer Sicht. München 1979

Demant, Hella: Koedukation oder getrennte Erziehung? (Vergleichende Untersuchungen über Leistungen, Interessen, soziale Beziehungen sowie Einstellungen von Schülern und Lehrern in reinen und in Koedukationsklassen). Frankfurt/M. 1955

Deutsche Bischofskonferenz, Sekretariat (Hg.): Bildung in Freiheit und Verantwortung. Erklärung zu Fragen der Bildungspolitik 13/1993

Deutscher Philologenverband: Leitsätze zur Koedukation. In: Die Höhere Schule 6/1953, S. 115

Dohm, Hedwig: Erziehung zum Stimmrecht der Frau, Berlin 1910, S. 2-9, hier zit. nach Pfister 1988, S. 197-202

Dreesmann, Helmut: Unterrichtsklima. Wie Schüler den Unterricht wahrnehmen. Ein Beitrag zur „Ökologie des Lernens". Weinheim 1982

Ewert, Otto: Entwicklungspsychologie des Jugendalters. Stuttgart 1983

Eigler, Herbert/Hansen, Rolf/Klemm, Klaus: Quantitative Entwicklungen: Wem hat die Bildungsexpansion genutzt? In: Rolff, Hans Günter/Hansen, Georg/Klemm,

Klaus/Tillmann, Klaus-Jürgen (Hg.): Jahrbuch der Schulentwicklung Band 1. Weinheim und Basel 1980, S. 45-69
Enders-Dragässer, Uta/Fuchs, Claudia: Interaktionen der Geschlechter. Sexismusstrukturen in der Schule. Weinheim 1989
Faulstich-Wieland, Hannelore: Mädchenbildung und neue Technologien (Abschlußbericht der wissenschaftlichen Begleitung zum hessischen Vorhaben). Wiesbaden 1989 (HIBS-Sonderreihe, Heft 29)
Faulstich-Wieland, Hannelore: Koedukation - enttäuschte Hoffnungen? Darmstadt 1991
Faulstich-Wieland, Hannelore/Horstkemper, Marianne: Neue Technologien - nichts für Frauen und Mädchen? In: Oberliesen, Rolf/Stiebeling, Anneliese (Hg.): Neue Medien, Neue Technologien. Bildung und Erziehung in der Krise? Berlin 1988, S. 67-90
Fend, Helmut: Schulklima: Soziale Einflußprozesse in der Schule. Weinheim und Basel 1977
Fend, Helmut: Gesamtschule im Vergleich. Bilanz der Ergebnisse des Gesamtschulversuchs. Weinheim und Basel 1982
Fend, Helmut: Vom Kind zum Jugendlichen. Der Übergang und seine Risiken. Entwicklungspsychologie der Adoleszenz in der Moderne. Band I. Bern, Stuttgart, Toronto 1990
Flaake, Karin: Geschlechterverhältnisse, geschlechtsspezifische Identität und Adoleszenz. In: Zeitschrift für Sozialisationsforschung und Erziehungssoziologie 1/1990a, S. 3-13
Flaake, Karin: Erst der männliche Blick macht attraktiv. In: Psychologie heute 12/1990b, S. 48-53
Flaake, Karin: Ein eigenes Begehren? In: Brückner, Margrit/Meyer, Birgit (Hg.): Die sichtbare Frau. Freiburg 1994, S. 89-117
Garfinkel, Harold: Studies in Ethnomethodology. Englewood Cliffs 1967
Gildemeister, Regine: Geschlechtsspezifische Sozialisation. In: Soziale Welt 4/1988, S. 486-503
Goffman, Erving: Interaktion und Geschlecht. Frankfurt/M. 1994
Hentig, Hartmut v.: Die Schule neu denken. München 1993
Herzog, Walter: Von der Koedukation zur Koinstruktion. Ein Weg zur Förderung der Mädchen im naturwissenschaftlichen Unterricht. In: Die Deutsche Schule 1/1994, S. 78-95
Horstkemper, Marianne: Schule, Geschlecht und Selbstvertrauen. Eine Längsschnittstudie über Mädchensozialisation in der Schule. Weinheim 1987
Horstkemper, Marianne: Berufs- und Lebensalltag von Frauen in der Bundesrepublik. Ein Ost-West-Vergleich. In: Reigber, Dieter (Hg.): Frauen-Welten. Düsseldorf 1993, S. 62-109
Horstkemper, Marianne/Kraul, Margret: Koedukation trägt Früchte. Reader zur Fachtagung des Modellversuchs „Jungen und Mädchen in der Schule“. Koblenz 1995 (universitätsinterne Veröffentlichung)
Joerger, Konrad: Koedukation im Lichte eines Schul-Sozial-Tests. In: Schule und Psychologie 10/1963, S. 369-373
Kaiser, Astrid: Hausarbeit in der Schule? Pfaffenweiler 1992
Kaiser, Astrid: Beziehungsfähigkeit statt Gewalt - Jungenförderung in der Grundschule. In: Pfister/Valtin 1993, S.167-173

Kindermann, Gisela/Mauersberger, Barbara/Pilwousek, Ingelore (Hg.): Frauen verändern Schule. Berlin 1987

Kauermann-Walter, Jacqueline/Kreienbaum, Maria Anna/Metz-Göckel, Sigrid: Formale Gleichheit und diskrete Diskriminierung: Forschungsergebnisse zur Koedukation. In: Rolff, Hans Günter u. a. (Hg.): Jahrbuch der Schulentwicklung, Bd. 5. München/Weinheim 1988, S. 157-188

Kotthoff, Helga (Hg.): Das Gelächter der Geschlechter. Frankfurt 1988

Knab, Doris: Koedukation als Problem und als Aufgabe der Schule. In: Pädagogik 9/1994, S. 38 - 41

Krappmann, Lothar/Oswald, Hans: Alltag der Schulkinder. Beobachtungen und Analysen von Interaktionen und Sozialbeziehungen. Weinheim und München 1995

Kraul, Margret/Wirrer, Rita: Die Einführung der Koedukation: pädagogische oder pragmatische Begründung? In: Die Deutsche Schule 1/93, S. 84-97

Kraul, Margret u. a.: Nachdenken über das Geschlechterverhältnis. In: Pädagogische Welt 1/1994, S. 7-9

Kreienbaum, Maria Anna: Erfahrungsfeld Schule. Koedukation als Kristallisationspunkt. Weinheim 1992

Kuckartz, Udo/Maurer, Andreas: MAX - Analysesystem für verbale Daten. Handbuch zur Programmversion 3. Berlin 1990. 2. erw. u. korr. Fassung Nov. 1990

Kuckartz, Udo: Textanalysesysteme für die Sozialwissenschaften. Einführung in MAX und TEXTBASE ALPHA.. Stuttgart, Jena, New York 1992

Lamnek, Siegfried: Qualitative Sozialforschung. Band 2: Methoden und Techniken. Weinheim 1993

Lengerke, C. v./Nohr, K./Weiss, R./Sattler, A./Schuntermann, D.: Verführung zur Ohnmacht. Koedukation. In: Courage 9/1980, S. 33-37

Luca, Renate/Kahlert, Heike/Müller-Balhorn, Sigrid (Hg.): Frauen bilden - Zukunft planen (Dokumentation des 8. Fachkongresses Frauen und Schule). Bielefeld 1992

Martial, v., Ingbert: Geschlechtertrennung und Koedukation in der Schule. Zur Diskussion um zwei schulorganisatorische Prinzipien. In: Engagement. Zeitschrift für Erziehung und Schule 2/1986, S. 95-106

Mayring, Philipp: Qualitative Inhaltsanalyse. Grundlagen und Techniken. Weinheim 1990

Metz-Göckel, Sigrid: Licht und Schatten der Koedukation. Eine alte Debatte neu gewendet. In: Zeitschrift für Pädagogik 4/1987, S. 455-474

Metz-Göckel, Sigrid/Müller, Ursula: Der Mann. Weinheim und Basel 1986

Milhoffer, Petra: Sexualität als Problem der Koedukation. In: Glumpler, Edith (Hg.): Koedukation. Bad Heilbrunn 1994, S. 107-129

Nyssen, Elke/Schön, Bärbel: Traditionen, Ergebnisse und Perspektiven feministischer Schulforschung. In: Zeitschrift für Pädagogik 6/1992, S. 855-871

Oswald, Hans/Krappmann, Lothar: Der Beitrag der Gleichaltrigen zur sozialen Entwicklung. In: Pekrun, Reinhard/Fend, Helmut (Hg.): Schule und Persönlichkeitsentwicklung. Ein Resümee der Längsschnittforschung. Stuttgart 1991, S. 201-216

Oswald, Hans/Krappmann, Lothar/von Salisch, Maria: Miteinander - Gegeneinander. Eine Beobachtungsstudie über Mädchen und Jungen im Grundschulalter. In: Pfister, Gertrud (Hg.): Zurück zur Mädchenschule? Pfaffenweiler 1988, S. 173-192

Oswald, H./Krappmann, L./Chwodhuri, I., v. Salisch, M.: Grenzen und Brücken: Interaktionen zwischen Mädchen und Jungen im Grundschulalter. In: KZfSS 3/1986, S. 560-580

Ott, Ursula: Revolution an der Schule. In: Die Woche vom 24. 2. 95

Ottemeier-Glücks, Franz-Gerd/Prengel, Annedore: Jungen suchen Männlichkeit? - Soziales Lernen als schwierige Aufgabe der Jungenerziehung. In: Pfister/Valtin 1993, S. 157-166

Petillon, Hans: Das Sozialleben des Schulanfängers. Die Schule aus der Sicht des Kindes. Weinheim 1993

Pfister, Gertrud (Hg.): Zurück zur Mädchenschule? Beiträge zur Koedukation. Pfaffenweiler 1988

Pfister, Gertrud/Valtin, Renate (Hg.): MädchenStärken. Probleme der Koedukation in der Grundschule. Frankfurt/M. 1993 (Arbeitskreis Grundschule)

Prengel, Annedore: Gleichheit und Differenz der Geschlechter - Zur Kritik des falschen Universalismus der Allgemeinbildung. In: Zeitschrift für Pädagogik, 21. Beiheft 1987, S. 221-230

Prengel, Annedore: Pädagogik der Vielfalt. Verschiedenheit und Gleichberechtigung in Interkultureller, Feministischer und Integrativer Pädagogik. Opladen 1993

Preuss-Lausitz, Ulf: Der Kaiserin neue Kleider? Fragen an die feministische Schulforschung beim Blick auf die Jungen. In: PÄD.Extra 12/1991, S. 5-12

Preuss-Lausitz, Ulf: Mädchen an den Rand gedrängt? Soziale Beziehungen in Grundschulklassen. In: Zeitschrift für Sozialisationsforschung und Erziehungssoziologie 1/1992, S. 66-79

Prokop, Ulrike: Einige Überlegungen zum Thema Entwicklungstendenzen weiblicher Identität. In: Brückner, Margrit/Meyer, Birgit (Hg.): Die sichtbare Frau. Freiburg 1994, S. 76-88

Rauch, Judith: K.O.edukation; Pro Mädchenschule. In: Emma 1/1989, S. 16-20, S. 29

Röhner, Charlotte: Das starke und das schwache Geschlecht. Projekte zum Umgang mit Geschlechtsrollenstereotypen. In: Pfister/Valtin 1993, S. 135-156

Roloff, Christine: Weiblicher Sachverstand und Technikkompetenz oder: Die stereotype Unverträglichkeit. In: Zeitschrift für Frauenforschung 4/1991, S. 40 - 52

Schnack, Dieter/Neutzling, Rainer: Kleine Helden in Not. Jungen auf der Suche nach Männlichkeit. Reinbek 1990

Scholz, Reiner: SIEziehung statt ERziehung? In: Die Zeit Nr. 15, 6.4.1990 (Dossier), S. 17-20

Seidensticker, Wolfgang/Schmerbitz, Helmut/Schulz, Gerhild: Sportunterricht und Jungenarbeit. In: Pädagogik 9/1994, S.14-18

Sielert, Uwe: Jungenarbeit. Praxishandbuch für die Jugendarbeit. Teil 2. Weinheim und München 1989

Steffens, Ulrich: „Michaela" - Wie Schüler mit Lernproblemen ihre Gesamtschule erleben. In: Die Deutsche Schule 2/1984, S. 134-157

Strobl, Ingrid: Koedukation macht Mädchen dumm! Ein Plädoyer für Mädchenschulen? In: Emma 3/1981, S. 8-13

Theweleit, Klaus: Männerphantasien. Hamburg 1980

Tillmann, Klaus-Jürgen: „Spielbubis" und „eingebildete Weiber" - 13- bis 16jährige in Schule und peer-group. In: ders. (Hg.): Jugend weiblich, Jugend männlich. Opladen 1992, S. 13-27

Tillmann, Klaus-Jürgen/Faulstich-Wieland, Hannelore/Horstkemper, Marianne/Weissbach, Barbara: Die Entwicklung von Schulverdrossenheit und Selbstvertrauen bei Schülern in der Sekundarstufe. In: Zeitschrift für Sozialisationsforschung und Erziehungssoziologie 2/1984, S. 231-249

Wagner, Angelika u. a.: Bewußtseinskonflikte im Schulalltag. Denkknoten bei Lehrern und Schülern erkennen und lösen. Weinheim 1984

Wawrzyniak, Kurt: Grundfragen der Koedukation. Ein Beitrag zur Pädagogik der Rolle der Geschlechter. In: Schule und Psychologie Beiheft 9, München 1959

Young, Iris Marion: Werfen wie ein Mädchen. In: Deutsche Zeitschrift für Philosophie 1993, S. 707-725,

Zinnecker, Jürgen: Emanzipation der Frau und Schulausbildung. Weinheim und Basel 1972

Verzeichnis der Abbildungen und Tabellen